《近代中国研究集刊》
(7)

近代中国的知识与观念

复旦大学历史学系
复旦大学中外现代化进程研究中心 编

上海古籍出版社

《近代中国研究集刊》

7

复旦大学历史学系　　编
复旦大学中外现代化进程研究中心

编委会
（按姓氏笔画排列）

王立诚　朱荫贵　吴景平　张济顺　张晖明
陈思和　林尚立　金光耀　金冲及　姜义华
顾云深　章　清　熊月之　戴鞍钢

执行编辑　章　可

目　录

编者的话 …………………………………………………… 1

· 专题研究 ·

近代中国的"四万万"国族论述想象 …………… 杨瑞松　1

"Society"的早期翻译及其时代关联
　　——以《万国公法》和《佐治刍言》中的翻译为例
　………………………………………………… 承红磊　51

蝌蚪避孕：20世纪50年代一种医疗观念的实践…… 周永生　77

风中飞舞的微虫："细菌"概念在晚清中国的
　　生成 …………………………………………… 姬凌辉　112

建构"资产阶级法权"：概念如何被政治化
　　（1922—1958） ………………………… 许　浩　章　可　141

清季普通士人的知识和观念世界
　　——以金永森及其《西被考略》为中心 ……… 舒　铁　173

· 域外专论 ·

翻译《人的天职》：梁启超、费希特与民国初年的
　　政体讨论 ………… 顾有信著　夏　静译　章　可校　194

中文"进步"的概念史
……………………冯　凯著　孙　煜译　章　可校 222
彼得·高登：什么是思想史研究？……………章　可译 257

·史料与考证·

《李鸿章全集》所载致吴大澂书信系年考证及
　　勘误（上）……………………………………张晓川 287
《刘节日记》微疵集…………………………………张求会 332

·研讨综述·

"报刊与近现代中国的知识再生产"工作坊综述……李稳稳 347
"近代中国的旅行写作、空间生产与知识转型"
　　学术工作坊综述………………………………王志通 357

·附录·

与本辑主题相关的论著目录（英文部分）…………李稳稳 370

编 者 的 话

本辑为《近代中国研究集刊》的第 7 辑,主题是"近代中国的知识与观念"。"知识"与"观念"本非一物,但在近代西潮席卷、中国人精神世界发生天翻地覆的变化的过程中,两者的更新与嬗变都遵循了相似的轨迹。从"知识史"的角度来看,近代中国"旧学"到"新知"的转变,所关乎的并不仅仅是内容的扩充和重整,而是知识在"获取、分析、传播和应用"等一系列过程中的结构性重造。①"新知"与"旧学"间并不是简单的替代关系,前者在最近的两个世纪里从根本上改变了中国人理解世界和生活实践的方式。因此,如果对近代中国的"知识史"研究能够成立,那么它从一开始就不应将目光仅停留在纸面的、文本的世界,而是"知识形态史"和"知识社会史"的结合,是对认知活动的过程和结果的多重考量。

同样,本辑考察"观念",也并非那种悬在空中、停留于精英思想家脑海中的"观念史"(the history of ideas),而是与近代中国社会生活密切相关。史华兹(Benjamin Schwartz)在很多年前曾提醒学者,以往思想史研究的重大缺点之一,就是"对于观念有不负责任、爱好而又不专精的毛病"。学者总是"草率地用一些惯用的名词,如'自由主义''浪漫主义'来说明某些观念,进而用一些他们所假想的起因陈说来从事解释",所以,思想史或者观念史的研究容易显得太过"轻易"。②对于处于剧烈变动中的近代中国而言,几乎没有一个观念是"理所应当"的,因此相关研究也绝非轻易。今日学者大多试图重回历史语境,或从词汇、概念的角度细细审视其来龙去脉,考察语义和文本的多重关联方式;或从观念(话语)的社会效应着眼,考察诸种因素的互动。

在本辑的论文中,杨瑞松的《近代中国的"四万万"国族论述想象》选取学者大多熟闻的"四万万"这一词汇,研究它如何从一个单纯计量人口的数字,化身为国族认同的关键性符号,细细钩沉近代围绕着"四万万"的各种民族、国家和道德想象,极为精彩。该文提示我们,类似"四万万"之类的想象性话语,当它们进入多数中国人的观念世界,成为与"我族"粘连的重要符号后,实际上发挥了限定民族国家"边界"的重要作用。而无论是诸如"一盘散沙"之类的负面描述,还是民国成立前后"五族共和"这等重塑政治认同的话语,都与"四万万"话语本身划定的问题边界相关,在各种历史语境中体现出不同的紧张性。

类似的,承红磊的《"society"的早期翻译及其时代关联》研究的是近代另一重要词汇——"society"如何进入中文语境。尽管今日国人都已接受"社会/society"的意义对等关联,但这种现象并非"从来如此"。以往学界讨论较多的是清末"群"和"社会"这两个译词之间的并行和竞争,而该文将目光置于更早期,选取《万国公法》和《佐治刍言》这两个翻译文本,讨论其中"国""众""会"等译词背后的思想资源和概念理解问题,别具一格。

在对近代中国新词汇、新概念的研究中,最常见的情况之一是时人运用本土传统中的资源来解释全然来自欧美的新概念,这在当时可能便于理解和传播,但往往也因此掩盖了中西两种概念之间本质性的差异,由此使得后来学者的不断清理变得相当必要。姬凌辉《风中飞舞的微虫》一文就关注"细菌"这个"微小"概念在近代中国的生成。该文首先考察传统医学中"因虫致病"说以及

"虫""蛊"等相关概念，然后论述"bacteria"一词进入中文语境的过程以及"细菌致病说"如何开始传播。作者敏锐地指出，毒虫和疫气知识在近代成为国人接受细菌概念的重要桥梁，呈现出知识传播中独特的一面。

同样关注身体和医学，周永生《蝌蚪避孕：20世纪50年代一种医疗观念的实践》一文讲述的是共和国建国初期"吞食蝌蚪以避孕"这种特别医学观念流传的故事。这种今日看来不免怪诞的行为背后，是50年代扶植中医、发挥中医效用的大观念背景。而这一流行现象折射出来的，则是那个时代国家工业化、人口快速增长、女性节育需求、民众猎奇心理以及中西医知识普及等方方面面的问题。该文通过细致梳理，展现了在建国初期国家推行"科学化"的宏大话语下，民间医疗实践的复杂进程，引人深思。

"资产阶级法权"一词也在50年代开始流行，但这个来自于马克思《哥达纲领批判》的词汇自上而下地、迅速被大规模运用于政治运动当中，并在那一代人的记忆中烙下深刻的痕迹，乃至于后来它成为20世纪少见的中共官方刊文改正译法的概念。许浩和章可的《建构"资产阶级法权"：概念如何被政治化》一文从《哥达纲领批判》的早期译文入手，细细追溯"资产阶级法权"这一译法何时出现，与哪些知识背景相关，并选取何思敬这一关键人物讨论译名背后折射出的政治态度变化。文章揭示出"资产阶级法权"这一译法的出现并非偶然，早在张春桥名文问世以前，它就已经具有了很强的阶级批判性。

重构一个人的知识和观念世界，并不比重构一个时代要容易。舒铁的论文聚焦于清末民初湖北的一名普通士人金永森，从他的代表作《西被考略》入手开始这项"重构"工作。金氏对中国传统典籍相当熟稔，基于此，他对"西学中源"的解释也多有奇崛之处；而他运用《山海经》的记载来附会西方诸地域，则显现出在清末

"万国竞争"的大格局下,许多普通士人仍然对于中国古代典籍中的世界格局想象坚守抱持。"知识史"的复杂和丰富性,也许正是它的魅力所在。

除了六篇主题论文,本辑还刊载三篇译文。海德堡大学顾有信教授的论文研究梁启超对德国思想家费希特的翻译,以及梁氏对人之"天职"观念的创造性诠释。而汉堡大学冯凯教授的论文研究中文"进步"概念的生成,以及它和"进化"概念之间的纠葛,他审慎地区分了"进步/进化"和"progress/evolution"的语境差别。两文史料详尽,精义迭出,颇能代表欧洲(德国)学界研究中国近代思想观念的水平。此外,编者还选取了哈佛大学高登教授的《什么是思想史研究》一文译出,该文从方法论着眼,阐述了思想史研究(intellectual history)与观念史、哲学、政治理论、文化史、社会史之类的差异和联系,对我们思考中文语境中"思想史"的定位,也有一定借鉴意义。

除此之外,本辑还有两篇精彩的史料考证文字。复旦大学中外现代化进程研究中心每年举办多次专题学术工作坊,其中许多与近代中国研究相关,本辑选录其中两次工作坊的综述,以便读者了解相关信息。最后依照惯例,附上与本辑主题相关的英文文献目录。

集刊此辑最终编成,离不开作者们的支持,以及方方面面的帮助。在此谨向所有作者、译者和帮助本辑出版的同仁们致以最真诚的感谢。

编者
2018 年冬

---

① 有关这个过程的各阶段,可参看伯克著,汪一帆、赵博囡译《知识社会史(下卷):从〈百科全书〉到维基百科》第一部分,浙江大学出版社 2016 年版。

② (美)史华兹著,张永堂译:《关于中国思想史的若干初步考察》,《中国思想与制度论集》,(台北)联经出版公司 1976 年版,第 6 页。

·专题研究·

近代中国的"四万万"国族论述想象

杨瑞松

摘要：本文主要探讨"四万万人"如何在近代中国从一个人口数字，渐次演化成为近代中国的国族符号的历史过程及其意义。经由晚清时期维新思想的运用，尤其是康有为和梁启超二人论述的催生下，此"数字化"描述晚清中国人口的方式，配合所谓"同胞"的血缘亲属想象符号，形塑出具有高度同构型意涵的国族认同。"四万万"人口符号同时也标示中国作为国族国家，脱离传统天下秩序的新世界观的重要转变。但另一方面，为了强烈激发国族意识，四万万的国族想象也经常以全盘负面形象如"四万万禽兽"的意象出现。最后，本文也检讨此种人口想象模式和其他近代中国人口想象意象，例如"一盘散沙""五族共和"等彼此之间的矛盾和潜在的紧张性。不断出现在近代中国语境的"四万万人"符号，不仅扮演了如 B. Anderson 所描述的限定国族国家边界意识的重要角色，长期以来也已经很"自然"地嵌入近代中国日常生活国族意识中。藉由去自然化此现象和历史化此符号，详细分析、比较各类有关运用"四万万"符号的文本,本研究试图更清楚地解析"四万万人"符号产生的历史过程,以及发挥了哪些想象的力量从而形塑了近代中国国族认同的特定风貌。

关键词:四万万人,同胞,散沙,五族,梁启超

杨瑞松,台湾政治大学历史学系教授

世间无物抵春愁,合向苍冥一哭休。四万万人齐下泪,天涯何处是神州。①

今日欲提倡民族主义,使我四万万同胞强立于此优胜劣败之世界乎? 则本国史学一科,实为无老无幼、无男无女、无智无愚、无贤无不肖所皆当从事,视之如渴饮饥食,一刻不容缓者也。②

今以与我国民初相见之日,披布腹心,惟我四万万之同胞共鉴之。③

一、从"新名词"到关键词

从1952年到1989年长达近40年的时间里,台湾的小学三年级教科书中,收录着一则有关"蒋介石爱国反日"的历史小故事。故事内容大致如下:

> 蒋"总统"从小就很勇敢,又很爱国。所以他在年轻的时候,就进了陆军学校,预备将来保护国家。蒋"总统"在陆军学校求学的时候,有一天,有一个教卫生学的日本教官,拿了一块泥土,放在桌子上,对学生说:"这一块泥土里面,有四万万个微生虫。"这句话引起了蒋"总统"的注意。日本教官又

说:"这块泥土,好比中国。中国有四万万人,好像是四万万个微生物,寄生在这块泥土里一样。"蒋"总统"听了,非常气愤。他走到桌子前面,把那块泥土分成八块,然后向日本教官说:"日本有五千万人,是不是也像五千万个微生物一样,寄生在这一小块泥土里呢?"日本教官没有想到中国学生里面,会有这样勇敢爱国的青年。一时面红耳赤,说不出话来。④

这个故事的原始版本出现于毛思诚(1873—1939)在1937年所著《民国十五年以前之蒋介石先生》,⑤并且也收录于由王升(1917—2006)所编的《我们的蒋"总统"》一书中。⑥当然,各类有关蒋介石生平介绍的书籍,包括日本人古屋奎二在1970年代所编写的《蒋"总统"密录》,⑦也都收录了此则故事。⑧对于一般大众而言,由于这个故事出现在小学教科书的时间如此久远,可以说成长于戒严时期之几个世代的台湾人,应该都对于此图文并茂的故事有深刻印象。

本研究无意去探讨该故事的真伪,而是引用此流传性甚广的故事以彰显所谓"中国有四万万人"的说法和意象,在近代中国国族论述想象中所扮演的鲜明角色。在上述故事中,当日本教官以四万万之众描绘中国人口,并将其丑化为四万万的寄生虫时,不管是年轻的蒋介石(在1906年)或者是阅读此故事的台湾青年学子(在20世纪下半叶),都"很自然"地立即明了他是针对中国人的集体形象加以羞辱。换言之,从20世纪初期以降,"四万万"的全中国人口数字早已经深入人心,"四万万人""四万万之众""四万万同胞"或"四万万中国人"等表述方式出现在各类型有关近代中国意象的文本中;尤其是在20世纪的前半叶,更是成为近代中国人在界定想象"我族共同体"人口疆界的代表性数字和符号。

但是,如果我们从长远的历史发展脉络的角度来解析此人口数字,我们将会发现其符号形成的复杂历史性以及其暧昧性。首先,对于当代的中国人而言,或许中国有"四万万人"的说法,是极其自然而且马上能够意会的描述,可是在19世纪末时,这样的说法都还是极其新鲜,甚至被部分人士视为荒诞不经的表述方式。例如在晚清反维新派的论著中,收录于1899年出版的《翼教丛编》的"湘省学约",即是将"四万万人"和"热力""支那""以太""黄种"等字眼,并列为"摇笔即来,或者好为一切幽渺怪僻之言",造成阅读者"阅不终篇,令人气逆"的现象。⑨由此可见,"四万万人"在现今的中文语境中,对于大众来说可谓是耳熟能详,被视为理所当然的情况,但在一百多年前仍是无法想象的事情。

其次,从单纯的字面意义而言,"四万万人"原先不过就是一个人口数量的表述符号;但是从晚清以降,它却渐次演变成为一个鲜明的国族符号,成为一个强调彼此命运相结、休戚与共的国族共同体的代号。在传统中国政治论述中,往往以"苍生百姓""黎民黔首""天下臣民"等广泛性字眼描述帝国体系下被统治的人民;相对而言,"四万万人"符号以明确的数字取代了上述泛约性字眼,从而以实际的数目划定了19世纪以降在国族国家(nation-state)的新世界体系中近代中国国族的人口疆界。⑩更重要的是,"四万万人"和其衍生的字眼等符号,不断出现在晚清时期强调唯有万众一心、全民总动员,方能和世界其他各国竞存之的"合群"论述中。这些名词(尤其是"四万万同胞")更是在晚清国族主义论述的挪用下,成为欲化四万万被统治之"臣民",为四万万具有参政自觉意识之"国民"的思想论述中,召唤每一个成员成为国家的主体,并产生与国家兴亡荣辱与共之认同情感的重要符号。⑪简言之,"四万万人"从原本不过是描述晚清帝国统治下的人口数字,最终转而为国族建构论述中具有兄弟之爱、荣辱与共的共同体意涵之国族代号。本文开端引述的谭嗣同(1865—1898)诗作中的

"四万万人齐下泪"意象，即很明显地展示出此种共同体想象的符号性质的情感要求——清帝国甲午败战的后果，不再只是一家一姓的清王室或是清政府所面对的政治困境，而是所有四万万的国族成员理应感同身受的集体耻辱。

诚如 Michael Billing 所指出，国族认同（national identity）形塑过程的一个关键议题，正是作为国族的"我们"（the national "we"）是如何被建构的，而这个被建构的"我们"又被赋予何种意义。⑫本研究所欲探讨、分析的主题即是与"四万万"相关的符号在近代中国国族认同形塑过程中所扮演的重要角色，以及基于"四万万"符号的中国国族认同因而具有哪些特色。我将检视"四万万人"想象论述发展的来龙去脉，检视它如何从 19 世纪末期开始，不再仅是讨论人口、税户等财政经济议题时才会出现的关于人口的字眼，而是伴随着方兴未艾的近代中国国族主义和国族想象论述发展，成为界定中国从过往专制君主的"天朝中心体系"，转化为以"四万万人"为主人翁的"万国中之一国"之重要国族符号。换言之，"四万万人"从一个清帝国统治下关于人口的粗估数字，在晚清时期尚被保守派人士视为是"幽渺怪僻"的新名词，却渐次演化为近代中国国族想象论述中的关键词，代表一种新的政治意识和政治要求的符号，更时常和正面或反面的集体意象连结，扮演召唤群体意识、激发共同情感、鼓吹国族认同的重要角色之复杂历史变化过程的解析乃是本研究的主题。同时我也将探讨此"数字化"的国族共同体想象模式，如何配合所谓"同胞"之血缘亲属想象符号，来链接形塑近代中国国族的高度同构型，我们将会发现近代中国国族共同体的想象中，新旧因子的混同与挪用的现象。最后，我也将以上述研究成果为基础，对于"四万万"的国族想象和其他近代中国集体想象意象，例如"一盘散沙""五族共和"等，彼此之间的矛盾和潜在的紧张性做一些尝试性的探讨。

二、从人口数字到国族符号

"四万万人"作为对于清帝国 19 世纪末时所统治人口数量的描述有其一定的历史依据,诚如薛福成(1838—1894)在 1891 年间所言:

> 今天下诸国人民之众,中国第一,英国第二,俄国第三,中国人数在四万万以外,大约四倍于英,五倍于俄;余因考二千年来,以汉平帝、元世祖、明神宗为户口最盛之世,然户多不逾一千二三百万,口多不过六千万以内而已。国朝康熙四十九年,民数二千三百三十一万有奇,乾隆五十七年,民数三万七百四十六万有奇,较之康熙年间,已增十三倍之多,道光二十八年,会计天下民数,除台湾未报外,共得四万二千六百七十三万余人,则阅时未六十年,又增一万一千九百余万人矣。自粤、捻、苗、回各寇迭起,弄兵潢池,人数几耗一万万有奇,迄今荡定之后,又已休养二十余年,户口颇复道光季年之盛。[13]

从引文中可见,薛福成认为他当时所处的 19 世纪末时清帝国所统治的人口数量,应和道光年间的人口统计最高数(四亿二千六百七十三万余人)相若,这是他以其间的战乱和人口增长趋势两项正负因素相互抵消后的估算结果。而薛福成也依据此估算的人口数(四万万以外)将中国和世界其他各国相比较,强调中国乃是世界人口数量为首的国家。梁启超(1873—1929)在其于 1902 年所著的《中国史上人口之统计》一文中,也提及"西人之称我者,动曰四百八兆,此道光二十二年料民之数也",同样提及道光年间的数据为四百余兆的流行说法之历史渊源。[14] 事实上,林则徐(1785—

1850)于1838年时论及鸦片所造成的经济财政祸害的文章中,也确切提到道光年间人口总数逾四万万。林则徐以吸食鸦片每人每年需费银三十六两,而做出如下的估算:"以户部历年所奏各直省民数计之总裁,不止于四万万人,若一百分之中仅有一分之人吸食鸦片,则一年之漏卮即不止于万万两。"⑮

由上述例证可见,就人口统计数字而言,"四万万人"并非一项晚清时期无中生有而发明之术语,而是依据道光年间的人口总数所推算出的数字,在晚清时期的论述中已有相当程度的流通性。王韬(1828—1897)在1883年所写的《欧洲各都民数》一文中,也言及中国总人口为四百余兆(亦即四万万多)而冠于全世界的现象,并且强调中国富强之道正在于要能善用其众:

> 四大洲中,林林总总,当不知其凡几,而欧洲不过二百数十兆,中国一国则得四百余兆,然则生齿之繁,莫如中国。以中国一国之人数,已可抵欧罗巴一洲而有余,岂不盛哉!如就地球四大国而计之,版图户口亦以中国为巨擘。俄罗斯方七十二兆里,户口七十五兆。英吉利方八十兆里,户口二百零九兆。合众国方三十兆里,户口三十二兆。中国方五十兆里,户口四百兆。是则天下诸邦人民之众,无有出于中国上者。顾有众尤贵能善用其众,则富强之术、保卫之方,可不亟讲也哉。⑯

从薛福成和王韬的论述脉络也可以看出,此四万万人口数字已成为晚清有识之士将晚清中国和世界其他各国相比较时的一项重要数据。而一般论者为求论述方便起见,往往取其整数(四万万)以言之,例如傅兰雅(John Fryer, 1839—1928)在1892年所著的《纺织机器图说》一文中,提到中国的人口数时即如此表述:"于二万万人设每人年需棉花中数三磅,则一年共享应六万万磅;又如中国有四万万人,则一年应共享棉花十二万万磅,可见中华产棉既多、用棉亦众。"[17]另外从 1861 年起即在中国长期传教的英国传教士慕雅德(Arthur Evans Moule, 1836—1918),更是直接以"Four Hundred Millions""四万万人"作为他在 1871 年出版的有关介绍中国和中国人之专书的主标题。[18](上述王韬《欧洲各都民数》一文中即是先言及中国人口有"四百余兆",但在文后也就是以中国有"户口四百兆"的整数来和欧洲各国人口数相比较。)

另一方面,诚如梁启超在上文提及的情况,在 19 世纪末期西方人有关中国的描述中,的确不乏以"400 millions"为基础来界定中国的人口数。例如 1896 年刊行于英国《泰晤士报》(The Times)的有关中国税收和资源的一篇文章,即以类似上述薛福成的估算法,认为中国人口在当时约有道光年间所达到的四万万人(four hundred millions)。[19]此外,曾经在晚清时期风靡中国知识界之"中国人种西来说"的作者,亦即法国知名学者 A. Terrien de Lacouperie(1845—1894)即在其 1880 年间所刊行的演讲稿中,推估中国的人口数时为"400 to 420 millions"之间。[20]

从以上例证可以看出,虽然严格来讲,以四万万人来界定清帝国的人口总数只是一种推估且不精确的说法,但是在 19 世纪下半叶的中外论述中,这样的说法具有其普遍性。[21]可是如果此一数字仅止于论及当时中国人口数量偶尔运用的字眼,而且它的由来本身又有一定的中国传统历史依据,它应当不致于引发如前述《湘省学约》中所呈现的强烈的反感情绪。它之所以成为保守派人士眼中的"幽渺怪僻之言",恐怕正在于从 19 世纪末期,尤其是 1890 年之后,诸多倡导革新变法的政治论述(即使其论述主旨并非着眼于人口、税收等议题)中,即经常引用"四万万人"及其衍生的"四万万之众/四万万同胞"等符号于其中。更有甚者,如同前述所引用的《革命军》所展示的,此"四万万"字眼也不断出现于反满革命的文宣中。

的确,被《湘省学约》作者斥为当时传播异端邪说代表人物的康有为(1858—1927)和梁启超师徒二人,对于"四万万人"一词在晚清以降的流行扮演了重要推手的角色。以康有为而言,其在1888年所著的《上清帝第一书》中,即以"地方万里之大,人民四万万之众,物产二十六万种之多"的陈述,向光绪皇帝(1871—1908)强调清中国乃是一个广土众民之国的现况。㉒之后,康有为在他一系列上书皇帝的论述中,一再运用"四万万之民"㉓"民籍四万万"㉔"人民四万万之多"㉕"四万万淑秀之民"㉖"四万万人"㉗等语词,凸显清中国面对列国竞争的国际局势时所具有的人口数量上优势。例如他认为:"夫以欧洲十六国,合其人数,仅二二万,我乃倍之,以二千万练兵,加数百艘之铁舰,扬威海外,谁能御之?"㉘并且他以日本作为对照,认为其"人民、土地不能当中国之十一",但却能勇于变法而能达到富强之境,相形之下,"中国地方二万里之大,人民四万万之众,物产二十六万种之多……此地球各国之所无,而泰西诸国之所羡慕者也",若能立志变法革新,则必定能收到超越日本的成效。㉙他力陈清朝廷不以变法以鼓舞民气乃是"有四万万之民,而不善用之也"的说法,也正和上述王韬所强调的"善用其众"的论述若合符节。㉚

虽然在这些《上清帝书》中,康有为一再强调皇帝应善加运用作为一种强大的人力资源之"四万万人",但是同时康有为也提醒皇帝应留意如何促使四万万人万众一心团结合作,并达成君民同体休戚与共的局面。在其《上清帝第二书》(亦即著名《公车上书》)中,康有为除了一再提及"四万万人"外,还提醒光绪皇帝:

皇上举此经义,行此旷典,天下奔走鼓舞,能者竭力,富者纾财,共赞富强,君民同体,情谊交孚,中国一家,休戚与共。以之筹饷,何饷不筹?以之练兵,何兵不练?合四万万人之心以为心,天下莫强焉!然后用府兵之法,而民皆知兵,讲铁舰之精,而海可以战。于以恢复琉球,扫荡日本,大雪国耻,耀我威棱。㉛

所谓"中国一家,休戚与共""合四万万人之心以为心"的君民同体万众一心的"合群"主张,可谓是晚清维新思想的一个普遍关怀。康有为在《上清帝书》中似乎乐观地认为,如果皇上能够登高一呼,四万万人团结合群的局面也能水到渠成,进而使清中国称霸世界。同样地,陈炽(1855—1900)在其1894年所撰《保甲》一文中,也运用"四万万人"的符号来论辩合群的重要性,他也乐观地认为:"君臣一德,官府一体,上下一心,如身使臂,如臂使指,合中国四万万人之精神才力,共图一自强之策,虽并吞四海无难也,而何畏乎英俄?何忧乎船炮?"㉜有趣的是,郑观应(1842—1922)在同一年有关议院(议会)制度的讨论中,也运用了几乎相同的论调和语汇,认为以代议制方能使下情上达得到合群之效:"中国户口不下四万万,果能设立议院,联络众情,如身使臂,如臂使指,合四万万人之众如一人,虽以并吞四海无难也。"㉝

可是要促使四万万人合群合力并且达成富国强兵之目的,在晚清的现实情境中终究未能出现有如上述诸论述所描述的乐观情景。相反,晚清帝国面临的内外困境,令有识之士不时有"恨铁不成钢"之叹。郑观应在1893年间讨论礼仪问题时即感叹:"呜呼!此我中国上下四万万人群相见以伪,而至成今日之衰弱也。"㉞而在历经清中国的甲午惨败后,这种强烈抨击全国上下皆伪的怨愤之情,也在曾经相信清中国能够复兴而无畏于英俄的陈炽的著作中表露无遗。其在1897年以"瑶林馆主"之名发表于《时务报》的

《贵私贵虚论》中,描述清中国的现况为:"上之视下也如土芥,下之视上也如寇雠。寖至盈天下四万万人各怀其私、各行其私、各是其私,而中国四万万私人遂成四万万私国,任听他人欺凌狎侮、鞭笞捶扑而俯首帖耳无可如何矣!"㉟陈炽甚至在其结语中悲观地认为中国当时已因全国上下相欺瞒而陷入危险之境:"嗟呼,中国地大物博人稠,君民上下以虚相蒙,以私相遁,至于此极。而忽有他人以甚公之政治法律出而临之,以甚实之精兵利械入而摧之,危乎!危乎!"㊱这种"四万万私人成为四万万私国"的情况,更导致中国在梁启超笔下成为"无国"的状态:"以故为民四万万,则为国亦四万万,夫是之谓无国。"㊲

从以上的论述例证我们可以看出,"四万万人"在晚清时期,特别是在1890年后的维新派思想论述中,已是经常被援引的符号,用来形容、界定清中国和其他各国相较下所具有的人口数量上的优势和特色。但是另一方面,这些论述也通常表露出一种不知如何才能真正团结此"四万万之众"进而达到富国强兵的焦虑。特别是在历经甲午败战之后,许多悲痛、失望之情溢于言表,难掩对于空有"地方二万里之大,人民四万万之众"的清中国却沦为列强恣意欺凌局面的不解和痛心。梁启超在其1898年间所著《戊戌政变记》中,可谓一语道尽当时许多忧国忧民者的心声:"吾中国四万万人,无贵无贱,当今日在覆屋之下,漏舟之中,薪火之上,如笼中之鸟,釜底之鱼,牢中之囚,为奴隶,为牛马,为犬羊,听人驱使,听人割宰,此四千年中二十朝未有之奇变。"㊳

在这一片苦思清帝国如何复兴自强,四万万人何去何从的各类论述中,如何能真正团结四万万之众,发挥其潜在的集体力量的思维中,除了上述一再被强调的为政者应善用"四万万人"的力量,以及主张君民上下应真诚以对的合群论述外,一种主张四万万之人应该具有"共享国权"的可谓现代国民意识的论述也开始浮现。而反维新派人士之所以对于"四万万人"一词极度反感,除了因为它是上述维新派思想论述中经常引用的字眼外,恐怕主要是因为"四万万人"的符号也时常出现在主张设议院(例如前述的郑观应的论点)和其他宣扬"民权"的论述中。㊴例如唐才常在论及如何能使全中国之人均成为"耻国耻,事国事,权国权"的为国奔走甚至不惜牺牲性命的仁人志士的文章中即明言:"夫吾中国以四万万人而国者也,吾既为四万万人中之一人,则剖国权为四万万分,吾即有其一分,而可以揩拄之维持之,宁复有鹿挺而走、鱼烂而亡者?"㊵这种强调由全国四万万人分享国权才能保国的思想,在康有为于百日维新期间的奏折《请君合治满汉不分折》之君主立宪、三权分立等制主张中更是表露无遗。康有为在此奏折中承继他在《公车上书》中君民合心合体之思想,进一步指出西方各国和日本能够达到君民合心合体,正在于"立宪法以同受其治,有国会以会其议,有司法以保护其民,有责任政府以推行其政"的制度使然,㊶他因此力主清光绪皇帝:

> 若圣意既定,立裁满汉之名,行同名之实,则所以考定立宪国会之法,三权鼎立之义,凡司法独立,责任政府之例,议院选举之法,各国通例具存,但命议官遍采而慎择之,在皇上一转移间耳。合举国四万万人之身为一体,合四万万人之心为一心,其谁与吾敌,而岂复四顾旁徨,胆畏邻敌哉?㊷

在晚清维新变法的思想界中,这种不再仅仅强调四万万人是君主所应善用的广大人力资源,而是转而关注四万万人必须成为具有自觉意识的国民,进而共同承担国家兴亡责任的新思维之灵魂人物乃是梁启超。坊间关于梁启超对于"现代国民"意识形塑的思想贡献已有不少深入的研究,可是论者所未深究者,乃是梁启超在推动关于"国民"的新思维的同时,其实对于"四万万人"成为近代中国国族代表符号的历史转折具有关键作用。[43]如同其他维新思想家一样,梁启超在其著作中也经常使用"四万万人"符号来描述中国的人口总数现状,或是运用此符号在强调合群的重要性论述上。例如在《戊戌政变记》中,除了上述所引述之"吾中国四万万人……在覆屋之下"的描述外,梁启超也多处运用如"做贰臣不得,做僧不得,死而蹈东海不得,吾四万万之人,吾万千之士大夫,将何依何归何去何从乎""果能合四万万人,人人热愤,则无不可为者""嗟夫!吾中国四万万人,为四万万国之日盖已久矣"等等和当时可谓已是老生常谈的有关运用"四万万人"符号表达的类似论述。[44]但最值得注意是,在此作品中他也开始运用了他所创发的"四万万同胞"来描述他心目中的中国国民:"枝枝节节,畏首畏尾,而自以为温和焉,而我终无振起之时,而我四万万同胞之为奴隶,终莫可救矣。"[45]

从目前所掌握的历史文献推断,梁启超极可能是近代中国历史上第一位明确以"四万万同胞"一词来描述他一心所欲召唤的具有现代国民意识的中国国族,并大量运用此一新字眼在他的诸多著作之中。在梁启超历经戊戌政变的挫败后,他对于中国改革图强的希望开始转向如何将"臣民"转化为"国民"的努力上。也正是在这样的历史背景下,梁启超开始大量运用此符号于其著作中。在1898年底所撰之《〈清议报〉叙例》一文中,梁启超誓言"联合同志,共兴《清议报》为国民之耳目,作维新之喉舌",并以感性的语句召唤:"呜呼!我支那四万万同胞之国民,当共鉴之。"[46]此处梁启超明确将"四万万同胞"符号和他当时从日本思想界借来的观念"国民"相连结;而在中国国境之内,"四万万同胞"正是梁启超念兹在兹全心要召唤的中国现代国民的国族集体代号。

晚清以降运用"同胞"以界定国族成员彼此关系的论述,和所谓"黄帝为共同始祖"之说的兴起二者之间有密切的关联性。诚如沈松侨和周启荣的研究所指出，晚清国族主义论述的一个特色，即是将中国国族形塑为一个由血缘纽带凝聚而成的亲族团体，亦即一个扩大化的家族。㊼换言之，近代中国国族论述想象在以"黄帝始祖"的前提下，将能够为家族/宗族之故不惜牺牲一切的"同胞之爱"的家族成员关系，扩大了"同胞"的原始意涵，进而将原本平铺直叙式（甚至可谓是"冰冷的"数字表述）之国族共同体中的"四万万人"，转为具有任何人为力量也无法加以切割和改变的血缘关系之"四万万同胞"。

此外，梁启超于1899年所撰《尊皇论一：论保全中国非赖皇上不可》一文中，先以"自甲午以前，吾国民不自知国之危矣"破题，随后描述在甲午之后忧国志士纷纷而起议论时政但莫衷一是，因为"当时四万万人未有知皇上之圣者"，再以"同胞"和"国民"的字眼反复强调爱国心对于保国的重要性，同时也强调光绪皇帝的角色的不可或缺，最后强调人人均需竭力急君父之难："人人心此心，日日事此事，中国将赖之，四万万同胞将赖之。"㊽在此文中我们可清楚地看出，"四万万人"这一概念从过往主要是被谈论如何运用或合群的人群，转而为具有自觉意识且关怀国家大事，从事国政思维的现代国民（"四万万人未有知皇上之圣者"）。而"同胞""吾国民"，和"四万万人""四万万同胞"可谓是彼此可互换的同位语，明确地成为梁启超心中中国国族的代名词。

梁启超在其1899年所著之《爱国论》中，即明言"爱家之情"的亲属兄弟情谊之爱正是"爱国之心"的根本，而唯有将团结爱家之心化而为爱国之心才能真正发挥四万万人的集体力量：

  爱国心乌乎起？孟子曰："吾弟则爱之，秦人之弟则不爱也。"惟国亦然，吾国则爱之，他人之国则不爱矣。……譬之一家然，凡子弟未有不爱其家者，盖以为家者吾之家，家事者吾之事也；凡奴隶则罕有真爱其家者，盖以为家者主人之家，家事者主人之事也。故欲观其国民之有爱国心与否，必当于其民之自居子弟欤自居奴隶欤验之。凡国之起，未有不起于家族者，故西人政治家之言曰：国字者，家族二字之大书也。其意谓国即大家族，家族即小国也。君者，家长、族长也；民者，其家族之子弟也。……故西人以国为君与民所共有之国，如父兄子弟，通力合作以治家事，有一民即有一爱国之人焉；中国则不然，有国者只一家之人，其余则皆奴隶也，是故国中虽有四万万人，而实不过此数人也。夫以数人之国，与亿万人之国相遇，则安所往而不败也。㊾

梁启超这一篇作于1899年的《爱国论》不仅是表述他对于现代国家和国民意识认知的重要代表著作，若以“四万万”人口符号在近代中国思想发展的变化而言，这一篇文章更是充分展现此符号在近代中国国族建构过程中扮演的多重和重要角色，可谓是此符号意涵演变的一项重要里程碑。如果以音乐作品将之譬喻，将此文形容为“四万万”主题变奏曲亦不为过。它的几项特色值得我们深入探讨分析。首先，在这一篇充满情感语调的约9 000字的文章中，梁启超总共使用了11次和“四万万”相关的字眼（包含一次使用“我国蚩蚩四亿之众数，千年受治于民贼政体之下，如盲鱼生长黑壑，出诸海而犹不能视”形容中国人口数）。㊿在这些“四万万”的符号之中，有以“四万万人”人口数形容中国的行文，如“中国则不然，有国者只一家之人，其余则皆奴隶也，是故国中虽有四万万人，而实不过此数人也”；(51)也有强调有如家族兄弟情谊的“四万万同胞”之符号，以及和清皇帝对称时所使用的“万万同胞之臣民”，而出现次数最多（共5次）的则是语带强烈感情的“我四万万同胞”。

其次，和其他过往论及"四万万人"的政论文章相较，梁启超在本文通过运用"我四万万同胞"的符号不断向读者喊话，他将"自我"和"四万万同胞"相结合的我四万万同胞之"群我一体"的表述方式，更是将强烈要求将个人和集体国族密不可分相结合的认同情感发挥得淋漓尽致。藉由这样的行文方式，他传达出一个强烈的讯息："四万万人"不再仅仅是政论文章中有关中国人口数的描述，或是强调"合群"时是被言谈的一个被动客体，相反地，每一位阅读此篇文章的读者，在阅读的当下立即能意会到自己以及作者（梁启超）和其他千千万万无数匿名的读者，正是"我四万万同胞"所组成的"我族共同体"的每一个不可分割的成员，必须作为思考感受的主体，而共同与梁启超一同来深自反躬自省何以"我们四万万同胞"没有爱国性质，没有如西洋诸国之人有爱国意识，以至于被为外人所讥笑。简言之，梁启超在读者大众已经相当熟悉的中国人口数字（四万万）的集体想象的认知基础上，以"我四万万同胞"符号强调四万万成员彼此之间的血脉关系，形塑、强化集体认同感，从而建构他心目中具有现代国民意识的中国国族。

此外，正如同 Bendedcit Anderson 所提示的国族想象论述的一大特色——国族虽是现代的产物，但是它总是被描绘成一种具有悠久历史的共同体[32]——在梁启超笔下的"四万万同胞"已不再仅是19世纪时清中国所估算统辖的人口数（四万万人）的另一种称谓而已，而是现代国族建构想象下具有共同历史且同为血缘姻亲的"我族"的具体称谓。也正因为如此，我们也就不难理解何以梁启超可以"很自然"地写到"四万万同胞，自数千年来，同处于一小天下之中"而根本不会去质疑"四万万"的人口数，[33]其实只是特定历史时间点上粗估的一个人口数字，或是去自我质疑同胞之爱的国族想象本身也是现代思潮的产物。梁启超此种召唤国族的用心在该文第一段即表露无遗：

泰西人之论中国者，辄曰：彼其人无爱国之性质。故其势涣散，其心恧懦，无论何国何种之人，皆可以掠其地而奴其民，临之以势力，则贴耳相从；啖之以小利，则争趋若鹜，盖彼之视我四万万人，如无一人焉。惟其然也。故日日议瓜分，逐逐思择肉，以我人民为其圉下之隶。以我财产为其囊中之物，以我土地为其版内之图，扬言之于议院，胜说之于报馆。视为固然，无所忌讳，询其何故？则曰支那人不知爱国故。哀时客曰："呜呼！我四万万同胞之民，其重念此言哉！"㊾

在全篇痛陈中国人甘为奴隶，无爱国心、不知国耻的论述中，梁启超总共四度重复了上述泰西人"曰支那人不知爱国故。哀时客曰：'呜呼！我四万万同胞之民，其重念此言哉！'"的结语（但在后续的三次复述中，以"支那人无爱国之性质"取代"支那人不知爱国"的表述方式），包含在全文末段再以此段充满感情的呼吁总结全文并和文章首段前后呼应。㊿我们可以清楚地看见，梁启超以此主题不断再现的说之以理和动之以情的论辩方式，通过"我四万万同胞"符号的声声召唤，使得"四万万同胞"和"黄帝子孙"符号一样，终于成为在日后具有深远历史影响的国族想象认同的符号。

从历史发展变化的角度而言，以"四万万人"为基本形态的"四万万"人口论述想象符号家族，可以说从1898年后，正式增添了"四万万同胞"的新成员；自此而后，不论是康有为或梁启超，以及其他晚清思想家，例如上文提及的邹容（1885—1905）等，均不时在其论述中援引"四万万同胞"以及"四万万人"等符号来召唤其心目的中国国族。例如康有为在他1899年访问加拿大时所撰写的文章和演讲中，均不时出现"中国四万万之人""黄帝子孙""我四万万同胞"等词汇。㊱而梁启超在其著名的《瓜分危言》中，首先分析当时西洋列强瓜分中国的危机，虽然他忧心忡忡地认为此局面“决非数十年以前之可以优游幸度者,我四四万万同胞之国民,不知何以待之也”;但是在论述如何解除此危机时,他再度强调爱国心之起死回生之效:“我四万万同胞爱国之心团结之力是也。有之则生,无之则死。生死之间,系兹一发。呜呼!我同胞其念之哉。”(57)

1899年间,梁启超对于他所“新发现”的“四万万同胞”显示出无比的信心和高度的期待。在同一年间他所撰的《论中国人种之将来》一文中,梁启超首先表明此文一方面是应日本某政党之机关报之邀而作,另一方面也是要“告我四万万同胞”。他在文中强调中国人种将强之原因之一正是由于中国“人数众多”。他很明确指出:

> 中国人数众多,耐劳苦而工价廉,此白种劳力人之所最忌也。故其排斥之,不遗余力。然排斥者,白人自护其私耳,天下之大势,既日趋文明,即日趋于均平,固非一种之人之私心所能遏制也。以中国四百兆人之资本劳力插入于全世界经济竞争之场,迭相补助,然后畸轻畸重之间,不至大相悬绝,而社会上之危险,乃可以免免,此乃二十世纪全世界一大进化之根源,而天运人事必不可避者也。然则此进化之关键,惟我中国人种得而掌握之。(58)

在这里,梁启超关于中国人的集体论述,尤其是“人数众多,耐劳苦而工价廉”的评断,可谓和当时西方盛行之“黄祸论”中抵制华工输入的论断一致,而且更乐观、自信地认为全球经济进步的关键,正在于中国四百兆(四万万)人任劳吃苦的劳动力人口。(59)

另外,梁启超在1902年关于他所揭橥的“新史学”特色之讨论,也是以促使“我四万万同胞强立于此优胜劣败之世界”为目的。对梁启超而言,相对于有四大"弊病"(只知有朝廷知有朝廷而不知有国家,知有个人而不知有群体,知有陈迹而不知有今务,知有事实而不知有理想)的旧史学,他所鼓吹倡导的"新史学"正是能够"叙一群人相交涉、相竞争、相团结之道,能述一群人所以休养生息、同体进化之状,使后之读者爱其群、善其群之心,油然生焉"之民族主义史学,塑造所有"无老无幼、无男无女、无智无愚、无贤无不肖"的四万万之众成为团结爱国血脉相连的同胞国民。

晚清的反满革命论述,也迅即援用"四万万人/同胞"的集体符号,打造其以汉族中心为中心的国族想象论述。邹容在其著名的《革命军》中,运用了"四万万同胞""神州四万万众""我皇汉民族四万万男女同胞"等符号描述其心中的国族共同体。[60]他所谓的"四万万同胞"虽是以团结、号召汉族(我皇汉民族四万万男女同胞)起而投身革命排满和康梁的立场不同,但同样是运用"四万万人"符号呼唤、动员荣辱与共的集体情感。

孙中山(1866—1925)于晚清时期鼓吹革命之时,也不时以"四万万人/同胞"作为现代中国国族共同体的代称的说法。例如他1905年于东京宣扬共和革命的必要性的一篇演说中,即一再以"四万万同胞"作为要求:"若今日之中国,我们是万不能安乐的,是一定要劳苦代我们四万万同胞追求共和幸福的。""所以我们为志士的,总要择地球上最文明的政治法律来救我们中国,最优等的人格来待我们四万万同胞。""兄弟愿诸君救中国,要从高尚的下手,万莫取法乎中,以贻我四万万同胞子子孙孙的后祸。"[61]当时这种以"四万万同胞子孙"字眼做为号召的要求,已散见于20世纪初反满革命的各类型论述中,成为中国国族共同体的代名词。1903年匪石(1884—1959)所撰写的《中国爱国者郑成功传》,在哀痛中国自明灭亡后即沦为不堪之境的叙述中,他即以感伤的语调痛陈:"所谓中国本部二万万面积之土地,乃为博物馆历史部之名词,而所谓自黄帝以降所妪育娇爱四万万之子孙,乃为博览会人类参考馆之陈列品而奄奄以病! 以群病!! 以死! 以群死亡!! ……呜呼,其能勿哭? 其能勿哭?"⁶²另一方面,这种"四万万同胞"的共同体想象,不仅出现于革命宣传或政治议论中,甚至在消费市场的广告上,都以其为号召对象。例如标榜有琼森功效的"养生液"广告即明言:"此药一出,俾我四万万同胞服之,皆得盛其气、旺其血,以强其种。汝见不数年后,不能于(与)白种人竞争此世界哉? 此予之所厚望也。"⁶³这些例子都再再证明"四万万"的国族想象已在近代中国的思想意识中,成为极其"自然"的现象。

此种集体要求方式在日后更是屡见于近代中国召唤全体国民团结一致对外抗敌的文宣论述中,例如抗日战争时期著名的爱国歌曲《黄河大合唱》和《长城谣》的歌词中,均很"自然"地以"四万万同胞"来要求集体抗敌的团结情感。⁶⁴1931年"九一八"事件后,一首流传至今的《抗敌歌》的歌词明显地呈现出上述"四万万同胞"的符号魅力,以及它在近代中国国族想象的重要地位:

中华锦绣江山谁是主人翁? 我们四万万同胞!
强虏入寇逞凶暴,快一致永久抵抗将仇报!
家可破,国需保,身可杀,志不挠!
一心一力团结牢,努力杀敌誓不饶。努力杀敌誓不饶!

中华锦绣江山谁是主人翁? 我们四万万同胞!
文化疆土被焚焦,需奋起大众合力将国保!
血正沸,气正豪,仇不报,恨不消!
群策群力团结牢,拼将头颅为国抛。拼将头颅为国抛!⁶⁵

在这两段要求"四万万同胞"起而捍卫"中华锦绣江山"的简短有

力歌词中,"家可破""身可杀"的警语,充分显示出"同胞"的终极效忠对象是国家,而非原先界定"同胞"本意的家族/宗族。为了保存"四万万同胞"的大家族(国家),个人的身家性命都是可以牺牲的。另一方面,这首不断以外敌(日本)入侵来激发团体的高度危机意识的流行,似乎印证了 Freud(1856—1939)关于集体仇恨意识对于团结心理的必要性:"It is always possible to bind together a considerable number of people in love, so long as there are other people left over to receive the manifestations of their aggressiveness."⑱(要将为数可观的人以爱团结在一起是永远可能的,只要有另外一群人被用来承受前者们的侵略表现。)

以上的种种论述例证都再再呈现了由"四万万"人口数字衍生而出的"四万万人""四万万同胞"等符号,在近代中国国族论述想象中的重要地位。但是如果我们再细究各种运用"四万万人"相关符号的论述,我们将会发现有关"四万万人/同胞"的种种论述想象,有两项具有深远历史影响力的思维逻辑特色必须先加以仔细厘清。首先,当"四万万人"不再仅仅是中国人口数字的表述,而是代表中国人民群体的符号时,它很容易形塑出一种高度同构型群体的假象。晚清强调万众一心团结合作的"合群"论述,本来就带有强烈的要求"整体皆应如此"的全称式思维倾向,因而经常呈现出全称式的正反面极端对比的"四万万人"意象。具体而言,这样的应然要求有时会投射出"整体已是如此"的表述方式,例如谭嗣同的"四万万人齐泪下"意象,即是典型地将四万万人形塑为全都是关心国是而且因而会黯然神伤的仁人志士;同样的,梁启超殷殷期盼四万万人皆已在为国事忧心忡忡的理想,也投射在其笔下所谓"四万万人未有知皇上之圣者"之情景。另一方面,相对于这种可谓是乐观性思考的"整体已经如此"的表述,另一种经常出现的情况乃是论者往往在应然和实然之间、期待和现实之间有高度落差的心理冲击下，提出了"全体皆非如此"表述。例如在原先期待四万万人能合群的希望落空后，陈炽所描述的"天下四万万人各怀其私，各行其私，各是其私"的景象，以及郑观应的"中国上下四万万人群相见以伪"的说法，均是这种"整体皆非如此"的思维的典型产物；梁启超笔下"以故为民四万万，则为国亦四万万，夫是之谓无国"也是此种全称否定论述模式的产物。

其次，伴随上述这种可谓"全体非黑即白"思维模式的，乃是另一种越来越倾向对于"四万万"符号所代表的群体，采取（essentialist）论述方式定位其所谓集体本质的论述模式。[67]具体而言，即是将所谓"四万万人"视为具有根深蒂固的特定性质，甚至是生理上之共同特征的群体，并据此对其进行整体分析或批判。平心而论，晚清关于中国何以无法团结一致、万众一心的议论中，并非没有出现将此万众无法团结的现象归罪于外在制度的想法。例如前述康有为《请君合治满汉不分折》的中心论点，即认为四万万之人之所以不能合群，其原因正在于中国缺乏如西方之完善的政治制度。可是，在检讨四万万人不能合群的"病因"时，更多的论述转而将批评的矛头直接指向四万万人本身所共有的基本特质，认为这些特定本质正是一切政治社会问题弊病的根本来源。陈炽和郑观应直斥四万万人"各怀其私"或"以伪相见"的说法，可谓是在传统道德模式下对于"四万万人"本质的集体道德指控；相对而言，梁启超借西人之口所感叹、讥讽的"四万万人无爱国之性质"之说，则可谓是另一种基于现代国民意识的对"四万万人"本质之集体批判。简言之，这种以所谓"四万万人"共同的本质做为严厉批判的目标，将其视为中国何以无法脱离困境的根本原因的集体"四万万人"本质之论述，盛行于近代中国民族主义的思潮推崇所谓全体国民为国家真正的主体和主人翁之后的情况，可谓是一个相当反讽的历史发展。[68]

职是之故,在上述可谓是"全称式"和"本质主义式"的两种思维模式的推波助澜之下,"四万万人"或"四万万同胞"作为一种国族符号,无论其所形塑的面貌是正面的或是负面的,往往都是在召唤和形塑具有高度同构型的国族共同体。例如当梁启超大声疾呼他心中理想的"四万万同胞"要共同学习本国史学时,他所要召唤的国族即可谓是"本质主义式"思维的产物。梁启超在此处要召唤的国族认同(national identity)是由一种高贵的性质(爱国心/爱国意识)所界定的,而这个国族认同价值位阶是超越、凌驾于任何各种社会性别区分团体(如老幼男女、智愚、贤不肖等)所可能形塑的任何特定认同。这种思维逻辑的一个可能发展,即是以特定的所谓"根本特质"来界定国族认同,并特意忽视各个次级社会团体之间乃至各个个体彼此之间的差异性,以及刻意淡化各个次级社会团体认同对于每一个不同个体的意义和重要性。此外,当在现实中这个具有所谓正向理想特质的高度同构型国族始终未能出现时,在前述"全称式"思维的作用下,各种针对所谓"四万万人本质"的全称否定论述也就纷至沓来。这也正说明何以梁启超一心要唤醒而且高度期待的具有"爱国性质"的"四万万同胞",也在他后续的论述中,不时被他自己在痛心疾首的情况下所形塑的极为负面的集体形象(例如下文将提及的"四万万禽兽")所全面否定。这一类可谓同样立基于"四万万"人口数字的负面共同体想象的形塑,也正是我们要进一步探讨的课题。

三、少年中国 vs. 老大身躯

梁启超在1902年时提出了著名的《少年中国说》,他以当时西方诸国已是"国民国家"(nation-state)之典范代表为标准,界定了当时的中国乃是处于"少年时期":

> 欲断今日之中国为老大耶,为少年耶? 则不可不先明"国"字之意义。夫国也者,何物也? 有土地,有人民,以居于其土地之人民,而治其所居之土地之事,自制法律而自守之;有主权,有服从,人人皆主权者,人人皆服从者。夫如是,斯谓之完全成立之国。地球上之有完全成立之国也,自百年以来也。完全成立者,壮年之事也;未能完全成立而渐进于完全成立者,少年之事也。故吾得一言以断之曰:欧洲列邦在今日为壮年国,而我中国在今日为少年国。⑥

梁启超的说法反映了当时许多青年知识分子"近代国家意识"的觉醒。例如陈独秀(1879—1942)也曾自我解析他自己是在八国联军之后才晓得:

> 世界上的人,原来是分作一国一国的,此疆彼界,各不相下,我们中国,也是世界万国中之一国,我也是中国之一人,一国的盛衰荣辱,全国的人都是一样消受,我一个人如何能逃脱得出呢? 我想到这里,不觉一身冷汗,十分惭愧。我生长二十多岁,才知道有这个国家,才知道国家乃是全国人的大家,才知道人人有应当尽力于这大家的大义。⑦

尽管梁启超反复宣扬中国是"少年国家",我们却可以看出他一再再地感到此"少年中国"和所谓"老大帝国"的刻板印象产生纠结不清的情况。一方面,从"近代国民意识"的标准而言,梁启超一再以正向、开朗的词汇表达对于"少年中国"的高度期许;可是另一方面,梁启超又以"夫以如此壮丽浓郁、翩翩绝世之少年中国,而使欧西、日本人谓我为老大者何也"的他者视角,自我质问何以中国会沦为列强眼中的老大腐朽之国呢? 换言之,"少年中国"似乎始终无法摆脱"老大帝国"的阴影。为何会如此呢？关于此一问题，梁启超在此篇文章中乃是以"则以握国权者皆老朽之人也"作为解答，认为"造成今日之老大中国者，则中国老朽之冤业也；制出将来之少年中国者，则中国少年之责任也"，并且以"非眼盲，则耳聋，非手颤，则足跛，否则半身不遂也"，"一身饮食、步履、视听、言语，尚且不能自了，须三四人在左右扶之捉之，乃能度日"，"脑髓已涸，血管已塞，气息奄奄，与鬼为邻"等，⁷¹来形容这些掌握国政权力之人的身心腐朽状态，进而解释当时中国何以既是"少年中国"（就国民意识而言），又是"老大帝国"（就国力衰败而言）。

可是在梁启超同年所发表的《新民说》中，梁启超对于中国何以是衰败的老大帝国的原因则有了相当不同的看法。他不再将责任仅仅归咎于掌握国政权力之人的身心腐朽状态，而是认为中国全体众民皆有罪责：

> 中[国]人不讲卫生，婚期太早，以是传种，种已孱弱，及其就缚之后，终日伏案，闭置一室，绝无运动，耗目力而昏眊，未黄耇而駘背；且复习为娇惰，绝无自营自活之风，衣食举动，一切需人；以文弱为美称，以羸怯为娇贵，翩翩年少，弱不禁风，名曰丈夫，弱于少女，弱冠而后，则又缠绵床笫以耗其精力，吸食鸦片以戕其身体，鬼躁鬼幽，跦步歆跦，血不华色，面有死容，病体奄奄，气息才属：**合四万万人，而不能得一完备之体格。呜呼！其人皆为病夫，其国安得不为病国也！**⁷²

在此论述中，梁启超眼中的老朽之人，已不再仅仅是当官执政者，而是他早在数年前即已常常论说的"中国四万万之众"，和曾经寄予厚望的"四万万同胞"。⁷³此处关于四万万人的描述，和他前述《论中国人种之将来》一文中关于中国人种的体格能力的正面评价可谓有天壤之别。他先前所殷切期待的能够承担复国大任的"四万万同胞",终究无法从"老大帝国"的各种生活积习、陋习中脱胎换骨,反而显现出不忍卒睹的"**合四万万人,而不能得一完备之体格**"的局面。

从思想发展的脉络看来,梁启超有关四万万人身体的极端负面的评价,不管在内容上还是在论述的手法上,都可谓承继了先前蔡锷(1882—1916)和张之洞(1837—1909)的相关论述。更值得注意的是,蔡锷和张之洞的论述也都明显地运用"四万万人"的符号来开展其论述。张之洞在1897年时即以反讽的语法,陈列各种不良行为(缠足、吸食鸦片)对于中国人体质的祸害,进而哀叹"**中国果真有四万万人哉**":

> 今世士君子为中国谋富强、计安危者,会中国民数,率皆约四万万人。呜乎,中国果有四万万人哉!山泽民数,阴阳不齐,以男女各半为通率,禹迹九州之内,自荒服狭乡极贫下户外,妇女无不缠足者,农工商贾畋渔转移职事之业,不得执一焉。或坐而衣食,或为刺绣玩好无益之事,即有职业者,尪弱颓侧,跰蹰却曲,不能植立,不任负戴,不利走趋,所作之工,五不当一(机器纺织布局,司机者一人常管数机,须终日植立奔走,缠足者不能为也;机器缫丝局其司盆者,亦须久立,缠足者亦不便),与刑而废之,幽而禁之等。是此四万万人者,已二分去一,仅为二万万人。男子二万万,其吸洋药者,南北多寡相补,大率居半,又十分去五,仅为一万万人。此一万万人中,其识字读书有德慧术智者,十人中止二人,又十分去八,仅为二千万人。以中国幅员之广,而所资以出地产,尽人巧,上明道术,下效职事,旁御外侮,其可用之民仅如此,裁足当日本之半,甚矣其危也。[74]

蔡锷于1902年间所著的《军国民》中,对"四万万人"体质的集体批判,也是以"四万万人"作为公分母,进而对于各类人群一一加以批判:

> 体魄之弱,至中国而极矣。人称四万万,而身体不具之妇女居十之五;嗜鸦片者居十之一二;埋头窗下久事呻吟,龙钟惫甚而若废人者居十之一。其他如跛者、聋者、盲者、哑者、疾病零丁者,以及老者、少者,合而计之,又居十分之一二。综而核之,其所谓完全无缺之人,不过十之一而已。此十分之一中,复难保其人人孔物可恃。以此观之,即欧美各强弃弹战而取拳斗,亦将悉为所格杀矣。⑮

张之洞与蔡锷有关"四万万人"身体的集体批判论述,虽然时间上相隔约有五年,但是不仅彼此批判内容大同小异,更重要的是,二者均以"四万万人"人口集体想象作为其论述框架的起点,而且藉由一一削去各类人群的论述手法,达到了可谓是本质性论述的效果:四万万人表面上虽然似乎有性别、职业、年龄等种种类别上的差异性,但实质上却是几乎没有差异性的高度同构型(病弱身躯)共同体。换言之,尽管他们所要强化的是一种集体负面形象,但同一时间他们的论证方式也再一次加深了"四万万人"乃是具有高度同构型的群体的意象。

由此观之,如同所谓"四万万个微生虫"故事以及前述所谓"四万万人皆为病夫"的论述所昭示的,"四万万"的人口数字也可以和相当负面的形象连结而形成负面的集体国族形象。然而有趣的是,如果说1906年"微生虫"故事的负面比喻是外敌(日本人)的恶意产物,而且"微生虫"尚且是现代生物医学知识观念架构下的产物(故事中所述这个比喻出自一位教卫生学的日本教官),所以读者要能感受其负面的意涵,还得要稍具现代科学知识;但是一般的广大读者可能不熟知的是,其实在更早之时,中国思想界本身早已出现以四万万负面意涵符号论述中国人集体形象的情况。除了上述的"病夫"形象外,梁启超也在其著名的《新民说》之"论权利思想"一节中,以他所理解的罗马法中奴隶等同禽兽的观念,运用"四万万禽兽"的负面比喻,斥责中国人缺乏权利思想之现象。梁启超在此文中首先论说禽兽仅知保全生命,而人类则有保全生命和保权利两种责任。因此人若是不知保全权利,则丧失了为人的资格"而与禽兽立于同等之地位"。他也因而以论理学(逻辑学)的论辩方式,支持罗马法中将奴隶与禽兽等同的说法("以论理学三段法演之,其式如下:无权利者禽兽也。奴隶者,无权利者也。故奴隶即禽兽也")。基于如此的认知前提,梁做出了以下的结论:

> 吾见夫全地球千五兆生灵中,除印度、非洲、南洋之黑蛮外,其权利思想之薄弱,未有吾国人若者也。孟子有言:"逸居而无教,则近于禽兽。"若取罗马法之法理,而以论理解释之,则岂惟近法而已?一国之大,而仅有四万万禽兽居焉,天下之可耻,孰过是也?我同胞其耻之乎?[76]

梁启超对于中国人不知权利思想之重要的现象,认为孟子的"近于禽兽"尚不足以形容其可悲之状,因而借罗马法的说法,形塑出"四万万禽兽"的负面集体形象。由此可见,在晚清以降中国自身的思想文化界内,以"四万万"符号召唤国族集体意识的论述也不乏特意强化的极端集体负面形象,藉而激发集体的自省甚或羞愧意识。例如麦孟华(1875—1915)在1900年时即痛言中国全国为"奴隶之国"——"父训其子、兄诏其弟、师教其徒、友教其朋,无不以奴隶为宗旨,——乃至举其国为奴隶之国,而外人遂以有奴隶性质唾贱我四万万之人"——可谓是中国思想界中"四万万"负面国族符号的醒目代表。⑰

这种负面的"四万万人皆为奴隶"的论述想象,在章士钊(1881—1973)1903年发表的《箴奴隶》一文中,更以醒目的图文并茂的可谓"四万万人分类表"的方式呈现。章士钊表面上洋洋洒洒地列出四万万人中各类不同的人群(男女性别项目的大分类下,又有各类如公私奴仆、官吏、兵勇等不同社会人群的分类),但实际上却采用类似前述张之洞和蔡锷的一一削去法的论述策略,在仔细论证每一种人群的实际情况后,他得出一个反讽的结论:除了少数盗贼之外,中国举国上下可谓无一不是奴隶。另一个颇具深意的对比是,章士钊也和梁启超一样提到了罗马法中视奴隶为禽兽的说法,但他悲观地指出禽兽被侵侮后尚知起而作势反抗,而中国人则根本不知起而抗争,所以是"非禽非兽的奴隶",是为"二十世纪之大怪物"。⑱由此观之,章士钊此种说法和梁启超的"四万万禽兽"之说虽然状似相左,其实无非都是欲借极端的负面集体形象来激发四万万人的集体耻辱感。此外,邹容的《革命军》虽然一方面推崇"我皇汉民族四万万男女同胞"为具有高贵资质、拥有丰富资源的伟大种族;⑲但是另一方面也严厉地指出"四万万人"为具有"奴隶之根性"之人("中国黄龙旗之下,有一种若国民,非国民,若奴隶,非奴隶,杂糅不一,以组织成一大种。谓其为国民乎?吾敢谓群四万万人而居者,即具有完全之奴颜妾面。国民乎何有")。⑳

从以上种种例证可以看出,这种以各类负面集体形象激发国族意识的论述手法,可谓是由"四万万人"衍生之国族符号在近代中国国族论述想象发展上的另一项特色,同时也进一步证明早在19世纪末20世纪初时,"四万万"的人口数字作为国族集体想象的代表符号已被视为理所当然、司空见惯的表述方式。这其中最为反讽的可能是张之洞关于"四万万人"字眼的运用,因为张之洞被反维新派人士尊为正统的卫道之士,但从他也引用该字眼来进行论述的情况看,"四万万人"作为一种论述中国人口的符号,已成为当时流行的趋势。这个现象也正说明何以梁启超在1902年运用"四万万禽兽"之负面比喻时,他所需要为读者解说和提示者的,乃是罗马法和孟子古典说法中有关"奴隶"和"禽兽"的出处来源,但是他却不需要考虑阅读者是否了解"四万万"的指涉之意,而很"自然地"套用"四万万"符号和"禽兽"相结合,进而激发其读者的集体羞耻意识——"天下之可耻,孰过是也?我同胞其耻之乎"?

William A. Callahan 在讨论近代中国民族主义的表现特色时,以"pessoptimist"一词形容其经常呈现出的一种不稳定的两极化的悲观/乐观、正面/负面态度和思维共存或转换之现象。[⑧]从本文上述的研究也可看出,近代中国有关"四万万人"的各类论述,即反映出这两种正反两极相对立的面貌:关于它的高度同构型的想象有时指向正向,有时又是全然负面指向。从另一角度而言,两极化的国族共同体想象现象,可谓反映了近代中国国族共同体论说草创之际的两种论述策略:一方面要以各种新旧符号和历史记忆,形塑成员之间的连结性及集体的光荣感;另一方面,则又往往藉由负面的集体形象或论述,以反向操作的方式,激发集体的受辱/受害意识,进而达到同仇敌忾、凝聚人心的效果。而各种和所谓"四万万同胞"相关的国族人口的论述,也正是在此种论述框架下呈现出其变动的意涵。换言之,正反面的集体形象尽管可能是尖锐对立的刻板印象(stereotype),但是彼此都是基于一种对于其所代表的群体具有高度同构型的思维前提,无形之中共同强化了高度同构型国族的可能假象。但是在近代中国的国族想象过程中,也不乏其他关于集体的想象符号,可以说从不同层面挑战"四万万人/同胞"所经常意指的高度同构型共同体形象,下文所讨论的"一盘散沙"之喻和"五族共和"之说即是明显的例子。

四、"一盘散沙"和"五族共和"

（一）四万万同胞 vs. 一盘散沙

有关于近代中国人集体形象的另一令人印象深刻的说法，则是所谓"外国人都笑中国人是一盘散沙"的说法。在台湾的中小学课本中，关于此说法的介绍是援引孙中山在《三民主义》中的相关论述，因而大部分人均以"国父有如此之说"来连结所谓"一盘散沙"的中国人的集体形象。"一盘散沙"的说法，事实上康有为和梁启超早在19世纪末20世纪初时即已采用。⑫例如康有为在1899年时即有以下论述：

> 凡中国之事败于散而不聚、塞而不通、私而不公，若知其病，通之聚之公之，分则弱合则强。**昔外人诮我一盘散沙，则我虽有四万万人**，然省省不通不合不聚，府府县县不通不聚不联，埠埠人人不聚不通不联，虽有四万万人实一人。⑬

同样的，梁启超关于中国人无合群之力的评断，也引用了所谓"一盘散沙"的说法。在其1900年所撰之《十种德性相反相成义》中，他认为：

> 吾中国谓之为无群乎，**彼固庞然四百兆人经数千年聚族而居者也**。不宁惟是，其地方自治之发达颇早，各省中所含小群无数也，同业联盟之组织颇密，四民中所含小群无数也，然终不免一盘散沙之诮者。则以无合群之德故也。⑭

在上述康梁的相关论述中,二者虽然对于庞大的四万万之众彼此之间是否有所谓小群体(次团体)的连结性的评断上有所不同,但对于国族的集体团结性,康梁二人均持负面的看法,因而认同"一盘散沙"的形容之适切性。若从上一节晚清有关合群的论述脉络看来,"一盘散沙"说的出现可谓对应了晚清思想家长期以来所苦恼的四万万人不合群的批判(如前述陈炽和郑观应所持的负面看法)。而孙中山在《三民主义》之"民族主义"中即开宗明义地,将家族主义和宗族主义作为中国人是一片散沙的主因:

> 中国人最崇拜的是家族主义和宗族主义,所以中国只有家族主义和宗族主义,没有国族主义。**外国旁观的人说中国人是一片散沙**,这个原因是在什么地方呢?就是因为一般人民只有家族主义和宗族主义,没有国族主义。中国人对于家族和宗族的团结力,非常强大,往往因为保护宗族起见,宁肯牺牲身家性命,像广东两姓械斗,两族的人,无论牺牲多少生命财产,总是不肯罢休。这都是因为宗族观念太深的缘故。因为这种主义深入人心,所以便能替他牺牲。至于说到对于国家,从没有一次具极大精神去牺牲的;所以中国人的团结力,只能及于宗族而止,还没有扩张到国族范围。[65]

此处孙中山援引"一片散沙"的形象,强调中国人并没有国族主义,但是他对于中国人可以为了家族和宗族之故,不惜任何代价的牺牲之描述,倒是和 B. Anderson 笔下描绘的国族认同之驱动力量有异曲同工之妙:"For so many millions of people, not so much to kill, as willingly to die for such limited imaginings."[虽然没有让数以百万计的人们去屠杀别人,却驱动同等的数量的人们,心甘情愿为此有限的想象(指国族)牺牲性命。][66]在"民族主义"的另一段

落中,孙中山又再次引用"散沙"之形象,来定位"四万万人"之中国的真实状况:

> 用世界上各民族的人数比较起来,我们人数最多,民族最大,文明教化有四千多年,也应该和欧美各国并驾齐驱。但是中国的人,只有家族和宗族的团体,没有民族的精神,**所以虽有四万万人结合成一个中国,实在是一片散沙**,弄到今日是世界上最贫弱的国家,处国际中最低下的地位。"人为刀俎,我为鱼肉",我们的地位在此时最为危险。如果再不留心提倡民族主义,结合四万万人成一个坚固的民族,中国便有亡国灭种之忧!我们要挽救这种危亡,便要提倡民族主义,用民族精神来救国。⑰

孙中山《三民主义》中的"民族主义"是他在1924年的演讲稿。虽然他和前引康梁相关的"一盘散沙"说在时间上已相距四分之一世纪之遥,可是三人对于中国人缺乏全体合群之意识的感叹却是如出一辙。就此而言,似乎从晚清以降关于合"四万万人"为一体的"共同体"想象论述所形塑之中国人集体认同的成效非常有限,至少在孙中山看来,Anderson所描绘的众多国族成员乐于为国牺牲的情景,在他所处的中国,仍是一个遥不可及的梦想。可是吊诡的是,晚清以降的国族论述,或许未能如康、梁、孙所期待的迅速地发挥其打造国族一体的功效,却成功地挪用(appropriate)了孙中山视为具有局限性的次级团体(家族、宗族)意识的因素,亦即以所谓血亲关系(kinship)的"同胞"概念,形塑、界定近代中国国族成员之间的关系。时至今日,在中文语境中不论论述者的政治意识形态是倾向于国民党还是共产党(甚至和中国国族共同体论述保持距离的民进党),以所谓"同胞"之称来界定国族成员关系的论述,几乎是理所当然之惯用手法。

　　1939年7月7日,近代知名作家朱自清(1898—1948)在其纪念两年前中国开始正式投入对日抗战的文章《这一天》中,以充满激情的笔调,描绘了一个新中国即将诞生的情景:"东亚病夫居然奋起了,睡狮果然醒了。从前只是一大块沃土、一大盘散沙的死中国,现在是有血有肉的活中国了。"⑧值得注意的是,在这篇展望未来的短文中,朱自清运用了若干晚清流行的国族共同体想象符号(东亚病夫、睡狮、散沙),用以强调中国如何的脱胎换骨,即将从这些旧有的负面形象蜕变为"新中国"。在这样的历史情境下,这些国族符号通过知名作家的召唤,再一次发挥凝聚人心的作用。尽管在近代中国的公共意识和论述当中,这些符号几乎都被视为是"外国人对中国/中国人羞辱的字眼",但他们俨然已成为近代中国国族主义论述中不可或缺的要角。如同前述"抗敌歌"所显现出的情况,在朱自清的眼中,一个长期以来难以摆脱"一盘散沙"等负面形象的"病夫"国,终于在外敌入侵的危机意识刺激下,成为以"四万万同胞"为主人翁的"活中国"。

　　究竟基于外敌入侵(真实或假想)的危机意识以及由其衍生出的集体受害/受辱记忆,对于晚清以降近代中国国族集体意识的扩散和强化具有多大的效应,是一个需要更深入、细致考察的历史课题。然而,从上述《抗敌歌》以及《这一天》所传达的讯息,以及国共两党长期关注抗日爱国宣传教育和历史记忆的灌输(例如蒋介石的爱国抗日故事)的历史发展看来,外敌危机意识(尤其是抗日的历史记忆)的确对于所谓"四万万同胞"集体意识的深入人心有相当程度的强化作用。晚清激烈的反满论述是另一个鲜明例证。可是从另一角度而言,这个具有高度同构型意涵且常和"汉族"中心意识挂钩的"四万万同胞"集体形象,却也为其他近代中国的论述想象,尤其是所谓五族共和说,构成了另一个难题。

（二）四万万同胞 vs. 五族共和

由强化外敌入侵的危机感以强化内部一体感的国族建构方式，可谓在近代中国国族以汉族为核心的国族意识中占据了核心位置。晚清时期，当黄帝从古代的帝王被重新诠释为中国人之共同始祖时，此处的"中国人"并非意指当时清帝国所统领下的所有人群，而是所谓的"汉族"或"汉种"。即使是强烈主张满汉合作的梁启超，也曾经以汉种而非具有普遍意义的"国民"来定位"四万万同胞"的边界。他在1901年所著的《中国史叙论》中谈及人种分类时，尽管对于汉族是否真的同出一祖（黄帝）持保留意见，可是他却断言："对于苗、图伯特、蒙古、匈奴、满洲诸种，吾辈庞然汉种也，号称四万万同胞，谁曰不宜？"[89]

这种将"四万万同胞"仅仅局限在所谓汉种的说法，在反满革命的论说中更是被视为理所当然之事。例如邹容在其《革命军》中，一再强调汉族乃是"黄帝神明之子孙"，和满洲人绝无相干："吾同胞今日之所谓朝廷，所谓政府，所谓皇帝者，即吾畴昔之所谓曰夷、曰蛮、曰戎、曰狄、曰匈奴、曰鞑靼；其部落居于山海关之外，本与我黄帝神明之子孙不同种族者也。"这种以汉族为限来定位"同胞"的方式和上述梁启超的说法并无不同。在《革命军》中，"同胞"一词充斥全文，邹容并不时以"四万万同胞"号召汉人投入反满革命（"尔实具有完全不缺的革命独立之资格，尔其率四万万同胞之国民，为同胞请命，为祖国请命。掷尔头颅，暴尔肝脑，与尔之世仇满洲人，与尔之公敌爱新觉罗氏，相驰骋于枪林弹雨中"），最后更以"中华共和国四万万同胞的自由万岁！"作为总结语。[90]

在辛亥革命后，虽然出现企图以"五族共和"的论述取代革命时期"反满/仇满"的汉族中心思想，例如作为共和国国旗的五色旗的符号意涵，即被普遍视为是此种新政治意识形态的展现，[91]然而以汉族为中心的"中华民族"论述仍具有极大的影响力。就孙中山本人的态度而言,他是明确表示反对以五色旗为国旗的。孙中山在其1912年的《临时大总统宣言》中明言:"国家之本,在于人民。合汉、满、蒙、回、藏诸地为一国,即合汉、满、蒙、回、藏诸族为一人。是曰民族之统一。"并以"今以与我国民初相见之日,披布腹心,惟我四万万之同胞共鉴之"为结语。[82]其中所谓"即合汉、满、蒙、回、藏诸族为一人"此语虽然将五族并列,似乎有共和、平等之意,可是所谓"合诸族为一人"的意涵,却有以汉族为中心同化他族的思想。在孙中山的《三民主义》中,即明白表示此种意图:

> 就中国的民族说,总数是四万万人,当中掺杂的不过是几百万蒙古人,百多万满洲人,几百万西藏人,百几十万回教之突厥人,外来的总数不过一千万人。所以就大多数说,四万万中国人,可以说完全是汉人,同一血统生活,同一语言文字,同一宗教信仰,同一风俗习惯,完全是一个民族。我们这种民族,处现在世界上是什么地位呢?用世界上各民族的人数比较起来,我们人数最多,民族最大,文明教化有四千多年,也应该和欧美各国并驾齐驱。……我们的地位在此时最为危险。如果再不留心提倡民族主义,结合四万万人成一个坚固的民族,中国便有亡国灭种之忧!我们要挽救这种危亡,便要提倡民族主义,用民族精神来救国。[83]

孙中山在此处所定位的"四万万人"是包含了汉族以外的其他族群(蒙、满、回、藏共一千余万人),这和上述梁启超或邹容以汉族为限所定位的"四万万同胞"之定义并不相同。可是,孙中山的此种定位方式,其实暗含了"以大吃小"的企图,尤其是其中所指称的"外来的总数不过一千余万人。所以就大多数说,四万万中国人,可以说完全是汉人,同一血统生活,同一语言文字,同一宗教信仰,同一风俗习惯,完全是一个民族"的话语,更是表明要以多数且同质的汉人,同化"不过一千余万人"的外来族群,从而形成一个坚固之"中华民族"。⑭

本研究无意在此探究所谓"中华民族"的内涵和关于"五族共和"的各类论述。⑮本研究感兴趣的是,长期作为"汉族"之"他者"(the other)的其他各族,和所谓"四万万同胞"国族论述想象之间的微妙关系。沈松侨在评论晚清国族论述的局限性和其后遗症时,有以下之论断:"民国之后,满、蒙、回等少数民族的民族独立运动此起彼伏,继踵而兴,所谓'五族共和'盖未尝一日行于天地之间,从思想观念上追本溯源,固然是直接受到晚清种族革命意识形态的激荡,而国民主义国族论述的内在局限,殆亦难其咎。"⑯沈松侨此处所谓的"内在局限",乃是指"在强调以政治联系为凝聚媒介的国民主义国族论述,依然潜藏着一套阶序性(hierarchical)的种族论述"。⑰换言之,以汉族为中心/为首的族群优越意识,始终是各类型国族想象论述的基底。

沈松侨上述的断论,似乎也应验在"四万万同胞"意涵的演变上。不论是在将非汉族排除在外(邹容和梁启超)的"四万万同胞"论述,或是在孙中山将非汉族纳入其中的"四万万人之中国民族"论述,以汉族为中心的优越意识其实都潜藏在这表面上看似平凡不过的一个共同体的人口数字下。如果说排他性的"四万万同胞"论述完全没有容纳其他族群的空间,孙中山包纳性的"四万万人"论述也同样几乎没有多少容纳其他族群的想象空间(所以就大多数说,四万万中国人可以说完全是汉人)。事实上,在《三民主义》的"民族主义"中,孙中山关于非汉民族的部分,除了列举上引各族人口数外,几乎再没有多少着墨。在孙中山的"中华民族"共同体想象中,在中国境内的非汉民族可谓除了和汉族合作共同对抗西方帝国主义者,并且渐渐被同化为汉族的一份子之途外,别无其他选择。

孙中山之所以对于汉族如何和非汉民族共组一个新的共和国的议题显得兴趣缺缺,源于他真正的关怀(或是危机感)乃在于所谓世界其他各国对于中国的人口压迫问题("列强人口增加的压迫")。[98]如果我们细看"民族主义"关于世界各国局势的分析描述,不难发现,孙中山对于各国的人口数非常看重,他不仅详列他所提各国(英、日、俄等)的人口数字,并且将各国人口数的多寡等同于各国国力的强弱。也正因如此,中国的"四万万人"一再出现在孙中山的论述中,不时和其他国家的人口数相对比,不断提醒读者中国所拥有的庞大之潜在国力。无怪乎在"民族主义"的结语中,孙中山不忘再一次对"四万万人"喊话:我们要将来能够治国平天下,便先要恢复民族主义和民族地位。用固有的道德和平作基础,去统一世界,成一个大同之治,这便是我们四万万人的大责任。诸君都是四万万人的一份子,都应该担负这个责任,便是我们民族的真精神![99]

五、近代中国国族的边界与框架:四万万

康有为在1888年上书给光绪皇帝时,曾以"人民有四万万"的说法,鼓舞、提醒年少的皇帝他统治下的中国乃是世界上人口数最庞大的国家。他当时念兹在兹的无非是大清帝国能在年少的光绪皇帝手上重振雄风,永保国祚。但是20年过后,康有为一再寄予厚望的光绪皇帝在悲剧性的历史情境下结束生命,而大清帝国也未几即告终结而为中华民国所取代。从政治史而言,以康有为和梁启超为首的君主立宪改革派终究不敌孙中山为代表的革命势力而退出历史舞台。然而在这20年间,由康有和梁启超扮演重要推

手所催生的"四万万人/同胞"符号,俨然已演变为众所周知的中国国族代号。所以当孙中山在1912年以"今以与我国民初相见之日,披布腹心,惟我四万万之同胞共鉴之"语句总结中华民国《临时大总统宣言》时,也可谓正式宣告了这个以清帝国道光年间总人口为基底想象,并经过晚清思想论述孕育栽培而成的国族符号,不仅将不会随着清帝国的消失而走入历史,反而将在这个标榜以"国民"为主的新时代扮演更重要的角色。

本文的种种例证也明确地显示"四万万"的国族符号的确在近代中国的国族认同中扮演了举足轻重的角色。不论它是以经常被援引的"四万万人"和"四万万同胞"的面貌,或是以"四万万奴隶""四万万禽兽"或是"四万万微生虫"的负面形象出现,这些可谓是隶属"四万万"符号家族的成员在近代中国各类论述的盛行情况,正足以证明"四万万"的国族想象长期以来已经很"自然"地嵌入近代中国日常生活国族意识(banal nationalism)中。它从晚清时期尚是许多保守人士眼中"幽渺怪僻之言"的"新名词",渐次演变成为人人朗朗上口,"自然而然"地充斥于各类国族论述关键词的历史发展,无疑是近代中国国族认同形塑过程的一个重要面向。

"四万万人/同胞"等相关符号,可以说是在19世纪末因缘际会的历史背景下,从一个清帝国由盛而衰的关键时期(道光年间)的帝国总人口数字(四万万),渐次成为晚清思想论述中经常出现的界定清帝国乃是万国之中"广土众民"之国的鲜明符号,随后又成为改革维新中议论合群和民权等议题的要角,最后更成为近代中国国族论述中全体国民的同位语;尤其是极可能是由梁启超所创发的"我四万万同胞"一词,更成为了近代中国国族 the national "we" 的重要代名词。然而,在通过历史的回顾与分析并赞叹其具有的深远影响力之余,我们还是不禁要再次追问,究竟它的巨大魅力从何而来?何以它能历久弥新持续成为召唤国族的代表符号呢？

Anderson在论及国族想象过程的若干面向时，特别提到了国族的人口数量想象上的"有限性"，他指出没有任何一个国族会想象有朝一日全人类都会是其国族的一员。除此之外，在关于人口的相关议题上，他认为殖民政府时期的人口调查机制的族群分类范畴，以量化的方式形塑出各种"有限性"族群身份，成为日后各种追求独立建国的国族认同想象的依据。[⑩]Benedict Anderson的这些关于人口想象和国族建构之间关联的洞见，为我们提供了进一步思考上述疑问的一些线索。

若纯粹就严格的人口统计而言，"四万万"是一个非常不精准的数字，"四万万"的人口数字和实际的人口数并无明确可证的对应关系。但是重要的是，就国族建构想象的效应而言，"四万万"的数字所表明的全球独一无二的巨大人口数量意象（薛福成、王韬、康有为、梁启超等晚清思想家均强调此特点），不仅充分满足近代国族论述想象中一再要刻意强调"我族独一无二"的特色之需求，它更是一种Anderson所揭示的具有标示"有限性"之符号，成为近代中国从"天下体系"成为"国族国家"体系一个成员的过程中，重新界定自我的重要指标。对外而言，它不仅标示着"中国人"（无论它包含中国境内汉族以外的民族与否）的和其他国族的边界，界定了"全国人的大家"（借陈独秀之语）和其他国家的界限；对内而言，它也形塑了一种高度同质化的族群成员之想象框架，如同孙中山笔下所描绘的"同一血统生活，同一语言文字，同一宗教信仰，同一风俗习惯，完全是一个民族"。

不断出现在近代中国语境的"四万万人/同胞"符号，除了扮演Anderson所谓的人口边界限定的角色外，也长期代表着一种近代中国关于人口力量崇拜的符号（当然，在20世纪下半叶后，当庞大人口数被视为经济成长的沉重包袱后，又是另外一种新的景象)。而且这种意涵高度同构型的"四万万"共同体论述想象,也无形中强化了长期以来以汉族为中心的近代中国国族意识。例如上述孙中山关于全体中国人的描述,很难令人不将其联想到那些被 Edward Said(1935—2003)所大加揶揄、抨击的东方主义者关于伊斯兰文明之再现论述模式中所包含的化约论述(reductionism)和本质主义(essentialism)的谬误。然而无可否认地,正如本文中所列举的各类论述之例子所显现的,"四万万人/同胞"符号的想象力量,的确在近代中国日常生活国族意识的运作过程中,可谓在大多数人不知不觉的情况下发挥了巨大影响力,从而形塑了近代中国集体意识的特定风貌。而唯有去自然化(denaturalize)此现象并且历史化(historicize)此一"四万万"共同体想象论述,详细地考察、检视其历史发展变化的轨迹,我们才能更进一步地了解近代中国国族认同形塑过程中的一个非常重要且复杂的面向。

---

① 谭嗣同:《有感一章》,收入于李敖主编《谭嗣同全集》,(台北)远流出版事业股份有限公司1983年版,第492页。

② 梁启超:《新史学》,收入梁启超著、张品兴主编《梁启超全集》第2册,北京出版社1999年版,第739页。

③ 孙中山:《临时大总统就职宣言》,收入广东省社会科学院历史研究室、中国近代史研究所中华民国史研究室、中山大学历史系孙中山研究室合编《孙中山全集》第2册,中华书局2006年版,第3页。

④ 第二十八课《爱国的蒋"总统"》,"国立"编译馆编:《国民学校国语课本初级》(修订暂用本)第5册,(台北)"国立"编译馆1956年版,第72—73页。

⑤ 毛思诚编,陈布雷校定:《民国十五年以前之蒋介石先生》,收入《中华历史人物别传集》第87册,线装书局2003年版,第20—21页。

⑥ 王升:《我们的蒋"总统"》,(台北)海外文库出版社1956年版,第

18页。

⑦ 古屋奎二:《蒋"总统"密录》,(台北)"中央"日报社1974年版,第48—49页。

⑧ 有关此故事的传播简史,参阅张肇祥《塑造与传播:爱国反日的蒋介石同学》,《"国立"板桥高中学报》第5期,2006年,第175—183页。

⑨ 苏舆:《翼教丛编》,(台北)中研院中国文哲所2005年版,第318页。

⑩ 有关19世纪清中国从天下体系变化至万国体系的思想史宏观脉络讨论,参见金观涛、刘青峰《从"天下""万国"到"世界"——晚清民族主义形成的中间环节》,《二十一世纪》第94期,2006年4月,香港中文大学中国文化研究所,第40—53页。

⑪ 有关晚清以降"国民"意识的形塑,以及近代中国国民论述始终呈现"国权"高于"民权"的现象分析,见沈松侨《国权与民权——晚清的"国民"论述:1895—1911》,《中研院历史语言研究所集刊》73本4分册,2002年12月,第685—734页。

⑫ Michael Billing, *Banal Nationalism*, London: Sage Publications, 1996, pp. 70–74.

⑬ 薛福成:《许巴西墨西哥立约》,收入于薛福成撰《庸庵文外编》卷一,上海古籍出版社1995年版,第187页。

⑭ 梁启超:《中国史上人口之统计》,收入梁启超著、张品兴主编《梁启超全集》第2册,第905页。值得注意的是,梁启超本人在此虽以"吾中国官牍上文字,多不足措信"对此人口数字表示质疑,在其众多论述中还是以"四万万"之数谈论中国人口数或意象。

⑮ 林则徐:《重禁吸烟以杜弊源》,收入葛士浚辑《皇朝经世文续编》卷八五,(台北)文海出版社1972年版,第2175页。

⑯ 王韬:《欧洲各都民数》,收入楚流等选注《弢园文录外编——王韬集》,辽宁出版社1994年版,第143页。

⑰ 傅兰雅:《纺织机器图说》,收入孔庆和、王冬立、张宇澄等编《格致汇编》第6册,南京古旧书店1992年版,第89页。

⑱ Arthur Evans Moule, *Four Hundred Millions: Chapters on China and the*

Chinese, London: Seeley, Jackson, & Halliday, 1871.

⑲ E. H. Parker, "The Revenue And Resources Of China", *The Times*, Saturday, Sep 12, 1896; pg. 12; Issue 34994; col C.

⑳ A. Terrien de Lacouperie, "China and the Chinese: Their Early History and Future Prospects", *Journal of the Society of Arts*, 28, 1879: Nov. 21 – 1880: Nov. 12, pp. 725 – 734. 引文见 p. 725。

㉑ 除了本文中提及薛福成认为此数字的历史依据为道光二十八年的人口数字等说法外,据葛剑雄的研究,它可能的依据是道光十四年(1834)的官方统计数字,但是在历经太平天国战乱后,1852年时官方的数字降至3.3亿。而且自此之后到清朝结束,均没有再有实际调查的数字出现。葛剑雄等:《人口与中国的现代化(一八五零年以来)》,学林出版社1999年版,第52页。著名的在华传教士 Arthur Smith(明恩溥),在其名著 *Chinese Characteristics*(1894年初版)论及中国人口数时,也一再强调没有可靠的科学数据来论断当时的中国总人口数。他最后以两亿五千万人作为其保守的估计,见 Arthur Smith, *Chinese Characteristics* (Norwalk: EastBridge, 2002), p. 145。

㉒ 康有为:《上清帝第一书》,收入汤志均编《康有为政论集》上册,中华书局1981年版,第56页。

㉓ 康有为:《上清帝第二书》,收入汤志均编《康有为政论集》上册,第116页。

㉔ 康有为:《上清帝第三书》,收入汤志均编《康有为政论集》上册,第143页。

㉕ 康有为:《上清帝第四书》,收入汤志均编《康有为政论集》上册,第153页。

㉖ 康有为:《上清帝第五书》,收入汤志均编《康有为政论集》上册,第202页。

㉗ 康有为:《上清帝第七书》,收入汤志均编《康有为政论集》上册,第219页。

㉘ 康有为:《上清帝第四书》,收入汤志均编《康有为政论集》上册,第160页。

㉙ 同上书,第 153 页。

㉚ 康有为:《上清帝第二书》,收入汤志均编《康有为政论集》上册,第 116 页。

㉛ 同上书,第 135 页。

㉜ 陈炽:《保甲》,收入赵树贵、曾丽雅编《陈炽集》,中华书局 1997 年版,第 71 页。

㉝ 郑观应:《议院上》,收入郑观应《盛世危言》,华夏出版社 2002 年版,第 23 页。

㉞ 郑观应:《典礼上》,收入郑观应《盛世危言》,第 149 页。

㉟ 陈炽:《贵私贵虚论》,收入赵树贵、曾丽雅编《陈炽集》,第 135 页。

㊱ 同上书,第 317 页。

㊲ 梁启超:《说群序》,收入梁启超著、张品兴主编《梁启超全集》第 1 册,第 93 页。

㊳ 梁启超:《戊戌政变记》,收入梁启超著、张品兴主编《梁启超全集》第 1 册,第 217 页。何启(1859—1914)和胡礼垣(1847—1916)在同年间也有类似的描述:"今者中国四万万人,如居覆屋,如在漏舟,如作犬羊,如为奴隶,衰败之状,古所罕闻。"见张岱年主编《新政真诠:何启、胡礼垣集》,辽宁人民出版社 1994 年版,第 248 页。

㊴ 有关反维新派人士对于"民权、君主立宪、议院"等维新主张的讨论,见杨菁《导言》,收入苏舆编《翼教丛编》,第 1—52 页。

㊵ 唐才常:《热力》,收入郑大华等选注《贬旧危言——唐才常 宋恕集》,辽宁人民出版社 1994 年版,第 103—111 页,引文见第 108、109 页。

㊶ 康有为:《请君合治满汉不分折》,收入汤志均编《康有为政论集》上册,第 340 页。

㊷ 同上书,第 342 页。

㊸ 有关晚清国民思想的研究可参阅 Joshua A. Fogel and Peter G. Zarrow eds., *Imagining the People: Chinese Intellectuals and the Concept of Citizenship, 1890 – 1920* (Armonk: M. E. Sharpe, 1997);沈松侨:《国权与民权——晚清的"国民"论述:1895—1911》,第 685—734 页;关于梁启超国民思想的研究

参阅张佛泉《梁启超国家观念之形成》,《政治学报》(台湾)第1期,1971年,第1—66页。

㊹ 梁启超:《戊戌政变记》,收入梁启超著、张品兴主编《梁启超全集》第1册,第218、219、249页。

㊺ 同上书,第222页。

㊻ 梁启超:《〈清议报〉叙例》,收入梁启超著、张品兴主编《梁启超全集》第1册,第168页。另外,在1899年1月间所著之《变法通议》一文中,在论及满汉应合作变法图强以共同抵抗外敌时,他也一度使用“四百兆同胞”一词如下:“汉人之日日呼号协力以求变法者,惧国之亡,而四百兆同胞之生命将不保也。”见梁启超《变法通议》,收入梁启超著、张品兴主编《梁启超全集》第1册,第52页。

㊼ 沈松侨:《我以我血荐轩辕——黄帝神话与晚清的国族建构》,《台湾社会研究季刊》第28期,1997年12月,第1—77页,尤其是第31—35页;Kai-wing Chow, “Imagining Boundaries of Blood: Zhang Binglin and the Invention of the Han ‘Race’ in Modern China”, in Frank Dikötter ed., *The Construction of Racial Identities in China and Japan: Historical and Contemporary Perspectives* (Honolulu: University of Hawaii Press), pp. 34-52。

㊽ 梁启超:《尊皇论一:论保全中国非赖皇上不可》,收入新民社辑《清议报全编》第2册,(台北)文海出版社1986年版,第519—522页,引文见第519、522页。

㊾ 梁启超:《爱国论》,收入梁启超著、张品兴主编《梁启超全集》第1册,第272页。

㊿ 同上书,第275页。

(51) 同上书,第272页。

(52) Benedict Anderson, *Imagined Communities*, New York: Verso, 1991, pp. 199-206.

(53) 梁启超:《爱国论》,收入梁启超著、张品兴主编《梁启超全集》第1册,第270页。

(54) 同上。

(55) 同上书,第 270、272、273、276 页。

(56) 见康有为《游域多利温哥华二埠记》《域多利义学记》《在鸟威士晚士打 1896 埠演说》,收入汤志均编《康有为政论集》上册,第 398—407 页。

(57) 梁启超:《瓜分危言》,收入梁启超著、张品兴主编《梁启超全集》第 1 册,第 294、298 页。

(58) 梁启超:《论中国人种之将来》,收入梁启超著、张品兴主编《梁启超全集》第 1 册,第 261—262 页。

(59) 有关黄祸论在近代中西方论述中的各种意涵,参阅杨瑞松《病夫、黄祸与睡狮:"西方"视野的中国形象与近代中国国族论述想象》,(台北)政大出版社 2010 年版,第 69—108 页。

(60) 革命军全文,详见邹容《革命军》,张玉法编:《晚清革命文学》,(台北)经世书局 1981 年版,第 107—140 页。

(61) 引文见孙中山《救中国应改革旧制实行共和》,收入黄彦编《孙文选集》中册,广东人民出版社 2006 年版,第 154—155 页。

(62) 匪石:《中国爱国者郑成功传》,收入罗家伦主编(台北)《浙江潮》1983 年第 2 期,第 58 页。文中所提到的"博览会人类参考馆之陈列品"事件,乃是当时(1903 年)造成日本中国留学生界骚动的大阪博览会的人类馆事件。有关此一事件和近代中国国族意识之间关系的研究分析,参阅杨瑞松《近代中国国族意识中的"野蛮情结":以 1903 年日本大阪人类馆事件为核心的探讨》,《新史学》第 21 卷 2 期,2010 年 6 月,第 107—163 页。

(63)《养生液系强种族之根本药》,《时报》1907 年 11 月 29 日。我要特别感谢复旦大学张仲民教授,他的著作让我留意到这一方面史料的重要性。详细讨论见张仲民《出版与文化政治:晚清的"卫生"书籍研究》(上海书店出版社 2009 年版)。

(64)《黄河》的朗诵词有如下的陈述:"啊,黄河!你记载着我们民族的年代,古往今来,在你的身边兴起了多少英雄豪杰!但是,**你从不曾看见四万万同胞像今天这样团结得如钢似铁**;千百万民族英雄,为了保卫祖国洒尽他们的热血;英雄的故事,像黄河怒涛,山岳般地壮烈!"此曲由光未然(张光年)作词,冼星海作曲,在 1939 年首演,为中国最著名的抗日歌曲;长城谣的部分歌词如下：“万里长城万里长，长城外面是故乡。高粱肥，大豆香，遍地黄金少灾殃。自从大难平地起，奸淫掳掠苦难当。苦难当，奔他方，骨肉离散父母丧，没齿难忘仇和恨，日夜只想回故乡，大家拼命打回去，哪怕敌人逞豪强。**万里长城万里长，长城外面是故乡，四万万同胞心一样，新的长城万里长……**”这首歌是潘孑农、刘雪庵在1937年“七七事变”后于上海创作的知名抗日歌曲。

(65) 此曲是在1931年“九一八”事变爆发之后，由音乐家黄自谱曲、韦瀚章作词，欲唤起人民抗敌爱国意志所作。

(66) Sigmund Freud, trans. James Strachey, *Civilization and its Discontents*, New York: Norton, 1961, p. 61.

(67) 有关近代中国的本质性论述模式的讨论分析可参 Arif Dirlik, “Chinese History and the Question of Orientalism”, in Dirlik, Arif. *The Postcolonial Aura: Third World Criticism in the Age of Global Capitalism* (Boulder: Westview Press, 1997), pp. 105－128。关于此一课题的讨论，可以以比较研究的角度参阅 Pamela M. Allen 对印度尼西亚国族建构过程中的本质主义论述之分析，Pamela M. Allen, “Nationalism, Essentialism and the Yearning for National ‘Wholeness’: Post-colonial Constructions of ‘Nation’ in Indonesia”, in Roy Starrs ed. *Asian Nationalism in an Age of Globalization* (Surrey: Curzon Press, 2001), pp. 306－315。

(68) 晚清以降的各类所谓“国民性”改造的议论基本上都不脱此种本质主义论述模式，而“四万万人”的符号也在这些论述中扮演显著角色，文本以下在解析“奴隶性”和“病夫”说时将会对此现象有更清楚的解释。有关“国民性”研究的反思分析著作，参阅潘光哲《近现代中国“改造国民性”的讨论》，《近代中国史研究通讯》第19辑，1995年，第68—79页。

(69) 梁启超：《少年中国说》，收入梁启超著、张品兴主编《梁启超全集》第1册，第410页。

(70) 唐宝林、林茂生：《陈独秀年谱》，上海人民出版社1988年版，第17页。

(71) 梁启超：《少年中国说》，收入梁启超著、张品兴主编《梁启超全集》第

1册,第410—411页。

⑫ 梁启超:《新民说》,收入梁启超著、张品兴主编《梁启超全集》第2册,第713页。

⑬ 有关"病夫"意象在近代中西方论述中的各种意涵,参阅杨瑞松《病夫、黄祸与睡狮:"西方"视野的中国形象与近代中国国族论述想象》,第17—67页。

⑭ 张之洞对身体的主要批判内容见张之洞《戒缠足会章程叙》,收入赵德馨主编,吴剑杰、冯天瑜副主编《张之洞全集》第12册,武汉出版社2008年版,第380页。

⑮ 蔡锷:《军国民篇》,收入梁启超主编《新民丛报》第1册,中华书局2008年版,第341—342页。

⑯ 梁启超:《新民说》,收入梁启超著、张品兴主编《梁启超全集》第2册,第671—675页,引文见第671、675页。

⑰ 麦孟华有关四万万人皆为奴隶形象的论说,见氏著《说奴隶》,《清议报》第69期,光绪二十六年十一月二十一日,第1b页。

⑱ 章士钊:《箴奴隶》,收入罗家伦主编《"国民"日报汇编》,第6—26页。有关"非禽非兽的奴隶"的论断见第19—20页;"四万万人分类表"和其各类人群分析见第21—24页。

⑲ 邹容:《革命军》,收入张玉法编《晚清革命文学》,第140页。

⑳ 同上书,第132—133页。

㉑ William A. Callahan, *China: The Pessoptimist Nation*, Oxford: Oxford University Press, 2010, pp. 1-30.

㉒ 据日本学者藤井隆的研究,所谓西人讥笑中国人为一盘散沙之说,在西文的论述中并无确切文献证据显示有此一说。他指出甲午战后《万国公报》上刊有西人评论中国各地方不团结的评论意见,其中翻译者自行增添的"如沙泥之四散"修辞即可能是一盘散沙之说的来源。详细讨论见藤井隆《"一盤散沙"の由來——広學會と戊戌變法運動》,《現代中國》82;14,2008年9月,第81—94页。

㉓ 康有为:《在鸟威士晚士打1896埠演说》,收入汤志均编《康有为政

㉘ 论集》上册，第 406 页。

㉞ 梁启超：《十种德性相反相成义》，《梁启超全集》第 1 册，第 429 页。

㉟ 孙中山，《三民主义》，(台北)黎明出版社 1979 年版，第 2 页。

㊱ Benedict Anderson, *Imagined Communities* (New York: Verso, 1991), p. 7.

㊲ 孙中山：《三民主义》，第 6 页。

㊳ 朱自清：《这一天》，收入于朱乔森编《朱自清文集·散文卷》Ⅱ《生活旅情》，(台北)开今文化 1994 年版，第 209—210 页。

㊴ 梁启超：《中国史叙论》，收入梁启超《梁启超全集》第 1 册，第 451 页。

㊵ 邹容：《革命军》，收入于张玉法编《晚清革命文学》，第 107—140 页。

㊶ Henrietta Harrison, *The Making of the Republican Citizen* (Oxford: Oxford University Press, 2000), p. 101.

㊷ 孙中山：《临时大总统就职宣言》，收入广东省社会科学院历史研究室、中国社会科学院近代史研究所中华民国史研究室、中山大学历史系孙中山研究室合编《孙中山全集》第 2 册，第 1—3 页，引文见第 2、3 页。

㊸ 孙中山：《三民主义》，第 5—6 页。

㊹ 有关孙中山对于"五族共和"论的高度保留态度的进一步探讨，参阅村田雄二郎《孙中山与辛亥革命时期的"五族共和"论》，《广东社会科学》第 5 期，2004 年 9 月，第 121—128 页；潘先林的研究即认为孙中山的"五族共和说"的实质上乃是主张民族同化，详细讨论见潘先林《试论"五族共和"思想》，收入《第八届孙中山与现代中国学术研讨会论文集》(台北国父纪念馆 2005 年版)，第 99—130 页。

㊺ 相关讨论可参阅黄兴涛《民族自觉与符号认同："中华民族"观念萌生与确立的历史考察》，收入于郭双林等编《中国近代史读本》下册，北京大学出版社 2005 年版，第 671—730 页。

㊻ 沈松侨：《我以我血荐轩辕——黄帝神话与晚清的国族建构》，第 73 页。

(97) 同上。

(98) 孙中山:《三民主义》,第52页。

(99) 同上书,第75页。

(100) Benedict Anderson, *Imagined Communities*, p. 7; pp. 163 - 170.

"Society"的早期翻译及其时代关联*
——以《万国公法》和《佐治刍言》中的翻译为例

承红磊

摘要：本文以《万国公法》和《佐治刍言》为例，探讨了"society"一词的早期翻译及其与时代背景之间的关联。在《万国公法》中，"society"多被翻译为"国"与"众"。在《佐治刍言》中，"society"则多被翻译为"会"或"国"。这种译词的选用，在两个方面受到时代背景的影响：首先，时代的需要限定了译本的选择及译本中用法的偏重；其次，时代的"思想资源"与"概念工具"则又影响了对原文的理解和译词的选择。

关键词：society，社会，《万国公法》，《佐治刍言》

承红磊，华中师范大学历史文化学院讲师

在关于近代"观念"或"概念"的研究中，"社会"一词已受到了学界的广泛关注。学者们基本上同意，"社会"在传统语汇中即已存在，意指社日集会或民间结社，但并不常用，只是在庚子前后才获得了新的生命力。而"社会"新义的获得，是从日本流传而来的。[①]既往的研究也已经清楚，作为"society"的译词，"社会"与甲

---

* 本文为国家社科基金青年项目"近代中国'社会'概念研究"（批准号：17CZS034）的中期成果。

午到戊戌较多使用的"群"在一段时间曾发生过竞争,并且最终"社会"获胜。"社会"之最终胜出,大概要到1904年前后,②甚至更晚。③有学者还为"社会"取代"群"作出了解释,即"革命"压倒"维新"和清末"绅士公共空间"的形成。④笔者也曾以康有为为例,说明其对"社会"一词的使用与其知识背景与政治诉求之间的关联。不过对于society的早期翻译,尚少专门研究,特别是在一种"社会语境"(social context)的关照下去"理解"译者的"意图"(intention)及译词选用与时代背景之间的关联。⑤笔者在此即以《万国公法》和《佐治刍言》中的society翻译为例,探讨其早期翻译情况,并重点关注所用译词与时代背景的关联。

一、"国"与"众":《万国公法》中的"society"翻译

西学传入中国,并不始于19世纪。早在明末,从利玛窦开始,西方传教士即把西洋近代天文、历法、数学、物理、医学、哲学、地理、水利等方面的学问及建筑、音乐、绘画等艺术,传入中国。⑥不过此一时期传入的社会科学作品极少,翻译作品原文中应很少会使用到society或societas一词。⑦

19世纪初期,随着英、法、美等国贸易的扩展,传教事业也随之兴旺。英国伦敦会(London Missionary Society)指派马礼逊(Robert Morrison)到中国开辟新教区,由此拉开了西学传入中国新一轮的序幕。⑧继马礼逊之后,传教士们在马六甲、巴达维亚、新加坡等地出版了多种中文报刊。这些书刊内容丰富,⑨对于增加当时中国人对世界的认识,起了重要作用。这些书刊之中当也不乏译作,但其来源多不清楚,故对于这一时期society的翻译情况,尚无法确知。不过从马礼逊所编《华英字典》(第三部分包括了《英

华字典》)、卫三畏(S. W. Williams)审定《英华韵府历阶》来看，society在这一时期大概多翻译为"会"。⑩

笔者所见可考的英译汉作品中最早较多接触到society一词翻译的，是丁韪良所译《万国公法》。此处即就《万国公法》对society一词的翻译情况作一考察。

《万国公法》的翻译出版有深刻的历史背景。早在鸦片战争前后，林则徐主政广东时，即已派人翻译外文报刊及地理著作，以加强对外人的了解。⑪其中根据英国慕瑞《世界地理大全》(The Encyclopedia of Geography)摘译了《四洲志》，对世界各国情况多有介绍，后来分类辑入《海国图志》。⑫林还请美国传教医师伯驾和自己的随员袁德辉摘译了瑞士国际法学家瓦泰尔的《万国法》。⑬1842年《海国图志》50卷本对伯驾和袁德辉的译文未予收录，1847年增至60卷时才将其辑入第52卷。⑭

第二次鸦片战争后，清政府成立了总理衙门，专门负责对外交涉。在对外交涉的过程中，负责交涉的大臣日渐感到通晓国际法的重要。1863年夏，总理衙门大臣文祥请美国驻华公使蒲安臣(Anson Burlingame)介绍西方国家公认的权威性国际法著作，后者推荐了惠顿(Henry Wheaton)的《国际法原理》(Elements of International Law)，并答应翻译其中一部分。在此之前，1859年6月至8月间，美国长老会(American Presbyterian Church)传教士丁韪良(William Martin)担任美国驻华公使华约翰(John Elliott Ward)的翻译，并随使团北上交换《中美天津条约》的批准文件。丁在此前后即有意翻译瓦泰尔(Emer de Vattel)的国际法著作以输入中国，不过后来在华约翰的建议下其决定翻译惠顿的著作。丁翻译此著，大概有教导清政府遵守西方国际规范的目的。⑮蒲安臣听说丁韪良正在翻译惠顿著作后，对丁的想法表达了支持之意，并答应向总理衙门推荐。⑯

1863年9月10日,蒲安臣带丁韪良前往总理衙门,拜会了文祥等四位大臣,讨论了该书的翻译情况,并请文祥派人协助润色译稿。后来恭亲王奕訢派总理衙门章京陈钦、李常华、方浚师、毛鸿图润色了译稿,并于1864年4月完成。总理衙门于1864年8月拨款500两交给丁韪良作刊行之用。于是,1865年初,《万国公法》在北京于丁韪良创办的崇实馆刊行。由以上的叙述可知,《万国公法》的译刊是中西双方共同努力的结果。

惠顿的《国际法原理》初版于1836年,不过丁韪良使用的并不是1836年的版本,而是1855年波士顿出版的版本。[17]惠顿《国际法原理》中多次使用"社会"(society)一词,不过多与国家同义,《万国公法》也翻译为国。如谈到一国内与诸国间之区别时说:"在每一个市民社会(civil society)或国家(State)中都会有一个立法权力通过明确宣告来建立国内法,有一个司法权力来解释国内法,并把它适用于每个个案。但在国际社会就不存在这样的立法权力,也就因此没有明确的法律,除了那些国家间相互订立的条约以外。"[18]在谈到瓦泰尔对国际法的看法时称:"规范个人行为的法律在适用于人们组成的被称作国族(nations)或国家(states)的集体社会(collective societies)时应该被修正。"[19]这里用国族或国家来解释"集体社会",说明其认为他们是同义的。原文也谈到普芬道夫学派不认为"万国法"(law of nations)可用于处理被称作"国家"的"独立社会"(independent societies of men)的行为。[20]原文也称:"被称作国家(States)的独立社会(independent societies),除了那些被特殊条约规定的以外,不承认共同的裁断者。"[21]在这些例子中,"市民社会""集体社会""独立社会"均与"国家"共同使用,说明其含义相同,而在中文中也直接翻译为"国"。[22]

其实在惠顿原文中,实有拿"市民社会"(civil society)或"政治社会"([independent] political society)与国际社会(society of nations)相对比之意,前者有固定的法律和执法者,后者则无固定的法律和执法者,但却有源于自然法和基于同意或默许的基本规则。[23]如原文称:"国际社会(society of nations)的每一个成员都完全彼此独立……市民社会(civil society)的法律有外在的约束来推动,而这些约束对于国际间的法律却是无效的。"[24]"每一个独立社会都被它所自由采用的独特法律所规范,国际社会也被其成员自由采用的适宜法律所规范。"[25]原文在讨论到国家主权时,也称国家主权对外即是相对于其他政治社会(political societies)的独立。但若在进入国际社会(society of nations)时,即须其他国家(States)的承认。[26]在这些用法中,市民社会、政治社会、独立社会多被翻译成"各国""一国",国际社会则被翻译成"诸国"。其作为"社会"的共同性(即有规范性规则)在译文中没有表现出来。

不过中文译文也有不把 society 翻译成"国"的例子。如原文在对国际法下定义时称:"文明国家所理解的国际法,可以被定义为或从独立国家的社会本性(nature of the society)演绎而来的正义原则而来,或从国家间的普遍同意而来。"这句话被译为:"服化之国,所遵公法条例,分为二类。以人伦之当然,诸国之自主,揆情度理,与公义相合者一也。诸国所商定辨明,随时改革而共许者,二也。"[27]"社会本性"被译为"人伦之当然",消解了原文的"社会"概念。又如原文述赫夫特(August Wilhelm Heffter)之观点曰:"无论在哪里,若有一个社会(society),便有规范其成员的一种法律;因此在最大的国际社会(great society of nations),也必然存在相似的法律。"[28]这句话丁韪良译为:"盖人之相处,必有法制以维持其间。各国之交际亦然。"[29]"社会"一词在这里被直接翻译为"人之相处"。原文在论述国家主权之成因时说:"国家获得主权,或因组成它之市民社会,或因脱离它之前所隶属和依附的共同体。"[30]此据中文本译为:"一国之得有主权,或由众民相合立国,或分裂于他国而自立者,其主权即可行于内外。"㉛此处"市民社会"被翻译为"众民相合"。原文有论道:"国际法的特殊主体是国族和被称作国家的政治社会(those political societies of men called States)。"这句话中文译为:"人成群立国,而邦国交际有事。此公法之所论也。"㉜"被称作国家的政治社会"译作"成群立国"。原文也有一处谈到"国际间的大社会"(great society of nations),中文本译为"诸国之大宗"。㉝原文甚至论述到国家与社会的区别,如称:"就其成员而言,国家是一个流动的实体;但是与社会相比,它又是同一个实体,通过吸收新成员而永久保存。直到因剧变而影响到国家的生存为止。"㉞这句话中文本译为:"一国之人,有亡而逝者,惟其民尚存,而其国无异焉。若无剧变以灭之,则其国历代永存。"㉟此句中的"社会"与前面国家成员之含义综合起来被翻译为"一国之人",没有表达出原文把国家与社会对举的含义。

因并非逐字逐句的直译,society 一词在中文本《万国公法》中有多处并未加以翻译。㊱在有对应译文的场合中,society 一词多被译为"国",㊲这是与《国际法原理》主要讨论国家行为的主题及对 society 一词的使用有关的。在个人所组成的社会(国家)和国家所组成的社会(国际社会)的对比与模拟下,原文能比较清楚地说明其相似及不同之点。但在中文译本中,只能翻译为一国、各国和诸国,没有翻译出来原文所表达的国家之间所组成的集体这一概念。在 society 单独使用时,也有被翻译成"众民相合"或"人之相处",而并非全部翻译成"国",说明中文译者也明白二者的不同。

其实在这一时期的其他地方,society 也有翻译成"会"的例子。如罗存德(Lobscheid)1866—1868 年编成的《英华字典》中译 society 为"会""结社",并举了三合会、白莲会、福音会等例子。social 则被翻译为"五伦的""交友的"。㊳邝其照 1868 年所编《字典集成》与 society 相对应的译文也为"会、结社、签题会"。㊴与前面所举《华英字典》和《英华韵府历阶》相比，多了"结社"等含义。从上面对《万国公法》的讨论来看，丁韪良所接触的作品和马礼逊、卫三畏、罗存德、邝其照等所接触的作品，其侧重点是不同的。

二、"会"或"国"——《佐治刍言》对 society 的翻译

第一次鸦片战争以后，特别是经历了第二次鸦片战争，西方势力的侵入给部分官员和知识分子带来了极大的震撼，能感受到一个几千年未有之变局时代到来的知识分子已不在少数。[40]在这种危机意识下，由曾国藩、李鸿章等人和总理衙门主导的自强运动逐渐展开。总理衙门在 1864 年的奏折中称："查治国之道，在乎自强。而审时度势，则自强以练兵为要，练兵又以制器为先。"[41]这场自强运动以制造船炮为起点，但绝不局限于制造船炮。如吕实强、刘广京均注意到曾国藩、左宗棠、丁日昌等人都很强调属于内政方面的吏治。[42]

此外，随着地理学的不断进步，中国知识分子对西方的了解不断深入。如由林则徐主持编撰的《四洲志》即对美国"公举"之政治制度有初步介绍。[43]徐继畬 1848 年初版的《瀛寰志略》不仅介绍了英国政治制度中的公会所（爵房和乡绅房）、司法制度中的陪审员制（徐称"会同讯问"），还对美国开国人物华盛顿表达了由衷的赞叹。[44]

空前的危机和西学的传入促使中国知识分子对富强之道做了深入思考，冯桂芬所提出的从"法后王"到"鉴诸国"的变化，可以说是时代新潮流的直接反映。[45]他的《校邠庐抗议》也可以称作是因应变局的集大成之作。在这部著作内，冯不仅提出要"制洋器""采西学"，还认为要公黜陟、免回避、复乡职、变科举、广取士等，

不啻是对中国内政的一次全面改革。㊻随着自强运动(或称洋务运动)的展开,知识分子对其集中于船炮枪械越来越表示不满。如丁日昌在1867年所作《上曾侯自强变法条陈》中说:“夫欲靖外必先治内,治内之道,莫如整顿吏治。”㊼

郑观应于1875年即已完成的《易言》(三十六篇本)中,继冯桂芬之后同样表达了对中国全面变革的诉求。在《易言》中,郑观应不仅提出了要兴办火车、电报、机器、船政,提出要兴议院而通上下之情,兴学校、变科举以培选有用之才,改革吏治以收民心,还提出了要保海外华商以兴商务,改革刑律以劝善犯人,收养流民、劝止缠足以整顿风俗。㊽郑所提出的是一项全面改革方案。

1876年奉命出使英国的郭嵩焘在出使途中感慨道:“西洋立国自有本末,诚得其道,则相辅以致富强,由此而保国千年可也。不得其道,其祸亦反是。”㊾早在此前的1875年,郭即在《条议海防事宜》中,针对总理衙门练兵、制器、造船、用人、理财、持久之条议,提出:“西洋立国有本有末,其本在朝廷政教,其末在商贾、造船、制器,相辅以益其强。”㊿在英期间,郭嵩焘曾与英国驻中国公使威妥玛交谈,威妥玛向郭分析中国政情时说道:“中国地利尽丰,人力尽足,要须从国政上实力考求,而后地利人才乃能为我用,以收其利益。购买西洋几尊大炮、几枝小枪,修造几处炮台,请问有何益处?近年稍知讲求交接矣,而于百姓身上仍是一切不管,西洋以此知其不能自立。土耳其可为殷鉴。”(51)

王韬也在《弢园文录外编》中提出了全面的变法纲领,他认为:“今日我国之急务,其先在治民,其次在治兵,而总其纲领则在储才。”(52)在此书中,王韬认为水师、火器、铁甲战舰等皆为末,而“至内焉者,仍当由我国之政治,所谓本也”。(53)王韬屡次谈到“治民”的重要性。他在《纪英国政治》中谈到英国“治民”有道:“英不独长于治兵,亦长于治民,其政治之美,骎骎乎可与中国上古比隆焉。"认定"英国之所恃者,在上下之情通,君民之分亲,本固邦宁,虽久不变"。[54]王韬也点出了"治民"的要点,即:"治民之大者,在上下之交不至于隔阂。此外,首有以厚其生,次有以恒其业。"[55]

这些不仅是士大夫的私下议论而已,1883年,崔国因即因应边境危机向清廷提出了储才、兴利、练兵等十项自强之道,其中第九项是"设议院"。崔强调:"且今日之事势,为古今之创局,凡所设施,每骇听闻,而练兵、筹饷各举为向所未经见者,必使斯民身居局中,悉其原委,知此中实有不得不然者,乃肯设身处地,为朝廷分忧,而后兵可增而不以为抽丁,饷可增而不以为重敛,凡有设施,坦然明白,所当行者,乃可次第行也。"因此,开议院乃为根本:"议院设而后人才辈出,增饷增兵之制可以次第举行也。""设议院者,所以因势利导,而为自强之关键也。"[56]其后一年,曾任江苏巡抚、两广总督的张树声在病逝前,口授遗折,以边患频起,呼吁清政府变法当以立宪为本。[57]

由此可见,到19世纪七八十年代,中国欲图富强,不应局限于船坚炮利,而应仿效西方,改革政治(即"治民"之道),已成为中外部分有识之士的共同看法。

作为晚清自强运动的标志之一,江南制造局在1865年由曾国藩、李鸿章主持创办。其附设翻译馆便于1868年正式开办。[58]傅兰雅最早受聘负责译书事务。傅1839年8月生于英国,在伦敦海伯利学院(Highbury College)完成师范教育后,响应维多利亚主教(Bishop of Victoria)的号召,于1861年8月抵达香港,就任圣保罗书院(St. Paul's College)校长。两年后,他受总理衙门委托,担任京师同文馆英文教习。1865年,他来到上海,开办了由圣公会(London Church Missionary Society)资助的英华书馆并教授英语。[59]傅兰雅的主要目的当然是传教,但教授英文和翻译西文书籍,是他吸引中国人关注基督教的重要方式,甚至越来越成为主要方式。

如同前文所指出的，江南制造局的主要目的是制造机器，而制造局翻译馆是为制造局服务的，因此制造局翻译馆在1880年以前所翻译的主要是应用技术类书籍。⑩因妻子身体状况欠佳，傅兰雅在1878年五月启程送妻子回英国，⑪此时郭嵩焘正以驻英公使的身份待在英国，严复也方留学英国。

傅兰雅回英期间，与郭嵩焘时相过从。1878年重阳节，郭嵩焘还邀傅兰雅、李凤苞、严复等人作登高之会。⑫1879年2月，郭嵩焘离英返国，邀傅兰雅同行。⑬在归国途中，郭、傅二人经常就中西政教之别交换看法。傅兰雅曾对郭嵩焘讲：

> 在上海目睹两事：同治十三年日本兴师台湾，沿海戒严，因派一轮船驻扎吴淞江口，以备不虞，凡共管驾兵弁三百余人。令甫下，以病告者六七十人。迟久乃开行，而告退者半，逃逸者亦半。比至吴淞，存者二十余人而已。乃更募乡民补之，其官弁亦多另补。此一事也。一日至铸枪厂，见用开通内膛机器，一童子司之（……），惟用车口机器长二寸许，轮转不息。因诘童子："此当开通内膛。舍长用短，是不求通也。"童子窘不能对，因曰："吾每月工食三元，仅够用此机器。"问何意，曰："不过挨延岁月而已，横直总办不能知，莫吾诘也。"此又一事也。⑭

郭嵩焘评傅兰雅之言曰："其言可谓沉痛。"郭并感叹："泰西制造机器所应取效者，岂值（止）枪炮而已哉？人心风俗，偷敝至于此极，即有枪炮，亦资寇兵而赍盗粮而已。然且相为欺诬浮滥，处之泰然。"⑮由郭、傅二人的交谈可看出傅对中国知识分子对时局的看法不会不了解。还值得注意的是，1878年10月17日，李丹崖即已见过傅兰雅所译《万国交涉公法论》（此书初由傅兰雅在中国驻德使署译），当时尚未译成，而迟至1895年才刊出。⁶⁶Bennett称1880年可谓傅兰雅译书事业的一个转折点，此前傅所译书籍主要在应用科学（技术）方面，此后则自然科学书籍比重增加，并在1885年以后陆续译出10部历史和社会科学类书籍。⁶⁷傅兰雅所译第一部社会科学类书籍，便是《佐治刍言》，于1885年在江南制造局刊出。

本来在江南制造局翻译馆内存在着大致的分工，即傅兰雅主要承担科学和工艺技术类著作的翻译，金楷理（Carl Traugott Kreyer）主要负责航海和军工方面，而林乐知（Young John Allen）则主要翻译各国史地、时事类书籍。19世纪70年代末，制造局逐渐放弃了制造轮船的计划，这使得技术类书籍不再像以前那么重要。同时，1881年林乐知辞去翻译馆职务。⁶⁸这都可以看作傅兰雅转向自然科学和社会科学书籍的原因。

《佐治刍言》可分为两部分，前半部分是"社会经济学"（social economy），后半部分为"政治经济学"（political economy）。照译者的话说，前半部分是"治民"，后半部分是"节用"。⁶⁹在政治经济学方面，1880年即由同文馆出版同文馆学生汪凤藻译、丁韪良鉴定之《富国策》。⁷⁰《佐治刍言》的后半部分也未译完，因此其重心无疑在前半部分。

如前所述，傅兰雅与郑观应、王韬、郭嵩焘等人均有交往，他对这些中国知识分子对时局的看法无疑是了解的。⁷¹虽然他翻译《佐治刍言》一书的具体原因目前尚不得而知，但可以肯定的是，《佐治刍言》所强调的"治民"和"节用"两方面正是新的时代潮流的反映。⁷²只不过，此书不仅讲"治民"的具体措施，更讲了其所以然的道理所在。

《佐治刍言》是傅兰雅和应祖锡合作对英国人钱伯斯兄弟（William & Robert Chambers）所出版《政治经济学》（Political

Economy, for Use in Schools, and for Private Instruction)一书的翻译。⑬该书为钱伯斯兄弟所编教育丛书的一种,原书未署作者名。经学者考证,原作者为英国作家、历史学家伯顿(John Hill Burton)。⑭伯顿此书出版于1852年。在此之前,他有另外一部关于政治经济学的作品《政治与社会经济学》(*Political and Social Economy: its Practical Applications*)于1849年问世,同样由钱伯斯兄弟出版,两者可称得上是姊妹篇。但奇怪的是,两者的内容不尽相符,甚至有自相矛盾之处。⑮

伯顿《政治经济学》一书其实可以分成两部分,照伯顿的分法,第一部分为"社会经济学",第二部分为"政治经济学"。其实以今天的观点来看,第二部分才是经济学或政治经济学的应有内容,而第一部分虽被称为"社会经济学",却是政治学所应讨论的内容。《佐治刍言》也不是《政治经济学》的完整译本,其共译了418节,第二部分有58节未译。因此,称《佐治刍言》为近代中国所翻译的第一部有较系统政治学内容的书籍,应不为过。本文所讨论的内容主要为其第一部分。

值得说明的是,伯顿并非经济学家或政治学家,Craig曾分析他的早期作品只不过是为了赚取稿费。⑯他在《政治经济学》一书中所表现的政治思想十分混杂,大体上是天赋人权观、英国古典自由主义思想和基督教的混合体。伯顿受到天赋人权观的影响,可从他书中所称的"人生而自由"和自然平等的观点中得到体现。⑰他受英国古典自由主义思想影响,可从他对国家和社会加以稍显模糊的区分,并主张限制政府权力的观点中得到体现,这在第九章《政府》(Government,傅译为"论国政之根源")和第十二章《政府功能与行政》(Government Functions and Measures,傅译为"论国家职分并所行法度")中表现得最为明显。伯顿受基督教思想影响,书中频繁地使用上帝(God)一词,在中译本中多被译为"天"。内容上最明显体现伯顿受基督教思想影响的还有第一章"家庭"（The Family Circle，傅译为"论家室之道"），在本章中伯顿强调家长对孩子的无私，并认为家庭中的这种仁爱预示着人类更好的将来。⑱

伯顿曾对前十三章内容进行总结道："前十三章申论各国民情，并指明人人俱有天生性情与其本领，可以自养生命，自保身家。若能激励诱掖之，使常由正路，则作乱犯上之萌绝，而国中自享承平之福矣。"⑲伯顿还进一步解释说："社会经济学与促进秩序、正义以及任何可以减少人们相互之间敌意的事情有关。"这句话在《佐治刍言》中被译为："前各章只论百姓皆宜守分，免至良莠不齐，作祸乱以为国害。"⑳这种翻译显然无法概括原文的意思，也与之前的概括相矛盾。因为虽然《佐治刍言》由人与人相处之道讲起，但重心则在于国家如何"治民"。

伯顿《政治经济学》对个人权利与义务以及政府起源和国家职责都作了论述。在论述个人自由时，伯顿说："因此，依照自然法，无论肤色、国籍，每一个人都拥有他自身，他属于他自己。用通俗的话讲，人生而自由。"㉑在《佐治刍言》中，这段话被翻译为："故无论何国、何类、何色之人，各有生体，必各能自主，而不能稍让于人。"㉒

伯顿并由自由观论述到平等观："确实，人们因为其天赋和机遇的不同，会自然地分化为不同的阶层，有些人会对其他人施加很大的影响力。但这一点也不妨碍每个人的生命、自由、自尊和财产应受到同等的尊重。"㉓这段话在《佐治刍言》中被译为："虽天之生人，其才智与遭际不能一概而论，或为富贵，或为贫贱，或有权柄而治人，或无权柄而受治于人，然其所以治人与受治于人者，仍是君民一体之理，其于人之生命，与夫自主、自重，及所管产业等事，均无妨碍也。"㉔在这里，"同等尊重"（即平等）被译为"君民一体"，未能传达原意。生命、自由、自尊及财产应被尊重,被翻译成"均无妨碍",权利观念也无清晰表达。

但是,在对政府起源和其职责上,《佐治刍言》的翻译并无大的问题。如伯顿论政府起源道:"为了制定并执行法律,以及其他有益的目的,政府成为必要。也就是说,(政府是)集中国民意志,并给予它力量和指导的权力。"⑮傅译为:"夫欲设立律法,并执掌律法,以办理一国公事,必有若干人出为维持,统众人所托付之权,代众人管理一国内外事,此即国政之根源也。"⑯在论述政府的职责时,伯顿说:"政府的最主要功能在于保持和平、确保法律被遵守以及与他国交涉。"⑰傅译为:"国家职分应为之事,大概有三:一令国中平安,一令国人遵守律法,一料理本国与各国交涉之事。"⑱

虽然伯顿认为政府应兴办教育、卫生及其他社会管理事宜,但他认为诸如个人生活方式、职业选择、工人薪资以及民间贸易等,国家皆不应干涉,这在《佐治刍言》中都基本表达了出来。伯顿最后得出结论说:"盖国家立法,烦苛与简略同病,能于烦简之中斟酌至当,国中方受其福。"⑲

伯顿《政治经济学》中的社会观可以分为社会构成和社会与国家之间的关系两个方面来讲。但首先值得提出的是,伯顿在此书中也是在宽泛的意义上使用society一词的。他把家庭称为一种社会,把国家作为范围更广的社会。⑳但正如哈贝马斯(Jürgen Habermas)所讲,近代西方的主流思想是把家庭和社会分为私人和公共两种不同的领域,其关系模式是大不相同的。㉑

可以推论,伯顿在家庭和社会之间所作的这种模拟和推论会给翻译者理解原意带来障碍,并且会强化中文中原有的家国同构的思想。㉒比如英文本"男人和女人组成被称作家庭的共同体是天性使然,他们组成被称作国族或者国家的范围更广的社会时也同样是天性使然"一句,㉓中译为:"夫妇和睦而成家道,似一天然小会,一二人此理,数十人亦此理,推之一族、一邦、一国,尤未尝不同此理。"这在无意中就把中国原有的由家至族至国的概念表达了出来。

伯顿所作的这种模拟所带来的理解上的障碍更重要的一层还在人与人之间的关系,即平等观上。比如在第二章《个人权利与义务》(Individual Rights and Duties,傅译为"论人生职分中应得应为之事")中,伯顿强调"人生而自由"(Man is born free),并且在国家之下的这种自由即成为公民自由(civil liberty),即受法律和政府保护的自由权利。在此基础上,伯顿强调人的生命、自由、自尊及财产都应受法律的同等保护。但这种"平等"的概念在中译本中却未得到清晰表达。比如伯顿说:"在为共同福利而实施的法律的构成中,所有人应当被平等对待。"这句话在《佐治刍言》中被翻译为:"凡国内设立律法,欲令众人皆得益处,则必使国内之人上下一体,始能无弊。"㉞把平等译为上下一体或君民一体,中文中"一体"既有"一个整体"之意,也有"一样"之意,意义较为模糊。㉟

如果说译者对平等概念的理解存在障碍的话,其对"社会"概念的理解更是困难重重。这一方面当然是因为"社会"(society)一字在原文中使用的混杂,但原因绝不止于此。society一词在英文中主要有三种含义:① 居住在同一个国家或区域并且拥有共同的习俗、法律和组织的人所组成的共同体;② 一个为特定目的或活动而组成的组织或俱乐部;③ 有他人陪伴的状态。前两种含义在伯顿《政治经济学》中是同时被使用的。如果说第②种含义被翻译为"会"尚无太大问题的话,第①种含义则非一般意义上的"会"所能概括。

伯顿原文第五章为《作为竞争系统的社会》(Society A Competitive System),在傅译中却被译为"论国人作事宜有争先之意",原有的"社会"概念消失不见。㊱在"个人权利和义务"

（Individual Rights and Duties，傅译为"论人生职分中应得应为之事"）一章中，伯顿描述了何为一"完美的社会"："一个完美的社会应该是自由公民的集合，每个人都遵守为共同利益而制定的法律，为全体的利益而付出自己的劳动，并且获得相应的回报。"⁹⁷这段话在中译本中为："今有若干人聚成一会，或成一国，欲其兴利除弊，诸事完善，则必使人人俱能自主，人人俱能工作，方能十分富庶。"⁹⁸每个人获得与其劳动相应的回报，这是自柏拉图以来西方政治思想中的主流正义观念，中译本中完全没表达出来。把"社会"翻译为"一会"或"一国"，则表明了无相应词汇或概念的尴尬。事实上，society 在《佐治刍言》中被翻译为"会""国"或"一会一国"。这反映了中译者认识到了中文中的"会"无法涵盖 society 的全部内涵，却又苦于无合适的词汇表达，因此同时用了"国""一会一国""一会或一国"或"众人"来表达。但是，用"国"的概念表达"社会"的含义（虽然英文本中有时也这样用），对理解原文中对国家和社会的区分造成了困难。⁹⁹

在第十二章《论政府功能及行政》中，伯顿认为政府最重要的功能在于保证和平、严持法律及对外交往。¹⁰⁰在中译本中"政府"被翻译为"国家"（应注意此章标题"论政府功能及行政"即被翻译为"论国家职分并所行法度"）。这样翻译也不奇怪，因为英文中的 state 本即与政府有密不可分的关系。但如果这样的话，原文对政府与社会所作的区分即很难被表达。如伯顿论述政府权限："稍微的思考即会表明政府若干涉私人权利与义务，便会导致严重的错误，并损害社会。"若按照一贯的翻译，则此层含义会被表达为"国家"若干涉私人权利与义务，便会损害"一会或一国"，这无法成立。因此，中译者此处用了"众人"一词："按百姓分所当得、分所当为之事，若俱归国家管理，不特国家有所不逮，且必有害于众人。"¹⁰¹

伯顿在《政治经济学》还论述到了英国的地方自治和议院制度。如在第十一章《法律和国家制度》(Laws and National Institutions,中译为"论律法并国内各种章程"),伯顿称英国具有一定自治权的市政府(Municipalities),是其市民社会的重要组成部分,在维护国家稳定和保护人民自由方面发挥了重要作用。此段英文原文为:

> Independent municipal corporations, thus placed in the various provincial towns, form an important element in civil society: they conduct the public business at no cost to the nation, and each forms a point around which men rally in defense of law and order. In this manner, they act as a protection against any sudden revolution. [102]

这段话在《佐治刍言》中被译为:"欧洲国内有此种城,能立自主之会,于国政大有关系,于地方大有裨益。其办理各事经费,俱由本城自备,居民彼此辑睦,断不至猝发祸乱,致与国家为难。"[103] 伯顿此处所用的 civil society,与我们一般的理解并不相同,这反映了伯顿在此书中对 society 一词使用的混乱。《佐治刍言》把自治性的市政府译为"自主之会",反而加重了其民间性质。

至于对议院制度的介绍,虽然对其产生方式及权力分配在理解上已无障碍,但对它的作用,理解还是有偏差。如伯顿论述议院道:"至今为止国民从古代习俗中所继承的最重要的遗产,是给予他们安全和自由的政府形式——比如我们的议院系统。"[104] 这句话在《佐治刍言》中被译为:"各国古时风俗,至今犹存者,惟公议院之法为最要,以能权衡于中,使上下两无偏倚也。"[105] "给予安全和自由"被译成"权衡于中,使上下两无偏倚",反映了两者对议院功能强调重点的不同。事实上,先有提倡议会制度,然后才出现提倡自由平等的言论,这在中国近代历史中是一个很明显的现象。[109]

结　语

随着第一次鸦片战争和第二次鸦片战争的战败,一部分中国知识分子和主政者明显感到所面对的局面是"几千年未有之变局",战争的失败使中国不得不面对与西方进一步的接触。1861年总理衙门的设立可看作明显标志。另一方面,为了使中国人接受其宣教或秩序,一部分西方传教士和外交官也愿意把其学理介绍到中国。正是在双方的共同作用下,才有了《万国公法》和《佐治刍言》等作品的翻译。

正因在鸦片战争前后的中西交涉中,国家交涉的需要大于内部变革的需要,《海国图志》《万国公法》等作为最早对西方作品的翻译不是偶然的。Society 在西方也并非是一个内容固定的词汇,它包含了多层的意思。惠顿的《国际法原理》因其主题原因,多把社会的使用等同于国家,这也造成了《万国公法》多以"国"来译"society",不过已有翻译为"众民相处"的例子。在邝其照所编《字典集成》中,与 society 对译的词汇为"会、结社、签题会"。

《佐治刍言》的翻译与《万国公法》不同,它反映了到1880年代中外知识分子所感到的进一步变革的需要,其前半部分"社会经济学"部分着眼于"治民",后半部分"政治经济学"则着眼于"节用"。伯顿《政治经济学》也是在宽泛的意义上使用"社会"一词,把"家庭"称为一种"社会",把国家称作范围更广的"社会"。不过原文对 society 一词的使用即与《国际法原理》有所不同。傅兰雅和应祖锡多把 society 一词翻译为会或国、"一会一国",反映了他们理解社会与国家含义的不同,但又无合适的译词来翻译的困境。这一翻译,对需要区分国家与社会时造成了困难。同样,无论在《万国公法》还是在《佐治刍言》中,"社会"有时被翻译为"众民相处""人之相处""众人",共同体之含义消失不见。

由《万国公法》和《佐治刍言》中的 society 翻译我们可以看出,作为译词的"国"与"众""会"或"国"是在两个方面受到时代背景的影响的:首先,时代的需要限定了译本的选择及译本中用法的偏重;其次,时代的"思想资源"与"概念工具"则又影响了对原文的理解和译词的选择。

---

① 金观涛、刘青峰:《从"群"到"社会""社会主义"》,《中研院近代史研究所集刊》35 期,2001 年 6 月,第 6—7 页;冯天瑜:《新语探源——中西日文化互动与近代汉字术语的生成》,中华书局 2004 年版,第 561 页;黄兴涛:《清末民初新名词新概念的"现代性"问题——兼论"思想现代性"与现代性"社会"概念的中国认同》,《天津社会科学》2005 年第 4 期,第 134—136 页;陈力卫:《词源(二则)》,《亚洲概念史研究》第 1 辑,2013 年 4 月,第 194—199 页。

② 金观涛、刘青峰:《从"群"到"社会""社会主义"》,《中研院近代史研究所集刊》35 期,第 22 页。

③ 王汎森:《傅斯年早期的"造社会"论——从两份未刊残稿谈起》,《中国文化》第 14 期,1996 年,第 204 页。

④ 金观涛、刘青峰:《从"群"到"社会""社会主义"》。

⑤ 引号中所引为斯金纳(Quentin Skinner)语,详细讨论参见 Quentin Skinner, "Meaning and Understanding in the History of Ideas", *History and Theory*, Vol. 8, No. 1 (1969), pp. 3 - 53。

⑥ 艾儒略曾分西学为"六科",即文科(勒铎理加)、理科(斐录所非亚)、医科(默第济纳)、法科(勒义斯)、教科(加诺搦斯)、道科(陡录日亚),包罗至广。杨廷筠称传教士携带书籍有 7 000 余部。若杨说属实,西书显未尽译。

艾儒略:《西学凡》,《四库全书存目丛书·子部》九三,(台南)庄严文化事业有限公司1995年版,第630页;杨廷筠:《刻西学凡序》,见艾儒略《西学凡》,《四库全书存目丛书·子部》九三,第627页;方豪:《中西交通史》,(台北)中华文化出版事业委员会1954年版,第1—3页。

⑦ 明末以来西学传入对中国学术的影响不可低估。除方豪等所举外,梁启超即已注意到清学"启蒙期"所受西学研究方法上的影响。朱维铮则详举了清代汉学与西学的各相关方面。见梁启超《清代学术概论》,上海古籍出版社2005年版,第23页;朱维铮:《十八世纪的汉学与西学》,载入朱维铮《走出中世纪》,复旦大学出版社2009年增订本,第136—162页。

⑧ 马氏1807年1月31日启程赴纽约,1807年9月4日抵澳门,9月7日抵广州。见李志刚《基督教早期在华传教史》,台湾商务印书馆1985年版,第64—82页。

⑨ 详目见李志刚《早期基督教士中文著述编年目录表》(1811—1864),载李志刚《基督教早期在华传教史》,第185—198页;熊月之:《早期基督教传教士出版中文书刊目录(1811—1842)》,载熊月之《西学东渐与晚清社会》,中国人民大学出版社2011年版,第105—109页。

⑩ 广州外国侨民于1833年倡议组织了"中国益智会",英商马地臣(James Matheson)任会长,裨治文、郭实腊、马儒翰为秘书,其英文名即为"The Society for the Diffusion of Useful Knowledge in China"。《华英字典》译society为"联名签题会"。《英华韵府历阶》译society为"签题会",明显是受了《华英字典》影响。见熊月之《西学东渐与晚清社会》,第74—75页;马礼逊编:《华英字典》(*A Dictionary of the Chinese Language*)(1815—1822)第6卷,大象出版社2008年影印版,第398页;卫三畏鉴定:《英华韵府历阶》(*An English and Chinese Vocabulary, in the Court Dialect*),(澳门)香山书院1844年版,第265页。《英华韵府历阶》与《华英字典》的关系,可参见元青《晚清汉英、英汉双语词典编纂出版的兴起与发展》,《近代史研究》2013年第1期,第96页。

⑪ 由林则徐而始的对世界地理学研究的兴盛,见郭双林《西潮激荡下的晚清地理学》,北京大学出版社2000年版,第98—103页。

⑫ 熊月之:《西学东渐与晚清社会》,第177—178页。

⑬ 详情参见王维俭《林则徐翻译西方国际法著作考略》,《中山大学学报》1985年第1期,第58—67页。

⑭ 林学忠:《从万国公法到公法外交——晚清国际法的传入诠释与应用》,上海古籍出版社2009年版,第47页。

⑮ 林学忠:《从万国公法到公法外交——晚清国际法的传入诠释与应用》,第50页。有学者也谈到丁所怀有的个人方面的考虑及传教上的动机。见傅德元《丁韪良〈万国公法〉翻译蓝本及意图新探》,《安徽史学》2008年第1期,第53页。

⑯ 林学忠:《从万国公法到公法外交——晚清国际法的传入诠释与应用》,第49页。

⑰ 各版本之间较详细的比较,见傅德元《丁韪良〈万国公法〉翻译蓝本及意图新探》,《安徽史学》2008年第1期,第46—51页。

⑱ Henry Wheaton, *Elements of International Law*, Boston: Little Brown and Company, 1855, p. 1.

⑲ Ibid., p. 12.

⑳ Ibid., p. 10.

㉑ Ibid., p. 361.

㉒ 见惠顿著、丁韪良译《万国公法》,第463、466、531页。

㉓ 林学忠:《从万国公法到公法外交——晚清国际法的传入诠释与应用》,第53页。

㉔ Henry Wheaton, *Elements of International Law*, pp. 89-91.

㉕ Ibid., p. 10. 此句中文本译为:"夫各国自制律法,而甘服之。诸国亦有律法,为各国所甘服者。"(惠顿著,丁韪良译:《万国公法》,第466页)

㉖ Henry Wheaton, *Elements of International Law*, p. 29.

㉗ Ibid., p. 22;惠顿著,丁韪良译:《万国公法》,第469页。

㉘ Henry Wheaton, *Elements of International Law*, p. 15.

㉙ 惠顿著,丁韪良译:《万国公法》,第467页。

㉚ Henry Wheaton, *Elements of International Law*, p. 30.

㉛ 惠顿著,丁韪良译:《万国公法》,第472页。

㉜ Henry Wheaton, *Elements of International Law*, p. 27;惠顿著,丁韪良译:《万国公法》,第471页。

㉝ Henry Wheaton, *Elements of International Law*, p. 31;惠顿著,丁韪良译:《万国公法》,第472页。

㉞ Henry Wheaton, *Elements of International Law*, p. 31.

㉟ 惠顿著,丁韪良译:《万国公法》,第472页。

㊱ Henry Wheaton, *Elements of International Law*, p. 4, 248, 259, 361, 365, 404, 464, 465. 丁韪良在《凡例》中称:"译者惟精义是求,未敢傍参己意。原书所有条例,无不尽录。但引证繁冗之处,少有删减耳。"有所删减,这是译者本人即已指出的。除此之外,丁韪良确实还是尽量使译文符合原意的。不过因自身倾向和当时翻译条件(比如中文译711词的缺乏、严格的对等翻译规则尚未建立等),译文与原作仍不能说没有差异。本文所举对 society 之翻译可为一例。见丁韪良《凡例》,惠顿著,丁韪良译:《万国公法》,第454页;傅德元:《丁韪良〈万国公法〉翻译蓝本及意图新探》,《安徽史学》2008年第1期,第51页。

㊲ 除以上所举外,"社会"被译为"国"的例子参见 Henry Wheaton, *Elements of International Law*, p. 12, 18, 28, 52, 53;惠顿著,丁韪良译:《万国公法》,第466、468、471、477、477页。

㊳ 罗存德所编词典根据韦氏英语词典选择此条,对之前出版的几部英汉词典条目译名作了较大修改。见 Lobscheid, *English and Chinese Dictionary, with the Punti and Mandarin Pronunciation*(《英华字典》), Hong Kong: Daily Press Office, 1866 - 1868, p. 1628;元青:《晚清汉英、英汉双语词典编纂出版的兴起与发展》,第97页。

㊴ 邝其照所编字典集成同样参照了马礼逊、麦都思和卫三畏的作品。见邝其照《字典集成》(1868),收于内田庆市、沈国威编《邝其照字典集成影印与解题》,(大阪)关西大学东亚文化交涉学会2013年版,第88页;元青:《晚清汉英、英汉双语词典编纂出版的兴起与发展》,第97页。

㊵ 据王尔敏统计,当时提出变局言论者不下81人。见王尔敏《中国近代思想史论》,社会科学文献出版社2003年版,第325页。

㊶ 刘广京：《经世、自强、新兴企业——中国现代化的开始》，载刘广京《经世思想与新兴企业》，（台北）联经出版事业公司1990年版，第5页。

㊷ 吕实强：《丁日昌与洋务运动》，中研院近史所专刊，1987年再版，第2—4页；刘广京：《经世、自强、新兴企业——中国现代化的开始》，第7—8页。

㊸ 熊月之：《西学东渐与晚清社会》，第178页。

㊹ 徐继畬：《瀛寰志略》，上海书店2001年版，第277页。

㊺ 冯桂芬：《校邠庐抗议》，上海书店2002年版，第57页。

㊻ 同上。

㊼ 丁日昌：《上曾中堂吏治条陈六则》（1870年），见赵春晨编《丁日昌集》，上海古籍出版社2010年版，第1068页。

㊽ 郑观应：《易言》，见夏东元编《郑观应集》，上海人民出版社1982年版，第61—167页。

㊾ 郭嵩焘：《使西纪程》，见湖南人民出版社点校《郭嵩焘日记》第3册，湖南人民出版社1982年版，第137页。

㊿ 郭嵩焘：《条议海防事宜》（1875年），见杨坚校补《郭嵩焘奏稿》，岳麓书社1983年版，第346页。

○51 湖南人民出版社点校：《郭嵩焘日记》第3册，第337页。

○52 王韬：《变法下》，《弢园文录外编》，第13页。

○53 王韬：《洋务下》，《弢园文录外编》，第27页。

○54 王韬：《纪英国政治》，《弢园文录外编》，第89—90页。

○55 王韬：《重民中》，《弢园文录外编》，第18页。

○56 崔国因：《奏为国体不立后患方深请鉴前车速筹布置恭折》，《槖实子存稿》，转引自熊月之《中国近代民主思想史》，上海社会科学院出版社2002年版，第133—134页。

○57 熊月之：《中国近代民主思想史》，第135页。

○58 王扬宗：《江南制造局翻译馆史略》，《中国科技史料》1988年第3期，第65—66页；王红霞：《傅兰雅的西书中译事业》，复旦大学博士学位论文，2006年，第25页。王红霞认为1867年制造局翻译馆已设立，所指应该是翻译事业。

(59) 王红霞:《傅兰雅的西书中译事业》,第 1 页。

(60) Adrian Arthur Bennett, *John Fryer: The Introduction of Western Science and Technology into Nineteenth-Century China*, Cambridge: East Asian Research Center, 1967, p. 35.

(61) 王红霞:《傅兰雅的西书中译事业》,第 68 页。

(62) 湖南人民出版社点校:《郭嵩焘日记》第 3 册,第 645 页。

(63) 傅兰雅称此行郭嵩焘聘他为"秘书和翻译"。见《郭嵩焘日记》第 3 册,第 775—790 页; John Fryer, "Letter to an unidentified 'Unitarian' Association", 1885,戴吉礼、周欣平、赵亚静编:《傅兰雅档案》第 2 卷,广西师范大学出版社 2010 年版,第 579 页。

(64) 湖南人民出版社点校:《郭嵩焘日记》第 3 册,第 789—790 页。

(65) 同上书,第 790 页。

(66) 同上;王扬宗:《江南制造局翻译书目新考》,《中国科技史料》1995 年第 2 期,第 6 页。

(67) Bennett, *John Frye*, pp. 35 - 39.

(68) 王扬宗:《江南制造局翻译馆史略》,第 68—69 页。

(69) 傅兰雅口译,应祖锡笔述:《佐治刍言》,上海书店 2002 年版,第 56 页。

(70) 熊月之:《西学东渐与晚清社会》,第 252—253 页。

(71) 郑观应曾在傅兰雅主办的英华书馆夜班学英文两年。王韬于 1884 年回上海定居,并于 1885 年被傅兰雅、唐廷枢、丹文联合邀请任上海格致书院山长。见夏东元《郑观应传》,华东师大出版社 1985 年版,第 6 页;张海林:《王韬评传》,南京大学出版社 1993 年版,第 353—354 页。

(72) 当然,我们不应对这种新潮流在中国的接受状况作过分夸大。这从郭嵩焘《使西纪程》被毁版及其个人遭遇,以及郑观应在后出《易言》(二十篇本)中基本删去了论议院、吏治甚至收容流民、劝止缠足方面的内容即可看出,这种新思潮还只是为少部分人所有。

(73) *Political Economy, for Use in Schools, and for Private Instruction*,

Edinburgh: William and Robert Chambers, 1852.

㉔ Albert M. Craig 对此有比较详细的考证,见 Albert M. Craig, "John Hill Burton and Fukuzawa Yukichi",《近代日本研究》1984 年第 1 卷,第 218—238 页。

㉕ 对于伯顿观点转变的原因,虽然 Craig 给出了一些尝试性的解释,但仍不够有说服力,可谓仍是一个谜。见 Craig, "John Hill Burton and Fukuzawa Yukichi",《近代日本研究》1984 年第 1 卷,第 231—235 页。

㉖ Craig, "John Hill Burton and Fukuzawa Yukichi",《近代日本研究》1984 年第 1 卷,第 226 页。

㉗ *Political Economy*, p. 3, 8.

㉘ Ibid., pp. 2-3.

㉙ 傅兰雅口译,应祖锡笔述:《佐治刍言》,第 56 页。

㉚ 同上。

㉛ *Political Economy*, p. 3.

㉜ 傅兰雅口译,应祖锡笔述:《佐治刍言》,第 5 页。

㉝ *Political Economy*, p. 4.

㉞ 傅兰雅口译,应祖锡笔述:《佐治刍言》,第 5—6 页。

㉟ *Political Economy*, p. 22.

㊱ 傅兰雅口译,应祖锡笔述:《佐治刍言》,第 28 页。

㊲ *Political Economy*, p. 35.

㊳ 傅兰雅口译,应祖锡笔述:《佐治刍言》,第 42 页。

㊴ 同上书,第 51 页。

㊵ *Political Economy*, p. 3.

㊶ 哈贝马斯著,曹卫东、王晓珏、刘北城、宋伟杰译:《公共领域的结构转型》,学林出版社 1999 年版,第 179 页。

㊷ 当然,中国古代思想中"家""国"并不能说是完全同构的。见尾形勇著、张鹤泉译《中国古代的"家"与国家》,中华书局 2010 年版。

㊸ *Political Economy*, p. 3.

㊹ 傅兰雅口译,应祖锡笔述:《佐治刍言》,第 5 页。应指出在后文中伯

顿同样明确说明了家庭和家庭之外的不同之处,他说:“家庭中彼此间的无私情感和为彼此牺牲的意愿,在家庭之外的世界中并不存在。在这外部世界中,每个人追求自己的事业,依靠自身的努力,并且尽力达成自己的愿望。” *Political Economy*, p. 10。这正体现了伯顿此书前后不一。

(95) 童伟鹤认为此处中文本“上下一体”“君民一体”把人与人之间平等的“横的关系”转换为君民间的“纵的关系”,其准确性还值得推敲。童伟鹤(报告),西川俊作补笔:《『西洋事情外編』と『佐治刍言』——バートン経済學の翻訳書に關する比較研究》,《福沢谕吉年鉴》26,1999年,第53—54页。

(96) *Political Economy*, p. 10;傅兰雅口译,应祖锡笔述:《佐治刍言》,第13页。

(97) *Political Economy*, p. 4.

(98)《佐治刍言》,第6页。

(99) 孙青曾注意到《佐治刍言》对“society”概念的淡化或湮没。见孙青《晚清之西政东渐及本土回应》,上海书店出版社2009年版,第173—181页。

(100) *Political Economy*, p. 35.

(101) 傅兰雅口译,应祖锡笔述:《佐治刍言》,第42页。

(102) *Political Economy*, p. 32.

(103) 傅兰雅口译,应祖锡笔述:《佐治刍言》,第38—39页。

(104) *Political Economy*, pp. 32 - 33.

(105) 傅兰雅口译,应祖锡笔述:《佐治刍言》,第39页。

(106) 熊月之:《中国近代民主思想史》,第17页。

蝌蚪避孕：20 世纪 50 年代一种医疗观念的实践

周永生

摘要：本文以蝌蚪避孕为切入点，关注 20 世纪 50 年代一种中医避孕观念在中国节育运动中的呈现。医学是国家干预生育的手段，1954—1958 年在扶植中医，进而西医学习中医的社会空气下，中医积极加入到节育运动中。在中医避孕观念的指导下，一些方剂被引入避孕领域，其中一例是邵力子、叶熙春等人介绍的蝌蚪避孕方。蝌蚪避孕虽来自民间，背后却有"寒宫不孕"的医疗理念。这一时期，中医对民间避孕方药进行多方挖掘，并公布于世，促成了中医避孕的知识实践。虽然有大量偏方、验方、单方的介绍，但是以蝌蚪避孕为代表的中药避孕的实效却面临着"科学"与否的质疑与挑战。科学主义仍是中共推动医药发展倚重的观念。

关键词：蝌蚪，避孕观念，民间医疗，中医药，科学主义

周永生，江西师范大学历史文化与旅游学院讲师

蝌蚪，是蛙类幼虫的统称，椭圆的脑袋后拖着细长的尾巴，多见于春季的池塘、河里、湖里，陪伴许多中国少年度过短暂而宝贵的童年时代。从池塘里抓蝌蚪观察它一天天长大，到学习语文课本上《小蝌蚪找妈妈》，小蝌蚪是很多人脑海里摇曳的珍贵记忆。

蝌蚪在中国人的文化记忆里当然不仅是童年的欢乐，它还有不太为人所知的其他故事。2012年诺贝尔文学奖获得者莫言在谈及自己创作的《蛙》时，①曾提及蝌蚪被用于避孕的历史。《蛙》之所以"蛙"命名，莫言坦言，他考虑的一方面是蛙在北方生育文化里具有的图腾意义。虽然在《蛙》的行文中没有蝌蚪避孕的出场，但是在构思这部作品时，莫言曾经想以《蝌蚪丸》作为书名。在他看来，故事主人公的姑姑发明的避孕丸就是用蝌蚪做成的，原因是他在翻看《人民日报》时曾发现某地的医生发明了蝌蚪避孕法，该种方法让女性在排卵期间每天生吞十几个蝌蚪，说是可以避孕。②莫言的一席话为我们讲述蝌蚪的故事，提供了另一种可能。

本文所要提及的蝌蚪避孕，是20世纪50年代中医避孕实践中的小插曲，而就是这一段小插曲，却有着重要的历史联结，其背后有着简单而明了的观念背景，"蝌蚪丸"并没有成为最后的书名，但是蝌蚪避孕背后的民间医疗观念，还有连带的民间药物文化，对我们来说，既是"荒诞"之所以呈现的缘由，也是理解当代中国基层医疗观念的一个窗口。

一种药物的运用无不是某种医疗观念的体现，而一种物质能够作为药物应用于某种医疗实践背后也有某种观念推动，故而药物承载的不仅是治愈疾病的希望，也承载着指导用药实践的医疗观念。本文即是从药物角度，对蝌蚪避孕及其所代表的中医避孕观念的揭示与探讨。关于近代中国的药物避孕史，学界已有相关的研究。③本文首先梳理20世纪50年代的蝌蚪避孕事件，蝌蚪在民间医药中具有的观念支撑，继而联系中共指导下进行的中药避孕研究与推广，以此反思在国家医学体制下，中共推广医药与民间医疗观念之间的互动以及中共在医药短缺情况下的策略性选择及其影响。

一、1956年蝌蚪避孕的提出与展开

曾经闹得沸沸扬扬的蝌蚪避孕到底是怎么一回事,还得从邵力子的一次发言讲起。1956年第一届全国人民代表大会第三次会议上,节育问题成为会议关注的热点话题。邵力子作为全国人大代表,一直关心人口与节育问题,在1955年的一届人大第二次会议上,他就曾提案《请加强避孕常识的宣传和放宽节育技术的限制案》,而在1956年的一届人大三次会议上,他的提案获得了卫生部的回应。

卫生部的答复中提到,中药避孕药方很多,卫生部方面也正在搜集材料进行研究。④在大力提倡中医药政策的背景下,卫生部提到了利用中药避孕的问题,而中药避孕的问题邵力子在此前提案中却并未涉及。一届人大三次会议召开时,中共正在大力推动"西医学习中医",邵力子早已察觉中共中央对中医药态度的转变,所以此时卫生部提出进行中药避孕研究,让邵力子眼前一亮。在大会发言中,邵力子称,中医药存在着巨大的潜力,卫生部搜集研究避孕的中医药方,将会对人民大有好处。⑤在肯定了卫生部的作为之后,邵力子抛出了他本次参会的重要所得——来自浙江的全国人大代表、著名中医叶熙春⑥(时任浙江省卫生厅副厅长)向其介绍的蝌蚪避孕方。⑦蝌蚪避孕方是民间避孕实践中应用的一个偏方,它的服用方法简单易行:

> 避孕用的是春天池塘水边没有长出眼、脚的蝌蚪。吞服蝌蚪的时间最好是月经净后三五天,为了减少杂菌,服前应该用凉开水冲洗一两次,然后用温开水夹活吞下,第一天吞十四条,第二天再吞十条,就可避孕五年之久。每次吞服的数量并

不是绝对不可变的,十四条和十条只是一个最起码的数字,多到两次各服十四条甚至二十条,对身体也不会有什么害处。五年之后如果仍要避孕,只要继续吞服两次,就不会再受孕了。如果不放心,还可以再吃,甚至隔一两年吃一次对身体也不会有坏处。这种避孕方法最大的好处是:稳当可靠,不花钱和没有任何副作用。⑧

按照叶熙春的说法,蝌蚪避孕只需吞两次蝌蚪就能够避孕五年,而且对身体没有什么害处,五年之后如果要继续避孕,只需继续吞服即可。不仅如此,此方还没有副作用,多吃也没有其他害处。这样近似完美的药物让邵力子倍感兴奋,觉得有责任把它介绍出来。用蝌蚪来避孕竟如此灵验,比起那些价格昂贵而又麻烦的避孕器具,蝌蚪避孕真的要廉价、方便许多。考虑到当时避孕药具供应短缺,我们便更能理解蝌蚪避孕所具有的吸引力。邵力子介绍这个蝌蚪避孕方时,中国农村仍然不是避孕器具售卖的重点,政府节育的主要精力仍然放在城市、厂矿,目的之一是保障更多妇女参与生产建设,维护工业生产力的稳定。即便政府将城市作为避孕药具供应的重点,城市里的避孕药具也是供不应求。1954年刘少奇召集国务院第二(文教)办公室、卫生部、轻工业部、商业部、中共中央宣传部、中华全国民主妇女联合会等单位负责人谈节制生育问题,在发表的《提倡节育》的讲话中刘少奇谈到,城市里"医药公司卖避孕药品和器具,生意好得很,也用不着登广告";而在农村方面,农村不是没有避孕节育的要求,只是很多人不知道如何节育,也不知道有办法可以不生孩子,导致溺婴的很多,在贫苦农民中更多。⑨可见,无论在城市还是农村,从中共高层了解到的情况看,民众对避孕药具的需求都十分急迫。

蝌蚪避孕的应用也折射出当时中国人基本药物的匮乏。避孕药物的选择十分有限,民众对避孕药物有着急切的渴望,而简单易用、吃一次药就可以解决避孕问题,是很多人的诉求。在避孕的实践中,人们更希望采用有效的药物避孕,原因是器具避孕麻烦且更多干涉隐私,同时也因器具质量存在问题,从而影响了使用效果。以避孕套为例,当时中国生产的避孕套质地较厚,而且经常出现破损等情况,影响使用者的积极性。民众选择避孕方式时对药物的青睐,当然也与避孕器具的繁琐以及羞涩的社会心态不无关联。因而,对有效的避孕药物的渴求,是当时普遍存在的社会心态。正如河北省卫生厅等单位了解到的情况,政府已推行的几种节育方法不简便、不经济,群众特别是农民普遍反映太麻烦又花钱多,要求"一副灵药解决问题"。⑩《健康报》1956年6月29日的"避孕问题解答"中,有读者提出为什么不用内服药来避孕。对此问题,中国协和医学院妇产科主治医师宋鸿钊给出了专业回答,他说如果吃一次药就能避孕,也不影响健康,那当然是最简单、方便和最理想的。但在当时,尚没有找出一种药物能达到如此理想的效果,所以还只能采用一些不太方便的方法。⑪宋鸿钊所述确属实情,当时并无有效的口服避孕药物,但这并不影响民众追逐可用药物的热情。⑫

邵力子介绍的蝌蚪避孕方完全符合民众对口服避孕药的期望。蝌蚪避孕方法简单,"药物"虽有季节性,但是在广大农村较易获取,加之叶熙春所说的有效、安全,此方一经宣传,立刻引起轰动,很多人也开始吞蝌蚪避孕。在浙江,有人打电话、写信给报社、医院询问,还有人直接打电话向叶熙春询问。此外,叶熙春还收到四五百封信件,也多是询问蝌蚪避孕的事情。⑬当时,许多已婚青年妇女开始活吞蝌蚪。杭州市郊公私合营杭州棉纺织厂有女工悄悄用碗、面盒去捞蝌蚪活吞,甚至有的怀孕女工也去捞蝌蚪,当作打胎药物服用。⑭而在上海,众多纺织女工苦于多次怀孕,得知这个偏方后,就在周末到浙江和江苏捞蝌蚪吃。由此生出一段轶闻,说青蛙最怕年轻女人,上海的女人一出城,浙江和江苏的青蛙就慌忙逃命。⑮值得注意的是,以上见诸报端的报道讲的都是女工活吞蝌蚪以求避孕的故事,而这些故事却多发生在城市。工业化改变着人们的生活与行为方式,机器的快节奏催生了女工低生育的客观要求,所以高效而普遍适用的避孕药物是对众多纺织女工的拯救。国家推行工业化,女工为了不因生育而影响工作,会主动采取节育措施。女工们争先恐后服用蝌蚪避孕,可以想见城市里的避孕需求之强烈,同时也从侧面印证了城市中避孕药具的供应不足。

虽然报章上讲述的更多是城市里的故事,农民对蝌蚪避孕的需求与城市相比,大概也不遑多让。从国家避孕器具与药物的分配角度看,农村一开始并不是资源投放的重点。卫生部拟定的1955年节育器具与药品生产工作中,按1 000万人份作了供应计划,其主要根据是国家统计局1953年的人口统计:"全国城市人口为七千七百余万人,其中十八岁至五十岁的已婚、未婚男女占百分之四十五,约为三千五百万人,但未婚和不用节育用品者仍有相当数量,因此初步以一千万人份准备。""供应对象,主要为大、中城市及工矿企业的干部、职工和市民,并照顾到部分农村的需要。"⑯可见,人口庞大的农村并不是节育药具的供应重点。药具的短缺催生着对蝌蚪避孕方法的推广和使用,此外,农村人对蝌蚪的发掘与利用还有着自身的动力机制:一者可以摆脱购买药具的经济压力;二者自主获得避孕药物的便利,可使他们避免购买避孕药物时的害羞与尴尬,这都大大增加了农村人吞服蝌蚪的机率。一则材料反映了农村吃蝌蚪的情形。田爱菊,女,1930年生,50年代初,田爱菊已生育了五男一女,家中土地不多,收成也不好,她丈夫与其合计,决定不再生育。两人当时都是二十几岁,按田爱菊口述所说,是正当年,又怕再生孩子,故而对避孕需求强烈。吃蝌蚪能避孕的消息传到村里后,也传到了田爱菊夫妇耳边。该村村长在村里的大会上念了报上的报道,让这则消息更加广为人知。田爱菊的口述再现了当时农民捞蝌蚪、吞蝌蚪的"盛况":

> 生吃蝌蚪能避孕传开后,俺村的几个妇女都去那儿捞蝌蚪吃,边捞边吃,还说笑话。俺也去了,用竹篮子捞,一篮子能捞上百个,还蹦蹦跳跳的。起初俺不敢吃,恶心,后来看人家都吃,再寻思他爹夜间的样子,就狠狠心吃下去。又不敢嚼,囫囵个儿,顺着喉咙眼儿,一滑就滑到肚里去了,跟吃河捞(注:北方农村的一种面食,形似蝌蚪,过冷水后食用)没啥两样。吃下去后,老觉得肚子里鼓涌鼓涌跑,硌应(注:恶心的意思)人。一回家。俺就给他爹说,俺吃蝌蚪了,他爹喜欢得,下半晌多犁了半亩地,夜里头爬过来两遍(笑)。
>
> 都知道俺这大塘里青蛙多,三里五里的妇女,都跑到俺这儿捞蝌蚪吃,捞着捞着,就把蝌蚪捞没了,几十篮子还捞不着一个。⑰

农村妇女的避孕焦虑,从一篮篮的蝌蚪那里得到了短暂的慰藉,她们的热情太高,以致于一大池塘的蝌蚪几乎被捞光,甚至第二年那个池塘也不再蛙声一片。蝌蚪避孕方在基层的迅速传播,离不开中共在基层的卫生建设。

然而,生吃蝌蚪的热情很快被再次怀孕的现实浇灭。过了一个多月,"全村吃蝌蚪最多"的田爱菊又怀孕了,生下她第二个闺女。可能与妇女经期时间上存在巧合,《健康报》刊出《蝌蚪可以避孕》一个多月后,吃蝌蚪避孕的单方受到了广泛质疑。1956年8月28日《人民日报》接连刊出了两封读者来信,质疑蝌蚪避孕的安全性和有效性。在上文所提杭州棉纺织厂女工捞蝌蚪活吞的事例中,有人提出一种担心:拱宸区是杭州市郊血吸虫病流行较严重的一个地区,女工们打捞蝌蚪的西施河不但有血吸虫寄生,而且还有钩虫卵、蛔虫卵等其他寄生虫,河水脏臭。女工们吞蝌蚪有患病的危险![18]在中共大力推动消灭血吸虫病的努力下,指责吞蝌蚪具有患血吸虫病的危险,无疑在政治上具有极大的立论力量。质疑既已提出,问题就不能不面对。其实对患病的担心并非无根浮萍、空穴来风,从卫生的角度看,活吞蝌蚪确可患寄生虫病,比如吞下含有曼氏裂头蚴寄生虫的蝌蚪,就可能患上曼氏裂头蚴病。因吞食蝌蚪患裂头蚴病的病例在今天也屡见不鲜,[19]而在当时,活吞蝌蚪的民众多不知此种患病危险。叶熙春在介绍蝌蚪避孕时,强调蝌蚪要用凉开水泡一晚,以便洁净后再吞服,也是针对于此一顾虑。

  从避孕原理上追究,蝌蚪避孕同样被人揭短。宋云彬曾在9月7日的《人民日报》上撰文质疑蝌蚪避孕的方法,他提到明代归有光母亲吞田螺避孕的事例。归有光之母因受多孕之苦,吞服田螺避孕,却致身亡,宋云彬批评蝌蚪避孕与田螺避孕具有同样的危险性,并指出田螺避孕与蝌蚪避孕乃是同源异方,都利用了它们"寒凉"的特性。[20]蝌蚪避孕鲜见于中医医书,民间用此单方避孕,实际上是用蝌蚪至阴至寒的效能,即认为蝌蚪属寒凉之物,服之可致宫寒,以宫寒达到不孕的效果。故而,有人进一步从学理上质疑,蝌蚪避孕并非人人适用,对虚寒体质的人可能造成意外伤害。[21]作为一种有效药物去宣传的蝌蚪避孕方,在传播之初,并未言明哪些人群不宜使用,而如质疑者依据中医理论所言,此方并不适宜虚寒体质之人,如果有人不明就里,确实难免产生意料之外的作用。一方面因人施治是中医强调的自身特色,而另一方面,蝌蚪避孕方在宣传中似乎又具有普遍的适用性。在扶持中医的语境下,中医面对着一剂方药难以普遍应用的问题。

《人民日报》刊载宋云彬的质疑文章后,一个多月前曾鼓吹"蝌蚪能够避孕"的《健康报》也发表短讯,强调"蝌蚪避孕没有事实根据"。时间如此巧合,或许是官方的各地耳目反映了不少蝌蚪避孕的不良案例,迫使央媒集中表态,以正视听。《健康报》记者任德本采访了叶熙春,就蝌蚪避孕法的来源和效果的观察等问题,询问叶熙春。在这篇采访当中,叶熙春承认蝌蚪避孕方法只是传说,并无文字记载。关于蝌蚪避孕高达95%的有效性,叶也说没有亲自给别人使用,谈不上效果的观察。[22]前后截然不同的故事版本,令人诧异。

叶熙春在这篇短讯里并没有完全否定自己,一个多月后,叶熙春接受《文汇报》采访,开始捍卫自己的观点。他的底气可能来自他对形势的判断,因为中共扶持中医药的政策不变,对蝌蚪避孕这样的民间单方,各方态度仍需审慎。基于这样基调,叶辩护道:关于蝌蚪避孕的科学依据,他认为民间单方都是口口相传,只凭事实。而后,叶信誓旦旦地举出许多蝌蚪避孕的成功事例:上海南京路大庆里某号一位姓周的,杭州东平巷一位裘医师的伙计的老婆,北京某报的一位女记者,……他的夫人也是蝌蚪避孕的受益者。据说叶夫人早年为多子所累,暗自吞服蝌蚪,后来不再生育,且身体无恙。至于血吸虫感染问题,叶回应道:现今许多妇女不分季节、不择地区,捞到蝌蚪就吞,甚至在血吸虫流行的河流里捞,这显然不妥,"这样把带有寄生虫的东西吞下去,出了毛病,怎能怪民间单方不好呢"?[23]对于宋云彬的质疑,叶熙春声称,田螺与蝌蚪是两回事。访谈末了,叶熙春仍寄希望"有关部门迅速对此单方进行实验、研究,把它肯定下来。……许多人用其他不可靠的办法避孕打胎,实在太危险了"。[24]

无论官方还是民间,对蝌蚪避孕并没有一棍子打死,1956年8月,就在蝌蚪避孕遭受广泛质疑之时,杭州一家工厂准备在明年春天组织一百个女工试验蝌蚪避孕的有效性。㉕试验验证需要时间，由于蝌蚪需在春天采集，实验本身还需长时间的观察，故而等待的时间就更为漫长。

根据后来的报道，蝌蚪避孕单方经浙江省中医研究所生理实验室试验，初步确定无效。该项试验选择的对象，包括公私合营杭州市百货公司和杭州棉纺织厂、杭州市城区居民，曾生育子女3胎以上、年龄在25—40岁、自愿服用的妇女65人。吞服蝌蚪的方法，根据叶熙春介绍的方法进行，在妇女月经期以后3—5天吞服。服用量：第一天先吞24个，第二天再吞20个。据各妇女吞蝌蚪后的调查，避孕效果：杭州棉纺织厂自去年4月5日—5月4日吞服蝌蚪的女工42人，到8月，已有18人怀孕，约占该厂试验总人数的42%。杭州市城区居民吞服蝌蚪避孕的妇女中有1个月即怀孕的妇女2人，其余参加试验的妇女因见蝌蚪避孕无效，都先后改用器具方法避孕。除进行人身试验外，浙江省中医研究所还做了动物试验，他们选择15只有生殖能力的小白鼠，雌雄隔离半月，证明其确未怀孕后，将雌鼠分为五组，每笼关雌鼠三只。有两笼老鼠每天每鼠吃一个蝌蚪，连吃15天以后，每笼放1只雄鼠，另外3笼雌鼠连吃20天蝌蚪后，各放进1只雄鼠。这个试验从1957年4月13日起至6月21日止，吃蝌蚪的5笼15只雌鼠有12只怀孕，其他未怀孕的3只雌鼠中，两只因卵巢未发育完全而未孕，1只原因不明。㉖无论是纺织女工吞服蝌蚪，还是白鼠实验，都隐含着对照实验的方法，而强调辨证论治、因人而异的中医往往缺乏较大规模的用药实验，所以面对有效性的质疑，只能以模糊的没有比例的经验积累应对之，而缺乏较为确切的效用比率，或者有效率不理想，也是后来中医药避孕面临的巨大挑战。

人体试验和动物试验都已证明蝌蚪避孕并不可靠与稳当。同时，针对蝌蚪体内的寄生虫问题，浙江中医研究所生理实验室对杭州市郊区池塘、河沟活蝌蚪的检查,证明蝌蚪肠道内确有蛔虫等寄生虫卵存在,叶熙春所说的蝌蚪避孕无副作用也一攻即破。既已被证明缺乏可靠性,官方媒体在1958年春天大部分蛙类产卵前,发布了蝌蚪避孕无效的消息。当年宣传蝌蚪避孕的《健康报》还特地"忏悔",表示要接受教训,慎重宣传。[27]

时人的反思似乎都集中在了宣传上,蝌蚪避孕的主角之一叶熙春曾后悔向邵力子介绍蝌蚪避孕方,"我早知邵力子代表要在会上发言讲这点,我就不谈了"。[28]宋云彬也曾在日记记载,他在1956年的人大会议上听邵力子介绍蝌蚪避孕,感到在议政之所公开宣传很不合适,会后他给邵力子写纸条,"劝他通知新华社,发表他的发言稿的时候把这一段话删掉。但是他不接受"。[29]轻率的宣传的确值得反思,《健康报》以新闻报道的形式宣传蝌蚪避孕方,而且借采访叶熙春进一步将其坐实。《健康报》这样的卫生部机关报况且如此,其他报纸也竞相效尤,一场围绕蝌蚪避孕的宣传如决堤之水,倾泄到基层社会的信息洼地。然而,反思宣传现象的出现,其深层根源在于现代国家肩负知识搜集、控制知识传播的"责任"。国家将知识传播的重担负载在自己身上,此重担在中共身上,责任更加重大,进而形成一种知识生产的机制:政治营造氛围,鼓动基层收集甚或生产医疗知识,民间关于某种疾病的知识遍地开花,而宣传部门对于此种知识,如获至宝,急切地将之传播给社会。如此机制下,一个药方能够引起众人的关注,发挥巨大的威力,宣传与有功焉。

反思宣传只是冰山之一角、硬币之一面,其实,蝌蚪避孕的另一面是这一实践具有的"群众基础"。姚文元曾就蝌蚪避孕一事撰文,从"猎奇心理"的角度对事件当中的群众心理提出批评,他认为:"过去,压迫阶级给人民的就是愚昧和贫穷,在非常困难的生活环境中,有些人就受了封建思想的支配,把希望寄托在某种奇迹上,这种奇迹可以是来世,可以是神怪,可以是金银洞,可以是仙丹仙水。……凡是只要'奇',只要和日常生活规律相违背,总有不少人相信、崇拜、追求。"并感慨:"改变习惯势力,完全消灭这种猎奇和盲目迷信的心理,比改变一个人的政治思想来得困难。"[30]改变民众心理比改变一个人的政治思想更难,姚文元的感慨有其根据,中共建政后面对的是一个缺医少药的国家,同时也是一个医疗文化多样的政权,不仅有中医、西医,还有民间医疗。然而姚文元用"猎奇心理"将问题简而化之,难免有失偏颇。但他有感而发,确乎有着现实的关怀,如文中所提"金银洞""仙丹仙水",在中共建政初年直至"文革"前,各地曾发生过上百起"神水治病"的事件。民众追寻神水、仙水和神药、仙药用来治病,这类事件在当时颇为盛行,不论是在汉族还是在少数民族当中都频繁发生。[31]蝌蚪避孕与喝神水治病的实践,或多或少都有些"神秘"色彩。但简单地将蝌蚪避孕比类为迷信,会让我们失去体认民间中国的一次机会。毕竟,蝌蚪避孕也还有它不同的一面。它分享着中医的医疗观念,有着中医避孕的观念背景。

二、蝌蚪药用的历史与实践

据《本草纲目》记载,蝌蚪释名为活师、活东、玄鱼、悬针、水仙子、蛤蟆台,主治热疮、疥疮,用蝌蚪捣烂敷涂;染须发,用蝌蚪、黑桑椹各半斤瓶中封固,百日化泥,取涂须发,永黑如漆。[32]可见,《本草纲目》中记载的蝌蚪主要有两种功用,一是治疗热疮、疥疮,二是染黑须发,两者皆为外用,并未提及蝌蚪可内服避孕。另据《古今图书集成汇编·禽虫典》载:"俚俗三月三日皆取小蝌蚪以水吞之,云不生疮,亦解毒治疮之意也。"除了治疗疮毒之外,蝌蚪还有治疗蝮蛇蜇伤的功用,"蝮蛇蜇伤,生虾蟆一枚捣烂傅之"。[33]即使蝌蚪避孕方在民间存在，正统的中医典籍中也鲜见有关蝌蚪用于避孕的记载。

虽然正规的医学典籍难觅记载，吞服蝌蚪的实践却在民间实实在在地存在着，支撑这种实践的仍然是蝌蚪属性凉之物的观念，服之对人有益。近代中国的几位作家都曾记录了北京人活吞蝌蚪的历史。老北京人把蝌蚪叫"蛤蟆骨朵儿"，意思是蝌蚪未长成蛤蟆前，像含苞未开的"花骨朵儿"。林海音在老北京的胡同里长大，她曾用温婉的文笔在《我的童玩》当中，回忆过北京春天里的胡同以及胡同里卖蝌蚪的情形。[34]蝌蚪是童年的重要伴侣，但在民间的医学知识系谱里，蝌蚪确实可以吃，而且活吞生吃被认为有更好的清火、败火功效。萧乾曾作文回忆童年，活吞蝌蚪是他在字里行间透露出来的童年趣味。散文《吆喝》回忆了北京胡同里各种叫卖的声音，在这些吆喝声中，萧乾"对卖蛤蟆骨朵儿的最有好感，一是我买得起，花上一个制钱，就往碗里捞上十来只；二是玩够了还能吞下去。我一直奇怪它们怎么没在我肚里变成青蛙！"[35]萧乾没有告诉我们当时北京的商贩如何吆喝叫卖"蛤蟆骨朵儿"，但我们可从其他文献的记载里，尝试复原这种难得的极具北京味道的声音："蛤蟆骨朵儿，大田螺蛳嘞哎！"[36]"灯笼儿闸草，大田的螺蛳来，蛤蟆骨朵儿，大眼儿贼咧！"[37]这样的吆喝，俏皮形象，怪不得萧乾印象深刻，还特地从记忆里拎将出来。空间的转移可以帮助我们说明活吞蝌蚪的普遍性。不仅在胡同里，"蛤蟆骨朵儿"还会出现在像什沙海这样的休闲场所。春夏之交，热闹的什沙海，阵阵荷香，一片蛙声，各种叫卖吃食的吆喝此起彼伏，颇像湖边荷丛里的蛙叫。而就在这纷扰的吆喝里，也不时有人喊卖蛤蟆骨朵儿，"一大枚一碗十个活蛤蟆骨朵，有人买上一碗活活地就喝下去了，说是败火"。[38]

在干燥的北京春季，蝌蚪貌似是上天恩赐的天然良药。时令在中国人的时间序列里占有着重要一席,哪个时令出产什么食物,一般即意味着食物过时不候,想在其他时间吃得上,即不合时宜也颇难做到。吞蝌蚪非常具有时令性,蝌蚪只有春天产出,而春天又是天气干燥、容易"上火"的季节,吞蝌蚪可谓非常合时宜。蝌蚪物美价廉,很多家长会让孩子喝上一碗,据说清火之外,还可增强免疫力,小孩子春天不易得病。李维基,祖籍河北衡水,在北京琉璃厂旁的胡同里长大。据他回忆,儿时的蝌蚪5分钱可以买10个,虽然担心蝌蚪会在肚子里长成青蛙,妈妈让他喝,他还是会喝。据李维基回忆,他小时候喝了很多次蝌蚪,没有什么不良反应,并且更为神奇的是,春天还真没怎么生病。[39]由上述事例可见,吞蝌蚪是北京人非常日常的存在,日常到他们并不觉得其中有什么怪异,也不认为有什么危险。北京人吞蝌蚪,别有趣味的地方还在于,蝌蚪已经成为买卖的商品,围绕它形成了一桩桩生意,吃蝌蚪的人不用亲自去捞,自有人为了生计将蝌蚪送上门来。加之捞蝌蚪属于无本生利的生意,[40]一到青蛙、癞蛤蟆们产卵的时节,围绕"蛤蟆骨朵儿"就会形成供销两旺的买卖,由此可见当时人吞服蝌蚪之普遍。

小孩子吃蝌蚪防病,男人吞蝌蚪清火,而妇女吃蝌蚪可能另有所图。俄罗斯国立圣彼得堡大学东方系教授、汉学家尼古拉·阿列克谢耶维奇·斯别什涅夫(又名司格林)1931年出生于北京,并在北京的胡同里度过了自己的童年,16岁时才离开北京返回俄罗斯。司格林能讲一口流利的京腔普通话,岁月已过半个多世纪,但他对儿时的玩伴、学校里的同学、胡同里的叫卖声仍记忆犹新。在回忆录《北京:我童年的故乡》中,他对北京胡同里的"蛤蟆骨朵儿"念念不忘。在叫卖的一众小贩中,他尤喜欢卖蛤蟆骨朵的,"用扁担挑着两个脸盆一样的容器,盛着清水,水里游着小黑蛤蟆骨朵儿(蝌蚪)"。据他的观察,买的都是妇女,有的端着小茶碗,买上几十个蛤蟆骨朵儿。他对此很感好奇,便问自己的伙伴,她们买蛤蟆骨朵儿干吗,同伴告诉他:"如果把蛤蟆骨朵儿就着凉水喝下去,就不会怀孕了!"[41]司格林的回忆似乎确证了蝌蚪避孕的存在。

蝌蚪避孕在民间的实践有时隐而不宣,让人产生此现象极少存在的印象。1949年后解放妓女的政治运动,为我们揭开了历史不为人知的一面。为了动员更多的妓女起来自我解放,动员者往往采用典型的诉苦策略,让部分妓女站出来揭伤示痛,鼓动其他妓女觉悟。在妓女解放运动中,中共基层动员者认为,一些妓女缺乏自我解放的动力:"妓女中多数人受苦很深,但普遍不了解自己遭受痛苦的根源,迷信今生受苦是自己命里注定,听到要诉苦,却又感到不可理解,有的担心共产党不久长,不敢诉苦,有的自认为身世下贱不愿诉苦,有的早已麻木而不知苦,有的恬不知耻的竟说'我穿绸戴金的有啥苦'。"[42]诉苦的动机当然是多元的,而且在鼓动诉苦的语境下,很多诉苦可能并不来自诉苦人的直接经历,但即便是经验移用,也可帮助我们确认蝌蚪避孕在这个行业中存在的事实。在这些揭露旧伤的诉苦中,有些材料反映了妓女用蝌蚪避孕的情形。如一位妇女控诉:"有一次我怀孕了,老板强行替我用土法打胎,结果大出血,差一点送命。我们不幸生而为女人,更不幸沦落为妓女,生儿育女不可能。为了防止受孕,一早起来吃明矾、吞蝌蚪,弄得浑身是病。"[43]时年30多岁的陈翠英也是受压迫的妓女之一,她14岁被拐到上海,卖进妓院,每天都要接十几个嫖客,她怀孕后,老鸨又逼她吞蝌蚪打胎。[44]

妓女吞蝌蚪避孕,其实与本文所论叶熙春的蝌蚪避孕有着千丝万缕的联系。按叶熙春自己所说,发现蝌蚪可以用来避孕,是他在余杭山户农家行医时,曾经听人说许多农妇吞服蝌蚪避孕。20多年后,叶到上海挂牌行医,住南京路大庆里,毗邻的四马路妓院林立。叶经常为这一带的妓女诊病,诊治过程中也会询问这些女子用何法避孕,却被回绝,原因是老鸨关照,秘方绝不外传。"有一天午后,某妓院有人患急病,邀我去诊视。我匆匆进去,恰见几个女子慌忙地把桌上三只碗藏起来,但已被我看到了,细视之:一只碗盛的是冷水,一只碗盛的是温水,一只碗盛的是几十条活蝌蚪……猛然想起二十年前在余杭行医时听到的传说,心中已全部明白了"。⑮虽未亲眼见妓女吞下蝌蚪,但在叶的叙述里,他十分确信碗里的蝌蚪是用来避孕的。说这个故事,叶意在用妓女的实践证明蝌蚪确实可以避孕。此方在实践中确实存在,也并非他一人之见。正如后来上海的医师李复光在肯定蝌蚪避孕的效用时所说,这个单方在民间已经流传很久。李复光提供了他的论据,据他的上海友人说,在旧社会里,浙江绍兴某些迷信的妇女赴庙寺烧香的前一日,必服蝌蚪一二枚,以阻止月经的来潮。过去上海在有些人中也流行着服蝌蚪避孕的习惯。⑯

从北京人吞服蝌蚪清火败火,到妓女蝌蚪避孕的印证,都说明了这种医疗实践的存在。无论是清火还是避孕,吞服蝌蚪背后都共享着一种蝌蚪属寒凉之物的朴素的医疗观念,故而在人们药物运用的谱系中,蝌蚪获得了药用价值,也形成了独特的关于蝌蚪的动物知识。

然而,无论是有着丰富中医学知识的叶熙春,还是活吞蝌蚪的芸芸众生,他们也只能用经验事实外加"寒热"理论解释吞服蝌蚪的合理性。当一种文化实践存在时,并不需要实践者给出这种文化实践体系之外的解释,这就是叶熙春与吞服蝌蚪的民众他们行为的原因。但是,当吞蝌蚪的经验事实遭遇现代科学,新的问题产生了,吞服蝌蚪者的文化体系面临着强大的外部冲击,这也就是蝌蚪避孕法在 20 世纪 50 年代遭遇的质疑:如何科学地证明自身的有效性,又如何科学地确保服用的安全性。有效性一项可以通过实验测定，上述杭州的实验即是此类检验。而安全性一项，也确实发现有些蝌蚪体内有寄生虫，虽然不是所有蝌蚪体内都有寄生虫，但是贸然服用需承担风险。此方的有效性与安全性需用"科学"方法得出结论，在中共大力鼓吹中医的舆论下，蝌蚪避孕的最终裁判，显然还是所谓"科学"的方法。可见，即便在"中医科学化"遭受批判后，"科学"仍然是检验中医的重要参照系。

蝌蚪避孕提示我们，器具与药物的缺乏当然是民众采用蝌蚪避孕的社会环境，但是，蝌蚪属寒凉之物，服之可以避孕的医疗理念，同样是我们观察此事件时不可忽视的视角。

三、中医对民间避孕知识的吸纳

中医古文献记载中本无避孕一说，与避孕相关的医疗术语，被称为"断产""断子""绝产""绝子"等，而使用药物流产，则被称为"堕胎""下胎"。[47]中医认为，宫寒、痰湿、宿疾是不孕的基本原因，亦即子宫寒冷、痰湿阻塞胞宫、子宫内有致病之邪等，皆可导致不孕，因此选用能够造成以上状况的药物，即可达到避孕的效果。[48]可见，在中医观念里，避孕需要改变子宫状态，即由正而偏，让身体不适宜孕育生命，从而实现避孕。痰湿与宿疾两项因涉及身体状态的重大变化，一般人不会通过服用药物达至，相比之下，宫寒成为众多药物应用的理论选择。根据宫寒不孕的理论，蝌蚪属于"凉"性物质，所以基于中医的避孕观，蝌蚪这一自然物即被用作避孕药物了。

方剂是中医医疗知识呈现的重要类型，大量存于民间的验方、秘方不同于正统医家的成方、处方。在正统医家那里，民间的医疗知识难以登堂入室，但是在中共看来，民间的验方、秘方却有独特价值。然而，纸面记载的或者民间流传的医疗知识，不经一番挖掘，没有传播，其影响力也仅限于少部分人群，这正是中共普及医疗力图克服的困境。而在中共扶植中医的社会语境下，中医则开始对于民间的单方、验方、秘方重新进行挖掘和利用，并将之作为"祖国医学"的突出贡献，故而出现这样的情景：政府出面鼓励民间献出药方，然后组织专家研讨、论证药方，政府将所得药方付梓，让更多的民众得以接触到这些方剂，并将之运用到疾病治疗的实践。民间的医疗获得了知识传播的通路，影响非往昔可比。由此我们将会发现，在中共的动员下，一种医疗知识的搜集、整理、传播、运用的过程得以实现，而政府的深度参与，使医疗知识的生产具有不同与以往的政治色彩，亦即国家站到了医疗知识的传播背后。同时，中医与民间医疗之间，由于中医对民间医疗知识的发掘与吸纳，二者之间的界限也不再泾渭分明，可以较为和谐地同处于"祖国医学"这一概念之下。那么，中共是如何推动民间避孕知识的再生产呢？

1956年，中共大力推动避孕节育工作，要求做好避孕药具的供应和避孕知识的宣传工作。利用中医避孕也顺势成为决策者的重要选项。按照卫生部的要求，各地卫生部门应组织力量广泛收集新的避孕药品和方法。而对中药秘方，只要有效，药性和平而无副作用，即可采用；并应有计划地加以实验研究，得出结论。[49]蝌蚪避孕也就是在这种社会语境下，被广为宣传和介绍的。在社会有强烈的节育需求的情形下，政策鼓励搜集整理中药的避孕方剂，中医从业者们当然热衷于上穷碧落，下竭黄泉，从祖国宝贵的医学遗产中发掘中医避孕的经验良方。中医师挖掘出来的避孕药方多来自民间，由此可见，即便有些中医医师拒斥民间医药传统，但在中共营造的舆论氛围下，许多中医开始主动容纳民间医疗传统，乃不争之事实。

虽然蝌蚪避孕很快被否定了，但由于中共在知识上的群众路线,其他类似的验方、秘方、偏方仍然可能成为宣传的对象,而一旦被宣传,就会在更大范围内产生影响。正如刊出蝌蚪避孕的消息后,《健康报》于1956年7月31日刊出四张中药避孕方。这四张药方皆为中医验方,而所谓验方,不是古代医书上的流传方,而是没有经过论证,但是临床有疗效的药方,多来自民间。这四张药方的第一方为:芸苔子、菴䕡子、王不留行、全当归、杜红花、生石膏,服用方法为:煎药,妇女在每次月经净后第三日起,每日煎服一剂,在中饭、晚饭前分两次服完,连服三剂,即可避孕。但需每月照法煎服。第二方:芸苔子、大生地、全当归、炒白芍、川芎,服用方法为:煎药,妇女在月经净日起,每日煎服一剂,在中饭、晚饭前服完,连服三剂。在第二月、第三月月经干净后,照上法再各服三剂,即可避孕。该方还有与之对应的复孕方,如果服用者想生孩子,可以用复孕方复孕。四张药方的第四方最为简单,服者用零陵香2钱,每次月经后煎服。

四张药方的第三方用药简单,却颇有趣味。此药方为单方药,主要利用含苞待放的紫茄子花,将之放在太阳下晒干,然后置于瓦上焙成黄色,只是茄子花不能放在铁器上,否则无效。焙黄后,研成粉末备用。服用时讲究时间和引剂,要在产后第一次月经后用黄酒服下。服下之后还有禁忌,那就是以后不能吃茄子,否则无效。另外,文末还提及吃此方的副作用:服用此方3个月后,人会发胖。[50]服法与禁忌虽已言明,然而药理却只字未提。按冯汉镛后来的考察,紫茄子花的避孕原理在于"茄性寒,多食能伤女人子宫",[51]所根据的药性观念也是紫茄子花性寒。

继《健康报》之后,又有诸多报刊宣传、介绍中药避孕药方。作为对一个时代的经验总结,1964年《江西医药》发表了江西中医学院李振鹏的《祖国医学有关避孕资料初探》,以及王绪鳌对该文的补充,[52]两篇文章大致总结了1956—1964年介绍的中医避孕药方,可以帮助我们了解此一时期发掘中药避孕方之概要。李文主要介绍了"祖国医籍中的断产绝产方法"与"民间流传的避孕单方和验方",王文因是补充,亦循此思路。因民间单方与验方多无书面记载,所以上述两篇文章在单方与验方之后,大都标明方子的介绍者。其中,李文介绍医籍中的断产绝产方16种,王文增补了4种;民间避孕单方与验方,李文列有15种,王文又补充了33种之多,在总的避孕方中,民间药方占大多数。

介绍方剂之外,更为关键的工作,是中共各级部门推动的中药避孕的研究与推广。按照中共的体制运作方式,中央的政策方针在各级政府会有相应部门负责执行,故而一个政策方针下去,各级政府部门会响应,推动政策在基层实施。而且,政策的风向一旦形成,各级部门需要闻风而动,即使行动上有所欠缺,但在姿态上仍要有所表示。所以,当卫生部发出通知,要求各地加强避孕药物供应,尤其是提到"中药秘方,只要有效,药性和平而无副作用即可采用,并应有计划地加以实验研究,得出结论,随时报部"时,[53]各地的中药避孕工作也就亦步亦趋地开展起来。在辽宁辽阳,当地政府在1956年成立了中医药避孕研究小组,搜集和研究中医药避孕方法,此外还进行实验观察。尽管声称付出很多努力,但1957年,只有38名育龄妇女用中药避孕,除此之外,男子输精管结扎手术40多例,女子输卵管结扎手术18例,采用中药避孕者仍是少数。[54]在湖北,黄石市卫生局曾召开中医座谈会,专门研究中药避孕验方的效果和使用方法,会后确定了四种验方:其一,芸苔子、大生地、全当归、炒白芍、川芎;其二,生地黄、生荷叶、生侧柏、生艾叶;其三,紫茄子花;其四,零陵香。[55]黄石市卫生局后来责成属下各中医医疗机构试用这四种验方,填写统一登记表格,由该市妇幼保健所进行家庭访视,统计验方效果。从50年代中期到60年代中期,黄石对中草药避孕方法的研究没有中断过,曾有大冶钢铁医院的老中医试用中药避孕10余例，观察3个月未发现受孕。1963年9月2日，该市卫生局转发湖北省卫厅关于搜集中医、中药避孕方的通知，此后不断收到中医和群众献出的中药避孕验方，亦组织志愿者试用，但效果均不稳定。[56]而在山东，1956—1957年，潍坊市中医院曾"研究"出3种中药避孕方法：内服零陵香合剂；性交时冰片少许贴于脐部；用带种花椒煎水洗脚，每次月经结束时洗一次。当地方志记载"经群众试用，有一定效果"。[57]在河南，郑州市试用的中药"避孕散"被认为成效显著，为了探明药物价值，郑州市在1958年计划找几个女性较多的集体单位，由妇产科医师配合，进行药物的服用实验。服药后，由医师详细记录与总结避孕散的药理作用，并希望相关部门能够进行药物鉴定、化学分析或做动物试验，早日从科学理论上判明避孕散的价值。[58]在之后有记录的实验中，24位健康妇女试服避孕散，除有轻度腹痛下坠感外，无其他不良反应，6个月后，未发现有怀孕者。[59]

中药避孕一直面临有效性的质疑，而安全性也一直是服用中药时面临的大问题，而这正是科学主义话语体系挑战中药避孕的重要所在。地方上推行中药避孕出现的纰漏，会造成一连串的恶劣影响，增加了中药推广前进行实验研究的必要性。河南省信阳专署中医诊所曾大肆宣传另一版本的"避孕散"，说此"避孕散"服用一次，可以三年不孕，夸大虚假的宣传吸引了大批妇女前往购买，"每日登门和寄信取药的不下数十人。据7月份不完全统计，已卖出1970付"。[60]而妇女服用后出现严重的健康问题：

> 妇女服药后，引起月经不正常、尿次多、感觉不舒服、肚子痛，甚至还有个别妇女服后尿时带血。而且，服了药并不起作用，仍然受孕。据了解，河南省文化干部学校有二十六七个女同志服药后，80%反应轻的受了孕；反应重的三个月后仍然受

孕。特别是身体较虚的女同志,吃药后即呈现周身肿、口舌烂、尿血、阴道肿烂等等症状。9月2日,治淮总指挥部一个妇女马金秀服用"避孕散"后发生中毒,经省人民医院抢救,才脱险,现在还未出院。

造成大量不良反应的避孕散,究竟是何种药物呢？河南信阳的"避孕散"的主要药品是班毛(有毒、腐肉堕胎,通淋逐聚)、红娘(有毒、通闭经、行淤血)、轻粉(有毒,能杀外科虫积)、水蛭(有毒、破瘀血积聚、堕胎)等15味药,⑪用这些有毒的药物配制的避孕散,实际上是传统的堕胎药。而班毛、红娘、轻粉、水蛭这些有毒药物,受政府管制,有些地方需要开具介绍信才能购买,⑫一般群众要凑齐避孕散中的4种有毒药物,并非易事。所以,社会上出现大量含有毒性药物的"避孕散",需要专业人士提供售卖。据河南方面了解,"避孕散"是信阳专署中医诊所根据医生郑福亭提供的方子所配,由诊所向社会供应,这为药物的广泛传播提供了渠道。上文提到,"避孕散"这种药物实际是堕胎药,而根据前述李伯重的研究,堕胎药在明清妇人节育的实践中,要比所谓的避孕药应用得更为广泛。而民国时期的报刊亦刊登了许多堕胎药物的广告。两者都可以说明药物堕胎的普遍存在,⑬这为堕胎药的广泛流行提供了一个较大的消费群体。然而,作为打着中药避孕的名头售卖危险药物的突出案例,官方还是将反思的重点放在了政策执行者身上,故而,作为卫生部喉舌的《健康报》,建议卫生部门以此为鉴,对尚未确定有效的避孕药物组织审慎的试验研究,肯定效果后再行推广。蝌蚪避孕效果被质疑后,一般的反思也在于蝌蚪避孕没有经过研究验证就向群众盲目宣传,所以各方的意见也集中在加强研究,避免盲目宣传。在此,我们发现,中共的中医政策出现了一种颇为有趣的意义制造结构:虽然中医的理论不再被否定,

"团结中医"所寻求的结果不再是"中医科学化",但是中医药的有效性与安全性却仍需所谓的科学去判定。

面对严重的医疗事故,中药避孕的实验验证就成为各地需要慎重对待的问题。然而,有些地方进行实验为了节省时间,往往第一步就进行临床实验,然后进行动物试验、化学分析等,[64]直接的人体试验在其他中药实验中也广泛存在。之所以直接进行人体试验,原因之一是进行实验研究的中药已为人所服用,这成为回避医学伦理问题的一个重要理由。为了验证中药避孕的成效,1957年4月,江西省妇幼保健院对1956年9—12月到该院要求避孕的患者进行通讯联系和重点回访,以统计其避孕情况,并形成了初步报告。1956年9—12月,到该院要求避孕的共869人,其中采用中药及针灸的591人。该院在1957年4月进行的联系回访中,得到服用中药及针灸的反馈211例,其中服用中药避孕的182例,使用针灸避孕的29例。这次联系回访之所以显得特殊,在于该院提供的4个中药方剂主要为前述《健康报》宣传的中药药方,即芸苔四物合剂、益梅合剂、茄子花散、蚕子散。

这些药物需要按照规定服用,达到规定分别需要服用芸苔四物合剂9剂、益梅合剂3剂、茄子花散3剂、蚕子散1剂。由于芸苔四物合剂药性平和,一般体质的人群都能服用,所以211例中有135例服用芸苔四物合剂,占64%;使用蚕子散避孕的只有1人。而在211例中,按规定服完相应药物的只有134人,坚持完成的比例为63.5%。而在服用中药避孕的182例中,只有82人单独使用中药避孕,其余人群在服用中药的同时,也使用阴茎套、子宫帽、药膏等避孕。在82位单独使用中药避孕的人群中,使用芸苔四物合剂避孕者59人,其中22人已孕;益梅合剂的17人,其中4人怀孕;茄子花散的6人,其中4人怀孕。统计后,3种药物的避孕失败率分别为:37.3%、23.5%、66.7%。[65]而18例单独使用针灸避孕的

人群,避孕失败率为16.7%。针对这样的观察结果,江西省妇幼保健院的医师作出如下表述:

> 通过4—7个月的观察,初步证明中药及针灸的有效率只有67%,无效率为33%,可能再过一段时间,还会陆续发现怀孕的。而兼用器具避孕的效果比较良好。因此,在目前中药和针灸避孕尚未研究出更好的办法时,应耐心向群众解释,大力劝导她们采用器具避孕,比较可靠。[66]

为了避免因观察效果不好而否定中药的特殊价值,江西省妇幼保健院特别强调,相信祖国丰富的医学遗产里,蕴藏着研究者可以发掘和研究的广阔空间,希望中药避孕研究者早日攻克难关,为群众提供便捷的中药避孕方法。江西的试验观察证明了中药避孕多数的有效性,但是在避孕这件事情上,60%—70%的有效性还是太低,使用者仍然需要面对巨大的怀孕风险。作为一种知识贡献机制的产物的避孕偏方秘方,将它们公之于世,在中共看来是一种道义上的责任,也是基于现实考量之后的选择,而验证这些方药的科学性,结果却并不如人意。

同样的避孕效果试验也在上海进行过,邑庙区小东门地段医院门诊部从1957年1月—1959年9月利用中药"紫草"进行了102例避孕试验。根据公开发表的试验结果,经过回访,临床有效率为82.4%,而且受试者在服药期间无副作用,性生活也正常。[67]就紫草而言,中国传统医学典籍对其早有记载,历代的医药文献认为紫草"主治心腹邪气,五疸,补中益气,利九窍;通水道,疗肿胀满痛,以合膏疗小儿疮及面皶,治恶疮癣癣;本草纲目载紫草治斑疹痘毒,活血,凉血,利大肠。因此中医临床上主要用以发痘疹,涂疮疖,治恶疮"。[68]传统医书上几乎没有提到紫草有避孕功效。国内注意到紫草的避孕效用是受国外相关研究的启发,而国外学者对紫草的注意则始于对美洲印第安妇女饮用紫草浸剂作为避孕剂的研究。[69]而在此之后,国外学者从紫草对内分泌影响——抑制垂体促性腺激素的角度,开展紫草避孕研究。而内分泌抑制,正是后来口服避孕药成功的关键。反观中药避孕,即使药物对避孕有效,其原理阐释大多在于"寒宫不孕"以及"调节气血""血热易流而致不孕",与内分泌激素理论属于两种不同的解释体系。对同一经验事实,不同的理论体系会对之进行不同的阐释,进而产生不同的利用取向,紫草避孕即是此例。

口服避孕药的发明打破了以往单单靠手术绝育、放置宫内节育器以及外用药具、体外排精、安全期等方法避孕的现状,被誉为世界节育技术的一次革命。中共利用中医进行避孕的实践,正处在世界节育技术革命的前夜。当时,世界有效的口服避孕药还没有走向临床,中外都处在探索阶段。所以,从中国的医学传统出发,寻找有效的避孕药物也可以看作一种有益的尝试。从中医角度看,蝌蚪无疑可以被当作药物使用,活吞蝌蚪也可以被视为口服避孕的尝试。然而,蝌蚪避孕最终被官方放弃了,并且是出于没有科学依据的顾虑。其实,中国第一种广泛应用的口服避孕药也是激素类药物。在美国研制成功口服避孕药并开始临床应用的示范与刺激下,中国口服避孕药的研究也于1959年启动,首次研制成功的是甾体激素类药物——甲地孕酮;1963年又研制成功炔诺酮。[70]而到1964年试制成功的甾体口服避孕药已有4种,但产量非常有限。在1800多人的详细用药观察中,没有一人怀孕,也没有特殊的不良副作用。上海同时期还试制了避孕针,170多人试用,经一年观察,效果可靠。[71]只是"口服药要每月连服二十天,针剂要每月定时注射一次,都不算方便;价格也较贵,每人每月需三角到五角,尤不便在农村推广"。同时,政策层面上也没有松懈对中药避孕的研究,1965年卫生部仍在组织力量对"五味引产丸"、苦丁茶、零陵香、轻粉、紫草等进行研究。[72]1967年,炔诺酮、甲地孕酮在上海第九制药厂、第十二制药厂分别投产,生产出第一批广泛使用的口服避孕药。1969年1月,周恩来提出将口服避孕药生产列入1969年生产计划。1970年4月,国务院批准了口服避孕药一号片(复方炔诺酮片)和二号片(复方甲地孕酮片)由国家免费供应。1971年,国务院又确定15种避孕药实行免费供应。[73]但是,官方并没有放弃整个中药避孕的研究。21世纪中医学界在强调西医口服避孕药物诸多副作用的同时,认为应投入更大力量研究中药避孕的药物,中药和西药避孕的竞争远没有结束。

结　语

从经典世界走出,或者将经典世界与现实生活世界链接,观念史的精彩世界将获得另一层面的激活。目光下移,探究民众的观念世界,或是一幅别样的风景。"观念史研究不能将目光仅仅停留在现成的经典世界之中,而应该也可以从现实生活世界及其变迁中获得动力"。[74]在习惯了经典世界,审美有些疲乏的当下,开拓观念的实践维度是本文写作的初衷之一。本文所探讨的,主要是一种民间的避孕观念抑或知识,在20世纪50年代的中国被提出、被推广、被实践的历史。视角下移,可以帮助我们触及民众的医疗实践,进而通过实践观察观念的传播、知识的运用。

史蒂夫·史密斯在研究1949年后中国的"神水政治"时,提出面对疾病,"普通民众,特别是那些居住在乡下的人,很难接触到建立在经典文献、古代理论和传统药典基础上的中医。相反,他们依赖各种医治者,包括巫婆和神汉、道长、草药医生、接生婆和江湖郎中。这些普通民众还依赖于多重疗法,包括药物、针灸、艾灸、催眠、符咒、护身符、占卜、咒语，还有最为重要的驱魔"。⑮从史密斯的论断里我们不难推论，普通民众在获得医疗资源上有着不同于社会中上层阶级的困难。我们继续作如下推论，因为民众的医疗资源匮乏，他们不得不依靠具有"迷信"色彩的药物，去解决病痛或者实现本文所说的避孕，然而这样的理解，有些过于物质决定论，须知任何物质的运用必然依据于一定的文化网络，囿于一定的观念指导，即便相同的物质在异质文化网络下会进行不同程度、不同面向的开发和利用。民众的医疗世界，在笔者看来，有着相当的复杂性，它是医疗文化沉淀的底层。它层累的积淀层次，当然可以用现代的类型学分门别类，一一定出各层之所属、各类之对应。然而，清晰的划分忽略了一种层与层之间模糊地带的存在，而这种模糊地带的存在，正是民众在所谓的各种医疗资源之间游移变换、采掘利用的关键。它模糊了层与层之间主张各自区别的意识形态，悠游其间，构筑医疗观念世界的基底。

　　蝌蚪作为一种自然之物，人类将之纳入自己的医疗或者食物系统，本身就是一种观念而后的行为。蝌蚪避孕的产生，虽然是正统中医难以接纳的单方，但是，蝌蚪避孕方依据中医寒热温凉的药性说，仍被作为医学知识传播，不得不说民间医疗具有极强的化用接纳能力。蝌蚪避孕存在的意义在于，可以帮助我们理解民间的药物观念以及他们所深处的医疗世界。这里也有必要审视一下中共的政策威力，中共的中医政策客观上削弱了中医对民间医疗的歧视，在这种社会氛围下，中医对民间医疗知识也有接纳，民间大量的避孕单方、验方、秘方的发掘、宣传便是此种逻辑的实践产物。中医不会承认蝌蚪避孕方是其典型的医疗手段，但是，这并不妨碍我们认识到，蝌蚪避孕方分享着中医的避孕理论，其他许多避孕方药也共享着这种理论。就医疗而言，民众的观念世界定然不同于中医、西医，但是，这不妨碍他们分享中医、西医的用药甚或治疗观念。由此,我们可以说,民众与医疗界部分分享着共同的医疗观念,他们之间的边界并不如绳墨印痕那般清晰。某种程度上,中共正是利用了这种观念上的共享与边界的模糊,推动医疗资源的发掘以及更大范围的覆盖,从而为广大人群提供医疗资源。当然,这也会造成如宋云彬对蝌蚪避孕的感慨:"目前我们一方面喊向科学进军,一方面却在传授那些不科学的而且含有危险性的单方,实在是不应该的。"[76]问题的另一面同样不可忽视,科学主义仍是衡量医药有效性与安全性的重要标准,因为有科学主义的形影不离,所以才有对民间医疗迷信的话语批判,才有姚文元对所谓封建的"猎奇心理"的批评。尽管存在对"中医科学化"的非议,从中共的避孕运动可以看出,科学主义仍然是社会评价形影不离的标尺,即评价医药有效性与安全性的重要手段。这正如卫生部党组在1962年,中医政策经历过顿挫之后,对改造中医药所下的论断:"研究祖国医学应该以现代科学为工具,也就是说,应该以现代的物理学、化学、生物学、解剖学、生理学、病理学、微生物学、药理学、放射学、卫生统计学以及现代的临床检查诊断方法等等与医学有关的现代自然科学为工具。"[77]

此外,中西药物认知进路之不同也在这场避孕运动的药物应用中得到充分展现。中医的药物避孕观念与西医药物避孕的观念进路上存在显著差异,中医在阴阳寒热观念指导下,对所用药物着重于其阴阳寒热属性的理解,而西医则着重于药物的成分分析,此两种进路截然不同,导致对同一种药物的认知与利用方向产生很大差异。药物成分分析让中医之所以对中药的药物分析态度谨慎,其原因也在于运用药物成分分析的路径研究中医,中医药的传统理论将渐式微,而不在中医理论指导下运用的药物是不是中药,这当然是一个问题。故而两种理念的差异成为区分中西医药的重要标准,也影响着两种医疗对于药物的不同理解与利用。

① 《蛙》这部作品，由剧作家"蝌蚪"写给日本作家杉谷义人的四封长信和一部话剧构成，以新中国近60年波澜起伏的农村生育史为背景，讲述了从事妇产科工作50多年的乡村女医生姑姑的人生经历。参见莫言《蛙》，上海文艺出版社2009年版。

② 莫言：《文学创作漫谈》，王瑞芳主编：《我在青科大听讲座》，中国海洋大学出版社2012年版，第59页。

③ 李伯重对江浙地区药物节育的方法、运用与知识传播进行了研究，李伯重认为节育药物的运用为民间提供了人口控制的方法，对江浙人口在南宋以后的低速成长有重要作用。参见李伯重《堕胎、避孕与节育——宋元明清时期江浙地区的节育方法及其运用与传播》，刘东主编：《中国学术》第1辑，商务印书馆2000年版，第71—99页。俞莲实曾引用王旭东《中国传统性医学》列举的17种中医避孕方药，回顾了传统中国利用药物避孕的方法，并对民国时期报刊中的中医避孕药物作了介绍。参见俞莲实《民国时期城市生育节制运动的研究——以北京、上海、南京为重点》，复旦大学博士学位论文，2008年。俞莲实也曾介绍民国时期知识女性的节育方法，其中亦涉及中药避孕，其总结认为，知识女性的避孕实践中堕胎药更为流行。参见俞莲实《民国时期知识女性对节育的认识和避孕方法》，常建华主编：《中国社会历史评论》第12卷，天津古籍出版社2011年版，第257—274页。

④ 《卫生部关于邵力子提案报告的原文》，傅学文编：《邵力子文集》（下），中华书局1985年版，第1097—1098页。

⑤ 《在第一届全国人民代表大会第三次会议上邵力子谈节育问题》，《健康报》1956年6月29日，第3版。

⑥ 叶熙春被人认为善于"吸收民间有效验方，参考现代医学诊断技术，取长补短，自成一格，识证遣药自出机杼，形成了特色鲜明的辨证论治体系"。崔月犁主编：《中国当代医学家荟萃》第一卷，吉林科学技术出版社1987年版，第440页。据1956年《人民日报》浙江站记者刘凡的了解：叶熙春虽然是个在中医界混了半辈子的上层中医，但自己没有什么医道，被吸收为省卫生厅副厅长后，今年又成为全国人民代表，翘得很厉害。参见《蝌蚪避孕事实

根据少》,《内部参考》1956 年 7 月 18 日。

⑦ 所谓单方,指中医用药一二味,适应证也为一二种,药力专一的方剂。

⑧《蝌蚪可以避孕》,《健康报》1956 年 7 月 13 日,第 3 版。

⑨ 刘少奇:《提倡节育》,中共中央宣传部办公厅、中央档案馆编研部编:《中国共产党宣传工作文献选编:1949—1956》,学习出版社 1996 年版,第 875—877 页。

⑩《中共中央批转河北省委转发省卫生厅党组等关于开展节育工作的报告》,载中央档案馆、中共中央文献研究室编《中共中央文件选集》第 25 册,人民出版社 2013 年版,第 130 页。

⑪《避孕问题解答》,《健康报》1956 年 6 月 29 日,第 3 版。

⑫ 特效药物的发明导致医患关系中医生获得了更大的发言权,同时民众对药物也形成一种物质"迷信",希望通过服用药物治愈疾病,抗生素的发明与广泛应用加强了人们对药物的"迷恋",笔者认为,对避孕药物的渴求与此种药物观念或存在一定关联。

⑬ 全一毛:《蝌蚪能否避孕?——访叶熙春大夫》,全一毛:《全一毛文集》,学林出版社 2005 年版,第 132 页;《文汇报》1976 年 10 月 22 日。

⑭ 正峰:《吃蝌蚪真的能够避孕吗》,《人民日报》1956 年 8 月 28 日,第 7 版。

⑮ 张翼德:《六十年计划生育的风风雨雨》,潘维、玛雅主编:《人民共和国六十年与中国模式》,生活·读书·新知三联书店 2010 年版,第 73 页。

⑯《中共中央批转卫生部党组关于节制生育问题的报告》,载中央档案馆、中共中央文献研究室编《中共中央文件选集》第 18 册,人民出版社 2013 年版,第 242 页。

⑰《荒唐的生吃蝌蚪法》,付东流:《私生活》,南方日报出版社 2000 年版,第 35—36 页。

⑱ 正峰:《吃蝌蚪真的能够避孕吗》,《人民日报》1956 年 8 月 28 日,第 7 版。

⑲ 裂头蚴经皮肤或黏膜侵入人体后,逐渐移行到各组织、器官内寄生,使组织呈现炎症反应,局部可以引起坏死。如果侵袭眼部,可以出现眼睑红

肿、畏光流泪、视力减退甚至失明。曼氏裂头蚴还侵犯中枢神经系统，出现脑裂头蚴病，导致头痛、癫痫等。云南昭通地区有误信蝌蚪可治皮肤过敏，高连相于 1979 年报告三个兄妹共分服活蝌蚪 400 余条，结果三个兄妹均患裂头蚴病，其中一例因裂头蚴穿过肠壁引起肠穿孔合并腹膜炎。参见赵辉元主编《人兽共患寄生虫病学》，东北朝鲜民族教育出版社 1998 年版，第 164 页。由于深信蝌蚪、蛙肉有清凉解毒作用，一母亲在水坑里捞了不少小蝌蚪，自己与两个子女各活吞了 30 多个蝌蚪，约两个月后，医生在三人体内发现了曼氏裂头蚴活的虫体。参见《活吞蝌蚪招致寄生虫病上身》，http://news.sohu.com/20061109/n246281124.shtml。

⑳ 宋云彬：《归有光的〈先妣事略〉》，《人民日报》1956 年 9 月 7 日，第 8 版。

㉑ 张遵时：《关于服蝌蚪避孕问题的商榷》，《人民日报》1956 年 8 月 28 日，第 7 版。

㉒ 任德本：《蝌蚪避孕没有事实根据》，《健康报》1956 年 8 月 28 日，第 4 版。

㉓ 全一毛：《蝌蚪能否避孕？——访叶熙春大夫》，全一毛：《全一毛文集》，第 133 页。

㉔ 同上。

㉕ 张遵时：《关于服蝌蚪避孕问题的商榷》，《人民日报》1956 年 8 月 28 日，第 7 版。

㉖《浙江中医研究所试验确定蝌蚪避孕单方无效》，《健康报》1958 年 4 月 18 日，第 4 版。

㉗《编辑的话：接受教训，慎重宣传》，《健康报》1958 年 4 月 18 日，第 4 版。

㉘ 正峰：《吃蝌蚪真的能够避孕吗》，《人民日报》1956 年 8 月 28 日，第 7 版。

㉙ 刘政：《人民代表大会制度的历史足迹》，中国民主法制出版社 2008 年版，第 71 页。

㉚ 姚文元：《谈猎奇心理》，《细流集》，新文艺出版社 1957 年版，第

100—101页。

㉛［美］史蒂夫·史密斯：《地方干部面对超自然：中国的神水政治，1949—1966》，载董玥主编《走出区域研究西方中国近代史论集粹》，社会科学文献出版社2013年版，第366—392页。

㉜（明）李时珍：《本草纲目》下册，中国文史出版社2003年版，第562—563页。

㉝《古今图书集成汇编》第186卷《禽虫典》。

㉞林海音：《我的童玩》，《在胡同里长大》，江苏文艺出版社2011年版，第52页。

㉟萧乾编：《北京城杂忆》，生活·读书·新知三联书店2012年版，第9—10页。

㊱王文宝编著：《吆喝与招幌》，同心出版社2002年版，第44页。

㊲王文宝：《从大杂院儿里走出——民俗文化随笔》，北京大学出版社2012年版，第254页。

㊳仇曾升：《晚年忆童趣》，北京燕山出版社编：《旧京人物与风情》，北京燕山出版社1996年版，第335页。

㊴李维基：《养小金鱼儿与喝蛤蟆骨朵儿》，李维基：《讲述老北京的故事》，中国社会出版社2009年版，第192页。

㊵张双林：《无本生意能赚钱》，张双林：《老北京的商市》，北京燕山出版社2007年版，第192页。

㊶［俄］司格林著，于培才、刘薇译：《北京：我童年的故乡》，东方出版社2006年版，第144页。

㊷寄宇：《把妓女改造成新人》，《上海解放四十周年纪念文集》编辑组编：《上海解放四十周年纪念文集》，学林出版社1989年版，第172页。

㊸商一仁：《妓女大收容目击记》，秦义民编：《浦江风云》，汉语大词典出版社2001年版，第294页。

㊹寄宇：《把妓女改造成新人》，《上海解放四十周年纪念文集》编辑组编：《上海解放四十周年纪念文集》，学林出版社1989年版，第172页。

㊺全一毛：《蝌蚪能否避孕？——访叶熙春大夫》，全一毛：《全一毛文

集》,第133页。

㊻ 李复光:《也谈蝌蚪避孕问题》,《哈尔滨中医》1965年第4、5期。

㊼ 关于中医对节育、避孕的认识,参见《中医对节育、抗生育的认识》,载李卫民等编著《中草药抗生育研究》,中国医药科技出版社1993年版,第3—4页。

㊽ 王旭东编著:《中国传统性医学》,江苏科学技术出版社1992年版,第383页。

㊾ 《卫生部指示各级卫生部门广泛宣传避孕常识加强指导和研究》,《健康报》1956年8月14日,第1版。

㊿ 《四张避孕方》,《健康报》1956年7月31日,第3版。

㉛ 冯汉镛:《介绍祖国医书上的避孕方》,《上海中医药杂志》1957年3月号,第33—35页。

㉜ 李振鹏:《祖国医学有关避孕资料初探》,《江西医药》1964年第2期,第110—112页;王绪鳌:《对〈祖国医学有关避孕资料初探〉一文的补充》,《江西医药》1964年第9期,第387—389页。

㉝ 《中华人民共和国卫生部关于避孕工作的指示》,浙江人民出版社编辑:《农村干部必备》上册,浙江人民出版社1958年版,第400—402页。

㉞ 辽阳市志编纂委员会办公室编:《辽阳市志》,辽宁人民出版社1993年版,第451页。

㉟ 四张药方中,第1、3、4方为1956年7月31日的《健康报》所介绍。

㊱ 黄石市计划生育委员会编纂:《黄石市人口与计划生育》,2003年,第559页。(自行印刷无出版机构)

㊲ 山东省潍坊市潍城区史志编纂委员会编:《潍城区志》,齐鲁书社1993年版,第150页。

㊳ 《郑州市1958年大力开展计划生育工作方案》,《卫生工作通讯》1958年第1—24期(合订本),第276—281页。

㊴ 《河南省预防医学历史经验》编辑委员会编:《河南省预防医学历史经验》,江苏科学技术出版社1990年版,第619页。

㊵ 《不该轻率推广避孕药》,《健康报》1956年10月26日,第3版。

㉛ 同上。

㉜ 1955年8月黑山县卫生科下达通知《关于中药毒剧药的管理的补充规定》，规定购买下列药品时，必须持有村（街）政府介绍信，填药名、数量、用途方可卖给。药品有水银、轻粉、红粉、闹阳花、水蛭、红娘、硫黄（粉）、红凡、班毛、虻虫、泽金花，剧药有马前子、罂粟壳。参见黑山县卫生志编纂委员会编《黑山县卫生志（1854—1985）》，1987年，第223页。

㉝ 关于视避孕与堕胎为节育的同等措施，参见俞莲实《民国时期知识女性对节育的认识和避孕方法》，常建华主编：《中国社会历史评论》第12卷，第257—274页。

㉞ 雷祥麟在其关于中药"常山"的研究中，指出陈果夫主导的常山抗疟研究直接进行人体试验的情况。参见雷祥麟《常山——一个"新"抗疟药的诞生》，载李建民主编《从医疗看中国史》，中华书局2012年版，第339—372页。

㉟ 不能排除其他因素导致不孕，但作为变量控制后的试验结果，仍有参考价值。

㊱ 李衡友等：《中药、针灸避孕211例初步观察》，《江西中医药》1957年第9期，第43—47页。

㊲ 李复光：《紫草避孕102例初步观察》，《上海中医药》1960年第3期，第142页。

㊳ 谢力贤、许绍芬、顾汉颐：《中桑紫草根及其他药物对小白鼠避孕作用的初步报告》，《上医学报》1959年第6号，第601—607页。

㊴ 同上。

㊵ 宋绮霞、魏晶晶：《人类避孕的今昔》，《百科知识》2001年第10期。

㊶ 钱信忠：《有关计划生育的几个问题》，《中国计划生育工作手册》编委会编：《中国计划生育工作手册》，中国人口出版社1996年版，第1188页。

㊷《中共中央关于计划生育问题的批示》，载中央档案馆、中共中央文献研究室编《中共中央文件选集》第50册，第146页。

㊸《当代中国》丛书编辑部编：《当代中国的医药事业》，中国社会科学出版社1988年版，第228—229页。

㉔ 高瑞泉:《在经典世界与哲学世界之间——观念史研究的双重根据》,《哲学分析》2013年第5期。

㉕ 史蒂夫·史密斯:《地方干部面对超自然:中国的神水政治,1949—1966》,载董玥主编《走出区域研究西方中国近代史论集粹》,第373页。

㉖ 刘政:《人民代表大会制度的历史足迹》,第71页。

㉗《中共中央同意卫生部党组关于改进祖国医学遗产的研究和继承工作的意见》,载中央档案馆、中共中央文献研究室编《中共中央文件选集》第41册,第184页。

风中飞舞的微虫：
"细菌"概念在晚清中国的生成

姬凌辉

摘要：中国古人对人体、疾病与环境的关系有着多种解释模式，其中"由虫致病"的理论资源构筑了晚清国人的疫病观之一。从19世纪中叶开始，细菌致病说不仅在西方诞生，而且还经多种渠道被译介到中国。当中国的"虫"与"菌"遇到西方的细菌致病说时，"虫"与"菌"便成为接引细菌概念的知识库。细菌作为晚近诞生的众多新名词之一，在晚清中国常以"壁他利亚""巴克德利亚"等音译方式出现，或者以微生物、黴菌等名称对译，译名背后折射出时人复杂而又多元的知识脉络，呈现出风中飞舞着微虫的合理想象图景。

关键词：虫，菌，微生物，黴菌，细菌

姬凌辉，复旦大学历史学系博士生

自19世纪中后期细菌致病说在西方诞生后，该学说就逐渐向西方传统医学和中国传统医学的病因解释体系发起挑战。如今经过近150余年的发展，人类已进入细菌学时代。那么西方细菌学说在近代中国是如何传播的？要回答这个问题实属不易。近年来，医学史学者围绕该问题展开了不少有益的探索。举其要者，或从长时段考察中国古代疾病与方土之间的关系，认为这是理解疾病之起因与疗法因地而异的关键所在;①或从某一种疾病入手,进而探讨中国社会不同阶层对细菌学说的不同认知;②或围绕近代中西医知识中的"热病"论述展开;③或从报刊资料入手,揭示清末致疫、防疫理念的碰撞与调适。④然而,将细菌学说传入中国的历史轨迹预设为已知是否合适?关于"细菌"这一概念的前世今生又是否清晰明了?晚清时人何以能用虫、菌等概念接引细菌致病理念?基于此种种疑问,本文将从长时段出发,从探讨中国传统医学中因虫致病说入手,尝试讨论晚清民初"细菌"概念在中国生成的复杂历史情节。

一、作为博物、医术与巫术的虫

古人对于虫的理解,分置在不同历史时期的知识和文化之下,其含义千差万别,可以粗略分成作为博物学的虫、作为巫术的虫、作为病原的虫几种。早在《山海经》中就有多处提及虫,例如:"又北三百里,曰神囷之山,其上有文石,其下有白蛇,有飞虫。"⑤又如:"又东二百三十里,曰荣余之山,其上多铜,其下多银,其木多柳、芑,其虫多怪蛇、怪虫。"⑥可见,蛇与虫同时出现在文本中,虫与蛇的形象从一开始便被置放在一起论述。

查字书所载,虫古音同虺,"一名蝮,博三寸,首大如擘指。象其卧形,物之微细,或行,或飞,或毛,或蠃,或介,或鳞,以虫为象,凡虫之所属皆从虫"。⑦从其所指可知,虫作虺,形似蛇,含行、飞、毛、蠃、介、鳞等物,即《尔雅》所释:"《说文》虫者,裸毛羽鳞介之总称也。"⑧清代《康熙字典》有云:"说文、玉篇、类篇等书,虫、䖵、蟲皆分作三部,截然三音,义亦各别,字汇、正字通合䖵蟲二部,并入虫部,虽失古人分部之意,而披览者易于查考,故姑仍其旧,若六书正伪,以为虫部即蟲省文,则大谬也。"⑨也就说,在《说文解字》中,

"虫"与"蟲"是音义不同的两个字,"虫"专指一种蛇,即"蝮蛇"。"蟲"指有足的昆虫,而《尔雅》释虫篇则论道:"有足谓之虫,无足谓之豸。"⑩有无足肢成为分别虫、蟲、豸的标准,虽然关于"蟲"何时简化为"虫",以及"虫"的古今音义变化问题均难以精确考证,但从《尔雅》目录来看,虫与天、地、丘、山、水、木、鱼、鸟、兽、畜等诸大类并存,这表明虫是分别芸芸众生的重要名目,而这种认识也就构成了中国古代博物学中虫类得以存在的文本依据。

到了唐代,虫与豸汇同一部,分列蝉、蝇、蚊、蜉蝣、蛱蝶、萤火、蝙蝠、叩头虫、蛾、蜂、蟋蟀、尺蠖、蚁、蜘蛛、螳螂等子目,⑪但亦有以"鸟部鳞介虫附"之名目总论万物的做法,含凤、鹤、鸡、鹰、鸟、鹊、雁、鹦鹉、龙、鱼、龟、蝉、蝶、萤等物,⑫由此可知,唐代对于虫的分类并没有明确的界限。宋代是中国古代博物学的繁荣时期,此时既有将万物分立二门之举,即草木花果门和虫鱼鸟兽门,⑬也有将昆虫分为七类的做法,⑭还有将虫分别为鳞介与虫豸二部,与疾病部并立。⑮此外,还有飞鸟、走兽、虫、鱼之分,⑯亦有以"杂虫"之名简而论之,⑰甚至有虫门独列,不与其他类目相合或相分,分列蚁穴、壁鱼、白蝙蝠、濡需、垍井蛙、守宫、醯鸡、水蚕等子目。⑱金时并无新发明,基本沿袭宋时《事物纪原》的分类法,别为花竹木植门与禽兽虫鱼门。⑲

明清时期的著作,以《本草纲目》为代表,对于虫的分类更加系统,虫与疾病的关系也更加明确。该书收药品1 892种,其中昆虫类占有106种,称为"虫部",并有一总序详论之,节略如下:

> 虫乃生物之微者,其类甚繁,故字从三虫,会意。按《考工记》云,外骨内骨,却行仄行,连行纡行,以胲鸣、注鸣、旁鸣、翼鸣、腹鸣、胸鸣者,谓之小虫之属。其物虽微,不可与麟凤鬼龙为伍,然有羽毛鳞介倮之形,胎卵风湿化生之异。蠢动含灵,

各具性气。录其功,明其毒,故圣人辨之。况蜩范蚁蚳,可供馈食者,见于《礼记》;蜈蚕蟾蝎,可供七剂,载在方书。周官有庶氏除毒蛊,剪氏除蠹物,蝈氏去鼃黾,赤犮氏除墙壁狸虫蠦蜰之属,壶涿氏除水虫狐蜮之属,则圣人之于微琐,罔不致慎。学者可不究夫物理而察其良毒乎?于是集小虫之有功有害者,为虫部,凡一百零六种,分为三类,曰卵生、曰化生、曰湿生。[20]

李时珍认为,虫具有"微"与"繁"两个特点,故虫与蟲可以通用。较之以往诸书,李氏提出虫分三类,即卵生、化生、湿生,这点与以往诸分法完全不同,即不再仅按照虫的形体划分,而是按照虫的繁殖方式进行再分类,并作"功害"之别。但此时期也有人不做细分,如徐炬将虫部单设,开列62种。[21]

以上便是古代虫的博物学意义,与此同时,虫还与古人的身体发生关联,成为解释疾病病因的重要论据之一。古人相见,常会寒暄一句"别来无恙",这句问候语至今仍被广泛使用。而所谓的恙并非指病,而是指虫:"恙,毒虫也,喜伤人。古人草居露宿,相劳问曰:无恙。神异经去北大荒中有兽,咋人则病,名曰㺿,㺿,恙也。常入人室屋,皇帝杀之,北人无忧病,谓无恙。"[22]也就是说,在逐水草而居的上古时期,古人通过互相询问"无恙"来传达对人身的关怀。先秦时期,赵威后曾问齐使:"岁无恙耶?王亦无恙耶?"东晋顾恺之曾与殷仲堪践行,询问:"人安稳,布帆无恙。""《苏氏演义》亦以无忧病为恙。恙之字同或以为虫,或以为兽,或谓无忧病。《广干禄书》兼取忧及虫,《事物纪原》兼并取忧及兽。《广韵》其义极明,于恙字下云忧也,病也,又噬虫善食人心也。于㺿字下云㺿兽如狮子,食虎豹及人,是㺿与恙为二字合一之神异经诞矣。"[23]

如果说肉眼可见的毒虫很早开始便是古人解释疾病的重要根

据,那么作为实体和概念的虫则是古代宗教、医学、巫术等领域解释疾病的重要理论资源。中国古代即有虫积胀、虫入耳、虫痫、虫疰痢、虫斑、虫积、虫瘕、虫兽伤、虫心痛、虫病、虫积腹痛、虫疥、虫兽螫伤、虫牙痛、虫病似痫、虫积腹胀、虫渴、虫痛、虫胀、虫齿、虫积经闭、虫瘤、虫吐、虫痔等病名或病症名。此外还有大量以虫字为偏旁部首与疾病相关联的汉字,如虫通"疰",《说文·疒部》:"疰,动病也。从疒,虫省音。"后经段玉裁注解:"疰即疼字。"[24]《神农本草经》有云:"白薇,味苦平,主暴中风身热肢满,忽忽不知人,狂惑邪气,寒热酸疰,温疟洗洗,发作有时。"[25]又有《图经衍义本草》认为:"犀角,味苦、酸、咸,微寒,无毒,主百毒虫疰,邪鬼瘴气。"[26]

《灵枢·上膈》有云:"人食则虫上食,虫上食则下管虚。"此处显然说的是寄生虫病,古代对于寄生虫病的集中论述很多,例如佛教有"八万户虫"之说,道教持"三尸九虫"之论。"三尸九虫"源于道教医学,认为人体与三尸九虫相伴相生:"人之生也皆寄形于父母胞胎,饱味于五谷精气,是以人之腹中各有三尸九虫为人大害。常以庚申之日上告天帝,以记人之造罪,分毫录奏,欲绝人生籍,灭人禄命,令人速死。"也就是说,三尸九虫记录"宿主"的功过是非,并在庚申之日上达天听,天帝据此生杀予夺。道教医学认为人体三尸分居上、中、下三个部位,分主命、食、色,"上尸名彭琚,在人头中伐人上分,令人眼暗、发落、口臭、面皱、齿落。中尸名彭质,在人腹中,伐人五脏,少气多忘,令人好作恶事,嗷食物命,或做梦寐倒乱。下尸名彭矫,在人足中,令人下关骚扰,五情涌动,淫邪不能自禁"。[27]一般将九虫分为伏虫、回虫、白虫、肉虫、肺虫、胃虫、鬲虫、赤虫、蛲虫:"一曰伏虫,长四寸;二曰白虫,长一寸;四曰肉虫,如烂李;五曰肺虫,如蚕蚁;六曰胃虫,若虾蟆;七曰鬲虫,如苽瓣;八曰赤虫,如生虫;九曰蛲虫,色黑,身外有微虫千万,细如菜子,此群虫之主。"[28]而且仅能通过"守庚申""去三尸符"等方式除去。九虫

具有代际传递性,除胃虫、回虫、肉虫外,其余六类虫在人体内均经六次繁衍,生有六代,每一代虫导致的症状各异。㉙

实际上,道教医学的这种观点也影响了古代中医理论。巢元方认为:"人身内自有三尸诸虫与人俱生,而此虫忌血恶,能与鬼灵相通,常接引外邪,为人患害。"但他也认为三尸九虫所引发的病征大同小异,并将其分为"五尸",即沉尸、伏尸、阴尸、冷尸、寒尸、丧尸。若从病因角度来看,曹氏认为体内尸虫与外邪相接是致病的根源所在。㉚然而,宋代的《圣济总录》则将"诸尸病"分为飞尸、遁尸、沉尸、风尸、伏尸五类,认为,"唯此五尸之气,变态多端,各各不同,大率皆令人沉沉默默,痛无常处,五尸之外,复有尸气,虽各有证,然气为病大同小异而已"。㉛在这里,尸虫与尸气均为致病因素之一。

以"传尸劳"(结核病)为例,"传尸冷劳者,脊骨中出白虫,或出赤虫,若骨蒸劳谪汗出,腰脚疼痛不遂,脚下出汗如胶漆,诸风气水病,并服一粒差,小儿无辜,可服半粒如前法,有虫出鼻内,如线状是效"。㉜在此表述中,白虫或赤虫实际上成了病因所在,这也符合三尸九虫的说法。就此病而言,气与虫之间可以互相转化,"气虚血痿最不可入劳瘵之门吊丧问疾,衣服器用中皆能乘虚而染触。间有妇人入患者之房,患人见之思想,则其劳气随入染患,日久莫不化而为虫"。㉝也就说,古人认为劳气可以化生为虫,因此不仅要避肉眼所见之虫,还要防由气化生之虫。

当然,以上均属自然发生的虫病,古代尚有大量关于蛊的记载,最早见于《周易》蛊卦:"蛊,巽下艮上,刚上而柔下,蛊元亨,而天下治也。"㉞单就此字而论,实为一卦名而已。稍晚见于《左传》所载医和之言:"是谓近女室,疾如蛊。""女,阳物而晦时,淫则生内热惑蛊之疾。""于文,皿虫为蛊,谷之飞,亦为蛊。在周易,女惑男,风落山,谓之蛊。"㉟此处的蛊指涉因近女色而染上的疾病,且虫与蛊之间的化生关系有了初步论述。其后《说文解字》释蛊，"腹中虫也"，"中虫者，谓腹内中虫食之毒也，自外而入，故曰中"。㊱结合字形来看，人体的腹部就像是一个器皿一样，盛着自外而入的毒虫。隋代医书载有"蛊毒"的制作方法："凡蛊毒有数种，皆是变惑之气，人有故造作之，多取虫蛇之类，以器皿盛贮，任其自相啖食，唯有一物独在者，即谓之为蛊。便能变惑，随逐酒食，为人患祸。患祸于他，则蛊主吉利，所以不羁之徒而蓄事之。又有飞蛊，去来无由，渐状如鬼气者，得之卒重。凡中蛊病，多趋于死。以其毒害势甚，故云蛊毒。"㊲因此，蓄意种蛊为律法所禁止，"造畜蛊毒，买卖毒药，害人性命，各有常刑"。㊳明代的王肯堂认为蛊毒应包括蛇毒、蜥蜴毒、虾蟆毒、蜣毒、草毒等，"凡入蛊乡，见人家门限屋梁绝无尘埃洁净者，其家必畜蛊，当用心防之，如不得已吃其饮食，即潜地于初下箸时，收脏一片在手，尽吃不妨，少顷却将手脏之物，埋于人行十字路下，则蛊反于本家作闹，蛊主必反来求"。㊴这种本文表述无疑增加了蛊毒的巫术色彩。

值得注意的是，作于清末民初之际的《清稗类钞》对"南方行蛊"一事有详细表述："南方行蛊，始于蛮僮，盖彼族狘獉成俗，不通文化。异方人之作客闽、粤者，往往迷途入洞，中蛊而死，漳、汀之间较盛。"蛊种类不一，名亦各异，"闽曰蛊鬼；粤曰药鬼；粤西有药思蛊，状似灶鸡蛊；滇蜀有金蚕蛊，又名食锦蛊。《五岳游草》载稻田蛊；《冯氏医说》载鱼蛊、鸡蛊、鹅蛊、羊蛊、牛蛊、犬蛊、蜈蚣蛊、蜘蛛蛊、蜥蜴蛊、蜣螂蛊、科斗蛊、马蝗蛊、草蛊、小儿虫等称"。㊵按照行蛊目的，可分为两类，其一，男女之事，以蛊留人。"粤东之估，往赘粤西土州之寡妇，曰鬼妻，人弗娶也。估欲归，必与要约，三年则下三年之蛊，五年则下五年之蛊，谓之定年药。愆期，蛊发，膨胀而死；如期返，妇以药解之，辄无恙。土州之妇，盖以得粤东夫婿为荣"，故有谚语曰：广西有一留人洞，广东有一望夫山。其二，谋害商旅，图财害命。"粤东诸山县，人杂瑶蛮，亦往往下蛊。有挑生鬼者，能于权量间，出则使轻而少，入则使重而多，以害商旅，蛊主必敬事之"。㊶投宿者常自带甘草，以验证是否有蛊。此外，滇中亦多蛊，既有药成之蛊，也有自生之蛊。"其太史典试云南，偶与监试某观察言及，观察曰：'此易见耳。'翼日，告曰：'蛊起矣。'太史出视之，如放烟火"。㊷近人余云岫认为，"蛊毒之事，实近神话，无是物也。动物毒固有能杀人者，然其发也速，过而不留"。㊸从这个意义来说，蛊毒，一种作为巫术的虫，亦是古人解释致病原因之一，且其神秘色彩形塑了古人不入蛊乡的思想观念。

事实上，除了虫与人直接接触引发病痛外，虫与风、气的结合亦是路径之一。今天常见的简体字"风"，事实上阻碍了我们思考古代虫与风的关联性。风的繁体字为"風"，中间实际为一虫部，很多虫字做偏旁和部首位于字的内部或者下部时，常常在虫字上部加上一横或一撇，如蛊字中虫上加一横，風字中虫上加一撇。单从字形上看，虫居于風字之中，似乎传达出八面之风，中必有虫的讯息。查《说文解字》有云："風，八风也。东方曰明庶風，东南曰清明風，南方曰景風，西南曰凉風，西方曰閶闔風，西北曰不周風，北方曰广莫風，东北曰融風。"㊹此处八風呈现的是古人基于空间方位对風的认知，而对于虫与风、气的复杂关系，王充《论衡》有云："夫虫，风气所生，仓颉知之，故凡、虫为風之字。取气于风，故八日而化。生春夏之物，或食五谷，或食众草。"㊺此处虫的含义以及虫与风、气的关系不言而喻，这种说法长久不衰，清代孔广森的《大戴礼记补注》和李道平的《周易集解纂疏》亦延续此论。

总之，《山海经》中出现的蛇与虫，其实是一个基于地理方位意义上的博物概念，蛇与虫同置，也影响了虫的形象建构。当虫被置放在更为宽泛的博物体系下时，"草、木、虫、鱼、鸟、兽"的分类与书写显得更有意义。当虫与人身发生关联时，虫被赋予病因的含义，既有"别来无恙"式的日常问候，也有三尸九虫传变生病的复杂理论，更有蓄意施蛊的险恶之举，"虫"与"气"之间也呈现出互化互生的医学认知，所以"虫"与"气"并非相互攻讦的两种理论。此外，关于蛊毒的各种说法也增强了由虫致病的观念形成。

二、微虫、微生物、黴菌与细菌

19世纪西方医学最重要的贡献是细菌学的建立，如果说18世纪病理解剖学的建立找到了疾病原因和人体内部器官病理改变之间的关系，那么19世纪时细菌理论的确立找到了外部原因对人体疾病的影响。[46]再者，细菌学的建立与17和18世纪光学技术的革新有很大关系，特别是1830年代复式消色差显微镜的发明与使用，极大地推动了细菌学的产生和发展。

此一时期，法国的路易斯·巴斯德（Louis Pasteur, 1822—1895）和德国的罗伯特·科赫（Robert Koch, 1843—1910），是细菌培养和研究领域的代表性人物。事实上，细菌学研究的许多基本原则和技术都是由科赫奠定的，其主要功绩是在细菌学研究的手段和方法上做出了突破性的贡献。20世纪初的中国报刊上就这么介绍："自1857年Pasteur、Cohn氏等始于液状培养基内接种细菌，顺次移植稀释之，得比较纯粹培养法，至Naegeli、Fitz、Miguel、Duclaux诸氏稀释法稍致完善，而发酵菌之完全纯粹培养告成。1881年，Koch氏出发明透明固形培养基，创施所谓扁平培养始得贯彻目的，而细菌学乃大昌明。Pasteur等意料不及之细菌分离法及纯粹培养法亦得恣行，皆出Koch博士之赐也。"[47]

科赫还发现、分离和鉴定了伤寒杆菌、结核杆菌、霍乱弧菌、麻风杆菌、白喉杆菌、破伤风杆菌、痢疾杆菌、鼠疫杆菌等许多病原菌，论证了结核病的传染原理，"前因柏林医生寇赫，新得疗治痨症之法,各国皆遣医官往习其法"。1890年,薛福成"派医官赵元益静涵,驰往柏林,派翻译学生王丰镐省三,伴之往"。[48]然而,由于他将未完成实验的结核菌素进行推广,导致很多人无辜牺牲,后来实验也证明结核菌素并无治疗价值,这当然是后见之明。

19世纪中后期的国人对"细菌"几乎毫无概念,究其缘由,"细菌"对译bacteria出现较晚,故而《申报》虽作为近代新名词和新事物的橱窗,其最早出现"菌"这一概念也是在1881年,但却不是指显微可见之细菌。该字出现在一篇题为《食菌伤生》的报道中:"菌种不一,而乡人之采菌者不加小心,恃胸有定识也。讵月之十一日,胥门外梅湾某姓母子采菌半篮,午饭食讫不及片时陡然吐泻,翌日同毙,按菌毒以苦茗、白□用酒调服可治,见之方书,不识死者曾经试服否?"[49]该文所提及的"菌"指一种食材,而"菌毒"亦指其自带的毒性。1882年一篇题名为《毒菌害人》的报道,大概讲述的是江苏太湖七十二峰一带,"每于夏秋时乡人皆入山采菌售卖,其价甚廉,而其味甚美,居家无不贪焉"。[50]该文主要讲述因误食毒菌而致人身死一事,开头部分用了"俗传"一词,表明此则故事虽有杜撰成分,但能够被"俗传",也说明"菌"可食用应是一种较普遍的认知。查古代字书所载:"菌,地蕈也。"[51]据《本草纲目》所释:"地蕈,菌谱,北生者为菌,木生者为檽。江东人呼为蕈,《尔雅》云中馗菌也。郭璞注云地蕈似钉盖,江东名为土菌,可啖。"关于菌的毒性问题,古人认为与季节和毒虫有关,"菌冬春无毒,夏秋有毒,有蛇虫从下过也"。李时珍则认为,"按菌谱云地蕈生土中,与山中鸢膏蕈相乱,俗言毒虫之气所成,食之杀人甚"。[52]这当然与后来细菌学意义上的"菌"和"菌毒"不可简单划一,但至少从含义上来说,菌分有毒和无毒亦成为可比附理解细菌分有毒和无毒的思想资源。同时值得注意的是,菌的毒性一开始便与毒虫相关。

表1 19世纪中叶至20世纪初双语字典中"菌"的英语译名表

年代	译 名	出 处
菌		
1819	菌. A plant well tasted, but which often poisons people. The mushroom; the name of a hill.	《五车韵府》第2部字典,第1卷,1819年,第452页,KEUN。
1823	菌 KHEUN. A plant well tasted, but which often poisons people. The mushroom; the name of a hill. 菌有味而常毒杀人。	《五车韵府》,第1部字典,第3卷,1823年,第173页,140th Radical. VIII. Tsaou。
1832	Khwun 菌 A mushroom; khwun kwuy,菌桂,a sort of cinnamon bark, brought from Cochinchina, of which mats can be made.	麦都思《英华字典》汉语俗语,1832年,第386页。
1912	1. The mushroom. Mould; mildew; 2. a mushroom; toadstool,地菌; 3. the mushroom of the morning knows not the alternations of day and night.［The old interpretation makes chao chün = 2047 Hibiscus syriacus, L.］,朝菌不知晦朔; 4. an edible species of Clavaria,鸡爪菌; 5. an edible fungus found on willow-trees,天花菌;6. to get mouldy,发菌;7. fungus growth in the ear,耳菌。	翟理斯《华英字典》,第402页。
虫		
1819	虫、蟲. Animals, either inhabiting earth or water, which have feet; quadrupeds and bipeds; insects; those without feet are called 豸 che. Occurs used for the following. A surname. Chung poo 蟲部 insect and reptile class; it includes frogs and shell fish.	《五车韵府》第2部字典,第1卷,1819年,第113页,Chung。

(续表)

年代	译　　名	出　　处
1823	虫 HWUY. Commonly read Chung. A general term for insects, worms, repliles, including Testudines; lizard kind; sespents and frog kind There is not in European phrase any word that corresponds to the Chinese Chung, from which circumstance, the word insect in the following definitions, must not be understood strictly in many cases; for with the exception of birds, quadrupeds, and fish that swim, almost every living creature is called Chung.	《五车韵府》第1部字典,第3卷,1823年,第243页,142nd Radical. II. Hway 虫。
1832	Hwuy, 虫, the ancient form of the preceding; the generie term for all the scaly tribe.	麦都思《英华字典》汉语俗语,1832年,第279页。
1874	1. general term for insects and reptiles, 虫,蟲;2. reptiles having feet.	
1912	虫, An old term for all creatures with legs, as opp. to 豸 245, classified as 羽毛介鳞裸 feathery, hairy, shelly, scaly, and naked. Insects and reptiles, classified as 飞者潜者动者植者 of air, water, earth, and wood. Radical 142. [This character is properly read hui3, but is now universally used for 2933.]	翟理斯《华英字典》,第366页。

与此同时,就在西方细菌学说初步建立之际,一些关于"细菌致病说"的译介也在中国出现。以《博医会报》为例,1891年曾刊有一篇题为《科赫的液体》(Koch's Fluid)的文章,该文详细介绍了科赫研究肺结核杆菌的著名实验:"科赫通过观察肺结核杆菌在携

带肺结核或非肺结核的几内亚猪身上的运动、繁衍和死亡,证实了他认为该液体有治疗作用的想法。在健康动物身上,接种一个纯粹培养基,接种过一段时间后,10天到40天左右,形成一个坚硬的结瘤,不久结瘤破裂形成溃疡并且持续不断,直至该动物死亡。然而,当一头已经感染肺结核的几内亚猪被接种,没有结瘤形成,但是接种部位的表面结构坏死并且衰退。然后注射一定量的稀释甘油,输注这种纯粹培养物,则引起动物的体质提高。显然地,到目前为止,已经在他的观察中,科赫不能忽视这明显的迹象,即使是已死的青虫菌,或者至少是一些它们成分或者产物的溶液,包含着一些也许可以被利用来制造一种药物的东西,并且产生同样的作用。"[53]关于该液体的治疗效用,如果说以上介绍不够直接的话,那么《医案杂志》(medical record)曾在1890年以问答的形式较为直白地给出了答案:它并不是在所有病例中都有临床诊断价值。[54]这表明基于细菌致病说的治疗方法在当时的西方尚不被认可,即便是科赫也不例外,《博医会报》有可能只是将其作为一种"医界新闻"介绍给在华传教的同行。实际上,在《博医会报》上,更多的是对外科手术麻醉措施的介绍,如1890年对可卡因作为麻醉剂的介绍,[55]1893年对氯仿危害性的说明。[56]这也表明细菌致病说在1890年前后的不成熟性和新奇性。

傅兰雅所编的《格致汇编》曾载有一文,专门论述微虫导致牙病,"将四十余人之牙齿与牙肉所生之质,以显微镜视之,则大半有动物、植物甚多",[57]但是此处显微镜下之微虫,实际上被表述为类似"动物、植物"的奇异事物,这当然是由显微镜的放大效果所致,此种"名不副实",同时也可说明时人尚无法直接用西学来理解西学。1897年,关于"疫虫""瘟虫"的说法频现报刊:"全球皆有疫虫,惟为数无多,则不能为害。西报言海滨山上,地极清爽,屋中居人每一点钟时,随吸而入之瘟虫,计尚有一千五百头。若城市之中,人烟稠密,则瘟虫之随吸而入者,每一点钟可得一万四千头,一昼夜当共二三十万头,宜其毒蕴内脏,不可救药。今印度疫气流行,其原委由于瘟虫甚多耳。"㊳此文原出自新加坡的《叻报》,虽然讨论的并非中国疫情,但是其所传达的观点值得注意。疫虫全球皆有的说法明显不同于以往古书中草木虫鱼之说和"三尸九虫"之论,且强调不同地理环境虫数不一、疫气之盛源于瘟虫之多,似乎给人呈现的景象是"空气中弥漫着无数的疫虫"。此外,该文还运用数学原理,将微虫数目量化,这种做法同时期还催生了"核计微虫之数,能知所用之药"的治疗思路。㊴

那么,"微生物""微虫"与细菌之间是否存在理解关系或对译关系?在形式上是否存在音译的情况?在内容上是否存在以虫对译细菌的理解路径?这在《微虫致病》一文中似乎能得到佐证,该文首先认为细菌与人相伴相生,"凡有生之地,即有壁他利亚在焉,又凡可食之物增,则彼亦增。又人畜身中遗弃之物增,则彼亦增,故人稠之地,极要洁净"。其次认为空气中含有无数之细菌,"今试论空气中之壁他利亚,除却冰界之上,并大洋之中,则无气不混含此物"。进而认为,"有数疾病疑是壁他利亚传染而来,此类壁他利亚曾有人由病者之身取而养之,其恶者最易伤肺,亦有不能过气喉关者"。最后劝诫时人,"呼吸恶微生物之险,不可不留心谨慎,设法杀灭居处间之微生物,或阻止其发出之地,此诚卫生之要旨也"。㊵很显然,"壁他利亚"是"bacteria"的音译,且意指"恶微生物",但题目却是"微虫致病",似乎可以理解成此处的微虫指的就是能够致病的细菌。但是这种音译方式在晚清中国屡见不鲜,1878年李凤苞在担任驻德公使期间,曾前往"迈克罗士谷比施阿夸林"(显微镜水族院)参观,院中置显微镜七台,"各嵌水晶宝石,微如纤尘,以镜窥之灿然",㊶此处李氏将"microscope"音译为"迈克罗士谷比"。

事实上，不仅毒虫与疫气致病说可以相辅相成，在细菌致病说传入中国初期，毒虫与疫气知识也构成接引细菌致病说的津梁。时人割除病变组织，"以显微镜照之，果有疫虫，蠕蠕而动。两头各有黑点如眼，与粪窖之虫无异"，这种去陌生化而又形象的表述，自然而然地将细菌致病说导向古代毒虫致疫的话语系统之中加以解释："此虫为空气积毒所化，微不可见，每乘日光未出之时、已没之后，群聚而飞，遇物辄伏。人食其物，则虫入脏腑。胎生卵育，顷刻繁滋。一身气血，尽成蛊毒。"㉒关于疫症与微生物、疫气之间的关系，时人亦有明确论述："疫症之理皆微生物为之，其地低洼，其气潮湿，积有腐烂物件，一经烈日熏蒸，即发为霉毒气，此气之中含微生物最多，用显微镜看看，其形如球，不能分为动物、植物。"㉓该文基本上也是呈现出如此图景——不干净的空气中飞舞着有毒的微虫。

清末，即便是关于蛊的论述也并没有消失，甚至被编进儿童读物，具体文字内容与《说文解字》《诸病源候论》所载大同小异，且以图像形式呈现。㉔与此同时，关于"疫虫"致病的说法也有了更为明确的表述，《万国公报》曾载文谈道："最近西方医学家之大功，在考得微虫之为物，乃人生百病之源也。故多有其族类，设法豢养而徐察得杀之之法，以之疗病，应手而愈。盖何种病属何种虫，固为一定，而虫之来源，或发于下等动物致染入人身耳，如鼠疫是也。"㉕该文有三点值得注意：其一，明确指出微虫为物，且为百病之源，此处"微虫"指向细菌；其二，微虫可以人工培养和观察，进而寻求疗疾之法，实指培养细菌和利用血清治病；其三，确定虫与病的一一对应关系。不难发现，此三点实际上与"科赫三原则"如出一辙。㉖《万国公报》进而继续刊文介绍此说："此种微生物能养于血伦，即血汁，及列生，即甜油之中。"并分别介绍肺病、伤寒、霍乱、喉证、寒噤、疠疫六种疾病的致病原理："以上六种之疾，自古以来皆有之,而知为此六种微物之害者,则最近之发明也。"⑰

将微生物与黴菌并列的说法在清末亦已出现,亦有时人指出,"若微生物,若黴菌(即白霉),人以之而死者,亦非动物,即植物也"。⑱这说明时人对微生物的腐败作用有了粗浅认识,微生物和黴菌皆可致人丧命,且黴菌即白霉的观点接近今天的认识,但时人所理解的黴菌范围似乎更为宽泛。对于这样一个复杂问题,我们至少可以立足于"英华词典"和报章时论展开分析。

表2 19世纪中叶至20世纪初双语字典中"bacteria""bacillus""microbe"的汉语译名

年代	译　　名	出　　处
bacteria		
1908	bacteria,黴菌,微生物	颜惠庆《英华大辞典》,第146页。
1913	bacillus 杆稙,miao;bacteria,稙,miao,细菌类	季理斐《源于日本的哲学词汇》,第7页。
1916	Bacteria,稙,miao 微生物,黴菌	赫美玲《英汉字典》,第93页。
bacillus		
1908	Bacillus, a rod-shaped bacteria found in certain diseases or diseased tissues, 杆状黴菌	颜惠庆《英华大辞典》,第144页。
1911	Bacillus,杆形裂殖菌,杆稙、细菌类	卫礼贤《德英华文科学字典》,第36页。
1913	bacillus 杆稙, miao; bacteria, 稙, miao, 细菌类	季理斐《源于日本的哲学词汇》,第7页。
1916	Bacillus,竹节虫、杆菌、杆稙	赫美玲《英汉字典》,第91页。

（续表）

年代	译名	出处
microbe		
1908	Microbe, a microscopic organism sometimes found associated with certain diseases,微生虫、微生物、黴菌、稑	颜惠庆《英华大辞典》，第1438页。
1916	Microbe,微生物、黴菌、稑,miao	赫美玲《英汉字典》，第870页。

章太炎亦曾纠结于"菌"和"细菌"的名实问题，他早年就读于杭州诂经精舍时认为，"古谊以菌为道途之名"。[69]1899年，他撰有《菌说》一文，阐发细菌学说，开篇即言："凡人有疾，其甚者微生物撼之。而其为动、为植、为微虫、为微草，则窥以至精之显微镜，犹难悉知。"[70]但这一观点并非其本人所创，而是受到英国医师礼敦根（Duncan J. Reid）《人与微生物征战论》一文的影响："所谓微生物者，或为动物，或为植物，或为微虫，或为微草，难言确定，盖以显微镜窥之，甚难辨其为动为植。"[71]但在具体解释微生物"亦动亦植"的缘由方面，章太炎在礼敦根演说内容的基础上，结合中国传统典籍，作出了新的判断。他认为，科赫将霍乱和肺痨病因分别归于"尾点微生物"（霍乱弧菌）和"土巴苦里尼"（Tubercle bacillus）恐非正解。同时指出，肺痨往往始于"耽色极欲"，纵欲过度就会患霉（注：梅毒），亦有"蚨生芝生之物蘖芽其间"，即庄子所谓"乐出虚，蒸成菌"，进而佐以医和之言，"女阳物而晦时，淫则生内热惑蛊之疾"，"于文，皿虫为蛊，谷之飞亦为蛊"，所以因沉迷女色而患上肺痨病，其症状与患梅毒近似。故而认为，"以微草言则谓之菌，以微虫言则谓之蛊，良以二者难辨，而动植又非有一定之界限也"。[72]需要指出的是，这种对"微生物"模棱两可的界定，似乎在清

未持续存在。

1904年《东方杂志》上一篇介绍防疫的文章谈道:"一曰传染之病,兵之类也。其所谓兵,黴菌之类也,传染病之一种微生物,夏秋之交,每岁必作。"进而论说传染病的传播方式:"何以是病能传染?病者之身有微生毒物,其化生甚速,顷刻能生无量数。其物自口鼻各窍流出,无病者触之,立即感受。"[73]此处将黴菌比作传染病之兵,仍是谈黴菌、微生毒物致病,所指为细菌致病说。但直至1908年出版的《英华大字典》(颜惠庆)才明确将 bacteria 翻译成黴菌,bacillus 对译杆状黴菌,bacteriology 对译黴菌学,并将 microbe 翻译成微生物、微生虫、黴菌。[74]

此外,亦有时人曾从名称和形状两个方面,对微生物与微生虫的区别加以说明:"微生物之种类甚多,西名曰巴克德利亚(bacteria),亦称为埋克肉(microbe),华书亦称为黴菌。照西国格致家言,似不当属于虫类,当附入植物类。惟其中别有一种确可列入虫类者,则当称之为微生虫云。……论微生物之形,大概较沙粒更小一千倍,故非显微镜无从见之也。其称巴克德利亚,希腊称棍之名者,以其形似棍子也。或因其圆形称为埋克肉可开(micrococci),亦作线形,名为巴细利(bacilli),或更作搅丝形,称为(spirilla)史派哀利拉,皆随其形以定其名也。"[75]但是我们不能就此认为时人已经普遍将黴菌作为一切细菌的泛称,更不能说黴菌对译 bacteria 已取得广泛认可。

1912年9月,一位署名陈邦才的作者在《医学世界》上发表专文,讨论黴菌、细菌、微生物三者关系,现择录如下:

  植物界中有细菌焉,散布空气中,寄生于有机体。是物也,至微至小,非肉眼所可见,必藉显微镜之力始得观察之也。考细菌一名黴菌,旧译作微生物,寄生于人体及动物,而吸取其养料,为最下等之植物,通体无茎无叶绿素,不能起植物之同化作用,从叶片之气孔吸收空气中之炭酸瓦斯,叶绿粒受日光之助,能分解炭酸而留存炭素,与其根吸收之水分融合而成淀粉,以滋养全体,故细菌一切营养物皆仰给于复杂之有机炭素化合物。其种类有三:一曰丝状菌,形如长丝,多有节缕分歧,谓之黴丝,丝之尖端发育延长成黴种而繁殖,死物菌多,寄生菌少,一般病的作用微弱,其黴种与空气共入而感染,多寄生于病变死亡组织,亦有侵入生活组织内,唤起变性炎症,如皮肤、肠管、口腔、咽头诸部,如有溃疡该菌即各于其部生白、褐、黑诸色之沉著物;二曰萌芽菌,一名酵母菌,又名发酵菌,为圆形或椭圆形之细胞,其机能使含糖液发酵而生酒精,与发酵分裂菌同,其能为病原菌者,多寄生消化障害者之胃中,或糖尿病者之膀胱中,以上两种细菌其毒害仅及于局所;三曰分裂菌,一名排苦的里亚,由单一细胞而成,有球圆、卵圆、杆棒、螺旋之状。⑯

《医学世界》自1908年在上海创立以来,便以"传播医学新智识"为宗旨,1912年9月1日再次复刊时,更是以"研究医药、普及医学知识"为目标,⑰且该刊物在当时发行量甚为可观,所以可作为分析清末医学知识传播问题的重要文本。作者"陈邦才"实际上是陈邦贤本人,文末有"邦贤不揣谫陋"一语为证。就文章内容而言,有以下几点值得注意:其一,开篇言明植物界中有细菌,此时尚无植物、动物、微生物三者的明确区分,但言外之意是有了动物与植物的分别,但陈邦贤却将细菌归于植物界;其二,指明微生物相对于黴菌一词,是细菌的旧译,但两词均出现于清末,可视为当时出现的众多新名词之一,且两者并用的情况较多,所以也就不难理解为何在1903年会出现"若微生物,若黴菌"的含混论述；其三，陈氏把细菌分为三类，即丝状菌、萌芽菌（酵母菌）、分类菌（排苦的里亚），对于丝状菌和萌芽菌的命名可谓形象生动，反映出作者以"植物学知识"去理解细菌学知识的思路，本无可厚非，但最后却将"排苦的里亚"以分裂菌之名，设为细菌三大类之一，进而言及有球圆、卵圆、杆棒、螺旋四种形状。

此处"排苦的里亚"应是 bacteria 的音译无疑，若以今日分科知识来看，细菌是"微生物的一大类，体积微小，必须用显微镜才能看见。有球形、杆形、螺旋形、弧形、线形等多种，一般都用分裂繁殖。自然界中分布很广，对自然界物质循环起着重大作用。有的细菌对人类有利；有的细菌能使人类、牲畜等发生疾病"。[78] 而比较权威的《大不列颠百科全书》则解释为："一类在显微镜下才能看到的单细胞生物。其大小以微米计。基本形态有球形、杆形和螺旋形。典型的细菌细胞中含有细胞质和未形成核结构的核物质，具有细胞质膜、细胞壁，有些细菌细胞外面还包有胶状或粘液性物质（荚膜）。许多种细菌在休眠阶段时整个细菌变成一个芽孢，一旦条件适宜，又可重新活动。这使它们成为地球上分布得最广泛的生物。在自然界中，细菌可以进行多种秩序井然的生物化学反应。由于这些活动，各种复杂的有机物被分解成简单的化合物，使土壤保持肥力，从而使植物得以生长，动物得以有食物来源。人类利用细菌的这种活动，生产出抗生素、维生素、代血浆等药品，乳酪、食醋和味精等食品。某些细菌又可以引起人类、动植物，乃至其他细菌的疾病。"[79]

以上词义解释虽在详略与准确度上稍有差别，但均表明我们无法用今日科学体系下的细菌学知识去直接理解清末民初的细菌学知识，而是要回到历史场景去重新思考该问题，从这个意义上讲，时人陈邦贤未能将细菌和真菌植物区分开来，也就情有可原。

最后该文还附上消毒灭菌的方法,主要分物理和化学两种灭菌法。物理的方法包括日光、加热干燥两种方法,化学的方法包括升汞加盐酸和石炭酸两种方法。

从以上分析可知,晚清关于微生虫、气、微生物、黴菌之间的对译,以及时人对于词义的理解,是处于名实相符与名实不符的混杂状态,故而在1894年鼠疫和宣统鼠疫防治的过程中,才会呈现出"不干净的空气中飞舞着难以计数的毒虫"的想象图景。

以1894年香港鼠疫为例,虽然各国、各口岸积极实行港口检疫制度,预防香港鼠疫扩散,但是当时广州和香港的中西医对该病都是同样的手足无措。在这种情况下,日本政府派遣了医博士青山胤通和北里柴三郎,"于四月中由东京航海至香港考察疫症情形"。㊾北里通过检验染疫未死之人,发现"其血中之虫,或多或少,与已死之人无异,虫形纤小而长,首尾皆圆,不甚活动,在人之四肢者滋生最捷,他处之虫则不然",于是,"又将此虫搀和食物以饲牲畜、飞鸟,亦即成病,不入而死"。又考察曾出疫症之屋,"亦有此虫溷杂,将灰尘搀和食品以饲各种生物,其病死与前说无殊","至于瘟毙之鼠肠脏更积虫无数,蕴毒之重可知,尝将此虫曝诸烈日中,约历四点钟而死"。㊿报告较为详细地记录了北里等人的实验过程,北里声称发现了鼠疫杆状物,"虫形纤小而长,首尾皆圆"。《申报》用"虫"而不是用"细菌"的概念,其本身就是用中国传统文化中与"虫"有关的思想资源来理解当时出现不久的细菌致病说。

如果说1894年的香港鼠疫仅仅通过报刊报道,人们还难以理解腺鼠疫杆菌导致鼠疫的话,那么宣统年间在肺鼠疫防治过程中,政府、社会、医学界人士等多重力量开始介入,《盛京时报》不仅对疫情进行了大篇幅报道,刊布了大量关于鼠疫、细菌学的文章,还出现了一些反映宣统鼠疫题材的漫画(如图1),虽难免夸张之嫌，但在一定程度上能折射出时人对鼠疫，乃至对细菌学说的认知程度。

图1 《百斯笃之来袭》

该画呈现的情景颇为惨烈，画中已经有二人倒毙，老鼠在他们身旁上蹿下跳，一男一女用力扑身边的"虫子"，另有一名女子跪在地上挣扎。画面中外形像"长着一双翅膀的蝌蚪"的飞虫喻指鼠疫杆菌，给人的想象也是不干净的空气中飞舞着害人的毒虫，老鼠与毒虫虽同时出现在画面中，但老鼠也是死亡的状态，画中染疫之人与疫毙之人的表情均极其痛苦，反映出当时鼠疫危害很大，鼠疫杆菌毒力非常强，对时人而言无异于一场噩梦。

结　　语

　　古人对于疾病的理解是一个时空立体的概念，既有鬼神司命，也有六淫外邪，还有三尸九虫，当然也与饮食起居密切相关。在传统医学理论资源中，人与虫是相伴相生的关系，以"三尸九虫"说为代表，只是当虫与邪气发生关系时候才会致病。另外就是身外之虫，既指博物学意义上的分类概念，也专指蛊毒或者由外侵入人体的毒虫。明清时期，在继承六淫外邪学说的基础上，发展出了以杂气说为代表的温病学说，经过吴瑭、叶桂、薛雪、王士雄等人等努力，使温病学说构成19世纪中国医学解释病因和治疗方法的主要理论资源。总之，由虫致病与由气致病是古人认识人身、疾病与环境三者关系的主要路径。

　　需要指出的是，当19世纪中后期细菌致病说西来之后，细菌致病说在同时期的西方也是刚刚起步，在晚清中国起初也是一种"新知识"被译介，这就涉及"细菌"概念的生成问题。当细菌致病说被引入后，人们会从两种路径去理解显微镜下的"微生物"或者细菌：一是古代的博物学中的草木虫鱼鸟兽，一是古代医学中的虫、气的概念。前者是具体的，后者是抽象的，所以才会呈现出时人对bacteria的理解，第一反应是引入虫的概念。对于细菌的译名问题，为什么是黴菌而不是细菌？从音译的角度来讲，既有"壁他利亚"和"巴克德利亚"对译bacteria，也有"埃克肉"对译microbe，这本身也是清末时人翻译西学的常见策略。与此同时，时人还将其意译为微生物、微生虫、疫虫、微虫、黴菌等等，这是基于细菌的形状、大小、繁殖等性质作出的判断。菌本身在古代是指食用菌，也可以是有毒的蘑菇，而这一点从形态上来说，早期的显微镜技术下时人也只能大致分辨出三种类型的细菌，即弧菌、杆菌、球菌。

从形态上说，它们既像虫，也像菌蕈的形状，但又比肉眼所见的食用菌更加细小，所以在显微镜之下，细菌被时人想象成虫、菌蕈也就不难理解，时人对细菌的理解和分类自觉不自觉地倾向于动物、植物两类，陈邦贤早年的一篇文章也印证了菌被翻译成黴菌的"合理性"。由此可见，在19世纪中后期的生物学分类中，关于bacteria 的实际分类尚不如今日明确，具体分类情况中西不一，这也影响了时人对细菌和 bacteria 的认识。

结合报刊分析，时人所理解的细菌还可细分为两种情况：从学理上讲，往往将 bacteria 对译成微生物和黴菌，这两种译名在清末常常是并用或混用；从致病观念上讲，"空气中飞舞的无数微虫"亦成为时人解释疫病致病原因的合理想象，"气"与"虫"被赋予更多新的含义，传统医学理论资源的"旧瓶"被装入了新兴细菌致病说的"新酒"。但需要说明的是，采用"不干净的空气里飞舞着微虫"的想象模式也只是一种情况，清末民初时人的疫病观或者说致疫观远比我们想象得多元和复杂，关于民初的情况只能留待另撰专文讨论。

---

① 梁其姿：《面对疾病——传统中国社会的医疗观念与组织》，中国人民大学出版社2011年版，第217—251页。

② 吴章：《肺结核与细菌学说在中国的在地化(1895—1937)》，刘小朦译自 Bridie J. Andrews, "Tuberculosis and the Assimilation of Germ Theory in China, 1895-1937", *Journal of the History of Medicine and Allied Scineces*, 52(1), pp. 114-157。收录于余新忠、杜丽红主编《医疗、社会与文化读本》，北京大学出版社2013年版，第217—244页。

③ 皮国立：《气与细菌的近代医疗史：外感热病的知识转型与日常生活》，(台北)中国医药研究所2012年版，第39—59页。

④ 路彩霞：《清末京津公共卫生机制演进研究(1900—1911)》，湖北人

民出版社2010年版,第140—159页。

⑤ 袁珂校注:《山海经校注》卷三《北山经》,上海古籍出版社1980年版,第92页。

⑥ 袁珂校注:《山海经校注》卷五《中山经》,第178页。

⑦ 段玉裁撰:《说文解字注》,中华书局2013年版,第669—670页。

⑧《十三经注疏》整体委员会编:《十三经注疏》,北京大学出版社1999年版,第280页。

⑨ 张玉书等编:《新修康熙字典》下,上海书店出版社1988年版,第1649页。

⑩《十三经注疏》整体委员会编:《十三经注疏》,第293页。

⑪(唐)欧阳询:《艺文类聚》,目录,宋绍兴本。

⑫(唐)徐坚:《初学记》,目录,清光绪孔氏三十三万卷堂本。

⑬(宋)高承:《事物纪原》,目录,明正统九年序刊本。

⑭(宋)李昉等:《太平广记》,目录卷第一,民国景明嘉靖谈恺刻本。

⑮(宋)李昉等:《太平御览》,总类,四部丛刊三编景宋本。

⑯(宋)杨伯岩:《六帖补》,目录,清文渊阁《四库全书》本。

⑰(宋)叶廷珪:《海录碎事》,总目,明万历二十六年刻本。

⑱(宋)佚名:《锦绣万花谷别集》,目录,宋刻本。

⑲(金)王朋寿:《重刊增广分门类林杂说》,总目,民国嘉业堂丛书本。

⑳ 纪昀等:《景印文渊阁四库全书·子部·医家类·本草纲目》卷三九,(台北)台湾商务印书馆2008年版,第774册,第172页。

㉑ 徐炬:《新镌古今事物原始全书》,总目,明万历刻本。

㉒ 陈梦雷:《古今图书集成明伦汇编人事典·人事典》第88卷,清雍正铜活字体。

㉓ 同上。

㉔ 段玉裁撰:《说文解字注》,第355页。

㉕ 顾观光辑:《神农本草经》,湖南科学技术出版社2008年版,第42页。

㉖《道藏》第17册,文物出版社1988年版,第632页。

㉗《玉涵秘典》,胡道静等主编:《藏外道书》第9册,巴蜀书社1994年

㉘版,第781页。
㉘《金筍玄玄》,胡道静等主编:《藏外道书》第9册,第790页。
㉙同上书,第795页。
㉚纪昀等:《景印文渊阁四库全书·子部·医家类·巢氏诸病源候总论》,第734册,第721—722页。
㉛纪昀等:《景印文渊阁四库全书·子部·医家类·圣济总录纂要》,第739册,第325—327页。
㉜纪昀等:《景印文渊阁四库全书·子部·医家类·普济方》,第754册,第826页。
㉝陈梦雷等:《古今图书集成博物汇编艺术典·艺术典》第224卷,清雍正铜活字体。
㉞《十三经注疏》整理委员会整理:《十三经注疏·周易正义》卷三,第108—109页。
㉟《十三经注疏》整理委员会整理:《十三经注疏·春秋左传正义》卷四一,第1339—1344页。
㊱段玉裁撰:《说文解字注》,第683页。
㊲(隋)巢元方:《诸病源候论》卷之二十五《蛊毒病诸候上》,见张民庆主编《诸病源候论译注》,中国人民大学出版社2009年版,第485页。
㊳贡举:《镌大明龙头便读傍训律法全书》卷之九,明万历中刘氏安正堂刊本。
㊴(明)王肯堂:《证治准绳第八册·七窍门下·蛊毒》,见纪昀等《景印文渊阁四库全书·子部·医家类·证治准绳》,第767册,第527页。
㊵徐珂编撰:《清稗类钞》第4册,中华书局1996年版,第3527页。
㊶同上书,第3528页。
㊷同上书,第3529页。
㊸余云岫:《古代疾病名候疏义》,人民卫生出版社1953年版,第325页。
㊹段玉裁撰:《说文解字注》,第683页。
㊺(汉)王充:《论衡·商虫第四十九》,《四部丛刊》,景通津草堂本。

㊻ 张大庆:《医学史十五讲》,北京大学出版社 2007 年版,第 120 页。

㊼ 《细菌培养法》,《医药学报》1908 年第 10 期,第 487 页。

㊽ 薛福成:《出使英法义比四国日记》,钟叔河主编:《走向世界丛书》,岳麓书社 1985 年版,第 276 页。

㊾ 《食菌伤生》,《申报》1881 年 7 月 16 日,第 61 页。

㊿ 《毒菌害人》,《申报》1882 年 8 月 28 日,第 349—350 页。

㉛ 段玉裁:《说文解字注》,中华书局 2013 年版,第 37 页。

㉜ 纪昀等:《景印文渊阁四库全书·子部·医家类·本草纲目》卷三九,第 774 册,第 27 页。

㉝ "Koch's Fluid", *China Medical Missionary Journal*, March, 1891, Vol. 5, No. 1, p. 28.

㉞ Ibid., p. 29.

㉟ Wm. W. Shrubshall, L. R. C. S. & P. Ed, "Coccaine As An Anaesthetic", *China Medical Missionary Journal*, December, 1890, Vol. 4, No. 4, p. 259 – 260.

㊱ David C. Gray, M. B., C. M, "Danger Following Chloroform Administration", *China Medical Missionary Journal*, March, 1893, Vol. 7, No. 1, p. 17 – 18.

㊲ 《格物杂说:牙齿生微虫之病》,《格致汇编》第 2 卷(春),1877 年,第 15 页。

㊳ 《医学:疫虫宜治》,《集成报》1897 年第 12 期,第 45 页。

㊴ 《格物杂说:痨疾虫为害》,《格致汇编》第 7 卷(春),1892 年,第 50 页。

㊵ 《京外近事:格致:微虫致病》,《知新报》1897 年第 36 期,第 23—24 页。

㊶ 李凤苞:《使德日记》,《丛书集成新编》第 98 册,(台北)新文丰出版股份有限公司 1985 年版,第 199 页。

㊷ 《利济外乘一(续):疫虫备验》,《利济学堂报》1897 年第 12 月,第 9—10 页。

(63)《微生物》,《启蒙画报》第1册,1902年5月,"动物"。转引自路彩霞《清末京津公共卫生机制演进研究(1900—1911)》,第150页。

(64)《子课分类图解：动物类：蛊》,《蒙学报》1905年第13期,第5页。

(65)《格致发明类征：疫虫毒鼠》,《万国公报》1904年第186期,第49页。

(66)"按照Koch的说法,认定一种特定微生物与某一疾病的病原学有关,需要三个判断标准。第一,这种寄生物必须在该疾病的每个病例中出现,并且是在可以说明该疾病临床发展和病理变化的条件下出现。第二,这种因子不应在其他任何疾病中作为偶然的、非致病的寄生物出现。最后,在这种寄生物从患病个体身上完全分离出来并以纯培养的方式重复生长以后,如果接种其他动物,能够引发相同的病",引自(美)肯尼思F.基普尔主编、张大庆主译《剑桥世界人类疾病史》,上海科技教育出版社2007年版,第16页。

(67)《智能丛话：病由于虫》,《万国公报》1905年第201期,第53—54页。

(68)《卫生学概论》,《江苏》1903年第3期,第80页。

(69)上海人民出版社编,沈延国、汤志钧点校：《章太炎全集·膏兰室札记、诂经札记、七略别录佚文征》,上海人民出版社2014年版,第130—131页。

(70)朱维铮、姜义华编注：《章太炎选集注释本》,上海人民出版社1981年版,第54页。

(71)《人与微生物争战论》,《格致汇编》第7卷(春),1892年,第30页。

(72)朱维铮、姜义华编注：《章太炎选集注释本》,第55页。

(73)《来稿：防疫篇》(录六月初九日时报),《东方杂志》1904年第1卷第7号,第73页。

(74)"英华字典",中研院近代史研究所近代史数位资料库,http://mhdb.mh.sinica.edu.tw,访问时间：2016年5月10日。

(75)范祎：《理化：通学报理化学：论微生物与微生虫之别》,《通学报》1908年第5卷第14期,第445—446页。

(76)陈邦才：《来稿：论细菌对于人身疾病之关系》,《医学世界》1912年第14期,第1—3页。

(77)《本社启事二》,《医学世界》1912年第14期。

⑱ 中国社会科学院语言研究所词典编辑室编:《现代汉语词典》,商务印书馆 2002 年增补本,第 1353 页。

⑲ Robert. Gwinn, Charles E. Swanson, Mortimer J. Adler, Frank B. Gibney, Philip W. Goetz, *Concise Encyclopaedia Britannica 8* (Chicago, Helen Hemingway Benton, Publisher, 1973 - 1974),《简明不列颠百科全书》,中国大百科全书出版社 1986 年版,第 500—501 页。

⑳《验疫染疫》,《申报》1894 年 7 月 3 日,第 463 页。

㉑《日本医生考察疫虫纪》,《申报》1894 年 7 月 19 日,第 575 页。

建构"资产阶级法权":
概念如何被政治化(1922—1958)

许 浩 章 可

摘要:"资产阶级法权"(das bürgerliche Recht)这个译词出自马克思著作《哥达纲领批判》,在1958年以后成为中国政治生活中的一个重要概念,"文革"结束后中央编译局官方刊文对其误译予以纠正。本文首先研究该词在1922年以来的诸多《哥达纲领批判》译本中的翻译情况,试图揭示这一误译的出现并非出于偶然,而是与以何思敬为代表的学人对"法权"这个概念的理解密切相关,同时也受到了苏联马克思主义政治观念的影响。早在建国初期,"法权"概念的表述就已经被政治化,进入高校教学,成为政治运动中的重要话语符号。

关键词:资产阶级法权,法权,哥达纲领批判,何思敬

许浩,复旦大学历史学系博士生;章可,复旦大学历史学系副教授

"资产阶级法权"是20世纪中国一个较为特殊的词。它原本出自马克思的著作《哥达纲领批判》,意在论述资本主义社会劳动分配过程中始终存在的不平等现象,而后从德文或经俄文而转译为中文,有多种翻译形式。[①]中国共产党建政以后,逐步从官方确定了"资产阶级法权"的译法,并将其引入了政治生活。尤其在

1958年北戴河会议后,张春桥发表名文《破除资产阶级的法权思想》,②"资产阶级法权"正式被当作需要"破除"的对象,在全国开始宣传。在后来的历次运动中,这一概念不断被赋予新的涵义,实际上已经高度政治化,成为口号式的宣传语。然而,在"文革"后的1977年,中央编译局又正式确认"资产阶级法权"为误译,应为"资产阶级权利",并在《人民日报》刊文纠正。③一个词汇的翻译被中共官方如此重视,这在20世纪的中国是少有的现象。

目前已有学者开展对"资产阶级法权"的研究,但主要集中于讨论建国后"资产阶级法权"话语与政治运动之间的联系,④即便是关注概念本身变化的研究,也都将目光放在1958年之后。⑤学者们都未提到民国时期就已出现的《哥达纲领批判》的诸多译本,更不知"资产阶级权利"这一译词早为先出,相关词汇的选择过程比既有的想象要复杂得多。本文就把考察时段放在1958年之前。

译词的差异主要是"权利"和"法权"的差别。在20世纪20年代《哥达纲领批判》的最早译文出现以前,"权利"和"法权"两词就已出现。⑥"法权"作为独立的词,起初多为"治外法权"一词的简称,⑦而后到40年代开始与国家、阶级等相联系而成为专门名词,因此,有学者认为"法权"一词的产生是因为建国后的译者"在一些地方搞不清楚"究竟是译为"法"还是"权利"故而被生造出来,⑧这种看法从时间上看是不准确的。

此外,另一值得注意的背景是中共建国初期从概念到实践层面对苏联法制的大量引进,目前学界也有许多研究。⑨而苏联关于"法权"的许多论述恰好也在这时期被译成中文。这部分研究对于探索"法权"概念的源流无疑具有积极意义。本文期望从翻译史和概念史的角度切入,来审视"权利"与"法权"的选择与变化。翻译背后不仅是简单的语言理据,更包含了特定的思想来源和政治文化理解。考察"资产阶级法权"概念在1958年之前的建构过程，能为我们从总体上研究马克思主义概念中国化提供一个很好的例证。

一、从"权利"到"法权"

"资产阶级法权"这个词，在马克思著作中的德语原文是"das bürgerliche Recht"，而在俄语中的通行词是"буржуаэное право"。"Recht"和"право"都是多义词，都包含"法"和"权利"的涵义。然而，并非每种语言都有相对应的多义词，比如在马克思著作的英译本和日译本中，一般就根据上下文翻译成"law"或者"right"，即"法"或者"权利"。中文亦是。时至今日，德国哲学著作中的"Recht"如何翻译，在中文学界仍然是值得讨论的话题，往往需随语境而定，比如黑格尔《法哲学原理》的通行译本中对该词有四种译法："法""法律""权"和"权利"。[⑩]同样，民国以来《哥达纲领批判》的各种译文中，涉及"资产阶级法权"段落的翻译并不统一。

我们先来回顾《哥达纲领批判》的翻译史：1922年1月，邓中夏托名"重远"在中国社会主义青年团机关刊物《先驱》创刊号上，发表文章《共产主义与无政府主义》。这篇文章实际上是邓给友人的部分信件。他援引了《哥达纲领批判》第一部分第三节中的相关论述来论证"共产主义与无政府主义终极的政治观念都是相同的，同是主张无政府"。[⑪]这是《哥达纲领批判》中译本的先声。同年2月，早期马克思主义传播的重要刊物《今日》于北京创刊，其中5月出版的"马克斯特号"刊载熊得山译《哥达纲领批评》的全译文。其中包括了马克思在1875年5月5日写给白拉克的信，并附有"德国社会主义劳动党哥达纲领"全译文，这种翻译形式为后来诸多译本所效仿。学界一般认为熊得山译本是马克思《哥达纲领批判》在我国发表的最早的中译文。[⑫]1923年5月熊译本还以

"马克思主义研究会"的名义发行了单行本。

同年，李达在《新时代》创刊号上发表《德国劳动党纲领栏外批判》，提供了又一个译本。随着1923年11月上海书店的成立，马克思主义著作的发行网络逐步建立起来，李春蕃译本就是在这个背景下出版的。李春蕃又名柯柏年，是党内知名的红色翻译家。他的译本参照了三种英译本，是当时已出版的几个译本中最完整的。对比熊译本，又增加了恩格斯1891年写的《马克思〈哥达纲领批判〉序言》。同年，在上海《时事新报》副刊《学灯》上，连载了彭学霈依照德文本与法文本翻译的《哥达纲领批判》。[13]1930年，李一氓编译的《马克思论文选译》中也收录了《哥达纲领批评》，但细看下来，其内容与李春蕃译本并无差异。

抗日战争时期，延安解放社于1938—1942年间以"马克思恩格斯丛书"的形式翻译出版了多种马恩经典著作。何思敬、徐冰所翻译的《哥达纲领批判》即为丛书第十种。何译本可以说是中共方面所出版的官方译本。值得注意的是，延安解放社译本在《哥达纲领批判》正文后又添加了"恩格斯论《哥达纲领》""列宁论《哥达纲领》"部分，这是之前所有版本中所未见的，也在之后为各单行本所因袭。[14]延安解放社1939年12月版译本，先后于1949年11月与1950年8月两次被校订重印。其中1949年11月北京解放社译本有较大改动，但并未形成"法权"的完整表述。

中共建国后，于1953年正式将"中央俄文编译局"与"中央宣传部斯大林全集翻译室"合并成立"中共中央马恩列斯著作编译局"，该机构遂成为马列经典文献编译的权威机构。其于1954—1955年依据莫斯科外国文书局俄文本所翻译出版的《马克思恩格斯文选》，可谓是三十九卷本《马恩全集》的先导之作。其中《哥达纲领批判》的译文中正式出现了"资产阶级法权"的译法，这一译法也为1963年出版的第19卷《马恩全集》所因袭，并在1965年由人民出版社印行单行本,直到1977年才被纠正。因此,"资产阶级法权"作为权威译法至少存在了23年。

在《哥达纲领批判》中,关于"法权"的论述主要集中在正文第一部分第三节,总计有四处,现将各中译本与1997年所出的通行本进行对比,⑮列表如下(笔者将与"法权"有关的译词标黑):

表1

邓中夏译本	无
熊得山译本	经济关系能依**法律**的观念支配么?反转过来,**法律**关系不是从经济关系发生的么?
李达译本	经济条件不是被**法律**条件所支配吗?又实际上,在现今生产方法的基础上这不是唯一"正当"的分配方法吗?经济条件不是被**法律**条件所支配吗?又法律条件由经济条件而生不是较为确实吗?
李春蕃译本与李一氓译本	经济的条件为**法**的条件所支配呢?抑立**法**的条件为经济的条件底结果呢?
彭学霈译本	还是经济的关系由**法律**观念规定么,还是反对的由经济关系生出的**法律**关系呢?
1939年何思敬译本	经济关系由**法律**概念来规定呢?或者反过来是**法律**关系从经济关系中生长起来的?
1949年何思敬译本	经济关系由**法(权利)**底概念来规制呢?或者反过来**法(权利)**底关系从经济关系中生长起来呢?
1954年马恩文选	难道经济关系是由**法权**概念来调节,而不是相反,不是由经济关系产生出**法权**关系吗?
1963年马恩全集第19卷	难道经济关系是由**法权**概念来调节,而不是相反地由经济关系产生出**法权**关系吗?
1997年通行本	难道经济关系是由**法**的概念来调节,而不是相反,从经济关系中产生出**法**的关系呢?

表 2

邓中夏译本	无
熊得山译本	并以这样平等权利;(即有产阶级的**权利**)为原则,但原则与实践此时早已没有斗争,又在商品上的等价交换,不是个别的方法,是一般平均的方法。
李达译本	于是平等的权利——资本阶级**权利**——还成为劳动的原则,但是原则和实际,在这里早已不生冲突,而其商品交换中的等价交换,也只当作一般平均的法则存在,并不是在那个方面都存在的。
李春蕃译本与李一氓译本	社会还是以权利平等——资产阶级的**权利**——为原则,不过理论与实行,已合而为一,价值相等的商品之交换,是普遍的方法,而不是个别的方法。
彭学霈译本	所以此时平等的权利在原则上仍是资产阶级的**权利**,固然那时候原则和实际不再互相矛盾,与现今不同,现今所谓商品的等价交换不过是一般平均的是如此,各(别)的看来则大有不然。
1939年何思敬译本	所以此地平等的权利在原则上仍然是资产者的**权利**。尽管原理和实行早已不相矛盾,而在商品交换上等价物底交换仅仅在总平均中出现,并不是在单独的场合中出现。
1949年何思敬译本	所以此地平等的权利在原则上仍然是资产者的**权利**。尽管原理和实行早已不相矛盾,而在商品交换上等价物底交换仅仅在总平均中出现,并不是在单独的场合中出现。
1954年马恩文选	所以,这里平等的权利在原则上仍然是资产阶级式的**法权**,虽然原则和实践在这里已不再互相矛盾,但在商品交换中,等价物的交换只是平均地存在着,而不是存在于每个个别场合。

(续表)

1963年马恩全集第19卷	所以,在这里平等的权利按照原则仍然是资产阶级的**法权**,虽然原则和实践在这里已不再互相矛盾,而在商品交换中,等价物的交换只存在于平均数中,并不是存在于每个个别场合。
1997年通行本	所以,在这里平等的权利按照原则仍然是资产阶级**权利**,虽然原则和实践在这里已不再互相矛盾,而在商品交换中,等价物的交换只是平均来说才存在,不是存在于每个个别场合。

表3

邓中夏译本	无
熊得山译本	**权利**这个东西,在社会经济的设备,与由是而生的文化发达上面,再不能升上。
李达译本	**权利**这种东西,决不能比那社会上经济的设备以及因此而生的社会上文化的发达还要达到更高的水平线。
李春蕃译本与李一氓译本	社会底经济构造和从之而生的社会底文化发展,达到哪地步,**权利**就只能跟到哪地步,不能越过分厘。
彭学霈译本	**权利**这东西决不能比当时的经济状态,比与当时经济状态相随的社会文化程度还居于较高的水平线上。
1939年何思敬译本	**权利**决不能高过于社会的经济状态以及由此而决定的社会文化发展。
1949年何思敬译本	**权利**决不能高过于社会底经济的状态以及由此而决定的文化发展。
1954年马恩文选	**法权**永不能超越社会经济制度以及由此经济制度所决定的社会文化发展程度。
1963年马恩全集第19卷	**权利**永远不能超出社会的经济结构以及由经济结构所制约的社会的文化发展。
1997年通行本	**权利**决不能超出社会的经济结构以及由经济结构制约的社会的文化发展。

表 4

邓中夏译本	到了这个时候,社会才完全从狭隘的,有产者的**法律**的地平线拔出来,而且只有在这个时候,社会才能在旗帜上大书特书:"各尽其能,各取所需。"
熊得山译本	那时才把狭隘的有产阶级的**权利**思想屏除殆尽,新社会的旗帜上,才大书特书,"各尽所能,各取所需。"
李达译本	这时候,才能够超出狭隘的资本阶级的境界,社会才能够在旗帜上写着"各尽所能,各取所需"!
李春蕃译本与李一氓译本	然后,才能跳出来狭小的资产阶级的眼界,然后,社会才能在它底旗帜上写着:"各尽所能,各取所需。"
彭学霈译本	只是那时候才能完全超越资产阶级**权利**的狭隘的标准,而社会才能大书于旗帜上:"各尽其能,各得所需!"
1939 年何思敬译本	然后能够完全超过那狭隘的资产阶级的**权利**界限,这个社会在它的旗帜上写着:各尽所能,各取所需。
1949 年何思敬译本	然后能够完全超过那些狭隘的资产者的**权利**底界限,这个社会在它的旗帜上写着:各尽所能,各取所需。
1954 年马恩文选	只有那时,才可把资产阶级式的**法权**的狭隘眼界完全克服,而社会就能在自己的旗帜上写着:各尽所能,各取所需!
1963 年马恩全集第 19 卷	只有在那个时候,才能完全超出资产阶级**法权**的狭隘眼界,社会才能在自己的旗帜上写上:各尽所能,按需分配!
1997 年通行本	只有在那个时候,才能完全超出资产阶级**权利**的狭隘眼界,社会才能在自己的旗帜上写上:各尽所能,按需分配!

通过上面的比较分析可以清晰地看出,"法权"(Recht)这一概念在表 1 的语境中应是"法"的涵义,在表 2、表 3、表 4 的语境中

应是"权利"的涵义。以今天的眼光来看,1949年前的各个译本,基本是按照概念在具体语境中的涵义进行翻译,没有统一成"资产阶级法权"。

从《哥达纲领批判》正文翻译来看,"资产阶级法权"概念形成在建国后的《文选》翻译中,但若把视野放大到马恩列斯著作,那么它出现得更早。目前所知这一译法最早出现在苍木(陈昌浩)所翻译的《国家与革命》中,[16]并且,陈昌浩所翻译的《国家与革命》第四章第三节与第五章,被完整地摘录进1949年何思敬译本的"列宁论《哥达纲领批判》"之中。[17]再者,苍木(陈昌浩)译本是根据莫斯科外国文书局的《列宁文选》所译的,[18]1954年的《马恩文选》恰恰也是根据莫斯科外国文书局的俄文版翻译。因此,1954年《马恩文选》中对"资产阶级法权"的翻译,应当在很大程度上参照了1947年苍木本《国家与革命》相关段落的翻译。[19]

上述对比中值得注意的是,1939年与1949年两个何思敬译本对于"法""权利"的译介。两个译本的差别主要集中在第一处翻译,何思敬在1949年的重新校订版中明显注意到了原文词汇包含有"法"与"权利"的双重意义,并且刻意用"法(权利)"的特别译法,[20]这为日后他对"法权"的完整表述奠定了基础。

经本节考察,我们作出以下几点推论。第一,"资产阶级法权"这一概念的出现既有人为建构的成分,也有偶然的因素。至少从1939年何译本开始,这一概念就与当时共产党的宣传政策密切相关。它历经"资产阶级的权利""资产者的权利"再到建国后"资产阶级式的法权""资产阶级法权",几乎契合了每个时代结点上中共对有产者的态度与政策。但其正式在马列经典著作中出现在某种程度上则有偶然的因素。

第二,"法权"这一概念与何思敬等"红色翻译家"的思想认识有极大的关系。而通过对1939年与1949年两个何译本的比较，我们可以看出何思敬在这一时期内对于"法""权利"等观念的认识有不小的变化，何思敬在1943年所撰写的《驳蒋介石的法律观》中即提出了"法（权）"这一概念，1950年其在《肃清一切旧法学底影响》中更是再三提及"资产阶级法权"。所以，几乎可以肯定，何思敬对"法""权利"的认识对于"资产阶级法权"概念的形成与演变起到了推波助澜的作用。

二、何思敬与"资产阶级权利"的中国化

在讨论何思敬之前，我们先来看"资产阶级权利"概念在马克思、列宁著作中的原本涵义。显然，马克思的《哥达纲领批判》与列宁的《国家与革命》中均阐述了这一概念。在马克思看来，在共产主义第一阶段仍然是按照等量劳动交换的原则进行生产，"每一个生产者，在作了各项扣除以后，从社会领回的，正好是他给予社会的。他给予社会的，就是他个人的劳动量"，"即一种形式的一定量劳动同另一种形式的同量劳动相交换"。马克思眼中的这种平等权利仍然不过是"资产阶级权利"。

这里的"资产阶级权利"有两层意思，第一，他将这种等量劳动交换的原则与资本主义商品的等价交换原则相类比，认为都体现了交换双方的平等地位，具有进步性，这应当是针对之前封建制度中的等级特权而言，"权利的公平和平等，是十八、十九世纪的资产者打算在封建制的不公平、不平等和特权的废墟上建立他们的社会大厦的基石"。[21]第二，这种看似平等的权利，其实仍然是不平等，还是被"限制在资产阶级的框框里"。在这里，马克思指出，这种权利的平等是建立在以劳动为计量单位上的，而人与人之间的

体力、智力、婚配、子女情况都是不一样的,这也就决定了"在提供的劳动相同、从而由社会消费基金中分到的份额相同的条件下,某一个人事实上所得到的比另一个人多些,也就比另一个富些"。因而,就其内容而言,它像其他权利一样,也是种不平等的权利。这实际上揭示了资本主义社会看似平等、事实上不平等的另一面,但这种弊病在刚刚从资本主义社会中产生出来的共产主义社会第一阶段,是无法避免的,作为旧社会的痕迹将长期存在,待到共产主义高级阶段的到来,才能"完全超出资产阶级权利的狭隘眼界"做到"各尽所能,按需分配"。②

总的说来,马克思对于"资产阶级权利"的认识主要立足于两点,第一,其以劳动为价值尺度具有平等性,与资本主义社会下的等价交换相类似,即多劳多得,少劳少得,劳动者的权利只与自己所付出的劳动相关。由于已经默认是在共产主义第一阶段,所以这里并无指责资本主义利用剩余价值进行剥削的意思。第二,这种平等权利形式上平等,实际上是不平等的,但在当前社会是无法摆脱这种情况的。马克思提出这个概念重在强调其平等性,以此来与封建特权相对立。

然而,列宁对于这一概念的阐释明显与马克思有相当大的差别。首先,他指出了资本主义社会本身即有"资产阶级权利"。他在《国家与革命》中,点明资产阶级权利是以个人私有财产为基础,这实际上就已经阐明资产阶级利用生产资料私有,以所谓平等劳动来对雇工进行剥削。这与马克思在按劳分配中所谈到"资产阶级权利"已有所区别。列宁所谓的"资产阶级权利"在实质上是反映了资本主义生产关系。其次,列宁在论述"资产阶级权利"时主要批评事实上的不平等。列宁在《国家与革命》中多有说明,在社会主义社会,既然只能消灭"私人占有生产资料"这一不公平现象,而不能立即消灭"按劳分配消费品"这一不公平现象,这就表明"资产阶级权利"没有完全取消,只是部分地取消。尽管生产资料已经由个人私有财产转为公有财产,但从消费资料实行等量劳动交换原则来看,不同等人身上所体现的"资产阶级权利"的不平等还没有取消。除此之外,列宁还将"资产阶级权利"与国家问题连在一起论述,甚至提出了社会主义国家是"没有资产阶级的资产阶级国家"的论断。欧美就有论者认为马克思并没有在政治学意义上提出系统的国家理论,[23]而列宁的国家理论恰恰试图在这一点上有所突破。

在列宁看来,由于社会主义社会在经济上还不够"完全成熟",没有完全摆脱资本主义的传统或痕迹,人们除了"资产阶级权利"以外没有其他规范,因而需要国家机构,一方面保卫生产资料公有制;另一方面"保卫劳动的平等和产品分配的平等","保卫容许在事实上存在不平等的'资产阶级权利'"。这就是说,要通过行政手段来强迫人们共同遵守"资产阶级权利",以便维持这个社会的正常秩序。

列宁这个思想一方面发展了马克思的社会主义理论,指出了社会主义历史阶段,"国家"继续存在的历史必然性;另一方面,又使"资产阶级权利"这个本来从纯经济意义上提出的概念,具有了政治色彩。列宁还根据马克思的没有资产阶级的"资产阶级权利"的思想,提出了"没有资产阶级的资产阶级国家"的概念,并说:"和(半资产阶级的)权利一起,(半资产阶级的)国家也还不能完全消失。"这里的"(半资产阶级的)权利",无疑是对"资产阶级权利"的泛用。这样,就使这个在马克思那里本来有确定含义的概念变为不确定、不清晰,从而使本来就比较复杂的理论问题变得更加令人费解。[24]这种涵义变化之后对毛泽东产生了更大的影响,使其对"资产阶级权利"的解释更偏离马克思的原义。

列宁对"资产阶级权利"的解读,深刻影响了《哥达纲领批判》

的主译者何思敬。何思敬是中国当代法学家、翻译家,1938年到延安后历任抗日军政大学教授、延安大学法学院院长、延安新哲学会负责人,1946年随毛泽东以中共方面法律顾问的身份随毛泽东赴重庆参与国共谈判。㉕1948年春,何思敬根据中共中央指示,协助周恩来草拟了《中国人民政治协商会议共同纲领》。1949年后,他先后担任北京大学法律系教授、中国人民大学法律系主任,在人民大学先后兼任国家与法权理论教研室主任和国际法教研室主任。㉖何思敬无疑是中共党内具有较高地位的法学专家,毛泽东对他的评价是"有勇气,有见识,有正义感",是"全国第一流的法学家"。㉗在时人的回忆中,其对德文"das bürgerliche Recht"与中文译法"法权"的精辟见解也被当做是一项重要理论贡献,促进了有关法权理论与"资产阶级法权问题"的研究。㉘

从何思敬本人的著述列表中,㉙可以清晰地看出他一直积极参与政治活动,频繁发表著作、译作表达自己观点。尤其在1938年到达延安任抗日军政大学教授之后,他所撰写的文字更具政治指向性。他主译的《哥达纲领批判》于1939年在延安解放社出版,一度被公认为是当时最好的版本,㉚并作为延安干部必读刊物大量发行。通过上文论述,在这一译本的论述中,何思敬还未完整表达出"法权"的概念。但在其之后所发表的一系列论述中,可以明确看出其关于"法""法"("权")"法权"等问题的认识与演变。

1940年,何思敬为了批判国民政府通过的宪法草案,撰写了《评五五宪草》。在该文中,他首先强调了当前中国的国家性质是"由各个革命的阶级共同奋斗而建立起来的",因而"还没有超过资产阶级性的国家的性质",是各个抗日民主阶级的联合专政。这意在批判国民党的一党专政。值得注意的是,这样的表述明显出自毛泽东所撰写的《新民主主义革命论》。㉛他呼吁应当建立"既不是保障资产阶级私利的宪法(如资产阶级专政国家的宪法),也不是保障社会主义利益的宪法(如苏联的宪法),而是保障全国抗日民主阶级利益的公约"。在这里,他首次将宪法、阶级、国家等问题联系到了一起。

接着,何思敬开始逐条批驳《五五宪草》,在谈到国家主权时,他认为宪草明显是资产阶级国家理论的产物。在谈到人民权利、义务时,他认为宪草通过法律的限制,在实际上取消了"人民的一切权利,一切民主政治自由"。他进一步拿孙中山遗教来批驳国民大会空有创制法律之权,尖锐地指出,实际上法律只不过是总统个人意志的体现。他质疑五权分立为总统独裁提供了便利,并且不赞同法律创制、复决、解释与修改权力的分散。最后,他再次总结道,五五宪草"完全不合于当前中国的基本实况,完全违反了人民大众的利益,它决不能成为动员全民,争取抗战建国胜利的武器"。㉜

在这篇文章中,何思敬通过批驳《五五宪草》,一并对资产阶级国家的宪法表达了质疑的态度,并认为《五五宪草》的一大症结在于利用法律来限制人民的权利,这可视为其对所谓"法权"概念的最原始表述。他对资产阶级国家理论的批判,可视为其建国后言论的滥觞。

其后,何思敬对于"法权"概念的理解较为完整地体现在《驳蒋介石的法律观》一文中。1943年,针对蒋介石、陶希圣所撰述的《中国之命运》,中共迅速进行应对。刘少奇在中央政治局会议上说:"不要怕蒋介石投降分裂,要抓住蒋介石的流氓政治,对蒋介石的《中国之命运》要痛驳。"㉝自此,中共在近一个月里利用《解放日报》等报刊,从政治、法律、文化、社会影响等角度全面批判了蒋介石的这本著作。㉞其中何思敬即负责从法律的角度对其进行批判。

他在评述"什么是中国命运底操纵者底'法律'"的时候,首次详细梳理了自己对于"法律"这一概念的认识。在他看来,"法律"

一词是"日本货"。⑤那"为什么日本统治阶级底法学把法和律合称为'法律'呢",他认为这是日本译者有意为之。因为"法"在西方世界语言中大多"不仅有所谓法底意思,也有权底意思,特别在法学概念上法与权不能分开",正是出于这一点,何思敬就认为"但倘人民一看见法就联想到权,那就会引起统治者底许多不便,所以,单单译成中国底法字(根本没有权的意思),隐没权的意思,使人民只诉之于法,而不知诉之于权,又使统治者安安全全在法底名义下面掌握并运用法底实质即权,那岂不妙哉"。进而认为,"把法和权分开而和律合并,这是日本御用法学家底一个深刻的阴谋,使日本人民,以及使中国人民都不能看破'法律'之为何物"。蒋介石在《中国之命运》中不过是再次贩卖日本人的法律观念罢了。

紧接着,他进一步梳理了"法""权""律"三者之间的关系,并创造性地提出了"法(权)"这一种概念表达。

> 在历史上,在(法)律之前,先有了法(权)。最初的法(权)——"因对于需要有用处,才出现"(马克思认为黑格尔底唯物主义的观点)——从家族底占有开始,即所有权之开始。当时,家族内部已经发生了通知和隶属底关系,所以,最单纯的法(权)底关系即所有(权)底关系作为法(权)的表现,表现出当时现存的生产关系。跟着法(权)之出现,就必然有一种机关,就是所谓公权力即国家成立起来,初起还在众人委托之下维持法(权),后来,逐渐闹起独立性来,利用众人之委托又利用法(权)来统治众人了。跟着更大的社会发展与较高度的文化(文字)之出现,才有多少广泛的制律即立法,在这以前还只有习惯法,所谓立法者之立法不外是习惯法之成文化而已。从这以后,法(权)与律(规律)仍然不是一个东西,但也可以勉强谈"法律"了。总之,人类一发生就和道德

习惯一起还有所谓"法律",这种说法除了使人不知"法律"是统治与隶属之间阶级斗争底产物与武器,并引起人们对"法律"抱迷信之外,没有任何意义。㊱

何思敬将"法(权)"置于阶级之间的统治与隶属来理解。在他看来,"法(权)"先于"法(律)"而出现,这里的"权"更多的是指"所有权"。接着他又采用卢梭的"社会契约论",论述正是由于公民都让渡出自己的部分权利,因而形成了公权力的代表——国家。但国家在不断发展过程中,逐步变成统治公民的暴力机器。这之后,才会有制律,即立法。这样才有所谓的"法律",尽管在他看来,"法(权)"与"法(律)"仍有鲜明的区别。从这个角度来看,"法(权)"在一定程度上正是"律(规律)"设立的基础。

紧接着,何思敬又辨析道:"法和律不能混为一谈。法不能离开权,一听到法就想到权。""法"跟"权"相辅相成,统治阶级制定的法就意味着他们的特权,另一方面被统治阶级要求的权利也就是他们所主张的法。

在这里,何思敬进一步将"法(权)"固化为一个名词,法就意味着权,权就意味着法,当然这里的"权"指的是权利。他举例道,"人民没有权利,就是人民没有自己底法。人民没有权利选举自己底代表来组织议会,来制律,没有选举法、宪法或国法。人民无权出版报纸书籍,就是人民没有出版法"。他认为,法不应当仅仅是大地主、大资产阶级的私有品,人民应当有"权(法)"。人民只有有了"法(权)",才能真正做到对政府的监督,限制政府的权力。这里的"法"和"权"语义重合,基本等同于权利的意思。

最后,何思敬谈到"法(权)"不过是外在表现,其真正的基础在于实际势力。他谈到在18世纪法国和19世纪的英国之中,"整个法(权)都归结到私法上去,而私法又归结到一个完全确实的势力上去。实在资产阶级社会底一切法(权)都以私法(权)为基础,而私法却以私有者底经济势力为基础。私法不过承认个人和个人之见现存的经常的经济关系而已"。他话锋一转,强调广大劳动人民也是有着强大的实际势力的,突出了革命对于争取法(权)的重要性,"劳动人民底劳动确是一种实际势力。并且革命也是群众底权力或实际劳力底源泉"。

何思敬运用马克思唯物史观的理论,将"法(权)"归结为"一种实际势力底表现"。而一切实际势力都是以物质生产条件作为现实基础。他一方面借此表明"法(权)底规律不是什么主观愿望或意志底表现,随便一改就行的东西,至今一些统治者们常常拿自己底意志来冒充(僭称)法底规律",从而批驳蒋介石试图以"朕即国家"的特权来代替法律;㊵另一方面,他也将法(权)阶级化,成为阶级语境中的概念。正如他所总结的:"一句话,法(权)就是阶级底势力底表现,阶级底意志表示,阶级关系底意志表示,阶级底发言权,其内容始终离不了物质的生活条件和经济关系。"

在《驳蒋介石的法律观》一文中,何思敬基本阐述了其对于"法"与"权"之间关系的认识,并且创造性地提出了"法(权)"这一概念:第一,"法"与"权"是一体两面,谈到法就会联想到权,没有权就没有法,因此"法(权)"具有同义复指的含义,具有法定权利的意味;第二,他将"法(权)"放在阶级统治与隶属的语境中进行解读,人民争取权利就是在争取属于自己阶级的法,他从这个角度来批判属于"大地主、大资产阶级"的法的局限性,来鼓动人民群众革命捍卫属于自己的"法(权)";第三,他透过"法(权)"的表象揭示出其背后的真正基础。他在深化其阶级烙印的同时,阐明"法(权)"关系不过是阶级关系的外化,这进一步提醒人民自己所处的阶级地位,批判国民政府的反动阶级属性。

除此之外,1946年何思敬撰写《宪法谜语判析》批驳了蒋介石推行"宪政"的欺骗性。他一语道破,国家的实质就是阶级统治,人民才是宪法的原动力。他在这里所指的人民自然包括工人、农民、小资产阶级、开明士绅及其他爱国分子,与上文中所述一致,他将矛头对准的是以蒋介石为首的南京国民政府,即所谓"大地主、大资产阶级"。㊳

综上所述,在1940年代,何思敬已经形成了对"法(权)""国家""阶级"等概念的系统认识,但其却要到1950年《肃清旧法学底影响》中才正式提出"资产阶级法权"这一概念,这不能单单解释成其思想的发展演变过程,更应当考虑的是从40年代到50年代初期,中共对于"有产者"的态度已经发生了很大的变化。正如上文所述,尽管何思敬已经鲜明地提出了"法(权)",并且强调了它的阶级属性,但斗争矛头始终是针对"大地主、大资产阶级",而对于小资产阶级、民族资产阶级一直都是采取联合的态度。正如毛泽东所说,人民"在中国,在现阶段,是工人阶级、农民阶级、城市小资产阶级和民族资产阶级"。㊴但随着中国共产党以执政党的身份登上历史舞台,新民主主义革命完成在即,其与资产阶级之间的关系变得越发微妙。

1950年,中共政权成立不久,即遭到以美国为首的西方各国的经济封锁,处境十分艰难。中国正是在这样的背景下,不得不"一边倒"向苏联,废除国民政府时期外交事务中的一切旧约,签订新约,从而达到"打扫干净屋子再请客"的目的。㊵正是在这样的历史背景下,何思敬撰写的《肃清旧法学底影响》应运而生。

在这篇文章中,何思敬正式使用了"法权"这一概念,并论述了"资产者的法权"的存废问题。何思敬在文章开篇就紧扣当时"破旧立新"的时代背景,强调了要用批评与自我批评的方式消灭脑子里一切旧法学的影响。并认为,解放前中国的法学界"差不多没有一个法学家底头脑不受帝国主义底法学底侵略"。随着国民党的溃败,中共取得了内战的胜利,"全国人民不再在旧法权制度之下受压迫了,新法权制度已在生长了"。这里的"法权"与他在《驳蒋介石的法律观》中所用的"法(权)"意义相同,指阶级生产关系。

接下来,他从无产阶级的特性,利用马克思、列宁等经典理论论述了清除旧法学、兴起马列主义法学的必要性。无产阶级有"普遍的痛苦而具有一个普遍的性格并且要求不到特殊的法权"这样的特征,这里的"法权"意指权利。他论述下的无产阶级"整个阶级丧失了私有财产权"而与剥削阶级处在最不利的所有权关系中,所以它不得不打破一切保护私有财产权的东西,这自然包括"法权、道德、宗教",所有这些在他看来都是"资产阶级的偏见,掩盖着资产阶级的利益"。[41]而无产者的"新"正表现在他们没有私有财产权"沦落在工钱奴隶制下面替资产阶级与其他剥削者们生产财富而替自己生产物质的与精神的贫困",奋而觉醒反抗。

接着,他用马克思在《黑格尔法权哲学批判导言》中的论述来阐明只有通过"实践"(革命)才能"坚决地否定或反对过去的国家意识和法权意识底方法"。他从这个角度肯定了中共革命取得成功的正当性,但把旧世界的"物质的暴力"打倒之后,就意味着反对旧法权的终结么?何思敬在这里提出了革命之后的新任务,应当"解脱旧束缚底观念的延长"。他进而谈到,在革除旧社会的一切条条框框期间,不仅会遇到少数资产者们的法权问题,还会遇到"千千万万小商品生产者们底法权关系问题"。由于马克思、列宁都不否认"资产者底法权"在共产主义社会的第一阶段还不会完全取消,因此这也成为新法学必须要解决的问题之一。

何思敬在这里着重强调了只有"更多钻研马列主义经典,并郑重仔细研究苏联法学家底理论的展开,吸取他们的思想内容与方法",中国新法学完全不需要依靠旧法学的理论,就会大有希望。

旧法学不能意识到法权的阶级性与时代性，因而无法了解"资产者社会底法权只是资产者阶级底法权，而资产者阶级底法权只是资产者阶级底意志，其内容被资产阶级底物质条件所决定"。他就此推论新民主主义时期的"资产者法权"尽管还没有完全取消，但已经"在对于生产手段的关系上取消了"，"资产者的法权已经变化了"。这一时期资产者的法权已经不同于资本主义社会时期资产者的法权了。[42]

从上面的分析看来，何思敬口中的"资产者法权"可以理解为资本主义的生产关系，他借批判旧法学、兴起新法学的形式，批判了旧有的资本主义生产方式。尽管他对"资产者法权"的批判尚比较含蓄，但有两点需要引起注意。第一，何思敬在文中一度将"小商品生产者"与所谓大"资产者"并列，作为需要旧法权关系的阶级代表来提出。这从某种程度上揭示了新民主主义时期中共与民族资产阶级之间看似"和睦"关系的背后所隐藏的危机。第二，中共自认为无产阶级的代言人，以破旧立新为己任，何文中已经明确指出，旧有国家机器的打破并不意味着"破旧"任务的彻底完成，在此之后还要革除旧思想，这无疑与之后的思想改造运动密切相关。在建国初期，尤其在抗美援朝一致对外的大背景下，这些嫌隙都还显得不甚明显，但却早已有了些许"山雨欲来风满楼"的况味。

三、"法权"作为学科的建立

如上所述，"资产阶级法权"这个概念在 1949 年前后已经被何思敬、陈昌浩等翻译家正式提出并阐发。此时这一概念的涵义基本来源于列宁以及苏联法学家对于"资产阶级权利"的理解，而已脱离了马克思《哥达纲领批判》中所提及的"资产阶级权利"。当然，此时学人对这一概念的理解，也还没有到 1958 年后那样激进的程度。

新中国成立初期,"国家与法权"概念得到进一步宣传与推广。中国人民大学在1950年10月成立,作为马列主义宣传的重镇,到60年代"文革"前,中国人民大学的法律系一度是全国法律系的"样板",长期在法学教育与研究领域起到"母机"作用。中国人民大学成立后,法律系即设有国家与法权理论教研室(此即为法理学教研室的前身)。㊸其于1956年编写了新中国第一部《国家与法权》教材,成为国内院校开设该课程的通用教材。何思敬出任中国人民大学法学系主任,并由其兼任首任"马列主义关于国家与法权教研室"主任,这足以彰显该教研室的重要性。

早在1949年,国家与法权理论教研室就集体编著了《马克思列宁主义关于国家与法权理论教程》,㊹在1954年还系统翻译出版了一套《马克思列宁主义经典著作中的国家与法权问题》,㊺这套书一度被作为中国人民大学国家与法权理论教研室的教学参考资料,并被部分法政院校翻印。㊻全书共六册,分为四个部分:第一部分为马克思、恩格斯国家观的发展,共两册;第二部分为列宁、斯大林著作中的国家与法权问题,共一册,均为维辛斯基的论文;第三部分为列宁著作中的国家与法权问题,共一册;第四部分为两分册,第一分册为斯大林著作中的国家与法权问题,第二分册为约·维·斯大林对列宁的社会主义国家理论的发展。该教研室于1956年编就教材《国家与法权理论》,由于政治运动逐渐兴起,并未被广泛使用。

除此之外,人大法律系、国家与法权理论教研室还陆续翻译了大量苏联方面的国家与法权资料。例如:C·B·尤什可夫的《苏联国家与法权历史》、瓦里荷米托夫的《苏维埃国家与法权简史》、谢米里亨编《马列主义关于国家与法权理论底对象与方法》、卡列娃的《国家与法权理论》等。这些译著大致上呈现出以下两个特点:第一,时间性,基本集中在1954年前后,也就是新中国第一届人大以及新宪法的制定前后,具有极大政治模仿性的考量;第二,理论僵化性,将马克思、恩格斯在原著中所谈及的国家与权利概念,按照列宁《国家与革命》中的理论框架进行联系与解释,在一定程度上歪曲了对马、恩相关理论的理解。值得一提的是,当时国家与法权理论教研室所开设的主要课程,多由苏联专家参与教授,这极大地影响了对"法"这一概念的理解与诠释。⑰该教研室还以研讨会的形式积极推动"国家与法权"的研究,尽管这其中带有较多政治运动色彩。"国家与法权"作为一门学科就这样被建立起来了,直到70年代末才被改名为法理学。

通过今日存留的何思敬手稿,我们得以一窥当时"国家与法权"的授课内容。在何思敬讲课手稿中有一讲名为"马列主义关于国家与法权的理论",系统论述了国家与法权的起源与实质,并在此基础上批判了资本主义的国家观。

首先,从他的论述中可以明确地看出列宁式的国家与法权观念对其的影响。比如,他在论述国家的定义的时候,先是引用恩格斯的话,"国家是社会发展到一定阶段的产物";而后更为强调列宁的论断,"国家是维护一个阶级对另一个阶级统治的机器";还有斯大林进一步的阐发,"国家是统治阶级用来镇压其阶级敌人反抗的机器"。我们可以清晰地看出,恩格斯的论断不过是强调国家形成的时段性,而列宁和斯大林则在阶级对立、对抗乃至镇压这方面的阐释上越走越远,何思敬得出这样的结论:"国家底存在和阶级底统治不可分;国家不是一般的组织,而是作为一个暴力机构而存在。"

在论述国家的起源时,他从原始社会开始论述,以列宁在论国家中所揭示的三大特征作为依据:"阶级划分的出现""奴隶制的出现""从事最简陋农业亦有多余生活资料生产出来",而这些特征的产生都源自私有财产制的出现。他在阐明国家的产生并不是偶然现象的同时,着意揭露了其阶级本质,是"作为一定社会底统治阶级政治统治底工具：为了巩固其经济利益而实行的政治专政"。正如他在这一讲开篇所论述的那样，"国家问题比任何问题都牵扯到各阶级特别统治阶级底利益"。从这个角度来说，他认为资产阶级思想家不可能从"纯科学无偏私的现实"来讨论国家问题，而马克思主义之所以科学就在于它代表无产阶级的利益。而无产阶级之所以能够科学地解释国家问题，就在于它没有私产，不会受到私有财产的限制。尽管何思敬在《肃清一切旧法学底影响》等文章中即有对私有财产等影响国家问题建构的论述，但把这个问题提升到阶级斗争的角度，尚是首次。

与此同时，他在论述法权的产生及其实质时，也同样着重于对阶级意识的强调。法权就是行为规范的综合，体现统治阶级的意志，为保护统治阶级利益而服务。从这个角度来看，剥削者国家的法权是剥削者强迫人民接受其意志，服从其秩序的私有财产关系的规则；顺理成章地，社会主义人民国家的法权体现的是全体劳动人民和工人阶级的意志。接着，他又一次论述了国家与法权之间的关系，在他看来，法权规范是"由国家政府来制定或批准并以国家强制力来保证其执行和遵守"。国家为了维护其统治阶级的利益而进行立法，而这些法令、法律形成了法权规范的体系，因此法权的目的在于"为谁服务"。概括而言，法权的产生就是为了反映统治阶级意志，替统治阶级的经济利益而服务。[48]

除此之外，何思敬在介绍苏联宪法的同时，[49]还在1955年出版了专著《马克思的国家与法权学说》，进一步介绍所谓马克思的"法权"思想。与上文几乎一脉相承，何思敬对于马克思法权观念的理解，核心在于阶级特征。他指出，马克思在分析莱茵省议会法案时，就已经发现剥削阶级国家与法权的阶级本质，而这就是他所谓的"资产阶级法权的高利贷的本质"。[50]法权本质上是特权，而在代议制国家这种特权被"自由"与"独立性"的假象所掩盖。和之

前的论述一样,他把这一切现象的根源归结于私有财产以及资产阶级自私自利的本质。[51]正如他在文中所说的:

> 资产阶级从他的阶级利益出发,很本能地懂得把本阶级的利益,把私有财产权利,把自私的权利隐藏到人类的权利下面去,以便取得名正言顺的资格。不仅如此,他们把少数人自私的诸权利当作全体人、当作人类的权利之后,还把他们当作自然的诸权利。并且他们还标榜自己拥护人类理性。

由此,他借马克思的话说明资产阶级的法权"不过是被推崇为法律(规律、法则)了的你们这个阶级底意志,而这一意志底内容是由你们这个阶级底物质生活条件来决定的"。何思敬进而指出,我们不仅仅应当停留在对于法权是阶级意志的反映的理解,还应当注意到这个阶级的物质生活条件,也就是经济基础。这并没有超出其之前对于法权观念的理解,只是其表述得更为直接而已。

值得注意的是,他在文末特地又引用了维辛斯基的论断,"过渡时期底法权是由无产阶级专政所产生的社会主义法权","这正是一种新的法权",[52]而"权"(权利)在某些翻译里正是"制"(制度)的象征,[53]再结合其出版该书的时代环境与目的,"特别在今后建设社会主义社会,对农业、手工业和对资本主义工商业进行社会主义改造时,极需要进一步地深入研究马克思、恩格斯、列宁、斯大林关于国家与法权问题的学说",[54]"法权"无疑在建国初期是被作为政治符号而利用的。

结　论

本文的基本结论是,"资产阶级法权"这一误译在1958年前的产生和流传并非纯出偶然,其中不能忽视以何思敬为代表的《哥达纲领批判》译者和其他学人对"法权"这一概念的理解变化。"资产阶级法权"原本应译为"资产阶级权利",本来是马克思在其著作中极少采用的概念,却经列宁在《国家与革命》中的阐发后,将其与"国家""阶级"等概念相联系,从而极大地影响了何思敬乃至毛泽东对这个概念的理解。这是以往学者很少注意到的面向。中共在建国初期仿效苏联体制,大规模引进苏联方面的"国家与法权"著作,这进一步加深了对"法权"概念的误解。随着"国家与法权"学科的建立,"法权"作为一个被阶级化的政治批判靶子,已经被牢牢地钉在诸多政治运动中的醒目位置。

从"法权/Recht"这一概念的政治化历程来看,在何思敬之前的《哥达纲领批判》早期译本中,"Recht"的翻译并未被政治化。但从40年代开始,以何思敬等中共学者的论述为代表,一方面可以看出他们逐步地被苏联式"国家与法权"观念所影响,另一方面"法(权)"已经开始被有意识地引用到政治宣传、与国民政府的政治斗争之中。

随着新中国的建立,这一趋势得到加强。尽管在1958年北戴河会议前,现在尚未看到资料证明"破除资产阶级法权"的口号已经开始被应用到政治运动之中,但"法权"这一概念的普及与推广,进入高校教学,本身就是一种舆论攻势,在那个年代对于"有产者"的舆论压力可见一斑。

最后还应看到,1958年以后,有关这一译法还存在不同的声音。比如1959年张仲实就曾在《人民日报》对这一译法提出质疑,[55]1975年陈忠诚亦曾在《摘译》上发表过不同意见,[56]至少证明在学理上这个译法始终没有被所有人接受。然而,在那个时代环境中,概念已不仅仅停留于词汇翻译,它成为了风起云涌的政治运动中的"批判武器",切切实实地改变了许多人的命运。

① 本文涉及的基本文献包括：重远：《共产主义与无政府主义》，《先驱》1922年1月创刊号，1922年1月15日，第2版；熊得山译：《哥达纲领批评》，北京《今日》杂志马克斯特号第1卷第4号，1922年5月15日；李达译：《德国劳动党纲领栏外批判》，《新时代》创刊号，1923年；彭学霈译：《德意志劳动党纲领批评》，《时事新报》"学灯"副刊，1925年第7卷，第5册，第9号；李春蕃译：《哥达纲领批评（德国劳动党纲领旁批）》，上海解放丛书社1926年版；李一氓译：《马克思论文选译》，上海社会科学研究会1930年版；何思敬、徐冰译：《哥达纲领批判》，延安解放社1939年初版，1949年校正重印，1950年8月校正重印再版，1957年人民出版社出单行本；集体翻译，唯真校订：《马克思恩格斯文选》，（莫斯科）外国文书籍出版社1954年版；《马克思恩格斯全集》第19卷，人民出版社1963年版。

② 参见张春桥《破除资产阶级的法权》，《解放》1958年第6期。而后经毛泽东同意，转载于《人民日报》，参见毛泽东《关于转载〈破除资产阶级的法权思想〉一文给吴冷西的信》(1958年10月11日)，《建国以来毛泽东文稿》第七册，中央文献出版社1992年版，第447页。另外，根据胡乔木的回忆，毛泽东在1958年成都会议上就有提起"反对资产阶级法权"。参见胡乔木《要把毛主席晚年的错误同毛泽东思想加以区分》(1980年7月3日)，《胡乔木传》编写组编：《胡乔木谈中共党史》，人民出版社1999年版，第74页。但查考《毛泽东年谱》《毛泽东传》均没有提及。据李锐记载，毛泽东曾在会议期间不止一次提到要将"资产阶级思想""灭掉"。参见李锐《大跃进亲历记》，南方出版社1999年版，第193、243页。

③ 中共中央马恩列斯著作编译局：《"资产阶级法权"应改译为"资产阶级权利"》，《人民日报》1977年12月12日，第2版。

④ 参见韩钢《最初的突破——1977、1978年经济理论大讨论述评》，《中共党史研究》1998年第6期；高远戎：《"大跃进"期间的资产阶级法权讨论及影响》，《中共党史研究》2006年第3期；程中原：《毛泽东理论问题指示评议》，《当代中国史研究》2007年第1期。林蕴晖与钱庠理在论著中也叙述了这一概念在政治运动中的作用与影响，参见林蕴晖《乌托邦运动：从大跃进

到大饥荒》,香港中文大学出版社2008年版,第183—186页;钱庠理:《历史的变局:从挽救危机到反修防修》,香港中文大学出版社2008年版,第497—508页。

⑤ 石仲泉较早从马列学术史的框架内比较了马克思、列宁以及毛泽东对"资产阶级权利(法权)"这一概念的理解差异,并把毛泽东的理解称为"误解"。康闪金则从概念演变史的角度详细考察了1958年北戴河会议之后,不同历史语境之下"资产阶级法权"的不同定位。参见石仲泉《马克思所说的"资产阶级权利"和毛泽东对它的误解》,《毛泽东的艰辛开拓》,中共党史出版社1996年版;康闪金:《"资产阶级法权":一个革命政治语词的历史考察》,《党史研究与教学》2015年第1期。

⑥ 现在通行的"权利"译词始见于1864年丁韪良翻译《万国公法》,参见鲁纳著、章可译《中国政治话语里"权利"和"权力"的概念》,复旦大学中外现代化进程研究中心编:《中国现代学科的形成》,上海古籍出版社2007年版。

⑦ 在此笔者较为同意童之伟的观察。参见童之伟《法权与宪政》,山东人民出版社2001年版,第34—36页。有关"治外法权"的概念参见高汉成《治外法权、领事裁判权及其他——基于语义学视角的历史分析》,《政法论坛》2017年第5期。

⑧ 陈忠诚、邵爱红:《"法权"还是"权利"之争——建国以来法学界重大事件研究》,《法学》1999年第6期,第2页。

⑨ 参见杨心宇《苏联法概念及其形成》,《当代法学研究》2000年第1、2期;杨心宇、陈怡华:《我国移植苏联法的反思》,《社会科学》2002年第8期;杨心宇、李凯:《略论苏联法对我国的影响》,《复旦学报》(社会科学版)2002年第4期;刘颖:《苏联法概念在中国》(1949—1958),西南政法大学博士论文,2010年。

⑩ 刘建民:《黑格尔〈法哲学原理〉之 Recht 的翻译问题》,《中南大学学报》2013年第3期。另可参见王晓升《"自由的权利"还是"自由的法":关于霍耐特"Das Recht der Freiheit"一书的译名问题》,《哲学动态》2014年第12期。

⑪ 重远:《共产主义与无政府主义》,《先驱》1922年1月15日,第2版。

⑫ 胡永钦、狄瑞勤、袁延恒:《马克思恩格斯著作在中国传播的历史概述》,中共中央马恩列斯著作编译局马恩室编:《马克思恩格斯著作在中国的传播》,人民出版社1983年版,第266页。

⑬ 这一译本目前只能看到电子缩微版,而电子缩微版全本亦只见于国家图书馆。

⑭ "列宁论《哥达纲领》"这部分包括两方面内容:"《马克思主义论国家》中的摘录"与"《国家与革命》中的摘录",参见何思敬、徐冰译《哥达纲领批判》,第5页。中共建政后,人民出版社所翻印的1949年11月版何思敬译本与1950年8月重印本皆保留了这个部分。但在依据1963年马恩全集第19卷出版的1965年《哥达纲领批判》单行本中,"列宁论《哥达纲领》"被全部删去,只保留了"恩格斯论《哥达纲领》"这个部分为日后所有单行本因袭。

⑮ 由于1949年何译本与1950年何译本关于"法权"的论述并无不同,故只取1949年译本作比较;1963年马恩全集第19卷与1965年单行本内容一致,故只取1963年马恩全集第19卷作比较。

⑯ 王中原认为最早提出"法权"这一译法的是苍木(陈昌浩)在《国家与革命》1947年版中的论述,参见王中原《新中国民法典起草与破除"资产阶级法权"》,《江苏警官学院学报》2011年第2期,第85页。但实际上早在1943年,何思敬就在《驳蒋介石的法律观》中正式用了"法(权)"这一概念。

⑰ 关于《国家与革命》的中译本,最早是由沈雁冰(P先生)所译,只译介了该书第一章的前两节,发表于《共产党》(月刊)1921年5月第4号上;1923年,李春蕃(即柯柏年)以《共产主义与社会底进化》为题,译介了该书第五章,发表于《民国日报》副刊《觉悟》上;同年11月,张太雷所译该书第一章刊登于《民国日报》,题为《马克思政治学》;1925年12月,《民国新报》刊载了张荣福所译的部分内容。1927年,李春蕃全部译完该书,连载于汕头《岭东民国日报》的副刊《革命》上。在革命根据地,中共苏区曾翻译过该书的部分内容。另外,还有其他几种版本,包括1938年的"莫师古"版、1943年延安解放社的"博古"版、1947年莫斯科外文出版局的"苍木"版,以及1947年上海世文书店的"马思果"版(这一版本的书名为《关于国家和阶级专政》)。在上述诸多译本中,苍木本是最早将原译为"资产阶级的权利""权利"等概念译为

"资产阶级式的法权""法权"。参见列宁著、苍木译校《国家与革命》,(莫斯科)外国文书籍出版局1947年版,第116—119页。另外,《哥达纲领批判》1949年何译本在《出版者的话》中特别指明,附录《国家与革命》摘录系采用苏联外国文书籍出版局1949年中译本。而此1949年中译本恰为1947年中译本翻印。参见马克思《哥达纲领批判》,解放社1949年版,《出版者的话》第3页;列宁:《国家与革命》,(莫斯科)外国文书籍出版局1949年版,扉页。

⑱ 参见《出版局声明》,列宁著,苍木译:《国家与革命》。

⑲ 而苍木之所以有"法权"这样的翻译,在一些学者看来,与其长期生活于苏联的背景有关,因而他更多地接受了法是统治阶级维护国家权力这样的工具思想。参见王中原《新中国民法典起草与破除"资产阶级法权"》,第88页。

⑳ 何思敬、徐冰译:《哥达纲领批判》,第16页。

㉑《马恩全集》第21卷,第210页。

㉒ 参见《哥达纲领批判》,1997年版,第14—16页。

㉓ 戴维·麦克莱伦著,李智译:《马克思以后的马克思主义》(第3版),中国人民大学出版社2008年版,第3页。

㉔ 参见《关于建国以来党的若干历史问题的决议注释本(修订)》,中共中央文献研究室1985年版,第445—446页。

㉕ 当时同为宪草审议委员的还有周恩来、董必武、吴玉章、博古。参见《中共中央发渝台电》1946年2月6日,转见金冲及主编《毛泽东传》(上),中央文献出版社2004年版,第753页。

㉖ 参见李盛平主编《中国现代史词典》,中国国际广播出版社1987年版,第489页;另参见中国大百科全书总编辑委员会《中国大百科全书(哲学卷)》,中国大百科全书出版社1985年版,第284页;《中国大百科全书(法学卷)》,中国大百科全书出版社1984年版,第278页。

㉗《对何思敬同志的悼词》(征求意见稿),第5页,余杭市档案馆藏,档案号:198—1938—68—3。

㉘ 李光谟在马克思逝世一百周年的纪念会上追忆何思敬的理论贡献时,曾这样谈到何思敬作为翻译家的贡献。参见李光谟《悼词》(草稿),第6

页,余杭市档案馆藏,档案号:198—1938—65—8。

㉙ 参见李光谟《何思敬著作表》,余杭市档案馆藏,档案号:198—1938—3—68;余杭市政协档案馆编:《何思敬》,第425—434页。

㉚ 李光谟:《悼词》(草稿),第3页,余杭市档案馆藏,档案号:198—1938—65—8。

㉛ 何思敬在文中并未给出任何注解,有趣的是,在文章中何思敬先后引用并标明王明的三处论述,结合当时的政治情势,这十分值得玩味。

㉜ 何思敬:《评五五宪草》,《解放》1940年第98、99期,第45、46、48、49、50、54页。

㉝ 刘崇文等编:《刘少奇年谱》上,中央文献出版社1996年版,第427—428页。

㉞ 参见陈伯达《评〈中国之命运〉》,1943年7月21日,第1版;范文澜:《谁革命?革谁的命?》,1943年8月1日,第1、2版;吕振羽:《国共两党和中国之命运(驳蒋著〈中国之命运〉)》,1943年8月7日,第1、4版;齐燕铭:《驳蒋介石的文化观》,1943年8月9日,第4版;何思敬:《驳蒋介石的法律观》,1933年8月10日,第4版;艾思奇:《〈中国之命运〉——极端唯心论的愚民哲学》,1943年8月11日,第1、2、4版;《呜呼,如此之大后方文化教育!》,萧三:《马雅可夫斯基在"中国之命运"》,1943年8月13日,第4版;续范亭:《感言》,1943年8月16日,第1、2版;社论《请重庆看罗马》,1943年8月22日,第1、2版;何思敬:《说"吉蒲赛"》,1943年8月29日,第4版等。以上均见《解放日报》。

㉟ 在何思敬看来,中国近代法学终究是外国法学之翻译:一方面用中国古来法学传统去翻译欧美近代法学,另一方面却转译日本法学,而日本法学又是用中国古来法学传统去翻译欧美近代法学的而成立的一种法学。参见何思敬《宪法谜语判析》,《解放》,1946年。

㊱ 何思敬:《驳蒋介石的法律观》。

㊲ 何思敬将蒋介石的法律观归纳为国家至上、朕即国家的法律观。在其看来,在蒋介石的法律观中"军法之治"将是"一等一重要的东西",这种专制独裁体制完全是按照德国集中营的法规将此时的中国变成一个巨大的集

中营。何以此来衬托出中共的正义,因为"在中国,除了陕甘宁边区及八路军新四军所到的地方行政区域中已经做到了世界公认的法治之外,没有任何地方有这种法治,新民主主义的法治"。只有中共"坚决实行孙中山先生底真正的三大政策的三民主义",并且主张"全民政治"。参见何思敬《驳蒋介石的法律观》。

㊳ 参见何思敬《宪法谜语判析》,《文摘》1946年第4期,第7页。

㊴ 毛泽东:《论人民民主专政》(一九四九年六月三十日),《毛泽东选集》第4卷,人民出版社1991年版,第1475页。

㊵ 对于建国初期外交三大政策的系统论述参见周恩来《我们的外交方针和任务》(1952年4月3日),《周恩来文选》(下),人民出版社1984年版,第85—87页。

㊶ 值得注意的是,他在这里所引用的《共产党宣言》的相应段落里已经开始使用"法权"来代替"法"。

㊷ 参见何思敬《肃清一切旧法学底影响》,《新建设》第3卷第1期,1950年。

㊸ 除此之外,还有国家法教研室、刑法教研室、民法教研室、国家与法权史教研室。从这里的设计也可以看出建国初期的中国法学深受苏联的影响。中国人民大学法学院学科发展史编写组编:《中国人民大学法学院学科发展史》,中国人民大学出版社2010年版,第1页。

㊹ 中国人民大学法学院学科发展史编写组编:《中国人民大学法学院学科发展史》,第4页。

㊺ 中国人民大学马列主义关于国家与法权理论教研室编:《马克思列宁主义经典著作中的国家与法权问题》,中国人民大学出版社1954年版。

㊻ 参见其版权页,笔者目前看到的版本中即有华东政法学院的翻印本。

㊼ 当时开设的主要课程有三门,其中"国家与法权理论""政治学说史""国家与法权基础"均由苏联专家参与讲授。

㊽ 上文中的引言皆来自何思敬手稿,余杭市档案馆藏,档案号:198—3—51。

㊾ 参见何思敬《斯大林宪法和斯大林底诸发现》,《世界知识》第47期;

《苏维埃宪法底性质和特点》1954 年第 12 期。

⑩ 何思敬:《马克思的国家与法权学说》,湖北人民出版社 1955 年版,第 7 页。

(51) 同上书,第 10、12 页。

(52) 维辛斯基:《马克思著作中的国家与法权问题》,《马克思列宁主义经典著作中的国家与法权问题》第一部分第一分册,第 31 页。

(53) 例如,何思敬在论述资本论中对于资本主义生产关系和生产力的矛盾和冲突时,就谈到"依靠自己劳动的私人所有权(制)被依靠剥削他人劳动的资本主义私人所有权(制)所驱逐"。参见《马克思的国家与法权学说》,第 17 页。

(54) 何思敬:《马克思的国家与法权学说》,第 22 页。

(55) 参见张仲实《对于"资产阶级法权"一语译法的意见》,《人民日报》1959 年 3 月 28 日,第 7 版。

(56) 参见陈忠诚《"法""权利""法权"中文和外文译名》,《摘译》1975 年 4 号刊,第 31、32 页。陈忠诚还称其在 1951 年就曾提出对于这一译法的不同意见,后来发表在《华东政法学院院刊》上。参见陈忠诚、邵爱红《"法权"还是"权利"之争——建国以来法学界重大事件研究》,《法学》1999 年第 6 期,第 1 页。

清季普通士人的知识和观念世界
——以金永森及其《西被考略》为中心

舒 铁

摘要：金永森是生活于晚清民初的普通士人，取得过举人功名，主要在湖北府县一级以担任教习和卖文为生，晚年隐居故里黄陂，闭门著书。其代表作是《西被考略》，从中可以看出金氏对传统典籍有着相当的掌握，相对而言，西学知识则有限。"西学中源"是该书的基本观念，也可将其视为普通士人应对时代变局的一种方式。就其对西方的地理观念和认识而言，也充满附会和想象。通过考察这样的普通个案，或许可以管窥当时一般士人的知识和观念世界的某些方面。

关键词：金永森，西被考略，西学中源，远方异国

舒铁，复旦大学历史学系博士生

本文主人公金永森，是生活于晚清民初的一位普通士人，其活动空间基本在府县一级，虽在湖北省城武昌留下足迹，但为时不长，也不成功。[①]在科举之路上，金氏只获得举人头衔，一生可谓寂寂无名。若把今日学者所研究的近代士人分成两类，一类是其活动和影响达于全国和省级者，另一类则囿于地方乡里，无疑，金永森当属后者。这是一个比刘大鹏更小的人物，不论是身前对地方的影响，还是身后被研究的状况，金氏都远逊于刘大鹏。[②]如果按

照罗志田"两个世界"的提法,金氏生活的世界主要在"广大的内地",只是短暂地置身于"京师和通商口岸及其影响辐射区"。③

具体到知识和观念世界,在金氏身上,"传统"仍占据主导地位,西学则主要通过"西学中源"的框架,扮演依附性角色。就对西方的"地理"观念和认知而言,在传统考证形式的外衣下,也充满附会和想象。这是金永森一个如此普通的底层士人,在剧变的大时代里,从知识和观念上所做出的回应,其代表作《西被考略》一书的基本主旨和内容就由此构成。当然,把"保守""落伍"等字眼加诸金永森虽不为过,但就反映历史状况的"代表性"而言,通过金永森这样的普通个案,对于了解当时一般士人的知识和观念世界,或许亦有其价值。

一、生平事迹及著述

金永森生平资料主要见于《洪戒山人诗稿》前的《洪戒山人事略》一文(以下简称《事略》),④其余则散见于金氏本人自叙及其后代、友人的叙述。

金永森,号鹤生,湖北黄陂六指店金家湾人。⑤据《洪戒山人像赞》,"其貌癯以苍,其体颀而长,短发疏髯,双眉庞,自号曰鹤将厉青冥而翱翔"。⑥晚年又号"洪戒山人",因隐居故里黄陂洪戒山中而得名。据《洪戒山人诗稿·自叙》,"癸亥八月中秋后一日……时距咸丰癸丑始生之日七十有一年",则金氏生于1853年,具体月、日不详。又据同书其子《敬识》所言,"民国十八年七月二十六日,先征君鹤生府君弃养于黄陂故里,春秋七十有七",则金氏逝于1929年7月26日(农历),享年77岁。

金永森于乙酉年(1885)32岁时中举,此次湖北乡试副考官为朱一新,《事略》中说"朱蓉生侍御奇其文,中高第"。此后会试屡次不中，但"文名藉甚，各县争聘为山长"。而实际上，"积年不获美遇，卖文为活"，主要因为其得罪同县某先达，此人主江汉书院讲席，欲聘金氏相助，但金鄙视其为人，竟不往就。至迟在1897年，金永森担任了咸宁校官。曾任湖北学政的王同愈提到，"光绪丁酉（1897）秋，余奉命视学楚北，时鹤生同年任淦川（今湖北咸宁）司训"。⑦金氏任咸宁校官时，鉴于当时诸生囿于科举时文，不知经史为何物，对外国情形更懵然无知，特创设月课，提倡新学，这体现了他"趋新"的一面。

晚清张之洞主政湖北期间，倡新学，办学堂，时人说金永森将获大用。张在课试全省孝廉时，曾拔金为第一，不过，对于张之洞所著《劝学篇》《奏定学堂章程》等，"山人均不谓然，故绝不通谒"（《事略》）。除了对张的新学主张有不同看法外，这也与金的性格有关。金读书期间，"同舍生多与之忤，惟善同邑邱雪涛、胡兰生、江夏洪子东、吴华峰数辈，结社酬唱，为诗、古文辞，卓然自立，誓不履近人之藩"（《事略》）。后来金氏遭人排挤，经年不遇，多少与此有关。

1901年，梁鼎芬任武昌知府，也延揽过金永森，曾命其作《戒烟歌》，获得赞誉。时人以为将委之以重任，最后"又为忌者所中而止。其数奇类如此，坐此沉沦外邑者数年，一官不迁"（《事略》）。1907年，张之洞创设之存古学堂正式开办，金被聘为教习，不过由于学堂铺张无实，事权不一，办事者又互相推诿，教学也无起色，两年后，金氏便辞去教习，从此隐居故里黄陂，"闭户著书，不谈时事"（《事略》）。⑧临终前，曾立遗嘱："安葬于黄陂东乡后楼山阳，自营生圹，不发讣告，不营斋设奠。"（《洪戒山人诗稿·敬识》）

以上就是金永森一生的经历，大致可以说，金氏与时代潮流若即若离，晚年则俨然一旁观者，最后于寂静无声中死去。

现在常见的与金永森有关的著作为《三湘从事录》。金永森从蒙正发后人手上收集到这部遗著，"讹者正之，缺者补之，佐以笺注",⑨书刊刻于光绪三十三年(1907)。⑩金氏还补注过《黄陂县志稿》,此书是其世父(大伯父)金国钧的未完稿。⑪金氏本人著作有以下数种:《西被考略》《从军要略》《灾异征信录》《洪戒山人诗稿》等。

《西被考略》有清光绪二十九年(1903)武昌刻本,1970年台湾台联国风出版社出过影印本。又据其孙金宗岱所言,"后读《华国杂志》,见余杭章太炎衷载先大父诗,均极推崇"(《洪戒山人诗稿》跋)。据查阅,章炳麟任社长的《华国》月刊,分别于1924年第2卷第1期和第2期刊载过金永森诗七首。⑫据金宗岱1929年的说法,"已行世者有《西被考略》五卷(实为六卷)、《灾异征信录》二卷,并蒙氏《三湘从事录》校释及文集各一帙,藏稿于家者尚有《从军要略》,则俟诸异日焉"(《洪戒山人诗稿》跋)。金永森的著述情况大体如此。

二、从统计看《西被考略》的知识资源

《西被考略》的书名取自《禹贡》"西被流沙"一语。《事略》中说"《西被考略》六卷尤为一生精力所萃",他人所作序跋对之也多给予好评。友人王葆心在《洪戒山人遗诗序》中说:"所为《西被考略》,叹为不刊之作……其学虽自词章入,读书既博,尤长史掌,心仪洪容斋(洪迈)、王深宁(王应麟)一流。既泛涉中外译籍,自沦灵府以驱遗卷策,遂尔奥窔自开,爰有考略之作。"湖北学政王同愈为该书作序时也说:"司训于古今事理、中外学术,无不洞悉其源流……辩证古事,尤其善觑幽抉奥,发昔人未发之覆,使漆书古简历千劫而光景常新,有功于经籍为不少矣。"⑬其孙金宗岱提到,曾于王先谦文集中见到王为该书所作的序,不过此序未刊在1903年的《西被考略》中,而收在《虚受堂文集》。王先谦在序中说:"山人之旨以谓西国自古交通中邦,亦非无艺术,欲以开俗儒之固蔽,抑末学之浮夸,意至善也。"⑭诸人序跋自不免溢美之词,不过,此书

确可视为金永森的代表作,其知识和观念的状况及水准,集中体现在此书中。

具体到通过一本书来考察作者的观念世界,文本分析自是一种重要方式,但若能对文本本身所缘据之文本做一统计,也可了解作者所依据的知识资源,在此基础上,进而追索其观念世界的大致构成和运作方式,或亦不失为研究之一助。

经统计,《西被考略》涉及和引用的书籍总计292种,若除去引文中的16种,则为276种。书籍被提及和引用次数10次及以上者,依次如下:《山海经》123次(含郭璞、阮元和郝懿行《注》17次)、《汉书》49次、《穆天子传》49次(含檀萃《穆天子传注疏》10次)、《旧唐书(唐书)》30次、《圣经》26次(书中以《旧约》《新约》或《出埃及记》等名出现)、《竹书纪年》22次、《皇朝文献通考》21次(含《皇朝四裔考》12次)、《周礼》20次(含郑《注》3次)、《禹贡》17次(含《禹贡锥指》4次)、《瀛寰志略》16次、《路史》16次、《后汉书》15次、《尚书》14次(含郑《注》2次)、《册府元龟》14次、《尔雅》13次、《西征纪程》(邹代钧)13次、《职方外纪》(艾儒略)12次、《古教汇参》(韦廉臣)12次、《淮南子》12次、《海国图志》10次、《太平寰宇记》10次。

其中晚明至晚清西人编译的书籍23种(不包括《圣经》),除统计中已提及者,尚有以下数种:利玛窦和徐光启的《几何原本》,南怀仁的《坤舆图说》《坤舆全图》和《坤舆图记》,合信《博物新编》,艾约瑟《地理质学》[15]和《动植物学》,[16]雷侠儿《地学浅识》,[17]兰士德《俄属游记》,丁韪良《格物入门》、《罗马志》(即艾约瑟《罗马志略》)、《罗马国志》(不详),艾约瑟《欧洲史略》,邓玉函和王徵的《奇器图说》,麦肯齐《泰西新史揽要》,花之安《自西徂东》,谢卫楼《万国通鉴》,林乐知等编译《四裔编年表》,以及《泰西史略》[18]《英吉利志》(不详)。其中《四裔编年表》被引用7次,《坤舆图说》6次,《万国通鉴》5次。

其中晚清人编写的涉及域外的著述,除统计中已列出者,尚有以下数种:姚莹《康輶纪行》、朱一新《无邪堂答问》、宋育仁《采风记》、薛福成《四国日记》、王韬《弢园文录》、斌椿《乘槎笔记》、缪祐孙《俄属游记》、[19]王仁俊《格致古微》、张德彝《航海述奇》、徐建寅《欧游杂录》、李凤苞《使德日记》、曾纪泽《使西日记》、陈炽《续富国策》、黄楙材《印度劄记》和《游历刍言》、陈次亮《庸书》(即《时务庸书内编》和《时务庸书外编》)、夏燮《中西纪事》等。其中《康輶纪行》和《无邪堂答问》各被引用7次,《采风记》5次,《四国日记》和《格致古微》各4次。

据以上统计,在292种书籍中,中学典籍为148种,西人书籍24种,国人所写涉及西学者20种。《西被考略》刊刻于1903年,若以1900年作为一个时间节点,根据有些学者的统计,1860年至1900年的40年间,共出版西书555种。[20]可见,金氏阅读的西学书籍显然不多,可以说,其西学知识是相当有限的,在其知识和观念世界的塑造中,传统资源仍占据主导地位。如果考虑到此书主要以西方和西学作为探讨对象,则中学的比重显得更加突出。当然,基于"西学中源"的思路,中、西学书籍数量上的差距或许可得到部分解释,即为说明"西学中源",不得不动用大量传统资源。《西被考略》一书所呈现的这种知识构成,特别是由此所形塑的观念世界,在接下来的讨论中将作进一步说明。该书涉及古籍众多,为了论述相对集中,下文主要以《山海经》为代表,实际上,《山海经》也是该书利用和讨论最多的古籍。

三、西学中源:中西学之关系

在晚清接引西学的过程中,"西学中源"颇为流行,从上层精英到普通士人，不少人都持有这种观念。当然，"西学中源"不是新事物，明末清初，黄宗羲、方以智、王锡阐等人就已有主张，甚至可追溯到印度佛学入华时流行的"老子化胡"说。金永森《西被考略》一书的基本观念就是"西学中源"，此书可与王仁俊《格致古微》相媲美，王书也被认为是"西学中源"说的集大成之作。[21]当然，对于这种带有附会性质的观念，晚清人早有批评。张之洞在《劝学篇》中就曾明言："略知西法者，又概取经典所言而傅会之，以为此皆中学所已有，如但诩借根方为东来法而不习算学，但矜火器为元太祖征西域所遗而不讲制造枪炮，是自欺也。"[22]不过，张氏所主张的"西体中用"亦不免此弊。后来梁启超在回顾晚清学术时也指出，"清季承学之士，喜言西学为中国所固有，其言多牵强附会，徒长笼统嚣张之习，识者病焉"。[23]

《西被考略》中关于"西学中源"的论述比比皆是，书前《自叙》即有体现，所谓"中国古人无事不知、无所不能，在今日所托为新奇傀诡者，一事一物，皆不能轶古人范围"。[24]金氏在《凡例》中也明确指出了其所使用的方法："以经史诸子为经，旁采近人日记及西书疏证之。每考一事，必援据典要，复证以多家，然后著之于篇。"[25]实际上，就是通过中书与西籍相互比较、考证，证明西学源出中国。以下主要以宗教和技艺为代表进行说明，从中见出"西学中源"观被形塑的基本方式，这也是该书谈论最多的内容。

首先，金永森认为西方宗教多源于中国，书中第三卷"教门流别"有专门讨论。金氏的基本观点是，西教（天主教）主要源自中国古代的巫教。从大禹时起，西方就受中国影响，所谓"葱岭以西诸国其被禹化最先，由夏讫殷，声教西暨，二代巫风为盛，其流入西域，宜矣"。[26]古书《周礼》中有专门的巫官："司巫掌群巫之政令。若国大旱，则帅巫而舞雩。国有大灾，则帅巫而造巫恒。祭祀，则共匪主及道布及蒩馆。凡祭事,守瘗。凡丧事,掌巫降之礼。"㉗据此,金永森指出:"古人设巫以祀天明鬼为职,今西洋天主教专敬上帝,坚信死后灵魂之说,其宗旨与巫颇同。"㉘天主教出自中国古代巫教,理由有三:一、所引《周礼》中的"若国大旱,则帅巫而舞雩",说明古巫是以舞降神,当时西洋风俗,流行舞会,"自国主以至民间,皆传习之,男女同入此会。古所称在男曰巫,在女曰觋者,尤与之相合";二、据郑玄对"蒩馆"的注释,㉙"则知古者巫祝取苴盥洗,降神所以取洁。《孟子》所云'虽有恶人,斋戒沐浴,则可以祀上帝'者,此也。耶苏(耶稣)施洗之礼,其出于古巫明矣";三、《周礼》"丧事,掌巫降之礼",郑《注》"今世或死既敛,就巫下汤,其遗礼","考天主教中有死亡者,牧师神甫亲为视含就敛一切",正好与郑注"两相合矣"。㉚

《周礼》关于男巫、女巫的记载,可进一步说明上述论断:"男巫掌望祀望衍授号,旁招以茅。冬堂赠,无方无筭。春招弭,以除疾病。王弔,则与祝前。女巫掌岁时袚除、衅浴。旱暵,则舞雩。若王后弔,则与祝前。凡邦之大灾,歌哭而请。"㉛按照金氏的看法,"古者柴望筑坛祈祷以祀上帝"就是西方"敬天说"的来源。《圣经》中摩西、耶稣都善驱邪治病,与《周礼》男巫"春招弭,以除疾病"一脉相承。㉜女巫"掌岁时袚除、衅浴",郑《注》云:"如今三月上巳如水上之类,衅浴,谓以香薰草药沐浴。"巫师敬祀上帝,为了虔诚,必须清洁。金氏指出,《新约》关于耶稣传道有施洗礼且都在河边进行的记载,与郑《注》"上巳如水上"相合;西方教堂规定,"饮食当辨其洁不洁,洁可食,不洁不可食,洁者准入堂,不洁者不准入堂",这也与"衅浴"相合,天主教"为古巫遗教无疑"。㉝

除了《周礼》,在《山海经》《列仙传》《墨子》《汉书》等书中,也有关于"西教源出中国"的记载,金氏的论证思路基本相同,此处不一一列举。

其次，西方有许多工艺制造也都源出中国。我们知道，甲午战争之前长达30年的洋务运动，就是以引进西方技艺为主，面对各种质疑和阻力，"西艺中源"也应运而生。金永森就持此种观点，对中国历代古书中关于工艺制造的记载作出种种附会性的解释。

古代工艺制造，最早可以追溯到传说中的古帝王。《周易·系辞》关于伏羲、神农、黄帝、尧、舜等上古圣人观物取象、发明制作的记载，就很具代表性。据《周易》，三皇五帝的创造发明有：作八卦、结绳为罔罟、斲木为耜、揉木为耒、刳木为舟、剡木为楫、服牛乘马、断木为杵、掘地为臼、弦木为弧、剡木为矢、宫室、结绳而治等。㉞在金永森看来，这些发明制作，实际上"开后世制器无数法门，华人失之，西人得之。西人制器多精格致之理，不通格致，不能制造也，与《系辞》之恉暗合"。㉟西洋气球、温度计、自行车、火轮、留声筒、千里镜、自鸣钟等，或为中国所固有，或为中国开其端续而西人发扬光大。

接下来以《海外西经》中"奇肱之国"作具体讨论。据郭璞《注》：奇肱国"其人善为机巧，以取百禽；能作飞车，从风远行。汤时得之于豫州界中，即坏之，不以示人。后十年西风至，复作遣之"。㊱《竹书纪年》《河图括地象》《博物志》等书都有关于奇肱国的记载，金永森也提到这三本书。据金氏考证，奇肱国（亦即结胸国）就是西方的意大利、希腊等国。其理由为："《山海经》云在西海外，所谓西海者即今地中海也，意大利、希腊等国在地中海中。……《博物志》云其国去玉关阳关四万里，按今意大利去玉门关，即今玉门县，约三万余里，以道里计之，其为意大利等国无疑。"㊲

而且，据西书记载，古时希腊、罗马等国也曾有空中行走之物，与《山海经》等书所说奇肱国的飞车正好相符。实际上，这里的飞车指的就是西洋气球。在《西被考略》卷三中，金氏详细说明了西洋气球的构造原理，然后指出其"与《博物志》所载恰为一物，所云畏烈风者，与西风吹至豫州之说亦合，气球即飞车遗制无疑"。㊳在卷五《考工制造》中再次提到气球，也指出："纳天气在内，鼓之自能上行，如汤之飞车、墨翟之木鸢是也。中国古人早悉此理，使非奇淫有禁，触类加长，鞭风叱电、腾云驾雾，何所不可？岂待四千年后，语格致者之胶胶扰扰为乎？"㊴即是说，中国古人早就明白西洋气球的制作原理，但因后来被视为奇技淫巧，没有发扬光大罢了，所谓"以圣道昌明，学者研求性理，不屑殚精物曲，无能引其绪而张大之。……天子失官学在四夷，良足喟叹"。㊵

晚清有不少文章谈到西洋气球，也有涉及《山海经》中的奇肱国。陈忠倚编《皇朝清经世文三编》(1898年)中收录有李提摩太《气球考》一文，其中就说："气球一物，古无所纪，惟《山海经》载周饶、奇肱等国有飞车之制，空中游行，日可万里，而其制未详，亦并无气球之名。"㊶此处并未肯定两者之间的关联，因古代飞车制作未详，实际上也无法判断其与气球有何异同。邵之棠《皇朝经世文统编》(1901年)和刘锦藻《清朝续文献通考》(1912年)中的表述与李提摩太的《气球考》基本相同。㊷持"西学中源论"的王仁俊，则与金永森的观点一致。《格致古微》(1896年)卷五《补遗》也谈到《海外西经》的奇肱国善制飞车，认为"此即气球之始……近天津武备学堂亦制气球多具，殆袭奇肱之遗法乎！彼西士亦谓中国唐代时欲于空际飞行，绘画成图，是彼明言气球之制本于中国矣"。㊸

当然，"西学中源"论从学术研究角度看，自然荒谬迭现，不过，在时人接纳、援引西学的过程中，仍有其积极意义。全汉昇《清末的"西学源出中国"说》一文中列举了"西学中源"的三种作用，可作为总结：其一，西学既然源出中国，那它们本来就是"国货"，因此"种族意识便无形中除去，西学便被中国人接受了"；其二，"西学中源"表明中国人的"聪明才力不下于西人，故西人所能之学,中国人当然亦可学而能";其三,既然西学中国古已有之,那么采用西学"即以复古"。㊹或者可以说,"西学中源"是中国近代接受西学过程的必经阶段,也是普通士人对待中学、西学的基本观念。

四、海外异国:地理想象

地理知识和观念在晚清国人接纳"西方"的过程中所具有的重要意义,自不待言。㊽关于海外异国的附会和想象,亦曾成为从"地理"上认识和接纳西方的特征之一。以金永森为代表的普通士人努力发掘传统资源,通过与有限的西方资源相结合(中多附会),形塑了他们关于西方的地理观念。因此,如何从古代典籍中"发现"古人关于西方的知识,就构成《西被考略》一书地理方面的主要内容。

该书《自叙》有一个自问自答:"古人知有外国乎?古人不知有外国,何自名为中土也。古人知有四海乎?古人不知有四海,何以名大地曰州也。"㊻按照金永森的看法,古人早就具有域外地理知识,《帝王世纪》谓神农以前有大九州、邹衍海外九州说、《列子·汤问篇》四海之外犹齐州、《庄子》中国之在海内犹稊米之在太仓,这些说法,"如出一辙,必古有此学,互相传述,乃能前后符合,以今中外舆图证之,确凿可据,非肆意妄言也"。㊼实际上,自古中西就有交往,"中西原自相通,乾始西北,辟创较东南早,学子不考古书,坐井观天,不知宇宙之大,谓今日通商为亘古奇事,何其陋也"。㊽通过这种论述,大致可以领略《西被考略》一书的基调。

不过,在金永森的观念里,偶尔也出现某种矛盾,一方面认为"中国古人无事不知,无所不能",一方面又说"古书之微旨多矣,非其博洽不逮今人,不知宇宙之大也。自明季利氏东来,著书传教,始言海外诸国。艾儒略、南怀仁继之,五大洲之名益著"。㊾对此,金氏的一个解释是:“事理无穷,虽博通之士,难尽周知,况六合以外乎。”(50)因此,顾炎武不知道西洋即西海,纪晓岚不知道回国有铜城,就并不奇怪。据金永森在书中运用西学知识的方式来看,西学处于从属地位,主要服务于“西学中源”论,或许由此也可在一定程度上理解这种矛盾。

金永森认为中国古书中已经包含许多关于外国地理的记载,这部分讨论集中在《西被考略》第一卷和第二卷的《海西建国原始》。金氏一一考证出《山海经》《十洲记》《穆天子传》《列子》《博物志》《拾遗记》等古书中涉及外国的地理内容。其论证的基本方式是,先列出古书中的一段记载,然后利用中西书籍的各种说法,“考证”其今在西方某地(也有存疑者)。这两卷中讨论《山海经》的内容最多,约占全部篇幅的三分之二,涉及《海外西经》《大荒西经》《西山经》《海外南经》《大荒东经》《大荒北经》《海内北经》《海内经》,共计 14 条记载。

在该书《凡例》中,金永森就明确指出:“是书取《禹贡》‘西被流沙’一语命名,专考泰西各国事迹。……以中西诸书互考,欧洲各国开创伊始,并在古帝王戎索之内,又何疑乎?”又说:“邹子称海外九州,儒者鄙其语为闳大不经,非今日中西通商,邹子之冤谁白乎?即如《山海经》,昔人多云伪书,以今舆地考之,多有合者。”(51)基于以上思路和方法,金永森对《山海经》中有关“西方”的地理记载一一作了“考证”。

接下来看看金永森论证的基本思路和过程。《山海经·海外西经》中有一段记载:“女子国在巫咸北,两女子居,水周之,一曰居一门中。”据书中金永森关于“西王母”的考证,知欧洲各国多为女子所创,以“西女”为国名并不奇怪。《旧唐书》中就有东女国、西女国的记载,东女国在中印度,方位不在“海外西”,所以《经》中的“女子国”应为西女国。《唐书》和《大唐西域记》也有西女国的具体记载，一说"拂箖际海有西女国"，一说"佛懔西南海岛有西女国"。而且，徐继畬、魏源、李光廷等人都认为西女国为西里亚。据以上诸条，金永森推断："西里亚在地中海滨，其西有西女岛，开辟初或在海中。"㉜其中的关键是对"水周之"的解释，一般注者解释为"水周其堂下"，而金永森则解释为"海水周环其外"。这样一来，《山海经》中的女子国周围就是海水环绕，也即一个海岛。再加上前面的论据，合在一起看，《山海经》中的女子国与西女岛正相符合，由此证实女子国即西里亚（叙利亚）。据此结论，金氏进而指出《俄属游记》《希敦游记》《梁四公记》《梁书·东夷传》《三才图会》等书关于西女国的种种纰缪，这些谬说还造成了负面影响："注《山海经》诸家间采其说，以为典实，阅者骇异，疑海外并无其国，与西王母、瑶池、元圃同一荒渺，致此书埋冤三千余年，皆自诸说招之。使非今日重洋洞辟，使节相望，足履目验其土，则西女国亦弱水蓬莱类耳。"㉝

再简单举几例。《山海经·大荒西经》："西北海之外，赤水之东，有长胫之国，有西周之国，姬姓，食谷，有人方耕，名曰叔均。"金永森根据自己掌握的西学知识，指出"今欧洲人下半体长，所谓长胫之国也"。㉞《山海经》中的"西北海外"，根据地理分布，大荒西北方向的海只有里海和黑海，其他都不符合，里海、黑海之外为"今土耳其东境，欧洲创辟皆在迤南诸国，长胫之国当在此"。㉟其他如《大荒西经》的"寿麻之国"在阿非利加洲（即今非洲），《大荒北经》的"大泽"即里海，等等。当然，也间有否定或存疑者，如《大荒东经》的"大人之国"，金永森就认为记载有误，实际并无此国。

书中的思路和论断大体如上所述，金永森把《山海经》等古书上的说法和自己掌握的西学知识结合在一起，广征博引，以考据的形式，做出种种大都属于附会的解释，说明古书中记载的就是西方

某国某地。在书中,金氏把《山海经》14条记载都作了考证,指出其中地名所对应之地,为方便起见,列表如下:

	《山海经》记载	西方地域
1. 海外西经	白民之国	在欧洲
2. 大荒西经	西海之南	西海即里海、黑海等处,海之南为今土耳其东南境
	流沙之滨	阿剌伯地傍红海,流沙当在此
	赤水、黑水	在印藏等地
	昆仑之邱	黎巴嫩山
	弱水	在阿剌伯(阿拉伯)境内
	炎火之山	地中海附近
3. 西山经	玉山	在巴比伦
4. 海外西经	女子国	西里亚(叙利亚),即西女国
5. 海外西经	丈夫国	意大里(意大利)
6. 大荒西经	西北海	里海或黑海
	长胫之国	在土耳其东境
7. 大荒西经	寿麻之国	在今阿非利加洲(非洲)
8. 海外南经	周饶国,一曰焦侥国	国应在西(欧洲)
9. 大荒东经	大人之国	有误,今太平洋并无此国
10. 大荒北经	大泽	里海
	毛民之国	在亚细亚(毛民即艾萨克)
11. 大荒北经	有人方食鱼,名曰深目之民,盼姓,食鱼	国在俄罗斯
12. 海内北经	蛇巫之山,一曰龟山	疑在今哈萨克、霍罕、德波尔科等地

(续表)

	《山海经》记载	西 方 地 域
13. 大荒北经	苗民	在今地中海东南
14. 海内经	有钉灵之国	地在漠北,今俄罗斯之锡伯利部

在此,也有必要略加提及王先谦的看法,作为精英士人的王先谦和作为普通士人的金永森,二人的地理观念有同有异。王先谦在为《西被考略》所写的序中说:"外人之通阻于中国无所加损,而必视吾德之能来远与否以为衡。自禹奠九州,使大章步西极,益作《山海经》,同洲二倭天毒皆列《海内经》,而《海外经》白民之国说者以为欧人白种,盖唐虞之明德远矣。"⑤此处的基本立场和观点,与金永森并没有什么差异。

一旦涉及具体问题,王氏的看法和主张就与金永森有所区别,而且在后来的著述中,观点也有变化。一般被视为保守的王先谦,其实很多方面是趋新的,从其所著《五洲地理志略》和《外国通鉴》来说,他的西方地理知识水平远高于金永森,观念也更开放。王先谦在序中已经说道:"邹衍瀛海九州之论,惠施燕南越北之谈,于五洲地球仅得其仿佛,虽最近之日本三岛,亦以为海上神山。"⑤ 1909年写的《五洲地理志略序》,对于邹衍的大九州说,王氏就认为"由今观之,衍言徒耳食也。自汉迄明,志方舆者,鲜及海外",⑧几乎全部否认古书中有谈论海外的内容。民国以后,在1916年所写的《外国通鉴序》中,王先谦也明确谈到对《山海经》中"域外"记载的看法:

自五洲大通,天地之形豁然呈露。轮车商舶,逾月而达乎四方。丹穴、空桐、太平、太蒙之人,游敖而聚于一室内。山犹是山也,海犹是海也,而国之为国,更仆难终。试执经以证其源流,上古可考者:鲁巨、燕、瓯、闽南北、倭、朝鲜、貊外,《大荒》《海外》乃更无可寻求。⁵⁹

实际上,《山海经》中可考者乃少数,至于《大荒经》《海外经》所涉及的域外远方异国,更是没有办法得到证实。上文已经提到,对于邹衍、列子、庄子等关于海外的说法,金永森是持肯定态度的,也认为古书上关于域外的记载大都真实可靠,这与王先谦的观念显然不同。

结　　语

金永森生活于晚清民初,遭逢"三千年未有之大变局",西方作为一个强大的他者,深深地影响了近代中国的历史进程,也参与形塑普通士人的知识和观念世界。其中,如何对待"西学""西方",就成为人们不得不面对的问题。对于金永森这样的普通士人而言,在他们的"知识仓库"中,传统无疑占据主要位置,而且力图从传统中发掘可以回应时代变化的资源,《西被考略》就是此种努力的表现。在该书中,作为主体的中学和附属的西学,共同构成塑造金永森观念世界的基本资源,同时,"西学中源"和"地理想象"也很大程度上决定了他运用中西学资源的方式,两者是一个不断交织互动的过程。自然,金永森的观念多属牵强附会,但就了解一般知识、观念的历史状况而言,又自有其意义,至少呈现了当时普通士人知识和观念世界的某些面向。

当然,从借鉴或传承的角度来说,应更多关注处于知识和观念金字塔顶端的精英人物,他们站在历史的风口浪尖,对时代问题做出了更为积极有效的回应。普通士人往往只能被动地承受时代潮流的拍打,有心或无心,但都显得无力,知识和观念在他们这里通常也只是被简单复制(传声筒),而且也无可避免地发生缩减或变形(构成他们的"个性",也显示其庸常)。

那么,面对研究对象的知识和观念世界时应持何种态度呢?"知人论世""了解之同情"自是应有之义。这就要求把研究对象尽可能置于、还原到具体的历史语境,而且,任何观念总是熔铸于具体的生命个体,文本只是观念被记录的方式,而非观念存在的方式(文本依然是把握观念的重要依据)。对于历史中的个体而言,观念不是外在的,而是生命世界的有机组成,构成他们在具体处境中幸福或痛苦、成功或失败、伟大或平庸等等的要件,他们在日复一日的生活世界中承载着不同的观念及其后果。这些恐怕是"知人论世""了解之同情"应该注意的,也是研究时应有的"先入之见"吧。

---

① 金氏多次游历外省,《洪戒山人事略》中就提及"屡游京师"(这与其参加会试有关),也到过浙江、上海等地,《洪戒山人诗稿》有诗题名为《雷峰塔》《六和塔》《灵隐寺》《苏小小墓》《游法源寺》《乱后重申江》《壬辰北上重过申江》等,由此亦可想见其在北京、上海等西方知识和观念传播的前沿阵地所受之熏染。

② 单就今人研究状况而言,围绕刘大鹏已经产生了大量论著,略加搜索即可得见,此不赘举。关于金永森,笔者阅读所及,只看到一篇文章,亦非专门研究,即周启志的《寻根:我从哪里来?——洪武大移民中的江西填湖北》(《学习与实践》2010 年第 5 期,第 133—140 页),因金氏写过一篇《筷子街考》,与此文研究的移民问题有关,文中对金永森的生平有简单介绍。

③ 罗志田:《科举的废除与四民社会的解体:一个内地乡绅眼中的近代社会变迁》,载氏著《权势转移:近代中国的思想、社会与学术》,湖北人民出版社 1999 年版,第 174 页。

④ 金永森:《洪戒山人诗稿》,民国十二年(1923)武昌初刻,民国十八年(1929)增刻。

⑤ 据1992年武汉出版社出版的《黄陂县志·人物篇》,排在《人物篇》首位的是金国钧,为黄陂六指店金家湾人。金国钧是金永森的世父(大伯父),但《人物篇》中无金永森。据书中收录人物的重要性来看,金氏应有资格被收入。

⑥《洪戒山人诗稿·洪戒山人像赞》。

⑦ 王同愈:《西被考略·序》,载《西被考略》,清光绪二十九年(1903)武昌刻本。

⑧ 据《中国近代学制史料》编者注,"存古学堂于同年(指1907年,笔者注)七月正式开学,场面甚为隆重。但以后实际办得并不景气。据《学部官报》一百五十八期《学务报告》报道:'腐败情形,日甚一日。经史词章各科教员,或并不到,或到学而不上堂授课。''一切任意,漫无规则,已成习惯。'"参见朱有瓛主编《中国近代学制史料》第二辑下册,华东师范大学出版社1989年版,第507页。

⑨ 黄嗣东:《崇阳蒙先生遗集序》,载《四库未收书辑刊》第2辑第21册《三湘从事录》,北京出版社2000年版,第562页。

⑩ 该书北京出版社《四库未收书辑刊》中有收录。1946年神州国光社出过竖排繁体标点本,1982年上海书店据神州国光社1951年版影印过,2002年北京古籍出版社出过横排简体标点本,该书前有金氏的《序》和《例言》。

⑪ 该书于民国十二年(1923)铅印出版,后有台湾成文出版社有限公司1975年影印本。

⑫《华国月刊》第1期5首:《澽鱼》《忆平山堂》《打麦歌》《晚凉》《题驸马府堂》;第2期2首:《过彰德车行甚驶欲访铜雀台不果》《楚霸王墓在谷城山中》。

⑬ 王同愈:《西被考略·序》。

⑭ 王先谦:《近代中国史料丛刊》第69辑《虚受堂文集》,(台北)文海出版社1971年版,第419页。

⑮《地理质学》书名应为《地理质学启蒙》,《动植物学》似应为《动物学

启蒙》和《植物学启蒙》二书,编译者应为艾约瑟,连同《西学述略》一起,三书均归属于赫德请艾约瑟编译的 16 种启蒙丛书中,该丛书于 1886 年由总税务司出版。

⑯ 为艾约瑟编译的《动物学启蒙》《植物学启蒙》二书合称。

⑰ 应为雷侠儿《地学浅释》。

⑱ 疑为 1897 年美国厄尔文撰,黎汝谦、蔡国照译《华盛顿泰西史略》,有湖南新学书局 1897 年刻本。

⑲ 《俄游日记》四卷收录在《俄游汇编》十二卷中。

⑳ 熊月之:《西学东渐与晚清社会》,上海人民出版社 1994 年版,第 11 页。熊月之的数据来自徐维则《东西学书录》,据该书统计,截止 1899 年,共收西书 567 种(不包括纯粹宗教书籍),减去 1860 年以前出版的 12 种,故总数为 555 种。

㉑ 全汉昇说"集西学源出中国说的大成,而使它成为系统的整个的著作者是王仁俊氏",参见全汉昇《清末的"西学源出中国"说》,《岭南学报》1935 年第 4 卷第 2 期,第 89 页。

㉒ 张之洞:《劝学篇》,《张之洞全集》,河北人民出版社 1998 年版,第 9766 页。

㉓ 朱维铮校注:《梁启超论清学史二种》,复旦大学出版社 1985 年版,第 498 页。

㉔ 《西被考略·自叙》,第 5 页。

㉕ 《西被考略·凡例》,第 8 页。

㉖ 《西被考略》卷三,第 4 页。

㉗ 《十三经注疏·周礼注疏》,中华书局 1980 年版,第 816 页。

㉘ 《西被考略》卷三,第 1 页。

㉙ 郑《注》:"菹之言藉也,祭食有当藉者。馆所以承菹,谓若今筐也。……《士虞礼》曰:'苴刊茅长五寸,实于筐,馔于西坫主。'又曰:'祝盥,取苴降,洗之,升,入设于几东席上,东缩。'"引文见《十三经注疏·周礼注疏》,第 816 页。

㉚ 《西被考略》卷三,第 2—3 页。

㉛《十三经注疏·周礼注疏》,第816—817页。

㉜《西被考略》卷三,第9页。

㉝同上,第14页。

㉞《十三经注疏·周易正义》,第86—87页。

㉟《西被考略》卷五,第1页。

㊱袁珂:《山海经校注》,上海古籍出版社1980年版,第213页。

㊲《西被考略》卷五,第16页。

㊳《西被考略》卷三,第43页。

㊴《西被考略》卷五,第2—3页。

㊵《西被考略》卷三,第43页。

㊶陈忠倚编:《皇朝清经世文三编》卷六二《工政二》,上海书局光绪壬寅(1902)夏石印本,第11页。

㊷《皇朝经世文统编》中收录了《论气球》和《气球说》两文,参见《皇朝经世文统编》卷九五《格物部一》,上海宝善斋光绪辛丑年(1901)秋石印本,第21—22页。其中涉及《山海经》奇肱国飞车的《论气球》一文取自《申报》上《气球对》一文,《论气球》省去了客人问的部分,录取主人"对曰"以下全部文字,《气球对》载《申报》1895年12月1日第1版。《清朝续文献通考》中也有关于气球的内容,参见《清朝续文献通考》卷二四〇《兵考三十九·军器》,商务印书馆1936年版,第9849页。

㊸王仁俊:《格致古微》,载《四库未收书辑刊》第9辑,北京出版社2000年版,第15册,第128页。

㊹全汉昇:《清末的"西学源出中国"说》,《岭南学报》1935年第4卷第2期,第93、97、98页。

㊺比如周振鹤就说过,"在明清之际与晚清时期,世界地理知识的引进,就似乎使历史与地理的关系颠倒过来,是靠西方地理来引路,才进而了解西方的历史,才走出天下而进入世界",参见周振鹤《一度作为先行学科的地理学》,载邹振环《晚清西方地理学在中国》,上海古籍出版社2000年版,第6页。邹振环在该书中对此问题亦多有讨论,此不赘述。

㊻金永森:《西被考略·序》,第4页。

㊼ 同上书,第5页。

㊽ 金永森:《西被考略》卷一,第20页。

㊾ 金永森:《西被考略·序》,第4—5页。

㊿ 金永森:《西被考略·凡例》,第11页。

51 同上书,第7页。

52 金永森:《西被考略》卷二,第4页。

53 同上书,第5—6页。

54 同上书,第12页。

55 同上书,第13页。

56 王先谦:《西被考略序》,载《近代中国史料丛刊》第六十九辑《虚受堂文集》,(台北)文海出版社1971年版,第419—422页。

57 王先谦:《葵园四种》,岳麓书社1986年版,第419—420页。

58 同上书,第120页。

59 同上书,第125—126页。

·域外专论·

翻译《人的天职》：梁启超、费希特与民国初年的政体讨论*

顾有信著　夏　静译　章　可校

摘要：本文主要研究梁启超在 1915 年讨论德国思想家费希特"人的天职"的长文，尝试解析激发梁启超关注费希特思想的各种因素，集中展现梁启超对费希特基于人之"天职"观念建立现代政体方案的改造，并论述梁启超如何把费希特塑造成新的"人生观"的倡导者。本文认为梁启超尽管在文字词句层面极大地背离了费希特的原作，但却把握住了费氏思想的根本精神，从中也折射出梁氏在民国初年自身的思想转变。

关键词：梁启超，费希特，人的天职

顾有信（Joachim Kurtz），德国海德堡大学汉学系教授

---

* 这篇文章的大部分研究都是在柏林自由大学进行的，门德（Erling von Mende）教授耐心地指导了我多少有些宏大的探究。我也要感谢施维叶（Yves Chevrier）、傅佛果（Joshua Fogel）以及赫兰德（Douglas Howland）对文稿早期版本的评论。所有的错误和遗漏全部由我自己承担。

近代中国政治与社会概念的历史,很大程度上是与翻译、挪用的历史联系在一起的,在某些情况下,是对西方概念的"创造性转化"(林毓生)。体现中国政治和社会语境的术语被创造出来,作为西方概念的译名,或直接取自欧洲语言,更多时候取径日语,只有极少数的例外。从 19 世纪下半叶起,中文新术语的产生过程,涉及很多作者、语言、表达方式、文本、流派、媒介、利益、信仰,以及传播路径等。即便是关于单个术语的翻译,都难免存在诸多疑问。用豪兰德(Douglas Howland)的话来说,①语义的透明性几十年来通常都是难以捉摸的。

尝试撰写近代和当代中国的"概念史"(*Begriffsgeschichte*),必须理顺新的、有时颇具不稳定性的、多层复合的术语翻译过程。然而,为了撰写概念史,即便拥有最全面的词汇数据,②其效用本质上也是受限的。在跨文化交流的早期阶段,构建译文的表层涵义很具价值。被用来传达外来意义的"意指"是最有意义的,只要它们的定义和基本内容在新的话语环境中尚未确立。在短暂的翻译瞬间,对"意义复制词"(lexical replicas)的选择确实能决定人们对特定概念的理解。③举例来说,对于 19 世纪后期不熟悉西方"民族"(nation)概念的中国读者而言,"民族"概念是用词语"民族"(人民之家族)来表示,还是用"国民"(一国的公民)来表示,当然有所不同,而且除了这两个词外,当时用来翻译西方"民族"概念的词还有很多。

然而,正如一位评论者早在 20 世纪 10 年代就提出的,读者越是习惯于这个新概念及其多种不一致的解释,他们就越能在互相竞争的政治理论的广阔语境中,意识到这一概念的系统性价值,也就越不会"望文而生知"。④词汇一旦被纳入中国概念的谱系中,最初可能会影响理解的"意义复制词"很快就沦为平常,作为任意的、语义更为中性的符号外壳。

追溯某个词汇的产生过程是必要的,但这只是撰写中国近代社会和政治概念历史的前奏,最多只是序幕。只有最初的接受过程完结以后,大多数概念才会被充分带入生活当中。在随后的本土化阶段,翻译至少是在文本层面继续发挥着决定性的作用。清帝国覆亡后的最初几年,此前产生的新术语和新概念被越来越多地本土化运用,这激励中国学者们更加自由地挪用外国思想家的观点,并更激进地修改后者的观点以适应本土语境。

一个典型的例子是梁启超(1873—1929),作为20世纪早期最多产、最具创造力的中国学者之一,1915年他在一篇长文中随意改编费希特(J. G. Fichte)的观点。⑤梁在他背离原作的文章中,忽视了大部分的"字句层面",但他很好地把握住了费希特这部通俗著作的"精神",其文章奠定了基调,开启了中国人在未来一个世纪里对这位极具争议的德国民族主义偶像的迷恋。

本文旨在重构梁启超对这种存在于中国近代新兴民族主义话语中的"精神"的译介,并尝试解析出,是哪些主题激励梁氏及其众多同行去发掘费希特的含糊的思想遗产。简略回顾费希特的中国政治和意识形态语境后,笔者将讨论梁启超对费希特在建成现代"政体"的方案中提出的关键术语的改造,并概述梁氏和其他人所见中国后帝制时代的困境与德意志主权受到威胁——这是费希特在他关于国家和个人的自我主张中极力抗辩的——这二者之间的相似之处。随后笔者论述梁启超如何把费希特塑造成一位形而上学的"人生观"的倡导者,这一"人生观"被视作可能是复兴中国最好的"意识形态指导"。梁启超将追求快乐与培养有道德的自我统一起来,后者若加以恰当的引导,将无条件地服务于国家与社会,由此,在梁氏看来,费希特消解了所有现代国家必须面对的进步与道德之间的张力。最后,笔者检视了梁启超为理想的政体中新的劳动分工绘制的蓝图,这保证了学术精英们得以恢复因帝国秩序崩塌而失掉的特权地位。

费希特的拯救之路

在世道普遍忧虑的那个历史时刻,梁启超发现了费希特。中华民国成立伊始,曾在帝制晚期推动知识精英们参与政治事务的那些美好愿望并没有实现。共和制度的不健全以及自称"现代"或"文明"观念守护者的作用寥寥,都引发了广泛的失望。外部压力同时也加剧了国内危机。日本提出臭名昭著的"二十一条",旨在确保日本对山东、满洲、内蒙古、东南沿海大部以及沿长江工业带的控制,对中国政治主权和领土完整构成了严峻挑战。⑥新生的共和国无力反驳帝国主义这些赤裸裸的要求,一种彻底的绝望感出现,知识分子对"中华民族灭亡"的持续的非理性的忧惧蔓延,⑦对新国家的信心迅速减弱。

资历较深的一些学者,包括宪政改革的首倡者如康有为和严复,提倡恢复君主政体以克服共和政府的软弱。他们的提议被总统袁世凯利用,以支持其称帝的野心,此事随后引发了激烈的公开辩论。1911年的革命者害怕他们的成果付诸东流,激烈地反对任何复兴传统观念和制度的尝试。团结在进步党中的温和派势力,同时也反对任何由政府出面的复兴传统的建议。⑧作为进步党"精神领袖"的梁启超,认为国体的变化在历史上是与革命运动相连的,而革命运动不可避免地会造成混乱并使国家进一步虚弱。在梁看来,成功的政府与国家的外部形式毫无关系。更重要的是,现存结构需辅以合适的"政体"。⑨为了建立一个可行的政体,梁认为中国需要颁布一部有效约束统治者和被统治者的宪法;最重要的是,要对国家和个人的关系达成新的理解。⑩对于后一问题,梁启超从费希特那里找到了理想模式。实际上,在第一次世界大战爆发之前,中国人对费希特这位思想家鲜有兴趣。⑪

梁启超在1915年2月和3月写成的一篇题为《菲斯的人生天职论述评》的文章中提倡这一模式,他提醒读者,此时期因"中日交涉告急"被蒙上阴影。这篇文章分为两部分,分别刊于1915年3月和4月他的《大中华》新杂志。⑫第三部分梁自称将于同年6月刊登,但最终并未刊出,这很可能是因为5月9日袁世凯承认了"二十一条",5月25日日本将进一步签订加强对中国控制的条约,由此引发了政治动乱。早在4月底,梁启超就知道袁世凯已决心恢复帝制,占据皇位,尽管袁氏自己不断发表相反言论。⑬他因此断定,传达学术界主张的时机已经错过,并且无法挽回。梁启超与袁世凯政府维持正式关系的同时,加入了旨在废黜皇帝、武装保护民国"国体"的密谋集团。⑭

尽管梁启超介绍费希特之观点的文章并未如预期那样,阻碍政治形势的发展,但它却激起了研习中国近代思想史的学人的很大兴趣。一方面,这篇文章在梁启超辉煌的著述中占据了特别位置。1903—1904年,梁氏早期对西方全体事物的热情开始减弱,自那以后,梁再未写过任何明确基于外国思想家观点的文章。这种克制的原因之一是一次"思想清醒"的美国之旅,这趟旅行使他对西方政治制度和社会风俗的赞赏大为减少。⑮此外,20世纪前十年,随着革命运动的趋势日趋明显,提倡西方思想难免被视为是"激进的政治宣传"——这是梁启超放弃早年的革命倾向转到渐进主义立场后想要扭转的一种印象。⑯

梁启超发现并介绍费希特,并不意味着他回归了年轻时的激进主义立场,相反,他最终发现了费希特这位西方思想家,其观点使梁启超能够将他仍珍视的早期的一些信仰与晚年在文化、国家、社会和教育等领域所持的更保守的立场相结合。他介绍费希特的文章也因此预示着其思想的新转向，促使他在20年代从政治事务中抽身出来，将全部注意力投入学术追求中，最突出的是他对中国古代学术史的重构。[17]同时，本文认为，梁启超后来的观点绝对不能被看作是对那些促成了他大多数政治活动观点的突然背离。确切地说，梁启超关于费希特的思考，显示出他晚年在文化上的保守观点与在世纪之交形成的一些更自由的观点之间的天然联系。

梁启超的文章引起人们兴趣的第二个原因在于，它奠定了一种"主旋律"，引导中国人直至今天仍然对费希特抱有极大兴趣。即使是他政治上的追随者都要承认，[18]这篇文章即便以最低的精确性标准来衡量都不能令人满意，但梁却能辨识出20世纪中国学者对费希特会予以赞赏的关键性主题。尽管梁氏作为公共知识分子的影响力到1915年已大为减弱，[19]但他却再次预料到较他受过更完整西学训练的后继者的偏好。梁启超通过这篇关于费希特的开创性的文章，最后一次证明了自己是融贯的天才，使他成为中国近代最具影响力的人物之一。

术 语 问 题

考虑到梁启超未曾直接接触过费希特的任何著作，他对中国人接受费希特产生的普遍影响尤其惊讶。尽管他声称文章是根据费希特未指明版本的《大众著作》(*Popular Works*)写成，但他实际上根据的是日文文献（对日本敌对政策的失望可能让他更不愿透露文章的写作来源），日文是他唯一能读懂的外国语言。[20]

他背离原作的文章源自一本题为《人间天职论：人生解说》的书，书的三个部分是费希特短篇著作中三篇文字的完整日译文：第一部分是《学者的天职》(*Einige Vorlesungen über die Bestimmung des Gelehrten*)，第二部分是《论学者的本质及其体现》(*Vom Wesen* des Gelehrten, On the Nature of the Scholar and Its Manifestations），第三部分是《人的天职》（Die Bestimmung des Menschen）。[21] 单个的标题没有被翻译出，只见于译者杉谷泰山（Sugitani Taizan）在片假名抄本中所作的简短序言。[22] 序言指出，选集能够为人类的幸福快乐提供哲学上的指导，其作用与他早些时候改编的一本著作是相似的，那本书是叔本华（Arthur Schopenhauer）的《人生的智慧》（Aphorismen zur Lebensweisheit）。然而，梁启超与其说将杉谷之选集作为个人追求快乐的指导手册，不如说是借此宣扬一种嵌于具有精神内涵的"人生观"中的人际道德的乌托邦观念，他将此视为解决中国政体危机的最好方法。

梁启超虽未表明写作来源，但他坦承对杉谷文本的自由改编，如他在引言中所写，为了读者"取便"，他决定"取材非一篇"。他未必注意到原作的"行文组织"。同时，为了"引申"费希特的洞见并将它们与现在"联系"起来，他加入了自己的一些观点。他的理由是要为他的读者免去费希特哲学理论的"错综复杂"，与读者分享十分宝贵的"实际指导"。

很自然，梁启超的文章与费希特的任何著作几乎没有相似之处。梁对原作的背离在词汇方面基本不存在困难。梁启超改编源自费希特著作的日文译本中的关键术语显得相对流畅，原因之一在于，即便是原作也只包含了有限的技术术语。费希特在他的通俗著作中，有意识地避免让理念论的术语充斥其中。基本的伦理和政治术语是费希特学说的核心，也如实地出现在杉谷日文译本中，比如"道德""幸福""个人""自己""国家""社会""权利""义务""价值""自由""平等""自由意志""阶级"或"分业"等。梁启超在发表他的文章时，这些术语在日本和中国有着几乎相同的意思。费希特在他的论证中所依托的少数认识论术语也是如此：不管是译词"精神"（mind）、"物质"（matter）、"理性"（reason）、"观念"(idea)、"感觉"(sensation)、"理想"(ideal)、"一致"(identity)，还是那些更特殊的费希特哲学(和康德哲学)的概念，如"我"或"自我"(ego)、"非我"(non-ego)、"外界"(outside world)、"本体"(substance/noumenon)和"自觉"(self-consciousness)，似乎都没有给梁启超造成困扰，而他也相当自信他的读者足够熟悉这些术语，因此不需要他进一步解释。

当然，梁氏相对轻松地对术语进行改编，并未能保证所有这些概念得到充分表现。但这却提醒我们必须在别处寻求概念不一致的根源。在梁启超和杉谷的文本中，唯一重要的例外是对术语"天职"(日语发音 tenshoku)的使用，"天职"是对费希特"Bestimmung"一词的翻译。费希特有意利用德语"Bestimmung"的双重意义，兼指"命运"和"决心"，正如英文"vocation"。尽管源于此，但日文和中文翻译——可被转译为"天职"(heavenly duty)——只抓住了其中的一个方面，更重要的是，它将一种预定的"义务"感放入最初植根于理性之自主的概念中。

如果在梁启超的文章中存在术语问题，那么有些讽刺的是，它们是与梁氏比较性地阐释费希特深刻的哲学观点时所使用的传统术语的模糊性相关的。梁启超毫无根据地将中国传统概念和西方近代概念对等起来，至少是让那些具备更深厚传统经典基础的人感到困惑，而不是如他所期望的，帮助他的读者在更熟悉的语境中理解费希特的观点。梁虽然有广博的学识，但其同时代的许多人抱怨他在著作中对佛教和儒家术语尤其特殊的运用。[23]梁氏倾大半生之力去传播"新知"，定义"文明的"现代政体理想，他早年对佛学的钻研和所受的经典训练到1915年已经消退很多了，[24]这也表现在他对一些大胆的比较论其实摇摆不定。虽然不是完全没有先例，但他将费希特的"外界之观念"等同于佛教认识论中"(感官的)六根"，或是将哲学家的"理性"和"感性之我"概念等同于宋儒学说的"义理之性"和"气质之性"概念,这都太牵强附会。然而,即使是上述以及类似的例子表明他的术语具有不稳定性,我也认为,大体上梁在他的改编中很好地实现了对费希特的关键术语的词汇转化,使得"术语问题"变得无关紧要。

正因如此,梁启超的文章或许是中国人挪用西方思想第二个阶段的一个早期典型文本。梁自信地利用世纪之交以来创造出的政治和哲学词汇,他的改编不仅试图译出关键概念较难触碰到的方面,比如费希特关于紧迫性的独特修辞,还创造出一个共享的语境,其中所有这些要素有可能对他的读者产生吸引力。

共通的危机感

梁启超的文章开篇作了一个传记式的概述,介绍了费希特著作的中国版本里将会出现的两个一致性特征:第一,强调中国当前的危机与身处被占领柏林的哲学家们所面临的紧急状况是相似的,即便没有后者那么严重;第二,相信——毋宁说是希望——以费希特为榜样,学者的积极活动能成为克服看似不可逾越的障碍的最有效的方法。梁启超基于我们未知的资料来源,强调了费希特为20世纪德国备受赞赏的国家复兴做出了极大的贡献。

梁声称引用了英国历史学家威廉·道森(William H. Dawson,1860—1948)的观点,他宣称"凡稍习于欧洲国故者"都认同,现代德国的建立者不是腓特烈大帝(Frederick the Great)、俾斯麦(Otto von Bismarck),也不是威廉二世皇帝(Kaiser William II),而是四位"智者":"诗歌英雄"歌德(Johann Wolfgang von Goethe)、席勒(Friedrich Schiller)以及"哲学家"康德(Immanuel Kant)和费希特。[25]席勒和歌德通过创新性的戏剧和诗歌"感化"德意志公民,这对于现代民族国家的形成是必不可少的。费希特和康德则通过

"理想道德"促使爱国者采取坚决的行动。德国的文学英雄和哲学英雄通过他们的联合贡献,其实现的目标反映了梁自身政治哲学的一个基本信条:相信创造"新民"是拯救国家必不可少的基础。㉖

在梁启超看来,费希特为这个目标所做出的贡献,到目前为止是超过他同时代人的。虽然他作为一个哲学家的影响力无法与康德和黑格尔(Georg Wilhelm Friedrich Hegel)相比,但他对"世道人心"产生的影响是超过这二者的。梁氏找到了费希特形塑"新民"具有空前力量的两个原因:第一,"菲斯的之为教也,理想虽极高尚",但他一直不忘强调"力行",他的话"鞭辟进里,一字一句,皆能鼓舞人之责任心,而增长其兴会";第二,费希特能够"感动"和"撼动"德意志人"团结一心",因为在国家面临最严重的危机之时,他用勇敢的行动证明了自己的信念。

梁启超对这一危机的描述,明显与1915年中国的困境以及德意志毕德麦雅(Biedermeier)时期的传说"费希特打败了拿破仑"这二者产生了共鸣:

> 当十八世纪之末,普鲁士之腓特列大王则既逝,乘专制之敝,民苦窳不自聊,政治现象与社会风纪,两皆堕落。西逼强邻,畏法如虎。至1807年,拿破仑之大军,遂长驱入柏林,俘系其士民,而蹂躏其畴晦,女王鲁意斯,几见污焉。当是时,普之不亡如缕。普犹如是,诸小国更何论。今所谓德意志者二十五联邦者,在当日则华离破碎,供拿翁诸将校之采邑已耳。㉗

在梁看来,那时的德意志人与1915年中国的爱国者一样绝望——直到费希特出现:

> 国势如此,则人民之憔悴委顿,岂待问者。当时所谓日耳曼民族者,无贫富贵贱智愚贤不肖,人人皆惟亡国是忧,惟为奴是惧,志气销沈,汲汲顾影。而忽有唤醒其噩梦,蹶起其沉疴,拔诸盲绝望之渊,而进诸辑熙光明之域者,则菲斯的其人也。

梁不像那些被绝望笼罩从而妥协的中国学界同行,他声称费希特将国家危机视为在实践中证明其理论见解的机会,同时也为禀赋较低的人们提供指导。记录这最值得称道的态度的一书——《告德意志国民》(*Addresses to the German Nation*)——持续支配了"全德人心理者百年如一日"。根据梁的说法,很多国家已经挪用费希特《宣言》中的"神力",因此他确信费希特的学说和勇敢行动,也能够使中国的知识分子克服自身及其国家的痛苦,并藉此找到个人和集体新的使命。

梁启超愿意将一位哲学家视作典型的国家英雄,这表明民国初年中国知识精英的自我认知发生了重要转变。在传统秩序崩塌前的最后几年,改良派和革命派最为推崇西方那些标志性的政治家们,如乔治·华盛顿(George Washington)、拿破仑、彼得大帝(Peter the Great),或"铁血"总理俾斯麦。而对诸如马丁·路德(Martin Luther)或弗朗西斯·培根(Francis Bacon)之类学者的尊敬则少很多,即便后者发动了具有深远的实际影响力的"精神革命"。在政治和社会发生剧烈变化的时期,思想智慧几乎不能让那些迫切渴望改变备受蔑视的帝国统治阶层的学者们为之神往。只有民国初年的失败表明实际权力仍旧依赖武力而非崇高的理想和抱负之后,对那场革命的洞悉才同时摧毁了知识精英传统的尊贵地位。正当其时,这一清醒认识促使一些人更细致地检视欧洲学者如费希特的生活与观点,他们面临着类似的挑战,即重新定义他们在社会和国家中的角色。

让费希特对这一挑战的回应能适用于中国,是梁启超文章隐含的目标。尽管梁在引言中表示,他对这一回应的看法是建立在《告德意志国民》的基础上,希望将他们的"神力"转移到中华民国,但梁氏必须承认的是"殊为遗憾",他没能获得那让人惊叹书的复本(最可能的原因是那本书还没有日文版)。[28]梁反而将取自费希特"通俗讲演"的"良策"放入一个旨在建成健全的中国政体,且知识分子在其中有特定位置的详细方案之中。

借用"一种新人生观"

事实上,这些"通俗讲演"尽管对梁启超而言是陌生的,但和《宣言》相比,它们与梁氏的目标和信念要契合得多。梁通过利用《人的天职》和《学者的天职讲演集》(*Lectures on the Vocation of the Scholar*),得以为他的政治主张构筑一个精神基础,其主张恰好表现了萦绕在他很多同道们心头的生存焦虑,这都因寻求恰当新秩序的努力白费而起。通过将这一精神基础置于整体的"人生观"框架中,梁构思了一连串的想法,它们在20世纪20年代早期关于"科学与人生观"的讨论中得到了最充分的表达,且直至今日仍在塑造中国人关于政治与道德关系的思考。[29]

梁启超在一篇题为"人生之疑问"的文章中概述了他关于这一精神基础的思考,这篇文章隐约受到费希特《人的天职》第一章("疑问")的启发。[30]然而,梁是在一个与费希特不同的层面上提出"疑惑的问题",且有着与之非常不同的意图。对于费希特来说,"我是谁"主要是一个认识论上的问题,他的疑问延伸开来是关于"人可以从自身以及周围世界中了解什么"这一问题;对他来说,伦理考虑是而且只能是第二个要关心的问题。[31]梁的取径正好相反,显示出他对认识论上的局限毫不关心,这也是中国近代哲学话语的主要特征。他唯一关注的是"认同"问题的伦理方面和宗教方面。梁代表他的学术同行表达出的不确定性,不是建立在对获取知识的可能性的疑惑之上,即"我能知道什么",这是伊曼努尔·康德在他的"三大批判"(*Critiques*)中提出的三个著名问题中的第一个。确切地说,他的疑惑更多地反映了确定性的丧失,关乎康德提出的第二、三个问题,即"我应该做什么"和"我可以期望什么"。

在梁看来,传统秩序消亡后确定性的丧失同时具有伦理、精神以及政治意涵,三者不可分离。他承认民国初年持续加深的道德危机和精神危机,主要是个人性的问题。然而,由于所有社会关系的根基遭到破坏,由此导致空前的关于忠诚的矛盾,并不可避免地影响到整个国家与社会。梁在困惑时期所写的一篇关于人生"无意义"的感人文章中,为一直在确信与疑惑中踌躇,难免失掉追寻美好的勇气并忽视对美德的义务的那些人感到惋惜。在关于一个人应该将无条件的忠诚——给"家庭、亲人与朋友","国家与社会",还是他/她自身——的无尽考虑中体现出的明显的道德失落,使得中国精英和新生共和国陷入"酷苦之渊"。即使人们未能就"人生问题"达成一致意见,但还是有必要选择一个可供遵循的可行办法,这一办法是否符合"对"或"错"的哲学标准并不重要。考虑到中国当前的危机,最重要的是所有个体选择一种方案,从许多可能的忠诚对象中选择一组特定的义务("义"),并对其献出所有精力。

梁启超为所有和他一样关心中国民族危机的人,找到了一个解决"人生问题"的具体办法。他将这一答案与三个派别的观点联系起来,在他看来,这三派的观点主导了中国和欧洲历史上关于"人生问题"的讨论。第一派认为人生毫无意义,他们不关心"人类重视的所有事情",尤其是"智识、学艺、道德、名誉、事功,乃至国家社会"。根据他们站不住脚的观点,"好或者坏,赞扬或责备"都是一样的,他们有权以牺牲他人为代价来追求自己的利益。不可避免地,这种自私的冷漠会招致一种自我毁灭式的"乐利主义",此主义盛行于罗马帝国末期和欧洲的"世纪末"(fin-de-siècle)时期。在中国,这种态度在历史上是与道家思想相关的,但在梁启超看来,这一态度在当前不确定的时代正产生特别普遍的影响力。

第二派观点则相信人生是有罪的。梁将所有的宗教归入此范畴下,但特别提及了佛教的实际缺陷。对于梁来说,佛教的人生观与流行的习俗如此不同,它使人们误入歧途,而不是指导他们的日常行动。尽管梁氏尊重"慈悲智慧"这一理想以及佛教"最高尚最伟大"的目标,但他坚持认为,"以俗谛观之",宗教的逃避主义只会加剧世间的苦难。

唯一"有用的"答案由第三派提出,代表人物包括斯多噶派(Stoics)、中国的墨子以及近些时候的费希特。这些思想家主张人生有目的,提出人生有"天职",它给予困惑的个人以希望,同时提醒他们有道德上的义务。在他们的学说中,每一健全的政体所依赖的"义务心",是源自一种确信,即每个个体都是有道德和精神意义的秩序的一部分,这种确信也正是后帝制时期的中国最需要的。

梁启超认为,从这一洞见去推导一般性准则,或一种"主义",需要明确判断每一个人生目标是"个人的"还是"集体的",且要定义隐含在每个人的天职中的义务的具体内容。梁在取自费希特《学者的天职讲演集》一到三章关于个人和社会关系的理论中,给出了针对这两个问题的"完美答案"。梁基于对"个体生命的天职"长久的理论思考,概述了他关于公民对社会的"天职"的看法,并勾画出一幅理想政体的蓝图,其中的个人努力维护集体利益,同时也能充分发挥自己的天赋才能(在一条简短的笔记中梁自己说,他文章缺失的第三部分将如同费希特的讲演集一样,将在学者们的欢庆中被发扬光大,激起他们的爱国心,成为天然的导师和领袖)。

调和道德和对幸福的追求

梁启超论证的第一步是定义个人的天职,这对于他来说是最难的。一方面,要改造费希特"自我"的概念,却不触及这位哲学家基本的认识论原则是不可能的;② 另一方面,梁氏必须让他的读者相信,有可能、实际上也有必要找到一种建立在"为我主义"基础上的共同利益理论,尽管这种主义被传统中国思想视作是不道德的象征。

梁启超首先解决的是第二个困难。梁无视读者的道德情感,直截了当地表示,任何人想知道他真正的天职,都需要接受一个基本的、即使表面看来是让人苦恼的人生事实:人"为我"而生,"为我"而存,且只会依照自身利益行事。我们"为人"的责任归根结底不过是"为我"的责任。梁自己当然很清楚这放肆的言论与传统道德截然对立,但在他看来,旧伦理观不能为一个受达尔文"适者生存"法则支配的世界提供任何东西。传统伦理将道德的基础置于"天命"或"自然"中,人类因无法触及之而变得消极和冷漠,也正是那些特性,不仅被梁启超,也被更激进的思想家比如陈独秀、李大钊这两位中国共产党的共同创立者,视为民国持续虚弱的根源。③

费希特宣扬的态度正是针对这些危险的特性。在梁看来,费希特认为"我即天,惟我宜宰制自然,而自然不能宰制我"。这种观点贯穿费希特的哲学,如同贯穿他人生的态度,流露出了一种提升人类"自信"且将其维持在一个空前程度的"精神"。在梁启超看来,这种精神是中国极其需要的"现代意识"的最重要元素。费希特以一种动态的世界观,"生生蕃动为其本来",来反驳宋元以来为中国哲学家所珍视的"静"的不变理想。这一洞见转而促使他用坚定的"进取主义"取代与中国传统思想共鸣的顺从与反省的理想。㉞

虽然费希特著作中的一些段落似乎预示了进化的思想,㉟且日文译本提到了术语"发达"与"进步",㊱但两个版本都没有证据显示其包含了一种全面的社会达尔文主义的世界观。梁在他的文章中加入了达尔文主义的术语和观点,与他早年的信仰相对应,㊲这使他更加背离传统道德。若不仅仅是自然,连同人类"前道德时期"的关系都受到"适者生存"法则的支配,那么道德的根源一定存在于这些法则不适用的领域。根据梁启超对费希特的认识,这一领域是"理性"或"理性之我"的领域,这也因此成为他整个哲学体系的起点。

梁对"理性之我"的实践性介绍,证实了他对费希特概念的先验语境漠不关心。梁对理性自我感兴趣,只是因为它可用于验证关于人的"天职"的伦理结论,人首先是作为一个个体,然后与他人互动。因此,他将费希特所持人类具有"自治的理性"(*sich selbst bestimmende Vernünftigkeit*)这一相当复杂的观点,简化为直接的论点,呼应传统儒家学说定义"人性"的尝试。

他解释道,人们根据理性能力区分开来,有义务实现理性的要求以对抗所有障碍。这包括依照"道德律"的箴言生活,不是迫于外在压力,而是出于自由的必要,也因此通过实际行动显示出存在于外界的"自由意志",这是所有道德行动所依赖的。儒家思想和佛教思想与费希特观念的重要差异在于,后者同时承认理性自我与感性自我、"我"与"非我"的作用。儒者一直否认感觉具有积极作用,而佛教徒一直将"非我"视为"污染"之源,且对身体和道德上"我"的完整性构成了潜在威胁。费希特虽然赞同"非我"会伤害"我",但他坚持"非我"也是有益的。同样,他认为感性不应该被谴责,而应该根据理性的指导被很好地利用。

梁氏赞赏这一想法,认为是完全"现代的"关于自我与非我、理性与感性的关系的观点。与中国传统思想相比,费希特看到了两个方面在动态互动中彼此联系。为防止自我"为外界所役",或者理性被感性欲望蒙蔽,人们必须不断努力,确保"我常制物,而不制于物","物皆效用于我,而我常尽其用"。如此一来,费希特定义的人类"对于自己第一之本分"是"完其理性",似乎成为道德和个人幸福逐步提升的必要条件。根据梁的描绘,在费希特的人生天职观中,道德行动与追求幸福是一致的。他的这一理论因此应该被称为"福德合一主义"。对于梁来说,这种一致性是费希特思想中最具吸引力的,因为它融合了两个方面,这两方面明显的不相容性从世纪之交以来便是在中国引起广泛争议的话题:一方面是中国传统思想对道德的要求,另一方面是对个性与进步的强调,后者大概存于西方强力的内核中。在梁的译介中,费希特的学说似乎提供了方法,既能克服旧伦理道德的自鸣得意,也能抑制无视伦理道德的倾向对物质进步的过度迷信。

形 塑 政 体

简要介绍费希特通俗著作中的理论精微之处后,梁启超终于可以给出他在一开始向他的读者承诺的"实际指导"。他主要想概述出关于伦理上让人接受、精神和政治上让人满意的理想政体,也就是他的理论基础所证明出的结论。

如梁在他"个体生命的天职"概念中,首先为费希特依托"为我主义"推进"为他主义"的做法辩护。梁举出德国从灰烬中崛起的例子，来说明这位哲学家学说的实际成效，他称赞费希特是罕见的智者，将其理论建立在人际关系的现实上，而不是宣扬虚幻的理想。费希特通过将自私的冲动融入他的"福德合一"概念中，使个人在追求个人目标时能够走在正确的道路上。㊳这相同的原则使他的社会理论成为"理性个人的相互关系"。一个理想的政体，被定义为理性个体努力发挥潜能的社会，它必然会走向人类的最终目标——人类理性的完全调和。

这一乐观社会观的哲学基础是人类相互认可彼此是拥有自由意志的理性个体。正是这种能力将个人与"各种事物"区分开来，在处理"非我"时"理性之我"会与个人发生联系。承认其他人是"同类"，且在一个不受必然法则或其他"外部力量"约束的特定环境中有着同样的决定自身行为的能力，这自然会形成一种社群意识。在这一社群中，自己和"同类"其他人在一种动态的、反映理性与感性的相互关系中彼此关联。因此，没有人能够在缺乏他人合作或支持的情况下实现自己的抱负；社会中的每个人都是平等独立的。个人若不尽最大的可能为这一"国家"做贡献，不仅不合理，还会自食其果。

在费希特的原作和杉谷译本中，费希特都未提国家在这一过程中应发挥的作用。然而，在梁启超明显背离原作的文章中，他认为在费希特看来，国家要求所有国民"竭诚以爱之"，因为国家"在诸种派分社会中占最高之位置"。只有通过国家这一中介，个人才有希望实现理想这一自然的愿望。一旦他们承认这一事实，他们共同目标的持续推进就可以通过另一个非费希特的观点得到保证，即进化法则，在梁的文章里它扮演的是一只引导人类实现理性的无形之手。

为何如此呢？尽管所有人都希望发挥自身潜能，但他们的力量和能力是存在等级差异的。社会中更有才干尤其是那些受过更好教育的成员,感到有"天然的义务"去引导那些能力较低的人努力,并"使与我同化"。在梁看来,其结果便是一个持续相互作用的过程,受到自我和他人思想不断竞争的支配。且由于在此过程中"优者"必然战胜"劣者"(术语"优胜劣败",由梁取自日文,译自英文"survival of the fittest",德文"das Recht des Stärkeren"也源自英文),"则不知不觉之间社会自日迁于善"。

梁劝告他的学术同行在这自然的演进过程中发挥更积极的作用,但同时也提醒他们尊重他人的"自由意志",且永远不要试图将自己的观点强加于他人。学术阶层不要耗尽力气去压制不情愿的顽固抵抗,而必须依靠自身技能来引起社会其他成员的"内在变化"。尽管受到进化法则的支配,但人际关系必须借助相互的支持和指导而形成,以推动个人和集体层面上人类理性的进步。

在梁氏的文章中,费希特的社会观因此像是一个复杂的构造物——梁使用受佛教启发的隐喻,诸如"万镜之相映""万网之相络""万轮之相衔"或"万波之相荡"——其中所有的成员在相互依赖的关系中彼此关联,这种关系受到普遍理性力量以及实现理性理想的共同愿望的支配。这一有机政体的所有部分和谐的相互作用通过互相尊重得到保证,这源于一种认同,即每个人都会依照理性的必然要求使其行动与道德法则保持一致。然而,这种相互的尊重并不意味着不存在社会"阶级"。[39]在梁看来,费希特辨认出了"阶级"的两个相关起源:一方面,基于生理和心理能力的差异,存在着"自然之阶级";另一方面,阶级也是"社会所必要也"。

> 社会者,则取凡个人独力不能利用自然界之事业,而悉负荷之。取凡个人不能向自然界享取之利益,而悉储蓄之。而还以媒介之于个人,自有社会,而一人之利得,成为万人共同

之利得。古人之财产,成为今人世袭之财产,不宁惟是。

梁认为,为了推进这一过程,阶级是至关重要的,任何社会的共享利益都是与其社会组织的"分业"水平相称的。这是理想的做法,也是对费希特原始文本的扭曲,这种意图沿袭自杉谷的日文译本,[40]即社会应该进行军事化的组织。人类文化建立在"与自然界奋战"的基础上,每个社会都需要"结军团"而"策战略"。在接下来的战斗中:

> 但使有一人获胜,则是社会之获胜也。万众乃鼓勇突进以随其后,乘势破敌而役属之。如是,此社会军之各战员,各各有其特殊之伎俩,各出之以克敌制果。一有可乘,即全军逐利。如是,则社会必能获无前之大捷,而虏获品则全军共焉。

个人参与这一社会军团获得的不仅仅是世俗的财富:投身到共同的事业中将使他们明白,他们看似"眇眇七尺之躯"是在继续前几代人的工作,这反过来会让他们确信自己是宇宙"无穷历史"上的一环。正因如此,他们将重拾信心,相信人生有"意义"和"价值",意识到他们的贡献恰恰是要保证人类集体的不朽。

梁启超提出这一似乎是直觉地与费希特著名的关于整体认同的悲怆相呼应的宏大宣言后,他对理想政体的描绘戛然而止。在他文章缺失的结论部分,梁或许已经在这颇具冲击力的观点与学者社会义务的温和定义之间找到平衡。若我们暂停下来进一步思考,梁很有可能将"学者的天职"想象成了传统价值无私的守护者的天职,他们公正的建议被无关实际能力的所有其他"阶级"注意到。但是,通过放弃其关于费希特"实际指导"的论述,以支持他参与的暗杀袁世凯——即将成为皇帝的总统——

的密谋,梁自己表明了在民国初年将这一蓝图变成现实的希望有多么渺茫。

结　　语

梁启超关于新生政体的设想,因缺失了结论部分,仍旧只是一个躯干。但是,他脑中的轮廓是清晰的:一个有机社会,其成员团结起来,都意识到面临空前的危机,若要避免"种族灭绝"的下场,便要拿出最有决心的行动。或许是因为太明显,其时中国需要的不过是一个稳定的政体,梁抓紧时间定义共同利益。制度改革失败后,梁再次确信只有一种新的"精神"能使国家免于分崩离析。出于本能的要求大众的改造对梁来说是持续的诱惑,对整个20世纪中国所有意识形态派别的知识分子也是如此,而费希特则被证明是满足这种需求最受欢迎的外国思想家之一。从梁启超开始,中国的费希特将改变的重担完全放到他们早已窘迫的读者身上,而不是创造一个渴望转变能够发生的环境。

要感谢梁启超的是,他为这一修辞给出了相对温和的说法。他对义务的吁求,与对兼具世俗回报和形而上的拯救的承诺,达到了良好的平衡。且他所宣扬的费希特哲学的精神比20世纪30、40年代出版的改造文章平和太多了。梁启超接触费希特著作的途径有限,根据看到的极少文字进行自由改编,他却很好地把握住了这种精神中吸引他的那些要素,这让人惊讶。尽管他的文章在严格意义上怎样都算不上一篇译作,但他设法传达出这位哲学家的形象以及他自己的一些基本直觉,这些直觉与在当代欧洲尤其在日本的费希特著作并非毫不相关。

梁启超的学术术语的用法,与其随后被接受的用法是一致的,只在极少数的情况下与费希特哲学概念的表达相冲突。梁设法译出这些概念,将其置于一个与他的读者相关联的语境中。最重要的是,他成功再造出一种"风格",使这些概念能得到最有力的表达。也许是出于直觉,更或许是因为政治概念与它们超越个别语言的修辞表达之间确实存在一种天然联系,梁氏抓住并熟练地改造了费希特因紧迫感所致的痛苦情绪和修辞。对笔者而言,这一突出成就似乎说明的是,一个真正跨国界的"概念史"可以从所有这些联系以及在多样化语境对其的特殊挪用中获益。

在中国近代思想史上,梁启超与费希特相遇的重要性何在?如上所述,这篇文章指出了梁启超思想第二次重要的转折。梁早期的许多观点通常被轻易地冠以"自由主义的",它们重新出现在他关于费希特哲学的思考中:对新的、更具活力的公民的吁求,对强大的中央集权国家的必要性的坚持,对权利与义务的反转(inversion),和对直线进步观、社会达尔文主义的世界秩序的信仰,以及引导人类社会最终实现极乐目标的"看不见的手",这些都可以在他的文章中见到。但是,这些观点比起一组新观念的产生,还是相形见绌了,后者似乎旨在抑制一种排他的"现代的"世界观过度发展。

年轻共和国的失败,日本对中国改革者信任的辜负,以及第一次世界大战的爆发,随着梁启超开始理解现代性,这些都增强了他对现代性之道德匮乏的持续怀疑。尝试将严格的道德信念和对个人快乐的追求统一起来,被梁视为是费希特关于人的天职理论的核心,这种尝试给他提供了一张有望实现两个最好的世界的蓝图。不止于此,它还提供了一种方式,在有着更高道德目标的更大框架内引进"进步主义"中不可或缺的精神,同时使他能够将当前的政治关怀与未实现的形而上的愿望联系起来,从而向其同道们展示生存论层面的困惑。将生存论的面向融入政治话语中,或许是梁文章中最有预见性的观点。文章预示了 20 年代早期关于科学与人生哲学辩论中的关键议题,这些议题划分出了不同战线,正是循着这些战线,中国近代政治哲学重要的一部分找到了清晰的表述,直至今日,仍然如此。

(本文译自 Joachim Kurtz, "Translating the Vocation of Man: Liang Qichao, J. G. Fichte, and the Body Politics in Early Republican China", in Martin Burke and Melvin Richter ed., *Why Concepts Matter: Translating Social and Political Thought*. Leiden: Brill, 2012。感谢作者顾有信教授授权翻译)

---

① 赫兰德:《翻译西方:19 世纪日本语言与政治理性》(Douglas Howland, *Translating the West: Language and Political Reason in Nineteenth-Century Japan*, Honolulu: University of Hawai'i Press, 2002),第 5—6 页。

② 朗宓榭(Michael Lackner)、阿梅龙(Iwo Amelung)、顾有信(Joachim Kurtz)等编 (2001): *WSC-Databases: An Electronic Repository of Chinese Scientific, Philosophical and Political Terms Coined in the Nineteenth and Early Twentieth Century* (访问 http://mcst.uni-hd.de/search/searchMCST-short.lasso)。

③ 朗宓榭、阿梅龙、顾有信等编:《新词语新概念:西学译介与晚清汉语词汇之变迁》(*New Terms for new Ideas: Western Knowledge and Lexical Change in Late Qing China*, Leiden: Brill, 2001)(译者注:此书中译本为《新词语新概念:西学译介与晚清汉语词汇之变迁》,赵兴盛译,山东画报出版社 2012 年版);朗宓榭、费南山(Natascha Vittinghoff)等编:《显现意义:晚清新学领域》(*Mapping Meanings: The Field of New Knowledge in Late Qing China*, Leiden: Brill, 2004)[译者注:此书中译本为《呈现意义:晚清新学领域》(上下卷),李永胜译,天津人民出版社 2014 年版]。

④ 章士钊:《论译名》,《民立报》1912年5月17日。参见拙文"逻辑学:一个西方概念在中国的本土化"(Coming to Terms with Logic: The Naturalization of an Occidental Notion in China),载郎宓榭、阿梅龙、顾有信等编《新词语新概念》,第147—176页,尤其是第168—169页。

⑤ 最近关于梁启超在近代中国思想史上的重要性的评价,参见傅佛果编《日本在梁启超引介近代西方文明进入中国过程中扮演的角色》(Joshua A. Fogel, ed., *The Role of Japan in Liang Qichao's Introduction of Modern Western Civilization to China*, Berkeley: Institute of East Asian Studies, Center for Chinese Studies, 2004)。

⑥ 徐中约:《近代中国的崛起》(Immanuel C. Y. Hsü, *The Rise of Modern China*, 4th edition, Oxford: Oxford University Press, 1990),第494—495页。

⑦ 莫里斯·迈斯纳:《李大钊与中国马克思主义的起源》(Maurice Meisner, *Li Ta-chao and the Origins of Chinese Marxism*, Cambridge, Mass.: Harvard University Press, 1959),第174—175页。

⑧ 约瑟夫·列文森:《梁启超与中国近代思想》(Joseph R. Levenson, *Liang Ch'i-ch'ao and the Mind of Modern China*, 2nd edition, Cambridge, Mass.: Harvard University Press, 1959),第174—175页。

⑨ 同上书,第179—181页;黄宗智:《梁启超与中国近代自由主义》(Philip C. Huang, *Liang Ch'i-ch'ao and Modern Chinese Liberalism*, Seattle: University of Washington Press, 1972),第129—130页;纪文勋:《中国近代意识形态冲突:民主与专制》(Wen-shun Chi, *Ideological Conflicts in Modern China: Democracy and Authoritarianism*, New Brunswick: Transaction, 1986),第51—54页。

⑩ 梁启超:《大中华发刊词》,《大中华》第1卷第1期(1915年1月),第1—2页;再版载梁启超撰、林志钧编《饮冰室文集》第33卷,中华书局1990年版,第83—84页。

⑪ 关于20世纪中国人接受费希特的概述,参见拙文"Selbstbehauptung mit geliehener Stimme: J. G. Fichte als Redner an die chinesische Nation",载 *Selbstbehauptungsdiskurse in Asien: China-Japan-Korea*, ed. Iwo Amelung,

Matthias Koch, Joachim Kurtz et al. (Munich: Iudicium 2003),第 219—242 页,尤其是第 221—227 页。

⑫ 梁启超:《菲斯的人生天职论述评》,《大中华》第 1 卷第 4 期,1915 年 4 月,第 1—11 页(第一部分);《大中华》第 1 卷第 5 期,1915 年 5 月,第 1—15 页(第二部分)。这篇不完整的文章再版载《饮冰室文集》第 32 卷,第 70—88 页。关于《大中华》杂志,参见周策纵编《五四运动研究指南:中国的思想革命(1915—1924)》(Tse-Tsung Chow, Research Guide to the May Fourth Movement: Intellectual Revolution in China, 1915 - 1924, Cambridge, Mass: Harvard University Press, 1963)。关于梁在这个杂志中的地位的论述,见丁文江、赵丰田编《梁启超年谱长编》,上海人民出版社 1983 年版,第 702—703 页。

⑬ 丁文江、赵丰田编:《梁启超年谱》,第 714—716 页。

⑭ 黄宗智:《梁启超与中国近代自由主义》,第 131 页;董方奎:《梁启超在反对"二十一条"斗争中的爱国言行》,《华中师范大学学报》1984 年第 4 期,第 47—52 页,尤其是第 47—49 页。

⑮ 唐小兵:《全球空间与现代性的民族主义话语》(Global Space and the Nationalist Discourse of Modernity),载《关于梁启超的历史思考》(The Historical Thinking of Liang Qichao, Standford: Standford University Press, 1996),第 137—141 页;普赖斯:《俄国与中国革命的根源》(Doc C. Price, Russia and the Roots of the Chinese Revolution, 1896 - 1911, Cambridge, Mass.: Harvard University Press, 1974),第 129—131 页。

⑯ 关于梁启超思想的第一次"转折",见黄宗智《梁启超与中国近代自由主义》,第 84—111 页;列文森:《梁启超与中国近代思想》,第 155—169 页。

⑰ 关于梁在 1920 年代重建中国国故的努力,参见列文森《梁启超与中国近代思想》,第 193—218 页;同见唐小兵《全球空间与现代性的民族主义话语》,第 174—223 页。关于梁思想第二次"转折"开始的迹象,见丁文江、赵奉田编《梁启超年谱》,第 730 页。

⑱ 贺麟:《五十年来的中国哲学》,辽宁教育出版社 1989 年版,第 88 页。

⑲ 关于梁在他政治和学术生涯的不同阶段的影响力,见张朋园《梁启超

与清季革命》,(台北)中研院近代史研究所 1964 年版,第 320 页。

⑳ 黄宗智:《梁启超与中国近代自由主义》,第 143 页;Price, *Russia and the Roots of the Chinese Revolution, 1896–1911*, pp. 34–35。

㉑ 费希特(Johann G. Fichte)著,杉谷泰山译:《人间天职论:人生解说》(《人間転職論:人生解説》),东京:Hakubunkan,1906 年。这三个文本的英文版本,可见《费希特的大众著作》(*The Popular Works of Johann Gottlieb Fichte*),威廉·史密斯(William Smith)译,两卷本[Bristol: Thoemmes Press, 1999 (1848)]。

㉒ Christopher Ives, "The Mobilization of Doctrine. Buddhist Contributions to Imperial Ideology in Modern Japan", *Japanese Journal of Religious Studies* 26, nos. 1–2 (1999): 83–106; 97。

㉓ Pascal M. d'Elia, "Un maître de la jeune Chine: Liang K'i-Tch'ao", *Toung-pao* 18, nos. 4–5 (1917): 247–294; esp. 268–271, 279–281 & 294。

㉔ 梁自己并未意识到这一事实,至少关于佛教是如此,参见森典子《梁启超、晚清佛教与近代日本》(Noriko Mori, "Liang Qichao, Late-Qing Buddhism, and Modern Japan"),载傅佛果《梁启超》,第 222—246 页。

㉕ 实际上,经济史家威廉·哈伯特·道森(William Harbutt Dawson, 1860—1948)对诗人和哲学家未给予特别的重视,不管是在梁可能参考的《近代德国的演进》(*The Evolution of Modern Germany*, London: Fisher Unwin, 1908),还是在我能够参阅的其他文本中。

㉖ 关于梁"新民"的概念,见黄宗智《梁启超与中国近代自由主义》,第 36—37 页。

㉗ Fritz K. Ringer, Die Gelehrten: Der Niedergang der deutschen Mandarine 1890—1933 [Stuttgart: Klett-Cotta 1983 (1969)], p. 111。

㉘ 万里小鲁通宗:《费希特:在日本的著作》(フイヒテ:日本における文献について),私立大学図書館巨会,76(2001):42—45。

㉙ 关于科学与人生观的讨论,参见《中国思想中的科学主义(1900—1950)》(Danny D. Y. Kwok, *Scientism in Chinese Thought 1900–1950*, New Haven: Yale University Press, 1965),第 135—160 页;费侠莉:《丁文江:科学

与中国文化》(Charlotte Furth, *Ting Wen-chiang: Science and Chinese Culture*, Cambridge/Mass.: Harvard University Press, 1970), 第 94—135 页。虽然这两位以及其他的评论者认为"人生问题"受到西方活力论(vitalism)的影响，直到 1920 年代才进入中国话语中，但梁启超早在 1904 年就开始讨论这个问题了。见他的《余之死生观》，再版载《饮冰室文集》第 17 卷，第 1—12 页。

㉚ 杉谷泰山:《人间天职论》，第 141—170 页。

㉛ Johann Gottlieb Fichte, *Sämtliche Werke*, ed. Immanuel Herrmann Fichte (Berlin: Walter de Gruyter 1971), Vol. 2, pp. 169 - 198. Walter Schulz, *Johann Gottlieb Fichte. Vernunft und Freiheit* (Pfullingen: Neske 1962), pp. 12 - 18.

㉜ Peter Rohs, *Johann Gottlieb Fichte* (Munich: Junius 1991), pp. 48 - 52.

㉝ Maurice Meisner, "Li Ta-chao", in *Vom Konfuzianismus zum Kommunismus. Von der Taiping Rebellion bis zu Mao Tsetung*, ed. Peter J. Opitz (Munich: List 1969), pp. 149 - 186; pp. 150 - 154.

㉞ 译者注：此处原文为："菲斯的之说，则谓性乃生物而非死物，故以生生藩动为其本来，与大易健行不息中庸至诚无息之义相契，故其所标道德律，绝对持进取主义，而不陷于退婴主义，此又其特征也。"见《菲斯的人生天职论述评》，《梁启超文集》第 2 卷，第 77 页。

㉟ Fichte, *Sämtliche Werke* Ⅵ, pp. 318 - 319; *Sämtliche Werke* Ⅱ, pp. 265 - 266. 关于这些观点的起源及其被接受的过程，参见几篇文章，载 *Fichte-Studien* 3 (1991), *passim*。

㊱ 杉谷泰山:《人间天职论》，第 33 页。

㊲ James R. Pusey, *China and Charles Darwin* (Cambridge, Mass: Harvard University Press 1983), pp. 254 - 316.

㊳ 梁找到了相似的个人理想与社会理想的结合，见约翰·斯图尔特·密尔(John Stuart Mill)著、严复译《论自由》(*On Liberty*)。参见 Douglas Howland, *Personal Liberty and Public Good: The Introduction of John Stuart Mill to China and Japan* (Toronto, Buffalo and London: University of Toronto Press 2005), pp. 127 - 131.

㊴ 有关杉谷对费希特"阶级"概念的理解参见《人间天职论》,第21—25页。

㊵ 杉谷泰山:《人间天职论》,第35页;参见 Sämtliche Werke Ⅵ, pp. 55-56。

中文"进步"的概念史

冯 凯著 孙 煜译 章 可校

摘要:"进步"是近代中国出现的概念,它与线性时间观念在中国被接受密切相关。与欧洲语境不同,"进步"与"进化"这两个概念在近代中国发生了融合的现象,许多人不加区分地使用这两个词汇,这也改造了它们的内涵,使"进步"更多地被理解成乐观的、趋于完满状态的过程。

关键词:进步,进化,概念史

冯凯(Kai Vogelsang),德国汉堡大学汉学系教授

> 在西方的诸多现代论说中,中国人最为坚信而极少质疑的,就是历史进步论和规律论,因为它承诺了现状的改变和未来的希望,指出了到达理想社会的程序和路径,"明天就在眼前"。
> ——单世联[①]

就在一个多世纪前,主张中国人对进步有着坚定而乐观的信仰听上去还很荒谬。有人说:"过去不断进步的人类——从原始、野蛮甚至从零开始的——现在正不断进步,并在可预见的未来会持续进步。"[②]但对中国传统而言,这种看法无疑非常

陌生。很多人认为,传统中国社会是一个缺乏进步动机的平衡系统,反之,和谐和稳定才是它的终极目标。③儒家对古代的尊崇,追求重返远古大同社会的信仰,以及认为王朝兴替不带来实质改变的类循环论史观,所有这些似乎都在排斥"进步"概念。

如果我们观察传统中国对历史线性运动的论述,会发现它是一个从圣人治下理想社会倒退至不完美现在的过程:"中国人动言郅治之世在古昔,而近世则为浇末,为叔季。"正如梁启超所观察的,"此其义与泰西哲学家进化之论最相反"。④严复在这一点上态度更为明确:

> 尝谓中西事理,其最不同而断乎不可合者,莫大于中之人好古而忽今,西之人力今以胜古;中之人以一治一乱、一盛一衰为天行人事之自然,西之人以日进无疆、既盛不可变衰、既治不可复乱为学术政化之极则。⑤

然而,中西之间的这一明显差异不是文化上的,而是历史"发展"(或曰"进步"?)上的。其实,在欧洲,"'进步'作为衰退的对立面,是一个近现代的范畴",⑥它也不是传统上就有的概念。虽然发展和改良的观念早在古代即已被接受,⑦可"进步"作为一种现代概念,直到18世纪才出现。⑧在那之前,历史变迁太过微弱而缓慢,以致于未被广泛注意,但是伴随着1750—1850年间"旧世界的瓦解和新世界的出现",这一情形发生了引人注目的变化,科塞雷克(Reinhart Koselleck)将这段时期称为"鞍型期"(Sattelzeit),在此期间所有价值都得到了重新评估。⑨

这一时代席卷欧洲的科学、政治和工业革命导致了"以进步为中心的社会变迁观念替代了循环观念"。⑩现如今,"一种直线发展的时间观念"逐渐形成,⑪与之相随的还有一种将历史视作演变运动的观念。这一观念认为,历史从截然不同的过去,朝向极为不同的未来。换言之,未来是"开放"的。此外,"人类自身是世俗事务的发起者,可以依靠科学与技术形塑世界以及解决所有问题"这一现代信仰,也让人们确信未来一定比现在更好。因此,在那个深信人类历史会朝向更好未来一直前进的时代,现代欧洲"进步"概念出现并成为一种准宗教信条。"进步"似乎太占主导地位,以致于其被构想成一个囊括所有具体领域之"进步"的集合单数(collective singular),一个包含了全人类,超越个人的、普遍的,迈向更好未来的运动。⑫

然而,当19世纪的欧洲陶醉于进步带来的希望中时,中国正被排除在这一普遍范畴之外。欧洲将中国视作一片身处"世界历史之外""永远停滞"的土地。⑬中国或许不像野蛮人一样落后,但无疑是停滞的。⑭像明恩溥(Arthur Smith)这样的传教士,将"中国人性格中本能的保守"视作不思"进步"的中国人的一种民族特性:

> 任何进行改进的建议都是十足的异端邪说。因此,古人所拥有的无可争议的权威便有了一个坚实的基础,即后人的自愧不如。⑮

这样的观点在欧洲人中很流行,它们被翻译成了日文和中文,最终给接受了许多外来评价的中国人以巨大影响。⑯上述梁启超和严复的评论,可以视作是关于此点的一个案例。汪荣宝写于1903年题为《国民之进步软》的文章,⑰或许能成为中国人接受西方评价的另一例子：

> 亚丹斯密之论中国也,曰支那五州上腴,非所谓天府之国耶,民庶而非不勤,野广而非不辟,特治不加进者,几数百千年。当蒙古为君时,义大里人玛可波罗尝游其国,归而以事下狱。著书纪其耕桑之业,阗溢之形,其书见在。取以较今人游记之所言。殆无少异。盖其国之政法民风,远在元代之前,富庶已极其量,而其后循常袭故,无所加前。[18]

就亚当·斯密的这一观察,作者补充道,中国不仅仅在过去五百年间没有变化,事实上自周代以后就毫无进步了。[19]中国历史上朝代更替、领土得失和财富增减不断循环往复,"国民智德之程度与其生活之历史,则数千年如一日"。因此中国人自己接受了兰克的论断,"中国已往之历史如永静性然"。[20]他们承认"吾中国之国民,盖自古以不能进步"。[21]

然而,这些激烈否定中国历史之进步的引文,实际上体现出人们已经敏锐地意识到了"进步"这一概念：认识这个概念是发现缺点的先决条件。事实上,上文引用的汪荣宝的文章,其题目意为"人民的进步?",因此矛盾的是,中国的"进步"话语是伴随着"中国缺乏进步"这一认识出现的。[22]然而,仅仅15年后,声称"人非下愚,孰无进步之思想"就成了一件很自然的事情。[23]来自词汇的定量研究似乎也支持这种印象：金观涛和刘青峰指出,"进步"在1866年第一次以现代意义上的"进步"意涵出现,这一用法直到1895年后激增,并在1903年达到顶峰。[24]不管价值如何,"谷歌图书"的词频统计器(Google books Ngram viewer)也印证了这一印象,事实上在1895年前并不存在的"进步"话语,却在接下来的几十年间出现了显著的增长。[25](见下图)

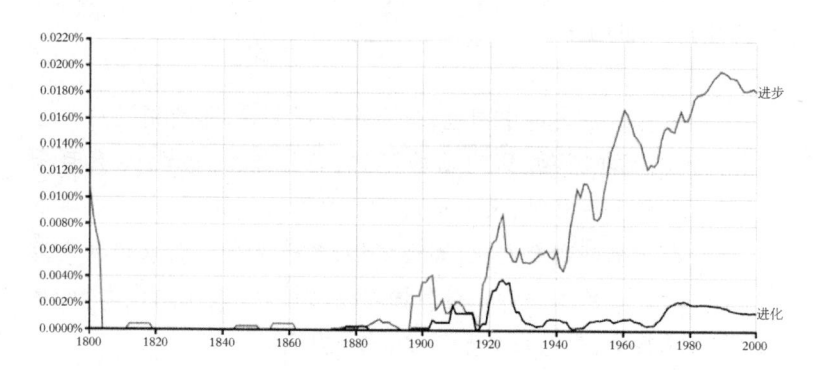

下文将概述"进步"概念在清末民初不同寻常的成长历史。第一部分将追溯历史变迁如何生发出无可争议的线性时间概念与演变的历史观,以及这些线性概念如何与由坏到好的变动结合,孕育出"进步"概念。第二部分将简述作为"进步"和"进化"相互贴近甚至融合的结果,[26]"中国式进步观"是如何发展起来的。[27]这将解答如下问题:"进步"是一个独立的还是普遍的现象,是一个诸多"X的进步"的复数形式(plurality),[28]抑或是一个包括了所有"单独进步"的集合单数(collective singular)? 其受制于"有目的"的行动(purposeful action),还是一个自治的过程(autonomous process)? 是一股导向最终完美状态的目的论的力量,还是一个通向真正开放的未来的运动? 第三部分解答的问题是,这一"进步"概念如何可能促成了中国人对"进步"持有"最坚定的信仰",以及它如何为这种对"进步"看似不倦的乐观提供依据。

一、"进步"概念的形成

500多年来,在理学中占据统治地位的程朱学派一直教导中国文人,"道"是永恒且不可动摇的,"天不变,道亦不变"。[29]在这一思想体系中,根本变化的观念,甚至有"进步"的想法都是不可思议的。19世纪下半叶,当西方压力和社会结构的剧变让时人意识到世事已经发生史无前例的变化,并且此种变化还可能持续时,这一信念才逐渐开始动摇。尤其是与西方先进力量的对比,似乎刺激了这一意识,就像在欧洲,"对某些个人、国家、大陆、科学、阶层或阶级领先于其他的观察,构成了对比较性的进步观念的一个持续刺激"。㉚因此在19世纪60年代,政治界首先察觉到了"数千年未有之大变局",㉛及至世纪之交,"变"已被认为是这一时代的决定性特点。一个叫"雨尘子"的人在1903年写道,"社会之变革,未有若近百余年者也"。㉜有人甚至感觉"此十年中,风云变幻,殆如百岁",㉝且"如今的文明世界,古人没有看见过"。㉞对变化的敏锐洞察,是当世被设想为一个真正新时代的最早迹象,在这个新时代里旧道衰微,传统失去了它的导向作用,用科塞雷克(Reinhart Koselleck)的话说,"经验领域"(realm of experience)和"期待视野"(horizon of expectation)正渐行渐远,可以想见未来将和过去极为不同。㉟

当汪荣宝在上引文章中把中国历史称为"永恒的停滞",他明显指的是"过去的历史"。"过去的"强调的是其与现在的距离,这个看似多余的修饰词,似乎暗示了中国知识分子的一种新意识:过去的显然过去了。与其他国家一样,中国的现代性始于为了强调现在真正的"新"而抛弃过去。就像在欧洲,对历史断裂的感受导致一种新意识兴起,时间既不是停止的,也不是循环往复的,而是以线性发展的方式,从不同的过去流向新的现在与未来:

> 时间不再被认为是周而复始的循环链上的一点,它开始被认为是直线发展的,有过去、现在和未来,有"旧"有"新"。㊱

诚然，线性时间概念在中国出现得更早，[37]但现在它们成为主导模式，压制了"传统中国循环观念的主导地位"。[38]我们可以从发展出真正历史范式的新历史叙述中看到这点，它们已不再遵循传统王朝循环顺序。[39]19世纪初，如刘逢禄等今文经学家们已经复兴了"三世说"的观点，认为历史不是循环往复的，而是沿着"据乱世""升平世""太平世"的次序发展。[40]其他人延续了这个观点。薛福成在1879年将中国历史分成四个时期："洪荒之天下"、以"封建"为特征的"文明之天下"、"君权"时期以及"中外联署之天下"。[41]王韬、郑观应、陈炽、谭嗣同、康有为和梁启超也做过类似的划分。[42]

变化的意识带来了发展概念，暗示着一个"沿着定向路径的持续变化"。[43]历史循环运动的概念被带有指向性的线性运动概念所取代，更精确地说，线性运动指向未来。在此，中国历史上第一次出现了"过去不断进步的人类——从原始、野蛮甚至从零开始的——现在正不断进步，并在可预见的未来会持续进步"这样的概念。[44]在所有这些历史划分中，人们将从一个历史阶段到另一个历史阶段的过程理解为一个由坏到好的运动。相较于上文提及的中国知识分子对"变化"的论断，他们引入了一个比较小但重要的观念转变：中国不仅仅在变，而是在进步。换句话说，"进步"概念出现了。一如在欧洲，现代的、演变的"历史"概念和"进步"概念也是同时出现的。[45]

这在历史思维上是一场哥白尼式的革命。"过去的历史"不再以被钦慕的对象或是应被继承的多种"模范"的形式出现，恰恰相反，其被称为"我数千年以来顽钝腐败之现象"。[46]现在人们可以去相信，"现世纪者历史之王也"，"历史之王"不再是遥远的过去，[47]以及"未来明显比过去好"。[48]

事实上，"进步"两字是中国人熟知的。例如梁启超曾引用矢野龙豁(Yano Ryukei, 1851—1931)的话,称:"我国自维新以来,每十年间之进步,虽前此百年不如也。"⑭古城贞吉(Kojo Teikichi, 1866—1949)也强调一种信念,即"进步"是一个由坏到好的运动:"盖变化者,进化于善也。……则社会之进化于善,亦当求之于变化之中也。变化愈多,而进境亦必多。"⑮

这些观点构成了中国知识分子孕育新思想的沃土。他们不仅从日本接受了"进步"概念,并且接受了用来描述它的词汇:"进步"(shinpo),一个译自日文汉字词的外来词。㉛"进步"的真实性似乎是颠扑不破的,其"必也验诸事实焉、征诸统计焉":

> 东西列国于国力之进退,月有记录,岁有比较。如学校之多寡,若生徒成绩之良否,若出版物之种类,若输出入之金额,若农工之出品,若民富之均计,若官私电线铁道之里程,若科学艺术新发明之效用,部以别之,表以明之。甲岁统计之率十而乙岁律不是过者,非进步也。㉜

"进步"似乎和统计的时代相关。㉝指示性价值指标的系统记录以及准确的比较,都让"进步"清晰可见。㉞此外,它表明"进步"绝不局限于"东方与西方国家",它影响了所有的国家。梁启超声称,"挽近百余年间,世界社会,日进文明,有不可抑遏之势"。㉟中国也不再是一个例外。中国正处于一个"过渡时代",正如一些知识分子所判断的那样,在这一时期旧秩序被打破而新秩序尚未建立;㊱而且,"进步"概念精确地表达了这个国家正在经历的过渡:梁启超即注意到,"进步无止境,即过渡无已时"。㊲诚然,在"过渡"之中有减速期也有加速期,中国正在明显提速:"曾不下十年,而社会之面目,视甲午以前,翻然有新色焉……则近者十年间之进步,抑不可谓不速矣。"㊳

这样的论调似乎表明"进步"被设想为一个过程,是一系列独立于人类活动的普遍自然变化。然而意义还不止于此。显然,作为过程的"进步"不足以解释中国在过去几千年中的经历:如果"进步"能自然发生,那么为什么其那么晚才在中国出现?也许正是这个思路引导了许多作者去强调"进步"的障碍以及努力推动进步的重要性。一篇名为《进步艰难之大概》的文章写道:"古今万国,欲求进步,无不当经历艰险之一途者。"[59]中村敬宇(Nakamura Keiu,1832—1891)也在其忠告中简洁地指出:"进步难兮进步迟,终不退兮终不息。"[60]所以作为过程的"进步"被附加了这样一个信念,即它的目标需要积极追寻才能达到。然而据我所见,这两方面的关系没有被中国知识分子明确讨论过,它们似乎被认为是互补的,而非是矛盾的。[61]可以说,人类活动促进了自然过程。因此,"在中国式进化思想中,总是假定人可以按照这些标准积极有为地改造社会"。[62]康有为在《大同书》中也表达了这样的观点:"日益思为求乐免苦之计,是为进化。"[63]在此他注意到了"进化"。以上两则引文,使用的都是"进化"一词,而非"进步"。这就意味着一种概念上的"融合",正是这种融合让中国的"进步"概念区别于相应的欧洲概念。

二、"进步"概念的融合

和欧洲一样,中国的"进步"概念起源于对"变"的认识,与对线性历史的认识一道发展。但在后来,中国与西方的"进步"概念走上了不同的发展道路。一如下文所示,较之欧洲,中国"进步"概念的发展路径有着细微却相当重要的不同。[64]在"进步"概念发展的十字路口,严复是最重要的学者。通过引介"进化"(evolution)概念,严复概述了其所处时代的趋势,为未来有关"进步"的论述奠定了基础。

严复对"进步"论述最具影响力的贡献,是其于1897—1898年间完成的《天演论》,这是对赫胥黎(Thomas Huxley)所著《进化与伦理》(Evolution and Ethics,出版于1894年)的改写性翻译。这个作品看起来是一个奇怪的选择,因为赫胥黎正要尽力区分自然进化和伦理学这两个领域:

> 社会进步意味着对宇宙过程每一步的抑制,并代之以另一种可以称为伦理的过程。这一过程的结局,不是那些碰巧对所处的整个环境最适应的人生存下来,而是那些伦理上最优秀的人生存下来。[65]

然而,这不是严复想要传达的信息。对严复来说,赫胥黎的书,仅是其十分欣赏却无力翻译的斯宾塞(Herbert Spencer)之《综合哲学的第一原理》(First Principles of a New System of Philosophy, 1862)的替代品。在那本书里,斯宾塞提出了一个适用于生物体与人类社会的普遍进化理论。[66]因此,《进化与伦理》——这本被严复精简为"天演论"的书——仅仅是"为严复介绍他所理解的斯宾塞进化论哲学提供了一个出发点"。[67]严复的"翻译"恰恰以偏离赫胥黎原意的方式,强调了一些形塑"中国式进步观"的关键性论点。

首先,严复明显改动了赫胥黎的"进化"概念,赋予其斯宾塞提出的普遍特征:"斯宾塞尔者,与达同时,亦本天演著《天人会通论》,举天、地、人、形气、心性、动植之事而一贯之,其说尤为精辟宏富。"[68]换句话说,严复"将社会进步与社会进化认同"。[69]但还不止于此,随着向政治与道德领域的转移,进化理论有了价值负载(value-laden),一如樊炳清在一篇富有洞察力的文章中所言:"自达尔文、拉马克之徒,以进化之理律生物,久成定论矣。厥后学人,推其理以说人事……于是乐天与闵世之争辩以起。"⑩通过为其注入明显的正面价值,严复舍弃了赫胥黎在《进化与伦理》中明确提到的停滞与退化的可能。赫胥黎在书中强调说:

> 任何一种关于进化的理论,不仅要适用于向前发展的情况,还要适用于在同一条件下恒久不变,甚至出现倒退变化的情况,对于这一点,我从1862年开始一直反复强调。⑪

"经过严复的改编,进化成为'由简入繁、由微生著'直线向前、日趋完善的单向发展过程"。⑫诚然,严复不是仅仅以个人奇想来重新解读"进化"。他是在中国社会内忧外患之际选择引介赫胥黎的。在社会分化的过程中,旧的等级秩序让位于功能分化的社会领域,不同的领域正各自发展,而非遵循一套普遍的理念。"心同"消失了,有集体性约束力量的道德秩序亦不复存在。⑬作为回应,中国知识分子联合在"合群"的口号身后:对"群"的呼吁,反映了在面对日益加剧的社会分化时,他们联合的渴望。⑭"群"是人类理想的"自然状态",是人类本性的圆满,也可以说是中国人为了应对时代挑战所需要达到的状态。

如果"群"代表着"联合"的社会层面,那么严复解释下的"进化/进步"就代表着它时间上的层面。实际上,"群"被认为是进化的——"进化"是在讨论"群"时常用的词,⑮正如"群"本身一样,"进化/进步"也被设想为自然而然的:"若天之四时,若人身之童少壮老。"⑯其描述了一个人命定的轨迹。因为"进化/进步"法则是普遍的,它联合了世界的不同领域,尽管也存在着不可否认的形塑现代世界的"非同步的同步性"(synchronicity of the nonsynchronous)。⑰这个世界的一些地方可能更先进,但它们都在朝一个方向进步。作为"进步"的"进化",是一个被科塞雷克称为

"希望概念"(Hoffnungsbegriff)的乐观的名词,它以同步那些分散的社会子系统的方式弥补现代社会的碎片化。[78]就这点而言,它不仅仅表达了严复的个人偏好,同时也反映了中国知识分子在世纪之交的心境。

因此,正如樊炳清观察的那样,"而进化一名,渐与进步之义相混"。[79]"进步"和"进化"似乎常常被严复同时代的人交替使用,[80]他们大体将这两个词视作同义。讨论进化理论时,即有言论称"物求自存,故物求进步",[81]或是"天演公例,人群必愈演而愈进"。[82]相似地,梁启超在他文章《新民说·论进步》里频繁使用"进化"而非"进步"一词,二者表达含义也没有明显区别。[83]当他声称"夫进化者,天地之公例也。譬之流水,性必就下;譬之抛物,势必向心"时,[84]他想表达的很可能是"进步"。梁启超和其他人观察到的"进步"这一普遍法则在到处发生作用,"譬之流水,性必就下"。[85]严复的自然隐喻,已经被"进步"论述乐意地接纳:

> 世界以进步二字为最要之质素。人之一生,自幼稚以致成人而壮而老,日日进步,未尝有一息之停滞,停滞则死矣。[86]

"进步"又一次与人一生的成长和发展联系在一起。[87]这个描述非常有意义,因为其暗示着,"进步"并非是朝向前所未有之美好未来的线性发展,而仅仅通向一个人的人生完满。生命周期的隐喻,就像严复笔下的"天之四时",本质上是循环的(cyclical),其通向一个预定的结局再重新开始。这事实上让"进步"概念难以成为一种可以转化为开放的未来的运动。科塞雷克已经强调了这一点:

> 每个自然生长的隐喻,从字面上理解,都包含了最终衰落的必然性。认真对待自然范畴的人——譬如古人,都必须接

受进步之后是衰退。就这样,由青年到老年的过程,排除了进步转化为一个永远开放的未来的意识。[88]

因此,生物和社会的"进化/进步",意味着它们或许可以发展自身的内在品质并日趋完满,但它们不能发生任何意义上的改变。当汪荣宝写道,"进步"存在于个人对先天品质的有效利用中,他也在暗示此点:

> 凡有机之属生存于宇宙之间者,则莫不具有自然之能力。由是以成长焉。由是以发达焉。其有利用此能力。善遂其成长发达之性。以与余物相竞争者谓之进步之现象。[89]

就像这段话所描述的那样,"进步"意味着一个人的先天特性的发展;这里所说的"发展"应从其本义上来理解:这是一种内在品性的弘扬,而非从本质上改变它们。[90]同理,俞庆棠在1918年写道:"他人未至我前,而我先发挥其本能。出与世界诸巨子驰骋,乃能出人之上。"[91]再一次,"进步"意味着主动努力带来的内在品质的完满,而非意味着获得真正的新的特性。[92]逻辑上来说,"朝向完满的发展"有一个目的,这意味着其有一个终点。其不通向一个实质上的崭新的未来,敏锐的观察者已经注意到了"进步"的这一局限,所以1906年的一篇文章批评了"到了文明,就算是好到极处"这一观点,强调"文明本来是没有个停止,越进步越是文明"。[93]类似地,樊炳清指出,在进化的过程中:

> 皆承前人之产而大成之,以共趋于至善之境也哉。然使真有至善之境,而一旦达焉,则人事穷动作息矣。人事穷动作息,是退也非进也。……故曰世界无所谓进步。[94]

尽管有那么多的"量变",但这似乎不意味着相关领域发生"质变",这是"进步"概念的一个悖论。虽然"进步"概念与自然命运的概念相协调,且能在自然发展的范围中趋于完满,但其却无法容纳一个"虽有圣者,殆不敢豫"的开放性未来。⑤从这个意义上说,上述提及的线性历史模型(见本文第一节)也使"进化/进步"概念化。薛福成和同时代人提出的历史分期,都将当下视作发展的顶峰,而未涉及未来。康有为则认为:"人道进化皆有定位,自族制而为部落,而成国家,由国家而成大统。"⑯

总之,中国的"进步"概念,因为发展于19世纪末20世纪初,其展现出一些独特的特点。几乎从一开始,它就和"进化"概念有着紧密的联系。这种联系,让"进步"获得一种"准自然"过程的状态。然而,"进化"本身体现为一个由坏到好的线性过程。虽然人们常常强调,人类必须积极工作以达成"进步",但对进步的基本过程来说,"积极工作"似乎只是一种催化剂。此外,恰恰因为"进步"是准自然的,其最终的目标非常明确:"进步"带来完满。

按理说,从目的论的角度来看待社会发展,应该只会带来对"进步"的乐观看法。如果人们认为"进步"能达成预先设定的完满,而非一个开放的未来,那么人们就总会以正面的角度来看待它。显然,除了乐观的词汇以外,一个开放的、不确定的——也可能不乐观的——"未来"概念是描述"进步"的前提。然而,"进步"和"进化"概念的融合,以及他们与自然发展的联系,阻碍了这种悲观看法。

三、"进步"概念的碎片化

尽管前文详细叙述了"进步"和"进化"的相似性,但必须补充说明的是,无论如何,"进化"和"进步"二词在使用上有着显著差异。如果我们分析 20 世纪初中国的报纸文章,这一点非常明显。⑰
以下是一些在标题中使用了"进化"的文章:

——《人群进化论》,《清议报》1900 年第 37 期

——《社会进化论》,《清议报》1900 年第 47 期,1901 年第 6 期,1903 年第 3、4 期

——《宗教进化论》,《翻译世界》1902 年第 1 期

——《格致进化论》,《万国公报》1902 年第 158 期,1903 年第 169 期

——《论欧洲进化源流》,《万国公报》1902 年第 162 期

——《地球上不进化之国》,《大陆》1902 年第 2 期、1903 年第 2 期

——《中国专制政治进化史》,《新民丛报》1902 年第 8、9、17 期

——《人类进化》,《选报》1902 年第 16 期

——《论外交之进化》,《外交报》1903 年第 20 期

——《人类进化之阶级》,《大陆》1904 年第 4 期

——《日本研究国际法之进化》,《外交报》1904 年第 30 期

——《人类进化之原因》,《万国公报》1905 年第 61 期

——《人类将来之进化》,《大陆》1905 年第 18 期

——《物质进化论》,《东方杂志》1905 年第 4 期

——《世界进化史》,《绣像小说》1905 年第 57、58、60 期

——《论中国进化》,《东方杂志》1905 年第 10 期

这一概览,或许已足以展示与进化相关的主题词,⑱诸如"社会"⑲"科学""欧洲""中国",甚至"人类"和"世界历史"。进化不

是微不足道的;在适用范围内,它几乎是普遍的,影响着广大的人类社群。诚然,对"进化"和"进步"不加区分的使用同样在这些文章中出现;⑩但在标题中一致使用"进化"是值得注意的,尤其是将其与使用"进步"的情况相对比——和"进化"一样,"进步"也广泛地出现在媒体上。然而,仔细观察下列主题,会发现二者间一些值得注意的区别:

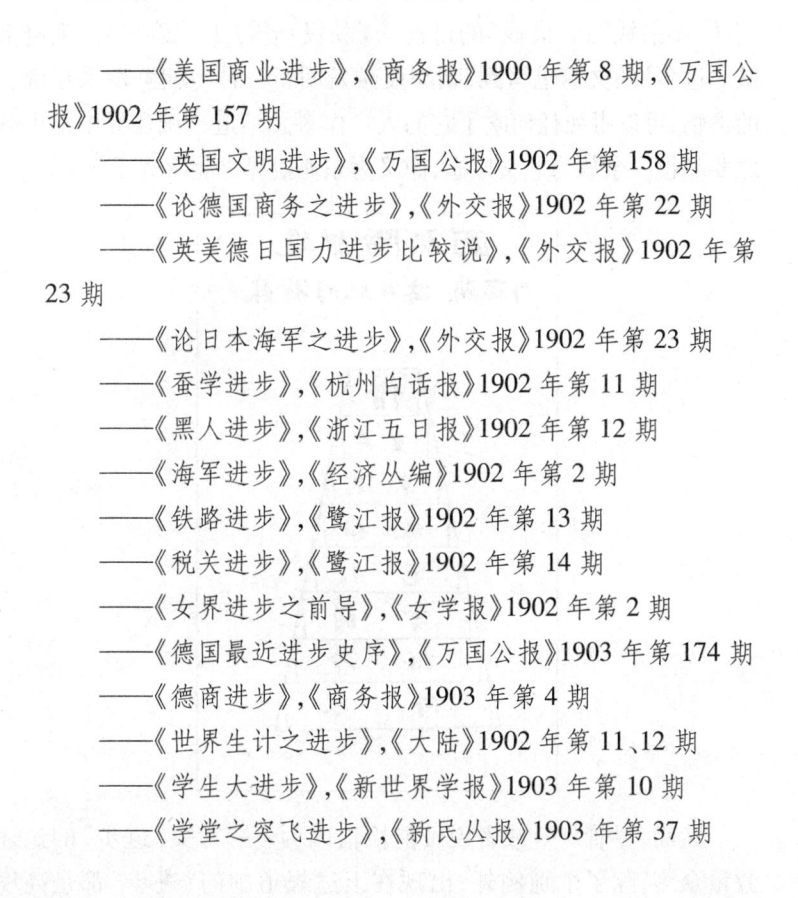

——《美国商业进步》,《商务报》1900年第8期,《万国公报》1902年第157期
——《英国文明进步》,《万国公报》1902年第158期
——《论德国商务之进步》,《外交报》1902年第22期
——《英美德日国力进步比较说》,《外交报》1902年第23期
——《论日本海军之进步》,《外交报》1902年第23期
——《蚕学进步》,《杭州白话报》1902年第11期
——《黑人进步》,《浙江五日报》1902年第12期
——《海军进步》,《经济丛编》1902年第2期
——《铁路进步》,《鹭江报》1902年第13期
——《税关进步》,《鹭江报》1902年第14期
——《女界进步之前导》,《女学报》1902年第2期
——《德国最近进步史序》,《万国公报》1903年第174期
——《德商进步》,《商务报》1903年第4期
——《世界生计之进步》,《大陆》1902年第11、12期
——《学生大进步》,《新世界学报》1903年第10期
——《学堂之突飞进步》,《新民丛报》1903年第37期

欧洲人曾经认为不可能发生在中国的"进步",⑩现在似乎无

所不在。"进步"时时处处地存在于各行各业：工业、教育和中外社会大量其他行业。[102]人们反复讨论摄影技术的进步，赞誉卫生进步是文明的标志，赞扬宣化府的进步，同时哀叹南宫县的停步。[103]人们称赞秘密社会的进步，[104]甚至讨论英国"进步党"的进步。

事实上，"进步"话语简直无所不在，以致于其激起了人们的嘲笑。例如一幅题为"进步阶级图"的漫画就体现了此点，其描绘了人们从"不借钱"到"借钱"的过程。[105]《新民丛报》上一篇名为《朝鲜盗贼之进步》的文章也写到，朝鲜盗贼发明了一种与朝鲜糖果相混合的毒物，可以毒死任何吃了它的人。作者总结道："诚盗界中不可缺之要品也。余故为之文以志，而又为东亚盗界之前途贺。"[106]

进步阶级图
苏浙同胞公鉴　报斋作

借
商量
进京
招股
打电
开会
力拒
不借

然而，尽管——或者说可能恰恰因为——有关"进步"的论述数量众多，除了个别例外，出现在上述报道中的"进步"都是高度碎片化的。相较于对"进化"一词的使用，这是一个决定性的区别:"进步"作为一种法则,指涉的只是部分发展。并不存在"人类的进步",进步的仅仅是"黑人"或"女人"等一些群体;不存在"科学的进步",进步的仅仅是"铁路""摄影""养蚕"等科学与工业的分支;不存在"社会的进步",进步的仅仅是社会各行各业;不存在"中国的进步",进步的仅仅是"宣化县"与"南宫市"。虽然一些作者谈及"论地球人类进步之原因"或是"人间全体之运动进步",[107]但这些是例外。绝大多数的"进步"论述,都将"进步"描绘成一个单独的"X 的进步",而非一个涵盖了一切地方和行业发展的"进步"。[108]值得注意的是,一篇题为《日本最近十五年间之进步》的文章,也未将国家视作一个整体,而是将"进步"具体到"人口""贸易""银行会社"和"铁道"等领域来讨论。[109]显然,进步是多元化的,是一系列的,"进步"不是一个集合单数。

上文描绘的进步图景印证了严复的看法。他认为,在现代世界的那些"最有进步之科,如理化,如算学,总而谓之,其属于器者九,而进于道者一"。[110]这是一个关键性的观察:虽然人们容易观察到个别行业的进步,但却难以识别遍及各个行业、作为共同法则的进步(我们称其为"道"或"道德")。事实上,由于缺乏道德诚信,如一篇1906年的文章所言,"社会未进步,厌高尚而嗜卑劣故"。[111]赫胥黎早已观察到,"我们国家在生理上、智力上和道德上的先天品质,实质上在过去的四或五世纪中未曾改变"。[112]"道德"是提供社会凝聚力的普遍约束,身处20世纪之交的欧洲社会学家和中国社会改良者,彼时甚至已经在哀悼"道德"的衰微。[113]

相反,人们再三强调批判性知识是进步的决定性因素:"疑问者进步之前驱也,进步者疑问之结果也。"[114]也有人称:"凡一国之进步,必以学术思想为之母,而风俗政治皆其子孙也。"[115]实际上,"何谓进步,以真实而进。何谓退化,以无真实而退。"[116]同样的,人们认为中国传统信仰和"鬼神迷信"是进步的主要障碍。[117]这和进步发生在如工程、科学、管理等以知识为基础的行业的观察结果相符合。然而,"进步之母"可能已经养育了它的进步之子,但并不包含它们。"进步"被设想为特定的事项,而非一个集合单数。甚至,人们也不一定将"文明的进步"理解为一个综合范畴,而是相当专门化的意识,例如将"文明的进步"理解为"女性文明日有进步矣"。[⑩]

因此,中文概念的"进化"和"进步"终究有所不同,但这与英文中"evolution"和"progress"的涵义区别还不一样。变异、选择和稳定的过程一方面导致世界逐步转变,另一方面则导致朝向更好未来的历史运动,中文概念里"进化"与"进步"的差异也不同于这二者间的区别。

当然,两个术语都暗示了向着一个理想状态的持续进步,但"进化"指涉的是普遍的发展,"进步"则有着限定的范围,指示单个行业的特定进步。这似乎与作为一种过程的"进步"和作为一种改进结果的"进步"之间的区别相一致:中文的"进化"容易被理解为一个普遍过程,而中文概念里多种多样的"进步",在很大程度上则依赖人类努力。

正如上文所提到的那样,"进步"观念作为一个自然的、目的论的过程,是服务于乐观主义而非悲观主义的。但人们同样将"进步"观念视作社会不同领域的进步,而非作为一个历史范畴的支配一切的"进步"。单独讨论某一现象的视角,可能展示了令人可喜的进步,以及可悲的、但能被人类努力改变的"缺乏进步"。这种视角无法展现出的是,这一类进步可能是有害的,因为由其引起的伤害通常会影响到其他领域。重工业的进步可能导致环境退化,贸易的进步可能会导致社会不平等的加剧,一个国家的进步很可能是以牺牲另一个国家为代价的。如果人们只是单独观察重工业、贸易或者某个国家的进步,那么就不会注意到这些消极影响。这恰恰也是统计资料所显示的:"若输出入之金额,若农工之出品,若民富之均计,若官私电线铁道之里程"等等,皆是"部以别之"(参见注㊿)。从这一角度来说,人们只能乐观地看待进步本身;它只是图表中的上升曲线,因此它也承载着一个更好的未来的承诺。从这个角度看,有人曾兴奋地预言道:"十年、十五年以后,……而中国之兴盛,乃勃然其不可遏矣。"⑲

只有当"进步"是相互关联的,可以说,当人们看到其全部的复杂性、副作用以及不良后果时,"进步"才容易受到批评。一个例子是田中祐吉(Tanaka Sukekichi, 1874—1944)对医学进步的批评:虽然医术进步对个体有利,但田中却认为这种进步对于作为整体的社会是有害的。因为医学成就意味着社会要负担一些老、弱、痴呆等本会直接死亡的"无用"之人。⑳

但这种批评依然是特殊的。第一个激烈批评"进步"的章炳麟,在他的文章《俱分进化论》中将矛头指向与普遍进步相关的"进化"而非"进步",㉑这绝非巧合。章炳麟的结论是:

> 彼不悟进化之所以为进化者,非由一方直进,而必由双方并进。专举一方,惟言智识进化可尔。若以道德言,则善亦进化恶亦进化,若以生计言,则乐亦进化苦亦进化。双方并进,如影之随形。㉒

这是中文话语里第一次有人清楚地强调"进步"——这个词能代替"进化"——的有害后果。现代性不仅是有益的,其同样是有害的:"曩时之善恶为小,而今之善恶为大;曩时之苦乐为小,而今之苦乐为大。"㉓"进步"的益处与害处一同增长。或者用社会学的话语来说,通过功能分化,所有社会体系的功能都得到扩展——伴随着一切积极与消极的后果。事实上这是对"进步"的一个基本的评论。但是章炳麟的意见属于少数派。有关单向"进步"的

巨大的乐观态度,使中国知识分子们联合起来,而让章氏的观点黯然失色:

> 不仅谭嗣同、梁启超、孙中山如此,即使到新文化运动时期,胡适、陈独秀、李大钊也是如此。例如梁启超一生观点多变,但是他对进化观的推崇却始终没有改变过。[124]

"进步"神话在民国时期从未被揭穿。伴随着人们曲解达尔文理论与忽视弗洛伊德学说,中国知识分子有意绕开了现代人类所受的主要危害。一如19世纪的欧洲,他们沉浸在一个有关"进步"的无瑕的乐观之中,并且他们特有的"进步"概念,与这种乐观非常契合。

(此文原题为"The Chinese Concept of 'Progress'",感谢作者冯凯教授惠允译出。这里译文所依据的是较早的版本,该文修订版即将收于 Thomas Fröhlich 和 Axel Schneider 两位教授主编的 *Chinese Visions of Progress* 一书,由荷兰 Brill 公司出版)

---

① 单世联:《进步论与多元论:章太炎的文化思想》,《上海交通大学学报》(哲学社会科学版)2011年第2期,第1页。
② Robert Nisbet, *History of the Idea of Progress*, New York: Basic Books, 1980, p.4.
③ 参见1980年代关于中国文化论争的研究,引自 Beate Geist, *Die Modernisierung der chinesischen Kultur: Kulturdebatte und kultureller Wandel im China der 80er Jahre*, Hamburg: Institut für Asienkunde, 1996, pp.102-104。同时参见 Michael Lackner, "Ist 'weiter' auch 'besser'? Darwin und der

Darwinismus in China", Paper delivered in Hamburg, Akademie der Wissenschaften, Feb. 3, 2011. 他声称:"中国传统不清楚西方意涵中的'进步'概念……他们几乎不能讨论世界和历史的线性发展,更少提及一个终极目标。"

④《新民说》"论进步",《饮冰室合集·专集之四》,中华书局2015年版。需要注意,尽管这一章节的题目是"论进步",但梁启超在此使用的却是"进化"一词,而非"进步"。关于此点,参见下文对"进化""进步"二词混用的讨论。和梁类似的观点还可参见《求文明进化有两条道儿》,《敝帚千金》1906年第11期,第26页,"我们中国人,有一种恶习气,好说上古时候好,如今时候不好"。

⑤《论世变之亟》,引自林基成《天演=进化?=进步?重读〈天演论〉》,《读书》1991年第12期,第33—34页。

⑥ Hans Ulrich Gumbrecht, "Pyramiden des Geistes. über den schnellen Aufstieg, die unsichtbaren Dimensionen und das plötzliche Abebben der begriffsgeschichtlichen Bewegung", Dimensionen und Grenzen der Begriffsgeschichte. München: Wilhelm Fink Verlag, 2006, p. 160.

⑦ 对古希腊时代的讨论,参见Koselleck和Meier研究中Christian Meier的部分。Reinhart Koselleck and Christian Meier, "Fortschritt", Vol. 2, in *Geschichtliche Grundbegriffe: Historisches Lexikon zur politisch-sozialen Sprache in Deutschland*, ed. by Otto Brunner, Werner Conze, and Reinhart Koselleck. Stuttgart: Klett-Cotta, 1975, pp. 353 – 363。

⑧ 参见Reinhart Koselleck and Christian Meier, "Fortschritt",尤其是第371页以后的内容。其讨论的正是本文关注的这一现代概念。相应地,该文没有将"进步"视作一个从预想的形象演变、成熟为如今形式的概念,可以说,只是更充分地发展其内在特性。后者正是Nisbet表述的观念史的位置:"两千五百多年来的哲学家、科学家、历史学家和神学家都不同程度地被这种观念所占据——当然,它的对立面是退化或者反复循环的观念。可能从赫西俄德或荷马开始,进步信仰一直是统治性的信仰。"参见Robert Nisbet, *History of the Idea of Progress*, p. 4。

⑨ 参见 Koselleck, "Einleitung", in *Geschichtliche Grundbegriffe: Historisches Lexikon zur politisch-sozialen Sprache in Deutschland*, Vol. 1, Stuttgart：Klett-Cotta, 1972, p. 14。

⑩ 沃勒斯坦(Wallerstein)称其为"最伟大的现代性思想转变之一",他接着说道:"人类进步被假设为,如果不是不可避免的,那至少也是很有可能的。而且其被假设为或多或少是连续的,换言之就是循序渐进的。对现代世界的基本叙述,早在19世纪中叶已颇具规模。"Wallerstein, 1991, p. 52。

⑪ J. B. Bury,引自 Nisbet, *History of the Idea of Progress*, 1980, p. 5。

⑫ Koselleck and Meier, "Fortschritt", 1975, pp. 352－353.

⑬ Ranke, *Weltgeschichte*, Bd. 1, p. 6; Hegel, *The Philosophy of History*, trans. by John Sibree, New York：Colonial Press, 1899, p. 116.

⑭ 斯密明确地指出:"中国虽可能处于静止状态,但似乎还未曾退步。"(Smith, *The Wealth of Nations*. Books I. London：Penguin. 1987, p. 175)又参见 Koselleck and Meier, "Fortschritt", 1975, p. 397。

⑮ Smith, *Chinese Characteristics*, New York, Chicago, Toronto：Fleming H. Revell Company, 1894, p. 117 and p. 122. 费正清主张在中华帝国晚期有"一种强大的惰性,或者叫坚持成法的顽固性,这是一种只许在传统之内进行改变的倾向"(参见 Fairbank ed., *The Cambridge History of China: Vol. 10, Late Ch'ing 1800－1911*, Part 1, Cambridge：Cambridge University Press, 1978, p. 6)。似乎"惯性"和"停滞"是欧洲有关中国之话语的主要主题。

⑯ 明恩溥的书 *Chinese Characteristics* 是这种过程的一个好例子:他的书被翻译为日文(《支那人气质》,1896年),又从日文转译为中文(《支那人之气质》,1903年),影响着像梁启超(参见 Cyrus, *Arthur H. Smiths Einfluss auf das Werk von Liang Qichao*. Magister thesis, Hamburg, 2013)及鲁迅(Lydia Liu, *Translingual Practice: Literature, National Culture, and Translated Modernity-China, 1900－1937*, Stanford：Stanford University Press, 1996, pp. 45-76)这样的杰出知识分子,他们引用了许多明恩溥提出的有关中国人的消极观点。

⑰ 该文以"公衣"的笔名发表,公衣是汪荣宝的字"衮甫"中"衮"字的拆

解。参见赵林凤《中国代宪法第一人：汪荣宝》,(台北)新锐文创2014年版,第86页。

⑱ 公衣:《国民之进步欤》,《江苏》1903年第2期,第2页。亚当·斯密的原文为:"中国一向是世界上最富的国家。其土地最沃,其耕作最优,其人民最繁多且最勤勉。然而许久以前,它就停滞了。今日旅行家关于中国耕作劳动及人口状况的报告,与五百年前客居该国的马可·波罗所记比较,殆无任何区别。若进一步推测,恐怕在马可·波罗客居时代以前好久,中国财富就已发展到了该国法律所允许的极限。"(Smith, *The Wealth of Nations*, Books I, 1987, p.174),同时参见"论进步"(《饮冰室合集·专集之四》),该文对此有一段更短的引用。

⑲ 公衣:《国民之进步欤》,第2—3页。

⑳ 同上书,第3页。

㉑ 同上书,第2页。同时参见梁启超"论进步",《饮冰室合集·专集之四》,第56页,"自秦之后,一统局成。而为退化之状者,千余年于今矣"。

㉒ 相似地,欧洲人只是在19世纪他们自己发展出"进步"的现代概念之后才开始批评中国缺乏进步。在那之前,中国不是"永恒停滞"的国家,而是永恒智慧的国度。

㉓ 俞庆棠:《自觉为进步之关键》,《环球》1917年第4期,第10页。

㉔ 金观涛、刘青峰:《观念史研究：中国现代重要政治术语的形成》,香港中文大学出版社2008年版,第596页。

㉕ 这个图表制成于2014年9月,仅能提供一种大致的景象,因为其所依赖的语料库和算法都还不完善。

㉖ 忠实于史料的缘故,我将一直把"进步"译为"progress",进化译为"evolution"("进"译为"advance")。这不意味着这两个概念能被史料作者清楚地区分,通常他们不能很好区分这两个概念。

㉗ 金观涛、刘青峰:《中国现代思想的起源：超稳定结构与中国政治文化的演变》第一卷,法律出版社2011年版,第269页。

㉘ 值得注意的是,英语中的"progress"一词不存在复数形式,它是一个集合单数。

㉙《汉书》卷五六,第 2519 页,引自董仲舒所言。一个值得注意的反对者是宋代的陈亮,其主张"道"随着历史的变化而变化,参见 Hoyt Cleveland Tillman, *Ch'en Liang on Public Interest and the Law*, Honolulu: University of Hawai'i Press, 1994, p. 3。

㉚ Koselleck, "'Neuzeit'. Zur Semantik moderner Bewegungsbegriffe", in *Studien zum Beginn der modernen Welt*, Stuttgart: KlettCotta, 1977, p. 281. 事实上,"在 1800 年左右被概念化的'进步'的基本经验,根植于相同年代出现的对'非同步'的认识"(同引自 Koselleck, "'Neuzeit'. Zur Semantik moderner Bewegungsbegriffe", 1977)。同样的,中国人对时间差异的认识,与对外人的知识相关。一如《吕氏春秋》所示,"上胡不法先王之法,非不贤也,为其不可得而法。先王之法,经乎上世而来者也,人或益之,人或损之,胡可得而法?虽人弗损益,犹若不可得而法。东夏之命,古今之法,言异而典殊,故古之命多不通乎今之言者,今之法多不合乎古之法者。殊俗之民,有似于此。其所欲同,其所为异"。

㉛ 此为李鸿章所言,引自 Luke S. K. Kwong, 2001, "The Rise of the Linear Perspective on History and Time in Late Qing China c. 1860 – 1911", *Past & Present* 173, pp. 157 – 190。同时参见上一条注释,第 173—174 页。更多的例子参见时显群《法家"以法治国"思想研究》,人民出版社 2010 年版,第 303 页。有关"变局",参见 David Pong and Edmund S. K. Fung ed, *Ideal and Reality: Social and Political Change in Modern China 1860 – 1945*, Lanham: University Press of America, 1985, pp. 28 – 29。

㉜《近世欧人之三大主义》,《新民丛报》1993 年第 28 期,转引自金观涛、刘青峰《观念史研究》,第 194 页。同时参见严复 1877 年发自英国的报告:"自乾嘉以来,欧洲权权忽伸,庶业猛进,说者谓百年所得,不啻古之千年,非妄诞也。"(Benjamin Schwartz, *In Search of Wealth and Power: Yen Fu and the West*, Cambridge, MA: Harvard University Press, 1964, p. 120)

㉝ 此为张謇所言,引自 Marianne Bastid-Bruguiere, "Currents of Social Change", in *The Cambridge History of China, Vol. 11: Late Ch'ing, 1800 – 1911*, Part 2, edited by John K. Fairbank and Kwang-Ching Liu, Cambridge:

Cambridge University Press, 1980, p. 535。这样的看法可能受日本人对他们自己国家描述的启发。参见下文引用的 Yano Tatsutani。

㉞ 佚名:《求文明进化有两条道儿》,第26页。

㉟ 参见"'Erfahrungsraum'und'Erwartungshorizont'— zwei historische Kategorien", in *Vergangene Zukunft: Zur Semantik geschichtlicher Zeiten*, Frankfurt/M.: Suhrkamp. 1989。

㊱ 潘艳慧、崔秀红和王薇:《觉醒与型塑:梁启超的时空观略论》,《浙江工业大学学报》(社会科学版)2012年4月,第399页。作者还指出,像梁启超一样的知识分子,开始以年代学的方式思考,并以"世纪"("世纪"是一个来自日语 seiki 的外来词)计年。这种"将时间分块的表达方式",可能可以被解释为是一个朝向线性时间概念转变的迹象,参见 Kwong, "The Rise of the Linear Perspective on History and Time in Late Qing China c. 1860 – 1911", *Past & Present 173*, pp. 172 – 173。

㊲ 这一系列想法在古代已经产生,在某种程度上甚至支配着中国士人的生活。就像葛瑞汉(Angus Graham)所言:"先贤的权威已不再能指导已经改变了的当今世界,在公元3世纪以前,这一点对儒家以外的人来说是明显的。"(Graham, *Later Mohist Logic, Ethics and Science*, The Chinese University Press, 2004, p. 21)韩非子敏锐地指出:"夫古今异俗,新故异备。"(见《韩非子》)据传言,赵武灵王曾言:"古今不同俗,何古之法?帝王不相袭,何礼之循?"(见《战国策》)根据这些观察,"以史为鉴"的旧信条貌似不再合理。历史并不是绕着不变的人性轴线循环运动,它沿着时间线前行(关于此问题的更多论述参见 Kai Vogelsang, *Geschichte als Problem. Entstehung, Formen und Funktionen von Geschichtsschreibung im Alten China*, Wiesbaden: Harrassowitz, 2007, pp. 288 – 312)。然而,这一历史思考很快与其他的法家学说一道被失去信任,它仅成为帝制时代中国思想的一条潜流。

㊳ Kwong, "The Rise of the Linear Perspective on History and Time in Late Qing China c. 1860 – 1911", *Past & Present 173*, p. 167.

㊴ 又一个历史先例。战国时期,当古今之间有着根本性不同的见解激发了历史思想(参见注㊲),第一个声称历史是"一个起源自远古的连续运

动"的叙述出现了。在墨子的学说中,政府的发展被描述为一个建立政府机构的过程;《商君书》甚至将历史追溯到世界的创立,并将其分为"上世""中世"和"下世";《管子》将历史描述为社会分化的过程;《韩非子》将历史分为"上古之世""中古之世"和"近古之世"。这些划分似乎与19世纪发展起来的那些非常相似,然而却有一个重要区别:它们没有一个包括了作者自身的时代。韩非子的"近古之世"是夏、商朝和周朝早期,离他自己的时代有约1 000年的距离!如果这些历史模型都不能涉及现在,它们更难扩大到未来。尽管有着开创性的潜力,但战国的历史思想没有发展出一个"未来"或"进步"的概念,对此,张林祥《商君书的成书与思想研究》(人民出版社 2008 年版)在第 172 页有着清楚的阐释。

㊵ 参见 Benjamin A. Elman, *Classicism, Politics, and Kinship: The Ch'ang-chou School of New Text Confucianism in Late Imperial China*, Berkeley: University of California Press, 1990。尤其是第 231—237 页。

㊶ 参见 Kwong, "The Rise of the Linear Perspective on History and Time in Late Qing China c. 1860 – 1911", *Past & Present 173*, pp. 174 – 175。他批评薛福成的历史划分"有严重的缺陷",但这不是一个概念史相关的问题。

㊷ Kwong, "The Rise of the Linear Perspective on History and Time in Late Qing China c. 1860 – 1911", *Past & Present 173*, pp. 176 – 178, 184 – 185. 梁启超的划分,参见 Tao Xiaobing, *Global space and the Nationalist Discourse of Modernity: The Historical Thinking of Liang Qichao*, Stanford: Stanford University Press, 1996。至于严复对甄克思(Edward Jenks)社会进化模型的改编,参见下文。

㊸ Maurice Mandelbaum, "The History of Ideas, Intellectual History, and the History of Philosophy", *History and Theory Beihaft* 5 (1965), p. 54. 作者接下来说:"不像随机变化,也不像交替形式,发展的概念涉及一个方向性秩序。不仅仅关于时间,也涉及一些这一系列中历任成员所拥有品质。"

㊹ 参见注②。

㊺ 参见 Koselleck and Meier, "Fortschritt", 1975, p. 352。

㊻ 公衣:《国民之进步欤》,第 3 页。

㊼《现世纪之进步》,《万国公报》1907 年第 219 期,第 62 页。

㊽ 此为费约翰提及《新中国未来记》时所言,引自潘艳慧、崔秀红和王薇《觉醒与型塑:梁启超的时空观略论》,《浙江工业大学学报》(社会科学版)2012 年 4 月,第 401 页。

㊾《新民说》“论进步”,第 55 页。

㊿ 古城贞吉:“论社会”,《大阪朝日报》1898 年 12 月 10 日。

(51) Lydia Liu, *Translingual Practice: Literature, National Culture, and Translated Modernity-China, 1900 - 1937*, p. 332. 中文“进步”的隐喻价值恰恰与英文“progress”相同,它暗示了一个向前的运动。就像在英语中,它的隐喻可能会有变化。例如,“进步”可以意味着“长足之进步”(佚名:《日本最近十五年间之进步》,《学报》1908 年第 9 期,第 162 页)。

(52) 公衣:《国民之进步欤》,第 4—5 页。同时参见《新民说》“论进步”,第 56 页,“昨日乙优于甲,今日丙驾于乙,明日甲还胜丙”。

(53) 关于欧洲视野下统计资料的重要性,参见 Eckart Pankoke, “Fortschritt und Komplexität. Die Anfänge moderner Sozialwissenschaft in Deutschland”, *Studien zum Beginn der modernen Welt*, ed. by Reinhart Koselleck, Stuttgart: Klett-Cotta, 1977, p. 363。他认为:“如果未来并非由永恒性的传统或习俗所塑造,也不是简单地提出目标,那么人们就需要重新找一种科学性、制度性的方式来衡量和控制整个发展进程,新的开放性的未来体验要求有更精确的衡量手段,这就是统计学。”

(54) 例如参见《华商宜亟求进步说》,《四川官报》1908 年第 26 期,第 35 页:“尝读吾国海关进出口货册,而叹我华商近数年来之未有进步也。”还可参见《学部奏报全国教育进步之比较》,《国风报》1911 年第 2 期,第 88 页:“查阅此图表,与上次图表两相对照,不无进步之可言。”

(55)《清议报叙例》,《饮冰室合集·专集之三》,第 29 页。有关这一点,还可参见《新史学》,《饮冰室合集·文集之九》,第 1 页:“列国所以日进文明,史学之功居其半焉。”

(56) 梁启超:《过渡时代论》,《清议报》1901 年第 83 期,第 5212 页:“社会既厌三纲厌抑、虚文缛节之俗,而未能研究新道德以代之,是理想风俗上之过渡时代也。”相似的分析还可参见佚名《论过渡时代之可危》,《申报》1906年2月9日,“旧道德将废而新道德未兴也”。

(57)《过渡时代论》,《饮冰室合集·文集之六》,第27页。

(58) 公衣:《国民之进步欤》,第4页。

(59)《进步艰难之大概》,《万国公报》1906年第204期,第49页。同可参见公衣《国民之进步欤》,第5页,“夫进步固若是其难也”。

(60)《题进步图》,《新民丛报》1902年2期,第111页。中村的口号很快流行开来,参见《女界进步之前导》,《女学报》1902年2期,第52页,“进步难兮进步迟”。

(61) 费瑞实(Thomas Fröhlich)指出,马克思主义将“阶级”设想为进步的代理人,从而解决了“过程”与“中介”间的矛盾。

(62) 金观涛、刘青峰:《中国现代思想的起源:超稳定结构与中国政治文化的演变》第一卷,第275页。在这一节,作者频繁混用“进步”和“进化”二词,下文会讨论这个现象。

(63) 引自金观涛、刘青峰《中国现代思想的起源:超稳定结构与中国政治文化的演变》第一卷,第275页。

(64) 当然,这是一个大胆的概括。尽管例如法国的“进步”概念(参见Gembicki and Reichardt, “Progrès”, *Handbuch politisch-sozialer Grundbegriffe in Frankreich 1680 – 1820*, Vol. 14/15, ed. by Rolf Reichardt and Hans-Jürgen Lüsebrink. München: Oldenbourg Verlag, 1993)和德国的“进步”概念(参见Koselleck and Meier, “Fortschritt”, 1975)有所不同,但似乎它们与中国“进步”概念相区别的特点是相同的。

(65) Thomas Huxley, *Evolution & Ethics and Other Essays*, London: Macmillan and Co., 1894, p. 81.

(66) Benjamin Schwartz, *In Search of Wealth and Power: Yen Fu and the West*, p. 98. 史华兹指出,赫胥黎的作品“明确地、直接地反对斯宾塞和‘进化伦理’的其他鼓吹者”,参见同书第100页。

(67) Benjamin Schwartz, *In Search of Wealth and Power: Yen Fu and the West*, p. 111.

(68) 严复:《导言一》,《天演论》。

(69) 林基成:《天演=进化? =进步? 重读〈天演论〉》,第 34 页。金观涛、刘青峰尝试用中国"天人合一"的概念来解释这个融合:尽管"变"的出现挑战了传统理学,但"进步"这一新概念保留了理学的一个基本思想。参见《中国现代思想的起源:超稳定结构与中国政治文化的演变》第一卷,第 274 页。

(70) 樊炳清:《进化与进步》,《东方杂志》1918 年第 3 期,第 1 页。

(71) Thomas Huxley, *Evolution & Ethics and Other Essays*, p. 4. 如樊炳清这样的敏锐观察者已经意识到了这一点:"特世运以循环为进化,而非以直进为进化。其间无向上之值可言。斯其所以异于进步尔。"参见樊炳清《进化与进步》,第 2 页。

(72) 林基成:《天演=进化? =进步? 重读〈天演论〉》,第 33 页。可以说,正是出于这样的原因,"进化"有一个名为"退化"的反义词,它并不是指生物退化,而是指"退步"。例如参见梁启超《五十年中国进化概论》,《饮冰室合集·文集三十九》,第 46 页。他引用了这样的观点:"五十年里头,别的事都还可以勉强说是进化,独有政治,怕完全是退化吧。"

(73) 关于此点更多的讨论参见 Kai Vogelsang, "Chinese 'Society': History of a Troublesome Concept", *Oriens Extremus* 51, pp. 160 – 161。

(74) 参见 Sung Wook Shin, "Reform Through Study Societies in the Late Ch'ing Period, 1895 – 1900: The Nan Hsueh-hui", in *Reform in Nineteenth-Century China*, ed. by Paul A. Cohen and John E. Schrecker. Cambridge, MA: Harvard University Press, 1976. Kai Vogelsang, "Chinese 'Society': History of a Troublesome Concept", pp. 163 – 173.

(75) 例如参见张继煦"叙论",《湖北学生界》1903 年第 1 期:"欧洲政治人群之进化。"(引自张枬、王忍之《辛亥革命前十年间时论选集》,三联书店 1960 年版,第 437 页),以及《论外交之进化》,《外交报》1903 年第 54 期:"国者,人类之群之进化者也。"(引自金观涛、刘青峰:《观念史研究》,第 194 页)

(76) 严复:《译者序》,《社会通诠》。转引自 Viren Murthy, *The Political Philosophy of Zhang Taiyan: The Resistance of Consciousness*, Leiden: Brill,

2011, p. 146。

⑦ 对于"Gleichzeitigeit des Ungleichzeitigen"这一术语,参考 Stefan Jordan, *Lexikon Geschichtswissenschaft. Hundert Grundbegriffe*, Ditzingen: Reclam, 2002, pp. 134 – 137 and p. 297。

⑧ 关于这一推论,参见 Armin Nassehi, *Die Zeit der Gesellschaft: Auf dem Weg zu einer soziologischen Theorie der Zeit*, Opladen: Westdeutscher Verlag, 1993, p. 297。

⑨ 樊炳清:《进化与进步》,第1页。樊清晰地阐明了两者并不相同,他是少数论述两种概念之间区别的知识分子。最近的一个例子参见张伯剀《进化=进步?》(《大科技(科学之谜)》2006年第12期,第22—24页),他试图反对两个概念的融合。

⑩ 需要注意的是,大多数作者使用的是来自日文的"进化"(日文 shinka),而非严复使用的"天演"。据我所见,这两个词被当作同义词来使用。

⑪ 君平:《天演大同辨》,《觉民》,1904年。转引自张枬、王忍之编《辛亥革命前十年间时论选集》,第872页。

⑫ 敢生:《新旧篇》,《觉民》1904年第1—5期合本。转引自张枬、王忍之编《辛亥革命前十年间时论选集》,第853页。

⑬ 俞庆棠也同样如此,她的有关进步的文章(参见注⑨)中有时使用"进化"而不是"进步"。事实上,进步和进化的意涵融合持续至今,参见注⑥。

⑭《新民说》"论进步",第55页。

⑮ 关于梁启超对"进步"的坚定信仰,参看金观涛、刘青峰《中国现代思想的起源:超稳定结构与中国政治文化的演变》第一卷,第275页。

⑯《机轮之进步》,《万国公报》1904年第187期,第54页。

⑰ 同样的,人类的生命周期可以与社会进化的阶段相比较。参见沈楚臣《人格进步之阶级演稿》,《约翰声》1908年第2期,第2页,"儿童……像未开化之野人"。

⑱ Reinhart Koselleck, "'Fortschritt' und 'Niedergang' — Nachtrag zur Geschichte zweier Begriffe", in *Begriffsgeschichten: Studien zur Semantik und*

Pragmatik der politischen und sozialen Sprache, Frankfurt/M.: Suhrkamp Verlag, 2006, p. 168.

(89) 公衣:《国民之进步欤》,第 1 页。

(90) 因此仍可主张“所谓新者,特形于旧而显其幻想耳;……呜呼! 新耶旧耶,一物而已”,参见敢生《新旧篇》,引自张枬、王忍之编《辛亥革命前十年间时论选集》,第 850 页。

(91) 俞庆棠:《自觉为进步之关键》,第 9 页。

(92) 欧洲传统中的“profectus”(拉丁语“进步”)概念,参见 Koselleck and Meier, “Fortschritt”, p. 364, 370。从 18 世纪晚期 Perrault 和 Fontenelle 有关“现代”的论述中,我们能看到对“进步”和“完善”相似的鉴别,参见 Gembicki and Reichardt, “Progrès”, pp. 112 - 113。

(93)《求文明进化有两条道儿》,第 26—27 页。

(94) 樊炳清:《进化与进步》,第 2 页。

(95) 关于这个论述,参见《读新译甄克思社会通诠有感》,《外交报》1904 年第 71 期,第 5 页:“总之五十年以往,吾中国社会之前途,虽有圣者,殆不敢豫。”只有梁启超在 1922 年明确主张“前途便别是一个世界”,参见《五十年中国进化概论》,第 47 页。

(96) 康有为:《论语注》。转引自 Viren Murthy, *The Political Philosophy of Zhang Taiyan: The Resistance of Consciousness*, pp. 63 - 64。

(97) 以下数据基于对“晚清期刊—民国时期期刊全文数据库”的关键词检索(网址 crossasia. org,访问时间 2013 年 8 月、9 月)。这些数据并不是基于全文检索,而是仅包含了那些标题中有“进步”或“进化”的文章。感谢汉堡的 Charlotte Hirsch 为我检索这上百份文章。

(98) 在这些标题含有“进化”的文章中,“进步”或许更接近他们想表达的意思。

(99) 更多将“社会”与“进化”相联系的例子,参看 Kai Vogelsang, “Chinese ‘Society’: History of a Troublesome Concept”。

(100) 例如参见佚名《人类进化之原因》,《万国公报》1905 年第 198 期。

(101) 这是 1770 年 Wieland 的观点,引自 Koselleck and Meier, “Fortschritt”,

p. 386。

⑩ 这也许是本文引论中图表所显示的,"进步"和"进化"在使用频率上出现明显差异的原因。因为"进步"可能应用于大量行业,人们会认为"进步"比"进化"更常出现,"进化"则通常被用于一些整体性背景。

⑩ 《贺宣化府之进步》,《直隶白话报》1905 年第 12 期,第 33—34 页;《哀南宫县之无进步》,《直隶白话报》1905 年第 12 期,第 34 页。

⑩ 转引自金观涛、刘青峰《观念史研究》,第 195 页。

⑩ 佚名:《进步阶级图》,《新朔望报》1908 年第 4 期,第 1 页。注意在这幅讽刺画中,"进步"同样有一个目标:最高层是它的顶点与终结点。

⑩ 佚名:《SDY 生笔记:朝鲜盗贼之进步》,《新民丛报》1903 年汇编本,第 1371 页。

⑩ 参看佚名《论华人进步及英国在华商务》,《外交报》1907 年第 28 期,第 11 页。

⑩ 在现代"进步"概念出现之前,中世纪的人们也已经观察到了如音乐、建筑、教会法、技术以及其他行业的发展。参见 Koselleck and Meier, "Fortschritt", p. 386。相似地,Nakayama 也声称在 13 世纪的中国,"精确观测领域的进步理念,已根植在天文学家的思想里",参见 Shigeru Nakayama, "Chinese 'Cyclic' View of History vs. Japanese 'Progress'", *The Idea of Progress*, edited by Arnold Burgen, Peter McLaughlin, and Jürgen Mittelstraß. Berlin and New York: Walter de Gruyter, 1997, p. 67。

⑩ 佚名:《日本最近十五年间之进步》,《学报》1908 年第 9 期,第 162—164 页。

⑩ 严复:《论教育与国家之关系》,《东方杂志》第 3 期,第 31 页。早些时候,严复曾情绪高涨地预言,斯宾塞的"进步/进化"法则"可以用于阐明农业、商业、军队、语言和文学的规律",不过道德不在此列。参见 Benjamin Schwartz, *In Search of Wealth and Power: Yen Fu and the West*, p. 111。

⑪ 佚名:《最近社会教育法(续)》,《蒙学报》1906 年第 21 期,第 54 页。

⑪ Thomas Huxley, *Evolution & Ethics and Other Essays*, p. 40. 这是赫胥黎"伦理过程与宇宙过程的原理是相反的,在竞争中获得成功需要某些品质,伦

理过程更倾向于对这些品质的抑制"观点的一部分。(同书第 31 页)

⑬ 有关欧洲的情况,参见 Émile Durkheim, *De la division du travail social*, Paris: Presses Universitaires de France, 1960, p. 406。有关中国的情况,参见梁启超《新民说》"论公德",《饮冰室合集·专集之四》,第 15 页:"然则吾辈生于此群,生于此群之今日。宜纵观宇内之大势,静察吾族之所宜,而发明一种新道德,以求所以固吾群善吾群进吾群之道。"从现代社会学的视角来看,这种差异似乎是合乎逻辑的:如经济、法律、政治、学术等社会体系越发展它们自己的逻辑——也就是越来越进步——就越少被"道德"束缚。换句话来说,恰恰是普遍道德约束的减弱,使这些体系的进化成为可能。

⑭ 佚名:《疑问与进步》,《新民德》1918 年第 2 期,第 9 页。接着,作者挑出对"真理"的追求,作为一种指导原则。

⑮ 梁启超:《新民说》"论进步",第 59 页。类似的论述还可参考梁启超《五十年中国进化概论》,第 43 页;公衣:《国民之进步欤》,第 4、6 页;俞庆棠:《自觉为进步之关键》,第 11 页。欧洲的例子参见 Koselleck and Meier, "Fortschritt", p. 358。

⑯《现世纪之进步》,《万国公报》1907 年第 219 期,第 63 页。相应地,作者将中国缺乏进步归咎于中国传统宗教信仰。

⑰ 棠:《中国小说家向多托鬼神最阻人群慧力之进步》,《中外小说林》1908 年第 3 期,第 429—434 页,尤其是第 430 页。同时参见上一条注释。

⑱ 佚名:《文明进步》,《万国公报》1902 年第 158 期,第 56 页。当用于表达普遍意义时,文明似乎与"进化"相关。如俞庆棠在详细讨论"进步"概念时,即以"文明进化"行文,参见俞庆棠《自觉为进步之关键》,第 10 页。不过田中祐吉笔下的"文明之进步"则是一般意义上的,参见田中祐吉《医术进步之利弊》,《东方杂志》1917 年第 6 期,第 107—110 页。

⑲ 佚名:《论华人进步及英国在华商务》,《外交报》1907 年第 28 期,第 11 页。

⑳ 田中祐吉:《医术进步之利弊》,尤其是第 108 页。

㉑ 慕唯仁(Murthy)与众不同地将这个标题翻译为"On Separating the Universality and Particularity of Evolution",参见 Murthy, *The Political Philosophy of Zhang Taiyan: The Resistance of Consciousness*, p. 155。

⑫ 章太炎:《俱分进化论》,《民报》1906 年第 7 期,第 2 页。

⑬ 同上。

⑭ 金观涛、刘青峰:《中国现代思想的起源:超稳定结构与中国政治文化的演变》第一卷,第 275 页。对于这种乐观,参见 Thomas A. Metzger, *Escape from Predicament: Neo-Confucianism and China's Evolving Political Culture* (第五章), New York: Columbia University Press, 1977,以及费瑞实(Thomas Fröhlich)的论文。

彼得·高登：什么是思想史研究？

章　可译

译者说明：本文译自美国哈佛大学历史学系教授高登（Peter Gordon）的"What is Intellectual History?"一文。高登现为哈佛大学詹姆斯（Amabel B. James）历史学讲座教授，兼任职于哈佛大学日耳曼语言文学系、哈佛大学哲学系，主要研究欧洲近现代的思想史和哲学史，著作包括《罗森茨威格与海德格尔：犹太教与德国哲学之间》《欧陆分野：海德格尔和卡西尔的达沃斯之辩》《阿多诺与存在》等多种。本文于2012年最初发表于高登教授的个人网站，现经作者授权后译出。

哈佛大学如今聚集了一批卓有成就的历史学家，他们的研究兴趣和方法都首先集中在——尽管不是只在——思想史研究领域，这足以令哈佛自豪。这些历史学家包括（以姓氏字母为序）：David Armitage, Ann Blair, Peter Bol, Joyce Chaplin, Peter Gordon, James Hankins, Andrew Jewett, James Kloppenberg, Samuel Moyn, Emma Rothschild。然而，究竟什么是"思想史研究"？

思想史是一门不同寻常的学问，无论在方法上还是内容上它都具有折衷性，因此，它本身就拒斥单一的、放之全球皆准的定义。思想史研究的实践者们常会敏感地意识到他们自己在方法论上的取向，确实，对历史方法的注重是这个学科的主要特点。由于思想史家很喜爱对他们所做研究的最基本前提进行质疑，因而任何对思想史的单一定义都必定会引来争议。在这篇论文里，我会对思想史研究的起源和当下的方向给出一些介绍性的评论。在描述这个领域内的多样性时，我尽可能地做到公平，但在某些应作判语的地方，我也不会隐瞒自己的观点。坦白说，这篇论文是带有倾向性的，它反映了我自己的偏好，就思想史研究应采取何种方法论而言，也带有我自己的理解。尽管如此，我还是希望此文能成为介绍性的纲要与导引，希望它能为那些有意向从事思想史研究的学生们——无论是大学本科还是研究生——带来一些帮助。

思想史与观念史

思想史研究是什么？宽泛地说，思想史研究就是对历史上的思想者、观念以及思想模式的研究。毫无疑问，这是一个太过庞大的定义，它会带来千千万万令人眼花缭乱的研究取向。那么接下来，我们立刻会想到的区分，就是"思想史"和"观念史"（the history of ideas）。某种程度上，这会让人迷惑，因为这两个术语有时会被互换使用。"观念史"是个极为老派的说法，在当下已经不流行了〔尽管思想史这行当里有个很出色的期刊用这个名字——《观念史杂志》（Journal of the History of Ideas）〕。然而，如果我们更关心准确的定义，而不是大众使用的话，那么这两者间还是可以作出区分的："观念史"这门学问，关注的是一些宏大的概念，考察它们在历史进程中的出现以及演变。一位观念史家做的事情是，围绕一个"主观念"展开历史叙述，勾勒这个观念在不同的时代和文本中逐步显现自己的变化过程，就像音乐学家在一整部交响乐中追踪一段主旋律和它的各种变奏。"观念史"研究最经典的例子，就是洛夫乔伊（Arthur Lovejoy）的著作《存在巨链》（最初是他于20世纪30年代中期在哈佛大学威廉·詹姆斯讲座的讲稿）。这类研究有许多长处，举例来说，它能让我们在大量歧异的文本中发现观念的相通之处，从而引导我们去注意，似乎这些看上去"永恒"的观念一直以来都占据于人性当中。但是这一优点同时也会成为缺点。如果不顾某一观念在不同语境中的各种变化，而只把它视作同一个东西，那么观念史研究实际上是在鼓励一种柏拉图主义式的对思想观念的看法，即是，它们（思想观念）以某种方式"先在"于它们的语境，在各种不同情形下，它们只需要显现自己就好。实际上，这种看法和洛夫乔伊的主张是有细微差别的，然而，他有关"存在巨链"（这正是他所说"单元观念"的一个例子）的研究却恰好证明了在这个概念当中有一种内在的矛盾，这种张力还是改变了原初的观念，并将其最终引向一种自我消解。洛夫乔伊所做的这种观念史研究更像是一种宏大概念的历史，其中，历史叙述只是为了说明这些概念如何将内在的本质性倾向逐步"实现"出来，就好像它们拥有自身内在的逻辑。

一般认为"思想史"和"观念史"是有差别的。思想史研究反对那种柏拉图主义式的期望，即定义观念并不需要考虑历史世界，它将观念看成是世界的重要特征，是被历史条件所决定的，观念只有在更宽广的语境中才能被最好地理解，这些语境可以是社会斗争、制度变迁、思想人物生平（个人的或是集体的），也可以是更大的文化或语言上的倾向（时下经常被称为"话语"）。诚然，有些时候这种必需的语境其实只是由另一些观念——同样也被历史条件所决定——构成的，也就是说，思想史研究并不一定要求概念在一个更大的、非概念的框架中被研究。

我们也承认，上述最后一点可能引发争论，有些思想史家确实采取一种纯粹"内在的"取向，即是说，他们将思想观念仅置于与其他思想观念的关系中来研究，而不考虑外在的背景环境。这种取向有时是很具启发意义的,知晓观念之间的关系能帮助我们看清一些以往未被注意的、不同思想探索领域相互间的联系,例如神学和科学解释模式之间的关系,又比如形而上学和政治领域对于因果关系的不同理解之间的关系。然而,这种方法会导致柏拉图主义的重现——依然陷于老派的观念史研究取向。时至今日,许多思想史研究者仍然保持这种方法上的"内在"取向,有的以之为荣,有些则隐秘不宣。他们可能在口头上会谈论所谓"语境主义",但他们真正关心的其实只是概念语境。但是,因为过去几十年里在历史学家和更广泛的人文学者中这种"内在的"论证方式越来越不受欢迎,无论是在历史学内外,相比他们那些更有"世界眼光"的同行,以"内在"方式书写思想史的学者们总是显得太过传统和本位化。无可否认,从事这种"概念语境主义"研究的思想史家们往往会被指责为精神无为主义(quietism)、精英主义或是"政治幼稚"。但是,"内在"的研究就其方法论基础而言,仍然是值得为之辩护的,尽管承认它的风险和局限性也很重要。本文尽可能给出平实的观点,思想史研究无疑有很多种类型,每一种都有它们自身的方法论特性。要衡量时下思想史研究的诸种取向,或许最有用的办法是将其与最为接近的那些学问——无论是在历史学内部还是在历史学之外——进行比较,那些学问包括:哲学、政治理论、文化史、社会学。

思想史与哲学

思想史研究常常包含着对一些哲学论说的重构,这些论说见于正式的哲学文本中。就这方面而言,思想史与哲学——尤其是哲学史有着显著的相似性。然而,出于下面几条原因,思想史和哲学之间还是有重要区别。最主要的,哲学倾向于不考虑历史或文化语境的差异，其将目光更多集中于哲学论说内在的一致性。人们常说，思想史家的任务更多的是"理解"，而不是作哲学上的考量，依此而言，思想史家们更希望对特定的思想问题或观点加以"理解"，而不是去"捍卫"或者"驳斥"。因此，他们对于哲学家的那种去语境化考量的方式，往往抱有怀疑的态度。当然，哲学家们很多时候也会关心一些历史语境化的主题，尤其当他们想要弄清为何有些人以如此这般的方式思考。所以哲学与思想史之间的差别仅是程度上的，而非本质的。然而，思想史家们总是希望以一种更为灵活的方式跨越哲学文本和非哲学文本之间的边界，所以他们把"哲学"和"非哲学"之间的区别都看成是历史形成的，而非永恒固定的。他们会很小心地避免一种设定，即人们可以只研究未受任何环境影响的纯粹哲学的意义。由于他们归根结底还是历史学家，思想史家们认为，重要的是去理解为什么历史上的人那般地思考，尽管那种思考方式可能与今天的人大相径庭。这种对于"历史差异"的充分自省使得史家们一般不太愿意对过去的观念作出极强的评价式的论断。当然，历史学家在研究中无法将他们自身的道德和知识信念完全摒除，认为他们能够做到这点也无疑是可笑的。然而，历史学却有助于形成一种怀疑主义，即对任何哲学或道德信条的永恒性表示怀疑。因此，这会推动某种倾向的形成，即在哲学上认可这种"历史差异"。与之形成对照的是，今日的哲学家们大多可能将"历史差异"视作肤浅的，或者是某种哲学谬误的表征。

重建式的理解，而不是严厉的判定，这种兴趣对于思想史研究的实践而言会带来两个值得注意的后果：其一，它使得思想史家们能在不同类型的文本之间建立起某些时候令人惊异的、富有创见的联系；其二，思想史家们能够以一种更为宽广、更具开放性的方式去思考思想史中的"意义"，因而，"思想史应该研究什么样的主题",这其中的标准就变得极为宽松。史家们对各种类型的"观念"都饶有兴趣,不仅仅局限于在时下学院哲学的标准中被定义的那些个观念。

这两点对于思想史研究来说,可能会招致批评,被指为"折衷主义"或是"缺乏哲学上的精确性"。这种批评也并非全无价值。有些思想史家确实太过于注重将哲学观念"语境化",以至于忽视了观念自身的重要内涵。当哲学家们抱怨,哲学理解本身不应该被这种"宽广的心态"所牺牲时,他们是正确的。然而,任何创新诞生的机遇都伴随着风险。思想史家们可以捍卫自己的研究,即指出哲学同样有相应的风险——把眼光过于狭小地集中于哲学论述的细节,这可能会忽视关键的一点:这些论述为什么会被认为是重要的?所以,重新回到之前的话题,哲学和思想史研究之间的边界仍然是高度灵活的。当然,两者在方法论上有各自不同的强调点,有些我们在之前已经提到过。①

当然,在不同的时间和地点,人们对哲学和思想史研究之间的边界有着很多不同意见,认识到这点也很重要。欧洲的哲学研究比起美国来说就更为历史化。在美国,很多被归为"思想史"的研究在欧洲就是哲学系学者所做的工作。但就另外一面看,很多在美国大学哲学系且从事被归为"哲学史"研究的学者,却频繁地采用他们的思想史同行们所用的"语境"式的研究方法。这就带来了问题:为什么哲学史家们全部都在哲学系?尤其考虑到他们有些同行将他们的著作斥为"仅仅"是历史的。很多时候,这种区分似乎和研究方法的实际分歧关系并不大,关系更大的反倒是一些意外的因素,比如申请研究经费时的竞争,或是学科集体认同的塑造(举例来说,某人拿的甲学科的学位,通常就被认为在乙学科工作是不称职的)。在某个特定学科内,职业训练中有关研究方法的讨论就已是纷繁复杂,我们把这些先抛开,在某学科内部方法的异质性和不同学科之间几乎是一样的。不同学科之间能够，而且已经被以很多方式加以切割，人们很有理由认为，现有的这些区分并没有很深的内在逻辑加以支撑。仅以哲学和历史学这两个学科为例，近些年里，很多真正具有开创性的研究都跨越了两学科的界限，要把这些研究仅归为"历史学"或者"哲学"都是很困难的，在此可以举出些例子：查尔斯·泰勒的《自我的根源》（Charles Taylor, Sources of the Self）、约翰·托乌斯的《黑格尔派哲学》（John Toews, Hegelianism）、马丁·杰伊《马克思主义与整体性》（Martin Jay, Marxism and Totality）以及波考克的《马基雅维利时刻》（J. G. A Pocock, The Machiavellian Moment）。就这些书来看，哲学和历史学的区分是如此细微，甚至几乎可以忽略不计，这种区分更多的只有学科归属和命名的意义，而不是什么原则的或方法上的本质性歧异。

不论如何，以上谈到的思想史研究和哲学之间粗略的区分，大多数的学者——即使不是全部——仍然抱守。思想史家们经常会谈论哲学性的话题，但比起哲学同行们，思想史研究的特点在于：一、更加倾向于去理解，而不是下强硬的判断；二、更愿意去跨越在哲学经典文献和更广大的观念世界之间那条学科制度性的分界线；三、对于"什么样的观念值得研究"这个问题，有更宽泛和更具包容性的看法。

思想史与政治思想

思想史研究经常会被认为是去理解政治思想的历史，尽管两者并不等同，虽然我们在研究实践中早已习以为常，但为何如此？这是个有趣的问题，也值得加以讨论。传统上对政治的强调当然和现代历史学在 19 世纪德国的起源有很大关系，德国式的历史科学（Wissenschaft，译成"科学"或是"知识"）的最早实践者们继承了希腊式的政治历史叙事的理想，后者可以追溯到修昔底德。19世纪德国的民族主义史家们有意模仿希腊先辈们，他们相信历史学最初以及最重要的就是对政治叙事的研究。有些哲学家的写作更强化了这一观念，比如黑格尔，他把世界历史看成"自由"不断展现自身的过程。而且，对于像兰克这样的史家来说，"历史"和"政治史"几乎就是同义词。在19世纪，当拿破仑被击败后，一大群德国知识分子们（他们大部分在政治理念上是偏自由化的，尽管并不是完全的民主论者）都执着于一个问题，即德意志邦国和欧洲大陆其他国家的不同之处究竟为何，这使得在当时的德国"历史学就是政治叙事"这一想法显得特别有吸引力。然而，这一观念还有更早的来源，在18世纪历史哲学家赫尔德（Herder）的著述中已经有了类似的倾向，赫尔德认为历史就是民族特性（差异）的展现。所有这些倾向合力促成了一种看法，即历史学应该主要研究政治变动。如今在欧洲和北美的大部分地方，这种看法仍然隐隐统治着历史学界。

同样的，思想史研究也承续着大历史学中对政治事务的强调。甚至到今日，大部分思想史家仍然认为他们最首要的任务就是去理解那些特别的政治观念，而不是一般观念。人们只要看思想史家们的著述和草拟的教学纲要，就马上能证实这一观察。这种对政治的强调有很多缘由，我们首先得提到的，是梅尼克（Friedrich Meinecke）的著述，他是德国式的所谓"观念史"（Geistesgeschichte）最早也是最重要的研究者之一。梅尼克主要研究政治思想，他尤其关注的问题是，德国的政治思想史与流行于欧洲其他地方的那些"世界主义"思想究竟有何区别。他早期的著述贯穿着民族主义的基调，如今看来已经有些过时了。有趣的是，在最后一部书《德国的浩劫》里，梅尼克公开抛弃了政治民族主义主张，但仍然保有一种文化民族主义观念。举例来说，他在书中就提议二战后的德国应该组织一些小型的文化"社团"，以利用歌德和席勒等先辈奠立的基础重建德意志的民族意识。然而梅尼克仅仅是一个例子，更大一点在于，大部分思想史家们首先是作为历史学家被训练的，因此他们接受了其中规范性的教导，即对政治事务的强调，这教导得以占据统治地位。但是，思想史家对此进行了修改，并应用于对思想的关注当中，相应地，思想史研究就被理解成这么一门学问，其首要关注的应是政治理念和意识形态。因而，很多时候我们很难区分政治思想史研究者和思想史家。

在英国，思想史学界对政治思想的强调，主要来自两位卓有成就的学者的影响——以赛亚·伯林（Isaiah Berlin，在牛津）和昆廷·斯金纳（Quentin Skinner，在剑桥）。伯林出生在俄国，是一位极为博学的知识分子，写过众多有关欧洲思想传统的论文和著作。伯林以极大热情信奉个体自由，他提出了一个理论性的政治概念，即所谓"积极自由"，其意为，真正的个体自由，只有当它被表面上"更高层次"的国家或社会的需要塑造时，才能够得以实现。伯林一生的大部分学术精力都用于揭示这种"积极自由"可能带来的危险。为反对这种"一元主义"（之所以这么命名，是因为此类观念的形而上学倾向是把所有观点都归结到单一的、合理的整体当中）的传统，伯林努力捍卫一种"多元主义"，强调个体自由的首要性，以及个体和文化观念的无可化约的多样性。他发掘了一个与主流思想史多有抵触的思想传统，并称之为"反启蒙运动"，从中他获取了多元主义哲学的养料。诸如赫尔德、维柯和柏克等思想家都属于这个传统。1953年，伯林发表了一篇研究托尔斯泰历史哲学的文字《刺猬和狐狸》，其中他援引古希腊诗人阿基罗库斯（Archilochus）的一则寓言，"狐狸知道很多事情，但刺猬只知一件大事"，对"一元"和"多元"这两个思想传统作出了著名的区分。②

不用说,这么宽泛的分类并无法把握哲学讨论的真正细节,伯林这种"一元/多元"区分的一个显而易见的瑕疵就是,诸如赫尔德和柏克这样的思想家,尽管在表面上对待不同文化传统间的关系像是个多元论者,但对于自身所处的既定文化的那种一贯的态度,则表现得更像一元主义者。从这个角度去看,赫尔德就是德国浪漫主义的重要先驱;而柏克的政治理念是如此独特,以致于他信奉一种类似有机论的政治文化理论,任何内部不一致或是分歧的迹象,都被他视为病理的表征。讽刺的是,伯林自己对于作这种刺猬式的普遍化判断乐此不疲,但只有当他仍然保持作一只"狐狸"的时候,他才是最成功的。伯林写过的文章数量之多令人惊叹,且主题各异,能将读者引入许多具体的、不太为人注意的话题,然而,他对政治思想史的那些宏观的判断,就其宽泛性而言,如今看来多少显得有些业余。人们观之越深,越会觉得需要细究。

斯金纳是当下思想史研究中最重要的人物之一,他也是政治思想史领域内一般所称"剑桥学派"的核心。斯金纳著述众多,大多有关思想史研究的方法论以及近代早期的政治理论(主要是英国)。他最著名的贡献也许就是提倡一种思想史研究的"语境"取向,该方向的开山之作即是他的名文《观念史中的涵义和理解》(Meaning and Understanding in the History of Ideas)。③尽管这篇文章的理论旨趣包含甚广,很难以简单的方式概括,但斯金纳的基本方法论姿态可以归结为一种历史语境主义,按照这种想法,一个观念的涵义仅当其被置于更大的、语言惯习(书面或是口头)的历史语境中才能被理解,而这语境本身是可被阐明的。斯金纳将这种方法用于他对政治思想史的众多研究中,其中最著名的是有关霍布斯的,他试图在17世纪政治论争的宏大语境中来理解霍布斯的思想。斯金纳研究的许多方面都招致批评,其中最为有力的或许是针对其"类唯心论"倾向,也就是说,一个特定历史语境的非语言方面(比如阶级,或者更宽泛的经济因素)对于理解政治观念的涵义都变得毫无作用。另一种颇为不同的批评则指出,斯金纳的语境主义似乎预设了一种对文化涵义的过于整体主义的看法,也就是说,对于每个观念,只有一个给定的、可被描述的语境,这带来的过于乐观的结果就是,观念就被完全固定于自成的、客观上可辨明的意义领域之内。实际上,这一预设忽视了"语言的"语境当中显然有着分化和不统一,而且,它背后还隐含着一种可疑的、对于语境可以被辨明的客观主义观点,似乎历史学家对于语言语境的选择仅仅是个出自本能的经验主义问题,而不是试图去解释。

伯林和斯金纳两人有个有趣的共同点,那就是对政治观念的强调,很大程度上,这是以忽视其他类型的观念(形而上学的、科学的、美学的以及其他)为代价的。有人或许可以为这种强调作辩解,将其仅视为一种学术偏好的表达,然而,对于"思想史研究什么主题最为合适?"这个问题,这种强调无疑产生了巨大的影响。正如前面提到,对政治事务的强调深植于一种传统的设想,即对"什么能算是历史?"的解答。说来奇怪的是,当整个历史学界已经渐渐舍弃了这种传统的优先考虑政治事务的取向,而将其视野拓展到丰富多样的非政治主题上时,思想史家们却很大程度上仍然保留了这个习惯,他们依然将思想史等同于政治观念或政治意识形态的历史——或者按照最近的说法,是具有社会效应的"话语"或者"表象"的历史。

即以斯金纳为例,他把对政治的强调提升到了一个异常的高度。其实,他这种"语境主义"的研究方法,相对于其他观念而言,似乎就更为偏袒政治观念的研究。在斯金纳看来,一个观念的语言语境存在于由一些理论、文本、言语方式组成的更广大的环境当中,后面的这些被他归类为"言语行动"(speech act),所有这些都会或隐或现地对我们所关注的观念产生影响。这种方法论上所应考虑的"必须"可能普遍适用于多种多样的历史学主题,但以其来理解 17 世纪英国政治的世界仿佛是最为合适的,那个世界里充斥着文人学者和巧舌如簧的绅士,构成一个"公共领域",这些人偶尔也会涉及政治理论的话题,但理论总是和更为实际的议院辩论话题紧密联系。益格鲁撒克森政治思想的这种实用主义特点似乎和斯金纳的方法论信条正相切合,即"语言语境"融理论性和现实性于一体。然而,是否所有的思想语境都有这种"实用的"一面?这还是成疑问的。尽管如此,斯金纳仍然是当今世上最具影响、在哲学上最为精妙的思想史家之一。甚至他的影响早已跨出思想史研究之外而涉及政治理论这门学科,以致于有些时候很难将其作品仅仅归于这两个领域中的任何一个。

由于他坚定地相信涵义应该由历史语境来决定,他由此成为对"当下主义"(presentism)的激烈批评者,后者指的是完全从当下的需求出发去评判过去的观念,从而忽视明显的历史差异的行为。但是,在这点上,斯金纳并不总是完全一贯的,人们在他的大部分作品中都能发现,他并不仅是要去理解某些观念,同时也试图去改进它们。比如在他近来的著作中常常出现的"新罗马式的自由"(neo-Roman liberty)这个观念就是最好的体现。然而,揭示出斯金纳学说中的这一面并不意味着是对他的抨击,即便是最为审慎的、不带党派色彩的历史学家们都会被他们自身的兴趣——无论是个人的还是政治的——所驱使,斯金纳也不例外。

在英美学术界,思想史领域内对于讨论政治理论话题的偏好,部分也是因为这些话题在学术界其他领域内的边缘化。英美大学的哲学系里,许多人会把政治哲学视为学科中较为低级的分支(举例说,比认识论、逻辑学、语言哲学就要"低级"),因而,那些想要研习政治思想史的学者们就会在哲学系门墙外的领域受到更热切的欢迎。思想史研究无疑是这种"学科迁移"最主要的受益者之一。而在各大政治学系里,政治思想研究遭到的挑战也是类似的。政治学(political science)这个学科近来日渐转到社会科学取向,更强调的是决策理论和各种可推广的模型等,而纯粹的对政治命题和价值的反思性研究则往往不被重视。在政治学系中,"科学"取向和"理论"取向的学者们往往泾渭分明甚至相互争论不断,相比较而言,思想史研究则提供了一个更为友善好客的学科归属。

然而,在这些纯学科的解释之外,人们还需要考虑一个关键的历史因素。20世纪中叶,许多在欧洲遭受迫害的学者流亡到北美,给北美的学术研究体系带来冲击,引发了许多显著的变化。我们在此就举几个名字:汉娜·阿伦特(Hannah Arendt)、列奥·斯特劳斯(Leo Strauss)、西奥多·阿多诺(Theodor Adorno)、恩斯特·卡西尔(Ernst Cassirer),这些学者和驱逐他们的那个世界保持着既紧密又抵触的联系。他们给美国学术界带来了一种新的情感——对欧洲思想传统的敬重,但同时也体认到这种传统对人类自由的潜在威胁,这种体认是来自局内人的,也是苦涩的。诸如阿伦特、斯特劳斯、阿多诺这样的政治理论家,还包括像莫斯(George Mosse)、伊格尔斯(Georg Iggers)、斯特恩(Fritz Stern)这样的移民历史学家们,都在同一个问题上殚精竭虑,即欧洲思想传统中究竟哪些部分应该为纳粹的兴起承担罪责。他们每一个都作出了不同的回答——几乎每两人间都强烈地反对彼此——但就集体而言,他们共同营建起了一整块思想史研究的领域,它围绕着一个中心问题,即纳粹主义有着丰富的哲学意涵,只有将其思想根基充分挖掘出来,才能保证欧洲思想不受其侵袭。

这类研究一般都比较强调思想因素,而往往会忽视社会和经济动因。然而,尽管它有许多缺陷,它还是给欧洲思想史研究实践铸下很深的印记。直至今日,许多从事现代欧洲思想史研究的学者仍然抱有一种预设,即他们首要的任务还是揭露和批判法西斯主义留下的各种遗产。而且,有时他们会把这类取向扩展到对更新思潮的研究上,比如后现代主义,他们更关心的是从后现代主义当中是否能辨识出类似的、危险的政治倾向。当然我们从这类研究中能学到很多,而同时必须承认,在我看来,这一类的思想史论述,其背后的意愿更像是从事一种指控,而不是去理解。但当"指控"全面压倒"理解",思想史研究就会蜕变成一种学者们都应避免的写作,即反智的历史(anti-intellectual history)。在此,仍需重申的是,负责的、适度的政治批判主义在思想史研究中还是有着重要地位的,因为思想史作为一个学科的基本原则之一就是,观念永远千缠万绕,它们从来都不会是完全"无辜"的。

思想史和文化史

在过去的30年中,历史学这个行当发生了一个显著的改变:从社会史和政治史,转向对一个包含着众多各异主题、被称为"文化史"的宽广领域的研究。在思想史和文化史之间要划出清晰的界线,从来就不是件容易的事。为了理解这种差别,在下一步论述前,我们首先需要停下来仔细思考,"文化史"究竟是什么意思?

"文化史"是一个被层层涵义所覆盖的名词,它可以指纷繁各异的主题和方法,所有那些和"文化"有关的东西,从美术到流行的工艺品,从宗教礼仪到民间巫术,从有关纪念和民族认同的公众符号象征,到最私密的性和身体问题。文化史研究的兴起,部分要感谢20世纪早期法国"年鉴学派"的学者们,他们考察长时段欧洲人生活的模式,从广大平民的体验入手,从而反对传统历史编纂学对统治术和政治精英谋略之类的过分关注。但是到了20世纪70、80年代,文化史研究又再次出场,这次在北美,也包括欧洲,它是对当时更经济学化、更强调统计结构的社会史研究方法的反动。

在这场文化史的新浪潮中,充当先锋的是这样一些学者:卡尔·休斯克(Carl Schorske),他对19世纪末维也纳文化的方方面面作了仔细考察;娜塔莉·戴维斯(Natalie Zemon Davis),她开创了从文化视角对近代早期大众生活(尤其是法国)细致入微的分析;琳恩·亨特(Lynn Hunt),她参与开创了对法国大革命时期的"政治文化"的研究;罗伯特·达恩顿(Robert Darnton),他专攻书籍史,对18世纪法国的大众阅读习惯尤为熟稔。今日的文化史研究同样反映出新的法国理论模型的影响,比如来自结构主义人类学和文学理论,它吸收最多的是法国社会理论家福柯(Michael Foucault)的宽广视野和方法。

文化史学家们往往会和思想史家研究相同的主题,而他们之间的差别主要体现在方法上:思想史家通常是就观念研究观念,而文化史家更希望去考察这个观念的文化传播(cultural circulation),也就是说,它越出知识精英圈子扩散到更广大的社会领域当中。思想史家总是将研究限于去精确理解某个概念体系——往往也是由学者制造的,而文化史学者对单单概念自身的细微之处并无多大兴趣,他们更关心这些概念被公众话语拿来使用时,它们发生了什么变化。这种区别有时仅是程度问题,但有时则相当引人瞩目。举例来说,拉卡普拉(Dominick La Capra)毫无疑问是北美范围内最有影响的思想史家之一,他研究萨特的书是经典之作。但同时,他也是一个文化史家。没错,他的著述正好是站在思想史和文化史的交叉路口。近来,除了学者之外,拉卡普拉关注的是诸如文学和电影这样文化的"文本"是如何去理解纳粹大屠杀以及类似的历史创伤体验,此精彩研究使读者受益匪浅。再比如卡洛琳·迪恩(Carolyn Dean)也是站在"思想史—文化史"分界线上的杰出学者代表,她在布朗大学的教授职位名称就是"历史学和现代文化及媒体教授"。她的研究融合了理论的精致和高度的敏锐性,将许多复杂的观念(比如同性爱、自我、愉悦、同情)整合到更宽广的文化想象和再现的模式当中。如这般以精巧的方式融合思想史和文化史研究方法的学者,并不在少数。总体来看,近年来一些最具开创性和原创力的研究,正是实现了这两条路径的交融,此说应不失公允。

新的文化史研究最具意义的代表,或许应是那些实践所谓"新历史主义"(new historicism)的学者们,包括 Stephen Greenblatt、Catherine Gallagher、Thomas Laqueur 等人。对于"新历史主义者"而言,一种文化和一个文学文本具有某些相同特性,它们都有独特的主题、象征,或是理解的惯习,所有这些都是为了将文化经验组织化,应对或控制文化焦虑。新历史主义者们的研究眼光并不只放在某些正统的或局限的"文本"(比如莎士比亚的戏剧)之上,他们更喜欢跨越固有的学科和知识边界——比如高端和低位、感性与政治、性和宗教等等分野——从而揭示出各不同地区文化之间的同源性。他们的研究方法在很大程度上依赖于历史学家敏感而细致的解释,因为历史学家必须以极为精细的方式去研究象征和细节,从而"解读"一种文化,就像文学批评家解读一首诗那样。Greenblatt 就把他的研究方法称为"文化诗学"。历史学界内有些人对"新历史主义"多有抱怨,他们认为后者过于强调局部的多样性,从而使其研究最终只是成为一种折衷主义。但不可否认,"新历史主义"在近年来已带动许多最具原创力和启发性的研究。④

是什么使思想史和文化史不同? 思想史研究有时会被批评,因为它对以下问题显得漠不关心,即某个特定观念是否拥有更广泛的社会影响。归根结底,如果某个抽象观念对于它在历史中的外界环境只有很小的影响,那么历史学家为何还要去关注它呢? 一个"纯粹的"思想史家可能会申辩说,观念之所以值得去理解,和它在文化层面上的作用并无关联。但文化史家会坚持认为,如果我们考察一种观念在文化上的传播，它会显得更为重要，尤其是如果我们能揭示出该观念在文化当中扮演着真正权威性的角色，比如该文化是通过这种观念的表达来强化自己的规范。对文化史家而言，这才是某个思想观念真正有趣的地方：观念是文化信仰的标记，或是某种深植于内的认知模式的表征。按时下说法，文化史家会认为观念是福柯所说的"话语"当中具有社会作用的那些元素。只有观念才会展露出在背后决定社会想象的那些焦虑和欲望，相应而言，它既是"知识"，也是"力量"。

思想史家可能会指出，他们同样对观念和文化之间的关系十分关注。但他们也会担心，文化史家们太轻易地把清晰的观念归到不是那么清晰的类型当中：当某个观念被放置到更大的文化环境当中时，它就很难再能保持原初的形态，它的思想要核会渐渐弥散开，变得宽泛化。思想家有时会对源于自己的大规模思想运动表示拒斥，这样的例子并不少见："马克思主义"逐渐成长为欧洲精神生活的日常，但众所周知，马克思自己曾声明他不是一个马克思主义者。"实证主义"后来的发展远远超出了孔德（August Comte）的观点在当时之影响，但它却不再像原初那样清晰而精确。"尼采主义"在19、20世纪之交的时候成为一种文化时髦，对于一战中的青年士兵而言，它几乎成了一种宗教，尼采本人如果还活着，肯定会鄙视这种现象。因而，对特定观念之文化效果的历史研究，和对观念本身精确轮廓的勾画，两者可能会产生直接的冲突。

然而，通常这种不同只是程度的差别：一名文化史家更关注的是观念的流传，而思想史家则对观念自身的思想脉络更有兴趣。这两种研究方法都产生了丰硕的成果，而且两者若只取其一，无论是哪种，都肯定无法满足每一个历史学研究者的期望。只对观念本身感兴趣的纯粹思想史家显得过于狭隘，似乎思想观念可以脱离更广大的世界而独立存在；而文化史家则显得太容易被纷繁多样的文化表现所吸引,好似所有东西都值得同等地被学者所关注。

即缘于此,文化史家更多地被视为是方法论上的"大众主义者",而思想史家则更倾向于守护传统的那种思想的等级观,也就是说,某些观念从本质上就比别的更重要。因而有些文化史家就把思想史家看成是方法上的"精英主义者"。对于这种指责,思想史家们很乐于进行反击,在他们看来,一种观念的普及、流行和对它本身价值的衡量估计并无干系。归根结底,文化史家在研究某种文化现象时,终究还是需要诉诸思想理论。很明显,这种诉求证明了尽管文化史家研究的是一些"大众化"的课题,他们自己仍然坚守一个原则,即特定的思想概念本身拥有价值,这种价值与它在文化层面的流传并不能相互化约。对思想史家而言,文化史研究中这种显而易见的大众主义倾向很像是一种坏信念的展现,而知识分子们一直试图避免这种信念,即思想完全由"市场"来衡量的一种反智主义。

总而言之,思想史和文化史的区别有时看起来是十分微小的,历史学这门学科里还有很大的空间可供各种不同的研究方法进行探索,而这种种分歧的政治维度之内容则不应被夸大。但为了回答那些正在推动历史研究前进的大问题,我们在此仍需重复一遍两者的区别:文化史家关注观念,主要是因为他们在为更大的文化模式研究寻找证据;思想史家的研究当然也关心观念的文化意义,但他们感兴趣的,主要是观念本身。

思想史与社会学:
人物、组织和社会结构

走笔至此,读者可能会感到惊讶,本文既然谈的是"思想史"(intellectual history),为何到现在还没有提到"思想家"在其中所扮演的角色。我已经详细地讨论了研究"观念"和它们的"语境"的各种方法，但完全没有提到一个显而易见的事实，即正是那些思想家们在对这些观念进行思考。研习思想家们的历史可以有很多种方式，其中最为突出的就是：传记式的、组织式的，以及社会结构式的。

我们看到，为思想家写传记确实是思想史研究的一种形式，重提这一点可能显得有些怪异。去研究一个思想家的生平——她的童年、所受的教育、旅行、交友圈、个人癖好或是其他——确实是"在语境中"来理解其思想的重要方式之一，而且这个"之一"就是最为贴近思想家生活场景的那一种。当然，并不是所有思想家的传记都能够被列入思想史研究，传记作者必须花费相当的笔墨来解释传主本人的思想，而且还必须说明，这思想如何与其生活经验相联系。哈科恩(Malachi Hacohen)写的波普尔传记(*Karl Popper: The Formative Years*)就是传记作品成为思想史研究的一个极好例子：他向我们介绍了很多波普尔的科学理论，同时还试图解释波普尔作为一个奥地利犹太人在维也纳受教育期间的个人经历是如何影响到这些理论的出炉。在此我再举一些出色的思想家传记：蒙克(Ray Monk)的《维特根斯坦：天才之为责任》(*Ludwig Wittgenstein, The Duty of Genius*)、布鲁尔(Elizabeth Young-Bruehl)的《爱这个世界：阿伦特传》(*Hannah Arendt: For Love of the World*)、盖伊(Peter Gay)的《弗洛伊德传》(*Freud: A Life for Our Time*)，还有卡西尔(Ernst Cassirer)的《康德：生平与作品》(*Kant: Life and Work*)。

当然大部分思想家都不会在完全独处中度过他们的一生，也就是说，他们总是在一个思想圈子中生活和思考，频繁而富有激情地互相论辩，在这过程中他们经常会私下抱团形成对话的小团体（就如18世纪末19世纪初的"沙龙"），或是共同建立起某些体制性的组织机构从事思想研讨。思想史非常重要的一个方面就是研究机构的历史，它包括——尽管绝不仅限于——大学的历史。

在那些最有成就的思想史家当中，很多人都已经认识到将观念和组织机构作一种并行的研究极有价值。一个经典例子就是马丁·杰伊的著作《辩证的想象：法兰克福学派与社会研究所的历史》(The Dialectical Imagination: A history of the Frankfurt School and the Institute for Social Research, 1973)。此书在法兰克福学派研究中具有里程碑式的意义，这一学派是 20 世纪 20 年代早期在德国法兰克福成立的。该著作主要研究的是一群社会哲学家的核心团体，包括阿多诺、霍克海默(Max Horkheimer)、本雅明(Walter Benjamin)、洛文塔尔(Leo Lowenthal)、马尔库塞(Herbert Marcuse)等，以及社会批评的马克思主义式变体，也就是后来名扬世界的"批判理论"。书的大部分篇幅清楚地介绍了批判理论，但这些知识分子同样也是一个新机构的领军人物，这个机构以"社会研究所"为名，在法兰克福正式成立。因而杰伊的著作也花了很多笔墨讨论这个学派的机构制度史，包括它的经费来源、成员制度、如何从德国搬迁到北美，以及其他一些话题。结果就是，这本书同时结合了多个不同的研究取向：它既是一部群体传记，一部机构的历史，同时也是对观念的解释性研究。

另一个把思想传记和机构研究结合起来的例子是路易·梅南的《形而上学俱乐部：美国的一个观念故事》(Louis Menand, The Metaphysical Club: A story of Ideas in America, 2001)。梅南的这部书被书评人称作"一部四元的思想传记"，它关注的是四位思想家的生平与思想，他们都与美国实用主义思想的兴起有关：霍姆斯(Oliver Wendell Holmes)、詹姆斯(William James)、皮尔斯(Charles Sanders Pierce)、杜威(John Dewey)。但它同时也能被看作哈佛大学和"形而上学俱乐部"(这是思想家们对自己私底下这个哲学小圈子的命名）的一部组织的历史。在最后，梅南还把这个组织的历史放在内战后的美国历史大背景下考察。这种多重的——传记式的、组织机构的、政治环境的——研究取向使梅南的书成为近些年出版的最吸引人、最畅销的思想史著作之一。

对于特定组织机构的历史性考察，比如对教会、大学、学会团体等，能提供给我们一个特别的视角，去看观念如何影响社会环境，以及如何被社会环境所影响。许多史家笔下的思想家们，在现实中都有一个职业位置，比如说神学家或是学者，所以关注他们所处的职位和机构就变得顺理成章。然而，一般情况下思想史家们只是在讨论观念的内容本身之前，顺带着提一下研究机构——比如某个学院或大学——的历史，少数例外的思想史家会花更多的时间精力去研究机构的情况，比如它的建立、它和政府的关系等等。当然，如果要写一个组织机构的历史，基本只关注它的社会和财务的方面也是可行的，但这种研究一般不会被视为思想史。那应该是一种社会组织的历史，只不过思想家们恰好身处这个组织机构当中而已。

此外，在思想史研究中还有一个次一级的门类，就是关注思想活动实践性的或技术性的特点，比如研究习惯、修辞技能、对史料或是证据的看法，抑或是书籍本身的历史。对这种技术性细节的研究，在行外人看来是只有行内学者之间才会感兴趣的话题，但这些研究所隐含的基本假设都很值得注意。毕竟，在特定的历史时期，思想表达方式都是被我们看作"事实""知识"，甚至是"真理"本身的表征。我们可以看格拉夫顿（Anthony Grafton）写的那本迷人而又极具启发性的《脚注》（*The Footnote: A Curious History*）。脚注绝不仅仅是页面最底下的那几行字而已，它是现代学者用以强化他们论断正当性和真实性的一种方式。思想表达本身是日常性的工具，它把观念和某些文化信念融合起来。比如说，一种具有争议性的科学理论是如何成为一个新的共识的？对这问题的部分解答是由于"信任"：学者们会创造出各种论证的标准，以及知识传布的组织，诸如此类之所以能发挥作用，是因为参与者们都毫无保留地认同这些标准的有效性，认同这些组织。例如，夏平（Steven Shapin）的《真理的社会史》（*A Social History of Truth: Civility and Science in Seventeenth-Century England*）一书就旨在告诉我们这点。有趣的是，大部分关注这种思想活动表达实践的研究都在科学史领域（尤其是很多人关注 17—18 世纪，那是个"科学革命"的时代，我们今天很多有关知识和证据的理论都诞生在那时）。科学史家们或许最先认识到，思想活动并不仅仅都是理论，它也和实验以及"经验"紧密相关。因此，科学理论的历史很多时候就应该包括那个特定历史时期的实验工具和实验方法的历史。

最后，思想史在某些时候也会和社会学解释产生关联，即引入通常所谓的"知识社会学"。知识社会学是主要由 19 世纪末 20 世纪初的社会学家们建立起来的一门学科，其中一位重要的先行者是德国社会学家曼海姆（Karl Mannheim），他在 20 世纪 20 年代的研究中指出，马克思有关"意识形态"的概念应被扩展成一种通行的方法，即以非决定性的方式将所有观念与社会角色关联起来。在曼海姆看来，所有思想都是产生于某种社会条件的"世界观"的表达，而一个人的世界观是被其社会地位因素所塑造的，比如说阶级、在体制中的地位、政治倾向、代际归属等等。所有的"实在"都依赖于特定的社会认知，相应地，在终极的、无条件的意义上，任何对于"实在"的认知都无法声称自己是"真的"。曼海姆认为，政治意识形态是知识社会学最有意义的研究对象，一种政治意识形态往往是某个社会立场的表达，即便是最为复杂难解的政治信念的陈述，也很难逃出社会学家们敏锐的眼光。

在最近这些年，思想史研究频繁地吸收着由知识社会学传统中首创的一些研究方法。法国社会学家布尔迪厄(Pierre Bourdieu)对于复兴知识社会学传统的贡献超过任何其他学者,其理论之严密、精炼程度无可比拟。他将其理论用于分析诸多主题,都取得了巨大成功,比如《学术人》(*Homo Academicus*)一书解释20世纪60年代法国知识分子的政治惯习,再如《帕斯卡派的沉思》(*Pascalian Meditations*)讨论的是前近代经院哲学在社会层面的先决条件。

许多思想史家们试图去了解,知识在某种思想环境中——作为获得社会声誉的工具——究竟是如何运作的,在这点上,布尔迪厄的研究极具启发意义。布氏使用了一个马克思主义式的词汇(但并不像马克思主义者那样抱持经济化约主义),他把教育设想成一种"符号资本"(symbolic capital)。智识生活其实是一片充满"权力"的领域,其中,思想的对抗和竞争可以被看作是在一个符号体系中的策略性的行动,最终,思想上的胜利会被转化为在整个智识领域内的社会经济性的统治。

对观念的社会学研究之所以显得重要,是因为它抱持一种理念,即思想之事和人类经验的其他诸多方面并无二致,它们都很容易以一种社会功能性的方式被归纳。我们可以找到很多这样的例子,比方说,知识界的层级可以用"阶层""地位"等社会学概念来重新解释;知识声誉的变动起伏可以用统计学的方法来研究,也可以用出版方的权力变化和能否获得新的信息网络等因素来解释;某些看起来奥妙莫测的思想上的独创性发现,可以被看作是一些平平无奇的事情——比如制度上的权威或是教育的优势——所产生的结果。以布尔迪厄和福柯为代表的许多学者的理论视野,汇聚成当下已经成为老生常谈的历史学原则,即我们应把观念看成是"话语"体系内的某些因素。的确,写作者本身最应被理解为话语实践的"遗物",而不是绝对创造力的代表。此类说法看上去似乎是反直觉的,甚至是矛盾的(说到底,难道福柯本人不也是一个写作者吗)。但是这种理论往往恰好能支持它的"自我反省",以布尔迪厄为例,他就认为自己的社会学研究实践本身就是在"社会—知识"权力领域内的策略。然而,有些批评者担心,将观念仅仅看成工具的社会学理论会掉入"社会化约论"的陷阱,这些理论并不能严肃地看待观念,因为它们只把观念看成是某些貌似更为"真实"的东西的面具。就好像布尔迪厄,尽管他的理论非常敏锐,但他总是太过倾向于把思想和审美的意见归结为某种社会阶层立场,所以,有些人觉得他的社会学理论和粗陋版本的马克思主义"经济决定论"(就是说,经济基础才是人类活动背后的终极动因)并没有什么不同。⑤

社会学、思想史与"话语转向"

无论如何,总体而言,思想史领域内的"社会转向"或者说"话语转向"(discursive turn)在近来已形成一股巨大声浪。毋庸置疑,它们之所以吸引人,是因为采取了一种批判性的、质疑式的态度,而这正是知识分子们应尽的职责。从社会学或是话语理论的视角来看,人类生活中诸如"真理""知识""客观性"等宏大范畴其实都是些受特定社会条件制约的价值,而历史学家的任务并不是去评判观念的对错与否,而是去理解,在某个特定的历史和社会环境中,什么是对的,什么是错的。

这种研究取向主要是受到福柯早期著作的启发——福柯研究了性病理学、犯罪和疯癫的话语,而如今它已开花结果,思想史研究对每一种可能"话语"的考察都成果丰硕。其中最有影响的书是萨义德的《东方学》,这本颇具开创性的著作研究一个伊斯兰的"东方"是如何在西方的学术和文学中被建构和想象出来的。研究话语的历史学家们通常会援引福柯反实在论式的教导，即话语描述的那些事物只因被描述而存在，而能被算作是"实在的"，因为是话语把它们塑造成知识的对象。对萨义德来说，关于"东方"的话语有其自身的发展脉络和重要性，恰和那个它意在描述的世界是脱离开来的。谈论东方，某种程度上是在建构一种社会空间。确实，我们生活其中的世界，最终来看其实是一个由话语构建起来的世界。

有些批评者提出，这些理论太过忽视历史性真理或文化互动等问题，显得太无知。就举萨义德为例，当他把东方学的话语讲成是"制造了"东方，包括东方的"真实"和"实在"时，某些时候他犯了太过夸张的毛病。类似萨义德的这种论断可能不太负责任，因为它认定了概念体系的自我封闭性，使它很难去想象文化之间对话的可能性。而正是"对话"使得思想史研究能保持开放，迎来更多的批判和讨论。

还有，这种论断也使得历史学家们很难去质疑东方学的话语，去研究这些话语究竟和伊斯兰世界的真实境况是否一致。我们知道，职业历史学对"话语"的研究，其最显著的特征就是它隐含着一种假设，即话语本身都是虚假的，尽管很多时候历史学家不愿明言。理论上的复杂性使得历史学家很难去直率地宣告某种话语究竟"正确"与否，毕竟这类研究遵循的前提是社会实在本身就是一种话语的运作，而不是反过来。

然而，这些历史学家们仍然暗暗怀有一种解放式的冲动，想去揭示话语本身的偶然性和建构性，从而使话语看上去并不那么稳定，甚至是彻底拆穿它。当思想史和文化史的学者们试图去处理那些极富戏剧化的社会或规范性效果的话语时，尤是如此。比如说，规定人们性行为的话语，那些以"文明进步"之名行"殖民主义"之实的话语，以"公共安全"的名义为政府的极端化干涉甚是肉体虐待进行辩护的话语,还有那些为某个民族共同体的成员们制订规则的话语。总而言之,接受了福柯式的"话语的社会效应"理论的学者们,常常会暗中说服他们的读者们去质疑"话语"的可信性。但是,这种判断,以及它背后的理论支撑,仍然是未被解释清楚的,换句话说,学者们自身的立场仍然处于一种"隐秘规范"(crypto-normative)的状态。⑥

  学者们往往很关注此类"话语历史"背后的政治动机,然而值得注意的是,这种动机会和形而上的反实在论立场——话语自身就是实在——形成冲突。历史学对于过去发生的非人道行为的谴责和定罪,首先需要的是确认这些非人道行为实在发生了,也就是说,确实有人死去或者遭受苦难,尤其是当某些政府的代言人坚持否认有人遇害时。有些批评家认为福柯的主张是一种"无为主义"(quietism),他们认为福柯的论述会让人丧失进行政治或者道德判定的能力。然而我们必须了解,福柯本人是多么深切地致力于改善这个世界的政治,如果他知道他的理论被视为多少阻碍了让人们获得更大"自由"的努力,他一定不会同意这个看法。事实上,他一直将自己视为18世纪以来的理论和实践上的"启蒙"方案的继承者,后者被康德简化为一句格言——"要敢于认识(sapere aude)!"

  就更为技术的角度而言,我们应该知晓,"我们生存于其中的社会性的世界是由语言或者话语塑造的",这个命题既不新鲜,也不奇怪。此命题早已有之,源远流长,从现代欧洲结构主义的语言理论上溯,一直到康德本人,他坚信世界之所以能被我们理解,多亏了一组特定的、先验的、必要的形式(或称为"范畴"),而心灵也因此才能产生经验。我们可以把"世界是由话语塑造出来的"这个福柯的论点理解为康德范畴论的一个历史化的、社会化的版本,也就是说,在福柯看来,支配人类经验的那些最基本的形式并不是永恒不变的理性结构，而是在某个特定的社会秩序中不断变化的各种因素，它们最终产生出大量实践性的、蕴含权力的效果。

而且，就像康德认为的那样，还有一个世界是独立于"范畴"存在的（尽管康德谨慎地谈道，我们并不能进入那个世界"自身"，因为若不借助先验形式，那个世界是无法被理解的），同样福柯也认为历史事件如果不借助它们的"话语效应"去研究的话，是无法被还原的。尽管他有时会被批评为"反实在论者"（这指的是那些否认话语之外还有"真实"的理论家），但事实上在他的著述中很少真正体现出这种激进和难以置信的立场。举例来说，在福柯对折磨和惩罚的研究里，他从来不认为他描绘的那些事件在某种角度而言是不真实的。再举一例，在福柯探讨"性"的话题时，他认为各种性行为和性"特点"之所以能被认知，成为真实，只是因为有一种特定的话语出现，让社会将这种性行为加以归类。因而，在福柯看来，"同性恋行为"实际上是19世纪的一个发明，也就是说，在这种话语命名出现之前，并没有"同性恋者"。但这并不意味着认为在这些后来被称为"同性恋者"的人之前，就没有这种行为或者体验，福柯曾经讨论过各种性实践被"置入话语"（putting-into-discourse）的过程，这个短语就很好地体现了在话语命名之前已经存在着的那些实践。总而言之，福柯的论断是认识论意义上的，而非本体论上的。这样看来，我们就必须提到戴维森（Arnold Davidson）的说法，在北美没有其他的理论家能比他更好地帮助我们理解福柯的作品，戴维森把福柯的研究方法称之为一种"历史的认识论"。

福柯在方法论上的贡献分支迭出，很难简单归纳，这部分是因为他最成功的那些作品都旨在考察一种特定的历史现象，比起历史哲学的那些严格理论化的命题，福柯的"方法论"看上去更像是一种事后的建构。就其自身而言，这就已经为各种诠释和引申提供了可能,有些诠释会采用戏剧化的、完全反实在论式的口气。因而,在此应再强调一遍的是,福柯自己并不是一个反实在论者,尽管有众多学者对福柯的理论贡献深表倾慕,但在这一点上却误解了他。思想史学者们应该对他们使用的方法在哲学上的意义有充分的关注,时至今日,在思想史和文化史领域内的"话语转向"中,最遗憾的事情之一就是学者们频繁地、不加思考地引用哲学理论,而这些理论实际上是完全另一个世界里的话题。尽管如此,"话语转向"仍然不失为当下历史学方法论中一项重要的、具有批判性的革新,它使我们能更好地理解文化权力和社会权力的符号化的、表象化的那一面。

结　论

在本文中我试图概述近年来思想史研究的主要趋势,并讨论它们与历史学、人文社会科学的其他分支之间有什么联系和区别。同时我自己也对这些趋势作了一些评论。其中有些评论当然是可能会引起争议的,我主要的目的并不是要推广自己的观点,而是希望激发更多思考和讨论,尤其是针对"当下的思想史在研究什么?它将走向哪里去?"这问题。如果要把本文中任何一个定义视为普遍正确的,我并没有充足的自信。自然,我也有我自己的倾向,要给出一种方法论上的指导意见,既不够谦虚,也无意义,因为那可能只适合我自己。

在此唯一值得提出的是,我内心有种深深的确信,思想史研究必须抱有一种态度,即思想生活有它自身的价值。因此,我对于那种想把观念仅仅看作意识形态武器或者社会权力工具的方法或论证策略,始终持保留态度。当然,观念本身是有它工具性的一面,否认这一点就未免天真。但是观念还能成为超越我们的一种"主张",它不能被化约成纯工具性的功能。这就涉及根本性的问题:观念能否被完全化约为另一个东西? 如果承认它并把这个观点推广开来,将会动摇思想史研究的根本前提。很明显,思想史研究还是有其意义的,而且这种意义很积极,它所能带来的最大利处就是,在当今这个越来越单线化、严格区块化的学院体系中,留出一片跨学科研究的领域。在这个学院体系里,各个学科都警惕地监督着学科的边界,防止方法论上的跨界行为,而各个科系的管理者们也焦虑地盯着敌对科系的科研资金和师生规模等数字。思想史研究之所以能够保留自己的特色,就在于它充分肯定观念的多元性:它能超越界线,拒绝把自己限制于某一特定学科内。当然,要树立起一些正当的"经典作品"在某种程度上也是有用的,也就说坚称某些论题或者方法只对某个学科有用,而排除其他学科,但是,这些所谓"经典作品"往往只会成为原创性诞生的障碍。归根结底,最好的思想史研究不会过多考虑学科的规则,它要做的是追寻思想的路径,无论这些路径把我们引向何方。

---

① 从另一面看,如果有人坚持认为思想史研究和哲学之间应有一条坚实的分界,那么他可参考伯纳德·威廉斯的名著《笛卡尔:纯粹探究的计划》(Bernard Williams, *Descartes, The Project of Pure Inquiry*, Penguin: Harmondsworth, 1978)的导论部分。

② 伯林的这篇论文可见 "Leo Tolstoy's Historical Skepticism", in *Oxford Slavonic Papers* 2, 1951。

③ 此文最早发表于《历史与理论》(*History and Theory*) 1969 年第 8 卷,后来又经过改写和修订。

④ Sarah Maza 曾经著文对"新历史主义"的研究方法作了很好的概括和极具批判性的评价。见 "Stephen Greenblatt, New Historicism, And Cultural History, or, What We Talk About When We Talk About Interdisciplinarity", in

Modern Intellectual History, Vol. 1, Issue 2, pp. 249 - 265。

⑤ 对布尔迪厄这种"经济决定论"的批评可见: Hubert Dreyfus & Paul Rabinow, "Can there be a Science of Existential Structure amd Social Meaning?" in Richard Shusterman ed., *Bourdieu: A Critical Reader*, Malden, Mass: Blackwell, 1999, pp. 84 - 93。

⑥ 对福柯的话语理论,最著名而最有影响的批评可见 Jurgen Habermas, *The Philosophical Discourse of Modernity: Twelve Lectures*, Cambridge, Mass: MIT Press, 1990。中译为哈贝马斯《现代性的哲学话语》。

·史料与考证·

《李鸿章全集》所载致吴大澂书信系年考证及勘误(上)

张晓川

张晓川,湖南大学岳麓书院副教授

《李鸿章全集》第36集中,集中刊载了李鸿章致吴大澂的30封书信,这批书信并没有标明年份,有些甚至连月份和日期都没有。①另外尚有一些书信,或标示年份有误,或者虽未标示,但错置于其他年份的信函之中。《全集》的编撰者花费了很大精力收集李鸿章的奏稿、电报、信函,但因工作量巨大,难免百密一疏,故在此略作补益,将《全集》中李鸿章致吴大澂书信未系年者考订系年,系年有误者进行勘误。

这些书信共有数十封,为了方便起见,以吴大澂的生平活动划分阶段。吴大澂的仕宦生涯大致可以划分为翰林院时期、帮办督办吉林事务时期和位列封疆的督抚时期。不过因为此批书信有相当部分涉及丁戊奇荒的赈灾活动及赈灾中的一次保举(此时吴大澂本职仍在翰林院),所以本文大体将这些信函划分为同治末年时期、丁戊赈灾时期、赈灾中的一次保案、吉林时期和督抚时期五个部分,以便分类叙述。每一部分以先未系年者、后系年有误者为序,再按照作信时间的先后排列,于每一封信,考订其具体系年和日期,并对信中涉及的重要史事加以论述。

一、同治末年时期

"同治末年时期"部分主要是指同治末年,吴大澂在翰林院作庶吉士以及散馆后任编修的这一时期。本部分包括未系年书信八封,系年有误书信二封。

115 - W - 6

致吴大澂

二月二十一日

执事去后,此间要才益形寥落,照例公牍略可敷衍,一遇缓急非常之件,仍须自家属稿。咳逆旧恙未尽蠲除,终恐不胜烦剧。艮相外症医治尚可见效否?襄阳冢宰似不可留。城工需款即巨,迁徙茔宅,绅民又多疑谤,孰能谋久远者。馆课想益精熟,此亦敲门砖耳。再颂留祺。鸿章顿首。

本函未系年,[②]仅有"二月二十一日"。全信篇幅不长,不过已经提供了足够的信息可以确定年份。首先是文中提到的两位大学士,盖清代无宰相一职,却常以相国、冢宰作为内阁大学士的雅称。"艮相"指倭仁,字艮峰,蒙古正红旗人,同治帝师,同治年间由工部尚书,晋协办大学士,后升文渊阁、文华殿大学士,故有"艮相"之称,于同治十年(1871)去世。"襄阳冢宰",即单懋谦,湖北襄阳人,同治年间由吏部尚书、协办大学士,而拜文渊阁大学士,故称

"襄阳冢宰",单氏有耳疾,曾数次要求开缺,即所谓"似不可留"。由此可知,此信当作于倭仁去世(1871)之前,而且很有可能就是在其重病不起之时。

再说吴大澂之经历,同治七年(1868)春,吴大澂赴京应会试得中,殿试以二甲五名获进士出身,经朝考入翰林院为庶吉士。不久,他就告假回乡,读书、游历,并在同治九年初,进入时为湖广总督的李鸿章幕府。是年吴氏跟随李鸿章前往陕西办理军务,甫至西安,不及月余,又因天津教案,法国发出战争威胁,李鸿章奉命率军填扎直隶,拱卫京师。未几,曾国藩因刺马案调两江,李鸿章接任直隶总督,办理津案。吴大澂则由津回家,旋又于年末赴京销假,并准备次年的散馆考试。③

本函开头"执事去后"一句,即针对吴大澂离开幕府后之情形所谓。接着,李鸿章向身在京师的吴大澂打听倭仁的身体情况。"城工"一句,乃述天津城垣修缮事宜。李鸿章在同治九年末,曾建议在天津运河北岸地区圈造新城,以加强防御能力,此后又数度吁请,获准后,历时三年,终成。④"馆课"一句是询问吴大澂对于散馆考试的准备,根据翁同龢的日记,同治十年的戊辰科散馆考试于四月十八日举行,次日,等第结果发布,二十八日散馆引见,⑤吴大澂等人授翰林院编修。⑥由此推断,本函当作于同治十年(1871)二月二十一日。

129-W-20

致吴大澂

正月十九日

清卿仁弟馆丈阁下:

正初枉过,礼数优隆,积悃借摅,别怀增歉。弁回奉十二日两书,敬审旅祺旋吉,至为慰颂。鸿章渥荷殊恩,多惭非分,岂复稍有希冀。去冬有人以吏部咨查速复为属,遍查积牍,无此行查之文。向例系于京察年预行咨取履历,并无另有咨查,何可率渎,年甫及艾事已过期,敢自暴其丑陋耶。乃蒙雅谊相关,祗增铭泐。中官补递之说,敬乞罢议为幸。旭翁太夫人寿幛已交梓芳转送。翁太师母亦托其代送矣。嗣后各处与敝处有交往者及苏、常、镇三郡中有此等事,望便中示知,或即代备幛分,白事则仍宜专致赙金也。手此奉答,顺颂开祺。不具。愚兄鸿章顿首。

彭世兄已得缺。

130-W-21

致吴大澂

正月二十四日

清卿仁弟馆丈阁下:

弁回奉二十一日手书,敬审履祉多嘉为慰。昨英鄂田观察良自京来信云,十四日晤佩翁,以执事留语阍人之言相询,并属补送年岁生日履历径达枢垣。鄂田专差坐索,未便坚拒,已于二十一日查照七年二月间吏部咨取生日来文咨呈军机处,计二十六七日可由英道转送。其实部中原有清册,不知何因漏送。枢廷大部欺外臣往往如是。此等小节,鄙人初不措意,亦莫不纯任自然。公等乃谓阁臣典礼不可因我而废,亦史官之职也。翁太师母处,豹岑函告已代送帐,少迟仍专具唁函致赙。梓芳二十日回京云,尚代送翁宅幛分,乞即转致,勿庸重复为幸。彭世兄才具足胜冲要,略缓即令履任。鄙状粗平。手此,复颂开祺,不一一。鸿章顿首。

此二函未系年,⑦仅有月日,日期相去五天,所述内容多有延续,当合而观之。两函所述大抵可分为两事,一为吏部咨取年岁生日履历事,一为代送寿幛赙金事。

吏部咨取李鸿章年岁生日履历一事,当与清廷惯例,即每年必须开列王公大臣的岁数和生日有关。一般来说,每年正月初五日之前,军机处都会奉旨查开一份《王大臣年岁生日单》。单上根据政治位次,以王、贝勒、镇国公等领首,以下依次是大学士、协办大学士、各部尚书、左都御史、都统、总督、将军等,有时还会在最后列上已经致仕的重要官员。其开列形式基本为爵位或职官、姓名、年岁、生日。

同治六年(1867)正月十一日,湖广总督官文被革职,遗缺由李鸿章递补,这是李鸿章首任总督之职(之前署理两江不计),有资格登上《王大臣年岁生日单》。由于晋升时间晚于当年表单开列时间,所以次年,也就是同治七年,李鸿章的名字第一次出现在年初的年岁生日单上。不过七年正月初二日开列的表上,却出现了"总督李鸿章,年四十五岁,生日未据查覆"的情况。[⑧]无论未能查覆的原因为何,连封疆大吏的生日都未弄清,显然说不过去。故而吏部旋即发来咨文,询问李鸿章的生日,即函中所谓"七年二月吏部咨取生日来文"。不过,不知究竟什么原因,确切生日仍旧没有体现在之后的《王大臣年岁生日单》上。同治八年正月初四日的表单上,已经以湖广总督协办大学士的李鸿章,名下依旧是"生日未据查覆"一句。[⑨]此后数年,情况皆是如此,直到同治十二年正月初四日,李鸿章时已升任文渊阁大学士,其生日"正月初五日"方才出现在例行的年岁生日单上。[⑩]

从这两封书信来看,李鸿章对于上报一事,态度略有变化。前函称前一年冬天,即有人提醒应该迅速回复吏部的咨查,不过李鸿章认为未见咨文,没必要专门回复。况且"年甫及艾,事已过期",即在当年正月初五日,他已经度过了五十岁的生日("年甫及艾"),故客气地表示无须"自暴其丑陋"。就李鸿章递送生日日期一事,显然有不少人过问关心。从两信中可见吴大澂甚至有直接交由太监上达的谋划,即所谓"中官补递之说",且已经"留语阉人",打好了招呼。此外又有英良写信说军机大臣宝鋆问起此事,表示可以越过吏部直达军机处。英良还专门派人来取,故而李鸿章后函中不再坚持,说自己已经送出具体生日日期文件,只是对于部臣欺负外臣发了牢骚而已。

当然,吴大澂关注并催促的原因,或许并非仅仅是为了《王大臣年岁生日单》上准确的生日。以李鸿章的回信来看,所谓"阁臣典礼"一句值得注意。吴大澂去信催促李鸿章上报生日,很可能是在为其运作"赐寿"之事。按清例,"一品大臣六十以上,遇旬寿每有赐寿之典",⑪曾国藩、左宗棠等大臣都享受过六十赐寿的待遇。不过就在同治年间,这种惯例被打破了,出现了五十岁即获得赐寿之典的情况。同治六年文祥首开其例,八年崇实也在五十岁时获得朝廷赐寿。⑫数年后,正值李鸿章五十岁正寿,包括吴大澂在内的不少人催促其上报生日,恐怕也有欲效文、崇故事,为之申请破例赐典的意思在内。否则年岁生日单年年开列,今年错过,下年补上即可,只是履行惯例,无所谓"岂复稍有希冀",更无所谓"事已过期"之说,此"期"应当即指李鸿章的五十岁生日。⑬另,吴大澂之所以急急专门给太监打招呼,而非吏部或者军机处,也能说明问题。盖有消息称:"向来大员及父母正寿,例由敬事房太监进单,恭候恩旨赐寿……向来赐寿枢廷不得与闻。"⑭可见当时官员逢十之正寿,是否赐寿,军机处并不能参与,而是由太监负责进单候旨,故吴大澂"留语阉人",应该意在赐寿。

至于代送一事,函中言及乃为"旭翁太夫人"及"翁太师母"的"白事"。李鸿章称,已请"梓芳"代送两处寿幛和礼金,又因有"豹岑"的代送,让在京的吴大澂通知其不要重复,并嘱托如果将来与李鸿章有关系者,或苏州、常州、镇江三府(吴大澂家乡及周边,比较熟悉之故)官宦家中发生丧事,还希望吴大澂告知。代送者"梓芳",即赵继元,字梓芳,乃李鸿章夫人赵氏之兄,与吴大澂同年进士。已为李鸿章代送仪金的"豹岑",为倪文蔚,号豹岑。

"翁太师母"为翁心存夫人许氏,即翁同龢兄弟之母。因李鸿章会试房事孙锵鸣为翁心存弟子,故李鸿章视翁心存为太老师,许氏即太师母。据翁同龢之日记,许氏于同治十年末(1872年1、2月之间)病入膏肓。至十二月二十三日,已经"神气渐微,脉息亦走",面对翁同龢的呼唤,只能勉强"略应"而已。次日,许氏去世,翁同龢悲痛之余赶紧给陕西巡抚任上的翁同爵写信告丧。⑮朝廷随即赐下恤典,翁氏兄弟丁忧开缺。⑯"旭翁太夫人"疑为盛康之母,盛宣怀之祖母,盛康号旭人,江苏常州人。

由此可知,同治十一年正月,吴大澂一边在为李鸿章赐寿鼓动运作,一边写信催促速速递交生日报告。李鸿章在两封回信中又请吴大澂为两家"白事"代送礼金寿幛。故而此二函当作于同治十一年(1872)的正月十九日及二十四日。两函中提及的"彭世兄"不详,疑为彭玉麟,在家将养数年后,于十一年二月正式出任巡阅长江水师大臣,李鸿章可能提前得到消息,在信中告知吴大澂。

135-W-26

致吴大澂
四月十二日夜

清卿仁弟馆丈阁下:

别后正深驰念,接初十日手书,敬悉一一。陈游击等计已续到文邑。大洼之水,数年未退,但去冬更加浩瀚,其流亡贫户既经外出,想系有业可趁。赈抚原系一时小补,断不能常靠养活。鄙见竟无庸招集,免致就赈后又失本业,尊意以为何如。各员弁分赴四乡清查,现有之极次贫户口,再酌定钱数,即行示开放。此间以银易钱,运至文、大,亦须展转耽延,恐五月中旬始能集事。如出境无依者,当自闻风归来耳。庄、丁诸令谅可回县办事,有得力否。幼孤收得若干。乐山虑难善其后,尚祈相机妥酌办理。滹沱无治法,又无能治之财力。文洼之水与为终古,此所私心疚歉者。两宫久未临朝召对,引见人员徘徊以俟,奈何。日本使者来谒,严词训斥,似稍悔□。手此,复颂珍卫。不一一。鸿章顿首。

本函未系年,[17]仅有"四月十二日夜",从内容来看,主要是关于直隶文安、大城等地水灾情况的。

同治十年左右,直隶水旱灾害不断,而吴大澂参与文、大的探查和赈济当在同治十一年。据其自订年谱称,因"上年文安、大城被水甚重",虽然发放赈款,但匀到每人手中,数额不多。十一年"交春以后,民情尤为困苦,闻有卖男鬻女者"。所以吴大澂与顾肇熙两人在该年三月初前往文安探查情况,发现"数十村庄,均被水淹",积水不退,已经形成大洼,百姓受灾惨状则"目不忍睹"。于是吴大澂回到天津,向李鸿章报告,得到委派,再次前往查探核实,发放粮食,"并委陈华轩参戎"与之同行。[18]

此事亦见于李鸿章同治十一年五月二十二日上奏的《文安、大城两县加赈钱米办理情形片》中。奏片没有提及吴大澂的查勘,不过情况汇报与吴大澂所说无异。其中也提到了已"派天津中营游击陈本荣"前往文、大审查灾情,发放救助粮食一事。[19]陈本荣,当即本函所谓"陈游击",估计"华轩"乃其字号,吴大澂记其官职为参将(参戎)。[20]

函末,李鸿章还述及了一件可以确定时间的事,即"日本使者来谒"。查同治末年,日本遣使中国有三次:一为同治十年伊达宗城使团来华，一为同治十一年柳原前光使团来华，一为同治十二年副岛种臣使团（文、大灾情主要在十、十一年，故不论）。同治十年五月时，李鸿章本来听说日本派出的正使是当时的外务卿泽宣嘉，[21]后接到日方照会，知来使实为大藏卿伊达宗城，[22]伊达一行来到天津则为当年的六月初七日，初九日拜访李鸿章。[23]故而无论李鸿章收到照会还是面见日使，都是在五、六月间，四月"日本使者"还未来津，断无"来谒"一事。

同治十年七月，李鸿章与伊达商定《清日修好条规》。次年三月二十九日，第一次伊达使团的副使柳原前光再次来到天津，表示要修订条规。[24]四月初九日李鸿章接见柳原，对于日本出尔反尔之举大为不满，各项要求皆"坚不允行"。据说柳原前光"嗫嚅缩伏"，承认李鸿章所言极是，且"自知惶愧"，[25]与本函所谓"严词训斥"等相符，所以这一日本使者当为同治十一年来华的柳原前光。

由赈灾、日使两事可知，本函当作于同治十一年（1872）四月十二日。另外，函中提及者，除了陈游击外，"乐山"为丁寿昌，时任天津道，"庄、丁诸令"指时任大城知县的庄允端和文安知县丁符九。

137－W－28

致吴大澂

四月二十日

清卿仁弟馆丈左右：

　　顷奉十八日手书，敬悉一一。粮石分运苏家桥，极为顺势，昨已告知乐山，续运之粮径由清河前往彼处。海舲军门函称，青县唐官屯余粮六千余石，请分交文、大赈济，兄已批令缄商。尊处当如何运解，亦虑无多船只，且须绕津门溯大清河而上，乃达苏桥，水脚更巨耳。编查户口，必宜认真，其有闻赈归来者酌量补给。收养幼孤一节，谣惑甚多。昨霸州周牧请勿入境，已批斥并照会冰案。民情愚蠢，而官亦莫测其由来，津案之流毒深矣。冯景翁派程仁恩带三千金来津收养孕妇，似更迂远。程君未得接见，属璞臣转告，或即赴文、大晤商吾弟，就地变通筹办。津静麦收在即，可勿开办。义学章程殊为严明周妥，文邑绅董尚能实心经理否。前饬陈游击查赈之便，察看河道地势，有可设法疏消积水，估计经费候核，似较赈抚尤要。复颂开祺。鸿章顿首。

本函无系年，㉖仅有"四月二十日"，从内容上来看，涉及运粮赈灾以及收养受灾孕妇等事。

文中有两处可以大致确定年份节点，即"津案"与"冯景翁"。"津案"当指天津教案，发生于同治九年五月二十三日（1870年6月21日），则可判断此信当作于教案爆发之后。"冯景翁"指冯桂芬，字景亭，江苏吴县人，吴大澂同乡，科名早于李鸿章，曾入李幕，以《校邠庐抗议》《显志堂稿》等著作闻名。冯桂芬于同治十三年（1874）去世，故而此信当不晚于该年。冯桂芬非常重视赈灾以及日常扶贫工作，其著述中颇多相关内容，《校邠庐抗议》中还专门有《收贫民议》一篇，介绍荷兰、瑞典等国经验。他对于救助贫民的认识是，救养重要，教化更重要，所以应该设立义学，并辅以养老、育婴等堂。㉗在实践中，冯桂芬也多办赈、请命等善举。㉘

冯桂芬派程仁恩北上救济一事，可见于程仁恩的年谱，同治十一年条有记载：

> 冯君景亭、尹君文膏诸公信先生诚实，厚助赈资，凡得银四千、棉衣数千，赴津赈给。抵直后，蒙李爵相、丁道宪委赴文、大两邑放赈。九月事竣，回苏省募，复于十一月间募衣三

千余件,赴津散给,奉委办理海会寺粥厂。㉙

程仁恩在直隶办赈数年,活民无数,文安县曾为之建生祠,拒之,改为"竹溪精舍",光绪初,程氏在文安病逝,并葬于精舍之畔。㉚

本函中,李鸿章还向吴大澂讲述了一个情况,本来"吴清卿赴文、大",目的之一就是"收养幼孩",㉛不过李鸿章说在灾区,救助孤儿、孕妇之工作颇不易:首先是官方的"霸州州牧"即霸州知州周乃大上书李鸿章,希望阻止赈济者入境;其次是民间的"谣惑甚多"。民众和官员皆不明真相,且疑且惧,当为实情。李鸿章将之归咎于"津案之流毒",可见采生折割、迷拐妇幼的谣言并未随着教案的结案而终止。实际上,吴大澂最后也的确因为"讹言浮动,不便举行",放弃了收养受灾孩童之事。他与顾肇熙两人改变策略,请示李鸿章后,在文安建立义学"兴仁公塾"。公塾分东西两斋——养正斋与崇正斋,招生上课,以学代赈。㉜这也是本函"义学章程"之所谓。

故此,本函当作于同治十一年(1872)四月二十日,即吴大澂前往文安、大城之时。另外,信中提到押运粮食的"海舲军门"即提督周盛波,字海舲;"璞臣"为举人王炳燮,随李鸿章办事,字璞臣,或作朴臣。

139-W-30

致吴大澂

五月初四日夜

清卿仁弟馆丈左右:

连接二十、二十三、初四日手书,敬审荩画周详,至为顺颂。大城拟拨唐官屯存米三千石,前据该印委来禀檄行,昨陈游击又请续发二千石。乐山云,津郡尚可照拨,无须再由青县转运,致增运费。已属乐山与执事暨陈华轩商办矣。文、大洼乡,又经放粮一次,其灾重数十村庄核计户口实有若干。尊意除放米外,以后再将钱款续赈,约须若干。洼透稍次,各村自可无庸再给。文邑书院水利策问颇有发挥,引河原非上策,众议皆谓坝台一带较低,丁令已有专禀,拟批令陈游击就近察勘,并约估需费若干。雄县五官淀故道即能疏浚,而大清河下游淤狭,南北岸长堤卑薄,缺口已多,仍必溃溢入洼。坚筑西堤之说,文氏持之甚坚,亦系一隅偏见。滹沱改道以后,舍文洼别无归宿。子牙自王口以下,河身淤垫,胜芳、大清各河厄间不畅,到处是病。挑引河及疏雄县故道,所费似均不小,利益无甚把握,殊令人却顾而长叹也。文、大现存粮石抵作赈数,有盈无绌,将来节省银钱或备堵筑决口、试挑引河之用,似较放赈稍有实济,乞执事与华轩等妥察定议为幸。鄙人无成见也。续假二十日,甚妥。子寿函告,托购书籍已委员往取。《续三通》已在他处借得,可省此费。霸州之谣,殊为荒谬。该州以文大、保定续赈请加惠该处,已饬发银一千两。手此,复颂节禧,不具。鸿章顿首。

本函未系年,㉝仅有"五月初四日夜",从内容来看,仍为在文安、大城救济灾民等事。不过除了运送粮食救一时之急外,李鸿章、吴大澂两人已经将修筑堤坝、疏浚河流等水利兴修事宜提上议事日程。

本函前半段主要讨论核查户口、发放救急之赈灾钱粮等,后由水利策问之事,引出对于文、大河工的议论,李鸿章认为填补决口堤坝、浚通河道要比单纯发放赈济有效。吴大澂当日在文、大赈灾,又是翰林院编修身份,水利策问题很有可能就是由他所出。文邑书院即文安县内县衙西面之广陵书院,同治三年时还曾延请翁

同龢主持。㉞

至于文安的水利情况，直如李鸿章所谓，诸河不畅，"到处是病"。文安本身地势低洼，屡受水患，甚至有"文安受六十六河之害"的说法，其中灾害最巨的是西北的大清河、西南的潴龙河、东南的子牙河。况且按理来说，灌溉、疏通乃治水良策，筑坝乃是下策，但是文安地势低洼，万般无奈，只得选择下策筑坝。咸丰四年，大水就曾将堤坝"夷为平地"。至同治年间屡屡修缮，又为愚民屡屡盗掘扒毁。至同治十年，"西水未消"之时，北堤又决口，"水深一丈六七尺"，引发大灾。㉟

从本函可以看出，李鸿章并不认为"疏浚"是良策，引滹沱河入故道花费太高，成果也无把握，这应该是根据文安的具体情况作出的判断。此后至光绪年间，关于疏还是堵的争论一直延续。又本函所谓"霸州之谣"，可参上信解读，故而判定其为同治十一年（1872）五月初四日所作。另，函中"乐山""丁令"等俱见前文，"子寿"为黄彭年，字子寿。

110－W－1

致吴大澂
五月十二日

足下现居住儒臣，固争未始非是也。孟氏云，放饭流歠而问无齿决，中土士夫不图自强之道，徒以笔舌与人争，抑又末也耳。尊翁为政，当异流俗，惟官穷民困，公私荡然，牵掣又多，求必两汉京兆之治恐不可得。求阙斋板即存尊处，以备续印。手此，再颂清卿仁弟绍祺。鸿章又顿。

本函为残稿，㊱仅余后半部分，所署日期为五月十二日，开首即言"足下现居儒臣，固争未始非是也"，故而系年关键在所争究为何事。据"中土士夫不图自强之道，徒以笔舌与人争"一句，可大致推测争论当涉及洋务、中外关系。

吴大澂尝于同治十二年（1873）以翰林院编修的身份，上书言西洋各国公使觐见同治皇帝事。按吴大澂自己在自订年谱中的说法："五月具折奏请泰西各国使臣入觐，应饬总理各国事务衙门议定礼节，令照中国跪见之礼，由翰林院掌院代奏，奉旨留中。"㊲然而关于此事，这段记载有三处可议：首先，上奏时间并不在五月，而在三月；其次，奏折的原意并非请饬总署议礼，而是要求拒绝觐见；第三，翰林院编修无直接上奏资格，代奏固然不错，但清廷的最终处理却非留中不发。吴大澂的奏折原文见于同治朝《筹办夷务始末》，日期为三月丁酉即三月十九。奏折内容大致分为两段，先论跪拜为列祖列宗所定，在泰西可行西礼，在中国必行中国之礼，"殿陛之下"不可有"不跪之臣"；复言"洋人狡狯"，恐其形成惯例，任意出入宫廷，所以先由总署大臣"不遽遂其请"，万不得已则须皇上出面"坚持不允"，方可杜绝西人的觊觎之心。㊳同年八月初四，受命提督陕甘学政的吴大澂在陛见召对中又被问起此事，他的回答也颇能说明其用意不在礼仪，而是为防止一而再，再而三，必须严词拒绝觐见要求："虑洋人见面后，常常要请见，因此递一封奏。"㊴

吴大澂奏折上达之后，三月二十八日，山东道监察御史吴鸿恩又上了一折一片，折中亦言拒绝觐见，片中则称如果洋人不听劝导，坚持要面见皇上亲递国书，就应当"郑重其事以为荣"，他的建议是"仿照赐宴外藩之例"，总之仍必行跪拜礼。㊵朝廷对于二吴的折、片，并未留中不发，而是都抄写一份，交由李鸿章阅看，"妥议具奏"。㊶然而李鸿章实际上在抄、阅之前就已知晓了吴大澂奏折的内容，三月二十六日，他给孙士达的信中说：

……昨在京亦经面陈大略，现既奉准，似可不再烦渎，惟冀议奏章程速定，借释外廷之疑虑，则浮议当渐息矣。吴清卿匆匆接晤，未便深谈。此事乃倡为迂论，殊出意料之外，近又有人续奏否，当局事理非浅见所能测量也。

李鸿章本来希望觐见事宜迅速敲定，不料吴大澂横出一杠，且不出逆料，吴鸿恩又有续奏，李氏惟恐反覆，心中自然极为不满。㊷

尽管心怀不满，但是李鸿章在四月初三日的奏折中，还是表示："详阅吴大澂、吴鸿恩所陈各节，皆系正论。"乃为维护朝廷体制。由于涉及中外之防，处理交涉事务十余年的他亦不得不小心翼翼，数次强调自己从不被洋人要挟，从不随便附和，总署大臣也已尽心尽力云云。对于觐见一事，李鸿章给出的说辞是："必以不见却之，则于情未洽；必以跪拜纠之，又似所见不广。"所以可以允许外国使臣亲见皇上，礼仪方面则多从好的方面着想，可"取其敬有余而恕其礼不足耳"。㊸

至五月中旬，觐见之事基本确定，总理衙门与各国公使正紧锣密鼓地逐条商议各项细则，李鸿章仍难平胸中之气，十三日他给同因办理洋务交涉饱受清议的丁日昌写信，大发了一通牢骚，又述及吴大澂之奏折：

……各国使朝觐一节，义难中止，又不肯用中土仪节，辩论数月，甫有头绪。吴清卿、吴春海等上疏力争，兄回津复奉寄谕垂询，深维前后大局，不得不直抒所见，请予优容，迩来闻已定议。放饭流歠，而问无齿决，今日儒生之通病也。

李鸿章接着感慨以前中外未成联通之局面，自能以成法行事，如今则需有王安石、张居正这样的人物，才能有所振兴，自己孤立无援，

意气消磨，只能作"浮湛模棱之辈"了。㊽

不难发现，李鸿章给丁日昌的信中，与本函一样，都使用了《孟子·尽心上》中"放饭流歠，而问无齿决，是之谓不知务"之典故，其义即吃饭喝汤殊无吃相，行迹放肆，却追求不以牙齿啃咬食物之仪节，乃是主次不分，抓小而放大。此或亦可为本函作于同治十二年五月十二之佐证。同样，两封书信都表达了对"恪守成法"之清议儒生士人的不满，只是在致吴大澂一书中，更显针对之意。李鸿章是吴大澂的科场前辈，又算是吴大澂乡试之师，况且在江苏任官时，与大澂之父吴立纲相熟，故此自然抬出"尊翁"——抬出他人长辈可算是李鸿章与人交往中的惯用压制手段，在外交场合亦常使用——以晚辈子弟视吴。当晚辈疑似"逢君之拒外"，横生议论时，李鸿章免不了以长辈的口吻训诫他不要舍"自强"之本，守"成法"之末。以上为本函当作于同治十二年（1873）五月十二日之理由及其相关史事大略。

118-W-9

致吴大澂

　　另询健帅议姻一节，前据敝同乡传说，子健中丞有幼女待字，因固始距合肥不远，尚属相宜，惟不知其令媛年庚果合否？曾属杨宜斋部郎、丁乐山观察探询，已将二儿经述年庚开去，日久未见回信，望转致令弟，索开八字见示为幸。如合婚甚吉，当请贤昆玉作冰人也。琐费清神，附此奉复。鸿章又顿首。

本函年月日均无，㊿信函格式来看，当为一信之后半部分，信中所述乃为其子李经述议亲之事，内容较简，殊难发现时间线索。故而只能从函中提及的人物称谓入手，将此作为一项判断的依据。

首先是"子健中丞",当为吴元炳,字子建,又作子健,河南固始人。所以李鸿章认为因吴氏老家固始与自己家乡合肥不远,结亲以地域论算是合宜。中丞是清代巡抚的雅称,因巡抚一般带右副都御史衔,相当于以前的御史中丞。吴元炳首任巡抚一职是在同治十二年十二月十四日,补授湖北巡抚。⁴⁶次年,吴元炳又经历了官场大调动,先是九月初八日调任安徽巡抚,接着十一日又调至江苏巡抚。⁴⁷故吴元炳有"子健中丞"的称谓,必在同治十二年十二月之后。"丁乐山观察"为丁寿昌,字乐山,曾任天津道、津海关道,故称"观察"。光绪四年六月,丁寿昌亦因赈灾有功,出任直隶按察使,当不再以"观察"称之,因此可知此函当作于吴元炳任巡抚后,丁寿昌任按察使前,即同治十二年十二月至光绪四年六月之间。

又本函议婚对象为吴元炳的幼女与李鸿章的儿子李经述。吴氏幼女情况不详,不过李、吴两家最后并未结亲,李经述娶前大学士朱凤标的孙女朱氏为妻。李、朱两家确定结亲的时间应该不晚于同治十三年十一月,李鸿章于当月二十四日给李瀚章写信时说:"桂儿与朱少桐(名其炟,工部郎中)之三女纶姻,已诹吉腊月十五日拜媒。"⁴⁸"桂儿"即李经述,"朱少桐"即朱凤标之子、朱氏之父朱其炟(通常作朱其煊)。如此则可判断李鸿章托问吴元炳之女年庚事,在同治十三年十一月之前。

李鸿章之所以要吴大澂帮忙联姻事,其原因有二,第一是他和吴元炳之间交情不深。吴元炳即将履任江苏巡抚时,前任张树声的幕僚陈云斋希望李鸿章帮忙推荐,得以继续在苏抚幕府中留任。李鸿章答以"弟与子健中丞素乏往还,未便说项",虽或有敷衍的成分,却也可能是两人真无太多私谊。第二是因为需要"转致令弟",才能索要八字。吴大澂的弟弟吴大衡,虽尚无资料佐证当日其与吴元炳关系如何,但是日后吴大衡入吴元炳幕府,相处当算融洽。光绪十八年，张佩纶给吴大衡写信，其中谈及李鸿章向即将出任江苏巡抚的奎俊推荐吴大衡，希望奎到任后续聘吴为幕僚，即提到"吴子健延之入幕数年，一手办理，甚为得力"，[49]可见两人之间充分信任。李鸿章希望借助吴大衡的关系向吴元炳表达结亲的意愿，甚至预计如果顺利的话，可以请吴氏兄弟做媒。

从吴元炳的履历来看，同治末年其受命过湖北、安徽、江苏巡抚，三地都和李鸿章有密切关系。湖北为其兄湖广总督李瀚章治下，李鸿章的母亲也随子定居在此，安徽为李鸿章家乡，江苏则有众多洋务机构在焉，李鸿章也多需江苏饷源接济。不过从当日的情况判断，由吴大衡说项，而且辅以李鸿章对江苏的重视程度，这次政治联姻的想法，很有可能是同治十三年九月，吴元炳出任江苏巡抚之后。故而这封年月日均无的信函，肯定作于同治十二年十二月十四日之后，同治十三年十一月之前，有非常大的可能是作于同治十三年（1874）九、十两月间。

G6-06-009

致吴大澂（伏前）

光绪六年六月十三日

再奉五月初十日手书，敬承——。舍侄文字均未能过人，朝考亦无甚得失，但乡气稍重，姑令游学京师，略窥门径，获聆教益，幸弗稍存客气也。璞臣暂留，尚未派差，欲其襄办城工，未知综核细务何如。东洋使臣改换伊达（系大藏卿，从二等），早晚即至。复颂台祺。鸿又顿首。伏前一日。

本函标示日期为光绪六年六月十三日，[50]年份有误。信中提到的内容可分为三事：李鸿章之侄至京师、城工、日本使节。城工即天津城垣修缮事，以及日本使臣由泽宣嘉更换为伊达宗城之事，前文已提及，皆为同治十年之事。

至于李鸿章侄儿朝考和"游学京师"一事，或为编者误植书信年份之原因。此处"舍侄"当指李经世，李鸿章弟弟李蕴章之子，字伟卿，号丹崖，咸丰二年出生。李经世的确在光绪六年考中进士，并参加之后的朝考，与其伯伯李鸿章一样在朝考中被选为翰林院庶吉士，正因为如此，档案收藏者将此信年份定为了光绪六年。不过李经世曾经参加过两次朝考，一次即光绪六年中进士之后，另一次则在同治十年，作为优贡参加拔贡优贡的朝考。

《清代硃卷集成》载有李经世的身世、履历，其中有"庚午科补丁卯科优贡第一名，保和殿朝考二等第八名，钦用知县"。[51]可见李经世为庚午科，即同治九年的优贡，并于次年参加朝考。同治十年七月初五日，优贡朝考选出的"一二等优生共六十二名"，由礼部尚书存诚带领引见，名单中即有"李经世，二等八名，安徽"，与《清代硃卷集成》记载情况相符。[52]

李经世在同治十年来到京师应考以及游学之事，在李鸿章当年的其他书信中多处提及其侄在京应试，并请人多加督促关照等，也能有所印证。该年三月初九日，李鸿章致沈绩熙："丹崖舍侄在都，务望时加训迪。"五月初六日，致庆锡荣："丹崖舍侄试期已近，尚望加以琢磨。"七月初七日，经历了初五日带领陛见的李经世从北京回到天津，向李鸿章述说吴大澂对其关照之事，李鸿章当即写信表示"极荷关垂，深为心感"。七月二十日，李鸿章又给倪文蔚、刘瑞芬去信告知李经世在天津搭载轮船回乡，并感谢在京时的照顾。[53]

以上即为本函当作于同治十年（1871）及《全集》系年错误之根据。

G6-10-004

致吴大澂
光绪六年十月初十日
　　续奉初五日惠书,至以为佩。曹荩臣军门已自都回津,不日料理西征,兄即可赴工次查勘,顺道旋省,与调甫等料理各属冬赈。津河水势虽渐消涸,平地尚有二三尺,恐须来春解冻后乃能平复。尊处棉衣及此间捐办苏、浙、两淮各处凑办,约有十余万件,衣被良多,兹着差官李万祥赴京领解,盘费均已付足。手此,再颂开祺。鸿章又顿首。

　　本函标注日期为光绪六年十月初十日,[54]有误。信札篇幅不长,但有明确的时间信息,即"曹荩臣军门"一句。光绪六年,中俄因伊犁问题形势紧张,清廷确有备战之举,但实际上并无西向用兵之事。所谓"西征"当指左宗棠平定陕甘、收复新疆等一系列战争。"曹荩臣",即曹克忠,字荩臣,他的确曾赴西北处理"西征"相关事务,时间是在同治十年。

　　先是同治十年九月初九日,身在陕西乾州的刘铭传上奏,以足疾为由请求准假三个月,回乡疗养。这份奏折之后,还有一附片,片中密保曹克忠来接替自己统带铭军。[55]因西北战事关系重大,朝廷很快做出反应,十六日有上谕发出,基本认可了刘铭传的建议。因"曹克忠现在天津",所以让李鸿章先督饬其"来京陛见",再次加以考察。十月初一日,又有上谕,正式命令曹克忠"前赴陕西接统刘铭传所部淮军,迅赴甘肃肃州一带办理军务"。上谕还要求在曹克忠到营之前,刘铭传应当仍尽其职,待两人商量布置妥帖后,方可回籍。[56]

　　曹克忠本来曾担任过甘肃提督,熟悉陕甘军务、地形,又是刘铭传自己提出的继任者,按常理来说应该是合适的人选。不过他在当年十一月底到达陕西后不久，因汇报铭军管理混乱等情，与刘铭传发生激烈矛盾。[57]铭军一方面由于兵将间的不洽，更重要的是因为士兵大都是江淮人，"多不愿西去"，[58]人心思归，甚至自行开拔东返，终于酿成变乱。

曹克忠到营半年时间，情况没有任何好转，同治十一年六月初六日，武毅右营发生"戕官哗溃"之事。[59]朝廷再次想到了换人，李鸿章推荐刘铭传的族侄刘盛藻接替。[60]同年底，曹克忠经左宗棠奏调，交卸铭军事后，前往甘肃襄赞。[61]

由此可知，本函中所述曹荩臣从北京返回天津料理西征一事，当指同治十年九、十月间，曹克忠赴京陛见返回之事。李鸿章在九月二十二日给刘铭传的信中称："（曹克忠）日内已遵旨赴京，约十月中旬回津。"又在九月二十九日给徐文达的信中说："曹荩臣军门遵旨入觐，回津后部署赴陕。"皆为此事发生于同治十年之佐证。[62]李鸿章之所以告诉吴大澂这一消息，可能与曹克忠当时也在直隶帮助李鸿章处理水灾有关。盖十月初七日，即本函所作前三日，李鸿章给吴大澂写信中有曹克忠曾与他人一起"履查北乡"灾情，"事必躬亲"等等一句。同时，初七日信札与本函后半部分也有关联，都是在谈捐助棉衣救灾之事。[63]故本函当作于同治十年（1871）十月初十日。另，函中"调甫"为直隶布政使钱鼎铭，字调甫。

二、丁戊赈灾时期

"丁戊赈灾时期"吴大澂本职仍在翰林院编修任上奏调办理赈务，但因篇幅原因，本文将这一时期专门关于一次保举的部分另外单立。本部分专述与赈灾有关的内容，包括未系年书信四封，系年有误书信三封。

127 - W - 18

致吴大澂
二月十六日夜

清卿仁弟馆丈左右：

　　前闻积劳，感冒寒疾，正深驰系。适奉正月二十八日手书，知玉体尚未复元，由于医药不便。比来春气融和，天相吉人，定已霍然康复。键户久静，骤入荒凉疫疠之乡，加以苦身焦思，动多怫郁，诸病易生，望留意慎护为幸。家兄来咨，已如尊恉，解银二万赴周口，自可购粮接济，未知丹翁尚分用否。获鹿一路，转眴驼只即须歇夏，仅恃骡驴济运，苦难招集，约计东漕三万、江广六万，奉省捐红粮二万，淮捐小麦一万，晋中自行采买万余石，皆须由此路转输，恐将运至秋后，若得严作霖等捐麦改由道口转入泽州，借资长夏口食，计亦两便。沅帅与蓉舫皆以北路为急，能否允行。此须麦石到津，似须三月后矣。现设馍厂十八处，约可救活七八万人，功德无量，但须养到良苗怀□（薪）之□（候），正虑无此力量耳。泽潞冬春雪雨如何，此间腊正仅小雪二次，迄今屡祈不雨，春麦已难补种，夏荒尤不可支。各属灾重者又续拨高粱六万余石，尚待开河后由奉运来，杯水车薪，其何能济，然棉力已竭。筱午复□（绳）令垫办赈米三万石，义不忍辞，惟盼三月得透雨，普种大秋，人心少定，否则亦晋豫之续也。津省粥厂恐生疫疾，业经资遣，但回家仍无生理，奈何。左帅已报肃清新疆（左加二等侯，刘毅斋二等男），喀逆、白酋皆遁俄界，拟改行省，措置殊不易。复颂勋祺。鸿章定于二十三日起程赴津。匆匆顿首。

　　本函所署日期为二月十六日，^⑭内容可供考察年份者甚多。

首先是提及了吴大澂的身体情况，言知其积劳成疾，尚未痊愈。吴大澂感染寒疾的情况在自订年谱中有所说明，乃因光绪三年腊月行走风雪之中所致，卧床十余日，至四年正月中方才稍愈。⑥在吴大澂给陈介祺的信中也谈到了寒疾，描述得更为严重，称"一病四十余日"，病去如抽丝，迁延甚久，"至二月初旬始得复元"。⑥

关心了吴大澂的身体之后，李鸿章继而谈论赈灾情况和布置，他担心能负重运输的骆驼马上就要到歇夏之期，骡驴等又不容易征集。这一状况吴大澂也曾提及："驴骡日见稀少，立夏以后驼只归厂，运事益形棘手。"他认为刻下的困难"不患粮少，只患运迟"。⑥盖因筹集的粮食和银钱虽然不少，但是一些被灾州县远离水路，只能使用畜力陆路运输。清代官方设有驼厂，牧养骆驼，以备使用，但每年立夏后即须将酌定数量驼只赶赴口外牧场，择水草丰肥处出青，不能再用来运送钱粮。运力不济，筹集的钱粮到不了灾区，则毫无意义，故而丁戊年间的赈灾，运输至为重要，也最伤脑筋。函中提及与赈灾相关人物，"丹翁"即办理赈务的阎敬铭，字丹初；"沅帅"即山西巡抚曾国荃，字沅甫；"蓉舫"即太原知府江人镜，号蓉舫；"筱午"即在籍帮办赈务的袁保恒，号筱午；严作霖为参与筹集赈灾粮食的江苏义绅。

本函末尾提到了两件可进一步确证信札时间的事情，一为信中所谓"左帅已报肃清新疆（左加二等侯，刘毅斋二等男）"。此即光绪四年初，左宗棠率军攻克南疆四城。二月初二日，以六百里加急的速度奏报收复新疆，十二日有上谕，左宗棠"加恩由一等伯晋为二等侯"。⑧另一为李鸿章自陈"定于二十三日起程赴津"，关于此事，可以参见光绪四年二月二十日李鸿章给丁日昌的信，其中亦称"鸿章定于二十三日启程赴津"。⑥由此可知，定本函为光绪四年（1878）二月十六日所写，当无异议。

119 – W – 10

致吴大澂

清卿仁弟馆丈阁下：

连奉初一、初五日手书，敬悉督察宣勤，筹画备至。任邱郭令颟顸无用，顷已照尊示，作为访闻，严札申儆，如再不知振作，只有登之白简矣。河间去秋并未报成灾，仅报歉收三四分，冬春迭拨赈粜粮石及籽种银为数不少。据该县详报，籽种钱业经照发。该府县并不禀明台端，及杏孙又请籽种银万两。直属歉收八九十县，若……

本函未署年月日，[⑦]自"若"字之后部分缺失，未见全貌，较难断定日期，不过从内容来看乃为吴大澂在直隶赈灾时，李鸿章给他的书信。首言"连奉初一、初五日手书"，想必此信作于初五日之后，直隶一省范围，往来函件当不至于逾月，而赈灾事务紧急，情理上不会迁延，故李鸿章此函当作于连奉两函的当月。"任邱郭令颟顸无用"一句，当为吴大澂来信，即"初一、初五"手书中所提及的情形。"任邱郭令"即任邱县令郭会昌，[⑦]值得一提的是，他与下一封信中的"吴令"一样，是范梁（亦浙江钱塘人，号楣孙，曾在直隶任知县、道员、按察使）所推荐之人。对于郭会昌的处分，较"吴令"稍轻，只是"严札申儆"而已。

光绪四年三月，吴大澂自山西回到天津，二十日李鸿章上《吴大澂督饬办赈片》，奏留其在直隶河间等地办理赈务，获准。[⑫]至于吴大澂在任邱的行程，通过其给夏同善的书信，可以得知他是在三月二十九日抵达该县，经过探访，发现"尚不甚重"，所以在四月初二日就到河间府城，初六赶赴献县。[⑬]同样，吴大澂在给陈介祺的信中也提到了任邱之行，不过日期说得比较模糊，但言四月初"周历灾区，繇任丘河间，至献县"。[⑭]此后，他在总结自己的赈灾寻访时说:"在任邱则逐其劣幕,在故城则诛其劣董,并请合肥严札记过。"⑦所谓"请合肥严札记过"的说法与李鸿章本函中所称的"严札申儆"一致,而且可知郭会昌之所以受罚较轻,在于他只是纵容幕僚作恶,难逃"颠顸"之议。

由此可知,吴大澂在光绪四年三月底四月初访察任邱,并在四月初一、初五写信给李鸿章报告情况,本函为李鸿章回信,当在四月初五之后,根据当日信件传送条件及信中内容等综合分析,估计在四月初十日之后。

另外,关于本函的下半部分,笔者有一个推测,可能并非如《全集》编者所谓"原稿'若'下阙",而是被误缀在另一封信之后,即:

> ……无以应之,且未便厚薄两歧,势不能不批驳也。景州绅捐未知收得若干,能搭放籽种否?闻大驾即往巡察,东光所拨高粮已否到岸,何口查放,该两处如必须酌给贫户籽种,似须议定核实办法再行酌拨。两鄂、浙丝茶虽已缄商加捐,可行与否,其权在人。洋药已加之厘尚多偷减,再加恐有名无实。漕米分拨各属仅剩二万余石,景、东自可酌添,但虑一时运不到岸耳。复颂勋祺。不一一。此间初九、十二之雨尚小,各属若何。鸿章顿首。⑦

这一封信无系年,仅有月份和日期,"四月十三日",信的上半部分内容涉及赈灾保举之事,绝不可能发生在四月中旬,关于这一点,会在此后专门讨论这次保举案的部分详谈。

从辞气和内容来看,"无以应之"一句,《全集》原文作:"左相两辞侯爵,均未邀准。历来保案亦皆援例申请,无以应之,且未便厚薄两歧,势不能不批驳也。"此句辞气不连,殊不可解,即便如左宗棠一样推辞不获批准,也断不会出现"批驳"这样的用词。⑦如若将"无以应之"一句附于本信之后，则尚通顺。表达的意思即因为河间县没有详细报告吴大澂已经发放赈灾款之事，盛宣怀又请，只能"批驳"，否则直隶各处受灾，河间两次放款，会给人"厚薄两歧"之感。如果这个推测不错的话，那么此信的写作日期又当在光绪四年四月十三日。

113-W-4

致吴大澂
二十七日

顷又接二十二日吴桥手书，吴令如此荒谬，殊堪痛恨，本应立即参撤，惟吴桥距太远，计商定委署之员接任即须六月上旬，吴令转得借词延搁赈务，更无以慰民望。该令系范楣孙赏鉴之人，年力正强，并非不能办事，亦别无敛怨之处，拟先严札摘顶申饬，责令清查户口，赶速散放，仍由尊处就近督催委办，如仍不愧奋，必即严参，非革职所可了事也。漕米五千石尽数匀拨，势难再加。鸿章又顿首。

本函不仅未系年，[78]亦未标明月份，仅有日期为"二十七日"，据其内容，关键在于吴桥县"吴令"（即直隶河间府吴桥县县令吴积玺）处分事。[79]

吴大澂于出巡赈灾途中与陈介祺有通信来往，可借此考察其行程落脚时间。出发前，吴即有一信，落款日期为"三月廿五日天津"，[80]可知其三月底仍在津，本函"二十二日吴桥手书"当在三月廿五日以后。又，四月二十三日给陈介祺的信中，吴大澂汇报行程称"今日繇吴桥至宁津"，[81]可见其四月二十二日正在吴桥，则本函极有可能是李鸿章在接到吴大澂四月二十二日发自吴桥的信后，于四月二十七日所作的回复。另外，本函中，李鸿章在接到吴大澂报告后,虽然认可其对于吴桥县知县吴积玺"荒谬"的判语,但称吴令为范梁所赏识,年富力强,似还有惩前毖后、将功赎罪之希望,于是作出了一个处理意见:"拟先严札摘顶申饬。"即摘去顶戴,责令配合清查赈灾,以观后效,如果仍无起色,则处罚就不仅仅是革职那么简单了。

关于吴桥县令的"荒谬",在吴大澂致陈介祺的信中也有反映:

> 若吴桥,吴令但责村董造册,并未亲查,或滥或遗,皆所不免……
>
> 惟吴桥户口未查,竟无急就之法,该令专以公牍文字见长,一味粉饰,从未下乡亲查一次,粮到不发,玩视民瘼,殊堪发指。虽经摘顶,勒限严催,恐亦无补于事矣。⑫

吴大澂历数灾区吏治之病,对吴积玺尤为咬牙切齿,并知其已"经摘顶"。此信末所署日期为"五月六日",可见吴大澂在此前就知晓李鸿章的处理意见。对于吴积玺的正式处理是在五月中旬,李鸿章五月十四日上《参撤吴积玺等片》,十七日有上谕,依议将吴令"暂行革职留任"。⑬综上所述,本函当作于三月底吴大澂出津之后、五月之前,当可判定为光绪四年(1878)四月二十七日。

128-W-19

致吴大澂
六月初四日夜

清卿仁弟馆丈阁下:

连奉五月二十一、二、六等日手书,敬悉一一。交东余款数千两,拟再添拨五六千金,查放吴桥穷苦户口,因需费无多,即饬局借拨五千两,连兰孙同年等捐项二千五百余两,交水师哨官速解泊头呈收,计已解到。鄂中茶盐捐凑万金。仲良复函,江右茶市已过,集捐殊难,至多与鄂一律。前浙绅捐助江西之项尚未回信。统计河属先后借拨海防已七万五千两,除奉廷寄由南洋经费拨还二万两外,余尚无著。江、鄂即有二万可抵,仍空三万五千,专指浙丝,恐其口惠而实不至。现议添购炮台船,约需六十万金,未敢再借。赈需武邑尚须二万,为数已巨,殊难应命也。景州买奏之案,连日津道研审众供,全不承认。韩秀松谓系风闻,亦无确证。万聚楼张治斋闻梁姓被获,必已逃匿,未便再咨京兆提质,致滋纷扰。各犯如不吐实,亦无解交刑部之理,将来颇难于奏结耳。复颂勋祺,不具。鸿章顿首。

本函无系年,[68]但月日明确,为六月初四日,据其所谓"连奉五月二十一、二、六等日手书"来看应无问题。其内容大抵分为两部分,第一部分言募集筹措赈灾钱粮之事,可见款项来源有官员捐助、士绅募捐、移借其他事务经费和别省的协助。函中"兰孙同年"即李鸿藻,字兰荪,又作兰孙,直隶高阳人,捐款亦可视作救济家乡之举。"仲良",即刘秉璋,字仲良,为李鸿章同乡,此时在家赡养亲老。

本函第二部分主要提及"景州买奏之案"。关于此案,冯金牛、高洪兴曾借助上海图书馆所藏盛宣怀档案,写有专文论及。[69]其前因后果大致为:丁戊奇荒中,景州一地受灾严重,所以由官方奏请,士绅组织劝捐局,希望就近依靠民间力量尽快赈灾。不过,名为劝捐,实则接近摊派,引起了景州部分富户的不满,局中司理之一赵志和暗中联络部分富户拖延不捐作为抵制。不仅如此,赵志和还找到了御史李桂林,请其上奏要求彻查主持局务的司理刘景汾（奏中写作"刘经棼"）及门丁马汝霖，在赈务上勾结舞弊、中饱私囊之事。⑩朝廷据此要求李鸿章查明回奏，本已为赈灾焦头烂额的李鸿章对此十分恼怒，将此案定性为赵志和等人赴京花钱买奏，对抗赈灾。

因为此案和在直隶办理赈务的吴大澂有脱不开的关系，⑪故而吴大澂在给李鸿章的信中也表达了愤慨，认为必须严查，以防此种风气蔓延。⑫不过吴大澂自己认为该案证据较难收集，"未必能水落石出"，⑬对此李鸿章也有认识，即本函中所谓"将来颇难于奏结"。

另外，本函中提到的购买"炮台船"，即炮大船小，时人所谓之"蚊船""蚊子船"，议购一事，亦正在光绪四年春夏。⑭故而本函当为光绪四年（1878）六月初四所作。

G6－08－022

致吴大澂

光绪六年八月十七日

清卿仁弟馆丈阁下：

　　津门晤叙，别后蒙怀。顷奉八月十二日手书，敬审侍奉康娱，著述宏富，至为慰颂。直属秋收大致减色，有数县情形较重，粮价增昂，故奏明派员赴奉省购运，以备冬春平粜接济，惟闻关东新谷未升，现皆旧粮，与此间市价相埒。三晋旱灾尤甚，道殣相望，殊可惨伤，恩准划留京饷及借津局、练饷共三十万，实恐不敷分拨。沅帅集捐尚无成数，晋中京官醵赀购粮洵属义举。迭询该省提饷委员暨正定官绅，佥称固关险阻，驼脚因喂养艰贵，日见稀少，远道盘运，较彼间粮价不甚低昂，是以胡雪岩禀请捐助赈米万石。兄拟令其解银济急，免致靡费折耗，大约东南各省好善君子尚有起而应者，虽系杯水车薪，亦尊论多助一金多活一命之意也。都中如有成数，似直择派妥人赍银前往，分投相机散放，或就近购粮为便。如苏浙绅士上年往赈青州办法最妥，卓裁以为何如。顺属修志，香涛太史与执事均深疑沮，主持乏人，难期成效。闻有保送实录馆之说，确否？璞臣慈惠耐劳，以津邑练其才，庶他日可膺繁剧耳。手泐，复颂秋祺，余不一一。鸿章顿首。

本函标注日期为"光绪六年八月十七日"，⑪页下有编者注释"原稿无月份，此据存档顺序推定"。所谓"无月份"，可能是指原档只有日期，没有年月，因此需要推定其年月。

此信定不作于光绪六年，首先是从信中提到的"香涛太史"不可能出现在光绪六年，张之洞号香涛，曾任翰林院编修，编修雅称"太史"。不过，光绪五年，他就补授了国子监司业一职，"香涛太史"之称只可能在此之前。

从内容上来看，本函多涉及灾情、赈济等，可以推断亦为丁戊灾荒时所作。光绪二年末，吴大澂结束陕甘学政的差事，先回乡省亲，三年初又自苏州海路进京复命，途经天津，自然要拜访李鸿章。同时，他的《古陶文字释》也在这一时期定稿，此即本函开始"津门晤叙，别后萦怀"以及"著述宏富"之所谓。⑫信中李鸿章向吴大澂介绍华北灾情，"三晋旱灾尤甚"，所以有"沅帅集捐"一事。沅帅即时任山西巡抚的曾国荃，字沅甫。上任不久后，曾国荃即发现灾情严重，上奏要求提留晋省之京饷二十万两用于赈灾，获准。⑬该年七、八月间，朝廷又根据太子洗马温忠翰的上奏，要求李鸿章在海防经费中借出一部分用于赈灾，因当日恰逢采购外洋船炮，经费不敷，所以最后商定先借银十万两。⑭此即信中所述"划留京饷"以及"借津局练饷"共三十万两的由来。

本函所作时间下限当不会晚于八月底，有两个原因，第一，从信的内容和口吻来看，系李鸿章向吴大澂介绍灾情，当在吴奉命参与赈灾之前。三年九月初四，有上谕："翰林院编修吴大澂……会同前任天津道丁寿昌、津海关道黎兆棠等，筹办一切赈务。"⑥第二，本函中提到，因为运粮不便，所以当"胡雪岩禀请捐助赈米万石"时，李鸿章的想法是"拟令其解银济急"。这一赈银不赈粮的作法最后得以实施，⑥李鸿章在八月二十三日的附片中提到"昨已据道员胡光墉禀报，捐助山西赈银一万五千两"。⑥故而可以判断，本函中"拟令"一语是在八月二十二日之前。

综合当日邮传情况考量，这是李鸿章在收到八月十二日来信后，给尚在京中的吴大澂的回信，八月十七日的判断是准确的，只是并非光绪六年，而是光绪三年（1877）的八月十七日。

G8-11-011

致吴大澂

年十一月十三日夜

清卿仁弟馆丈阁下：

前奉十月十八日临清手书，敬审行役多劳，动定如意。顷接潘辛芝、吴湘畹函报，月初已抵浚县，能否改换驳船前进，抑须雇车登陆。沅帅初以东阳关一路冬内恐无运事，不必派员设局，继知执事令戴令曾福在临清酌拨粮石运邯郸，又经委员料理接受矣。今冬封冻较早，未知续运粮船及泊头分拨之粮能否源源而至，久未得报，殊为焦系。修武饥民滋事，闻已勘定，河溯一带有地方文武照料，当无阻滞，惟车骡恐不甚应手，则运入泽潞、平阳计尚需时。迭接沅帅咨缄，晋民饥寒交迫，日毙千人，闻之鼻酸。泊头民车无多，获鹿骡驴有限，江广五万年内未必齐到，奈何奈何。丹初侍郎往运城筹购粮石，奏请借拨东款三十万两。文帅已奏定拨银十万，无可加增，以之抵运东漕八万石,不敷尚多。兄又加函,切恳式翁,回信勉增八万,内以五万协运东漕,以三万分给丹老,日内拟再专疏陈请。东省拟将漕船全运道口,乐山因运费支绌,谦让未遑,昨函商沅帅与丹翁妥酌,或即派奏调之张联庵、王鼎丞两观察酌择一人,分任是役,届时吾弟尚在南路,亦可就近商筹也。丹翁、沅帅常通信否,豫抚藩均已镌职,和帅兼署,兄亦缄属照应。津郡粥厂骤集饥民四五万众,保垣米厂、粥厂来者如市,本省款项竭蹶,官集捐以助之,直境已有不能自了之势。密云数日祥霙未沛,盼祷莫名。兄于初九日抵省,诸务倥偬,手此,复颂勋祺。余不一一。鸿章顿首。

本函未见年份,®只有"十一月十三日夜",《全集》编者亦无注释说明,不过将之放置在光绪八年十一月十三日和十七日两封书信之中。从书信的内容来看,基本上都是关于赈灾之事,当为李鸿章阅览吴大澂汇报书信后的回信。

开篇即言收到"十月十八日临清手书",当是吴大澂办理赈灾,转运粮食,行至山东临清时所写。关于吴大澂奉命筹办赈务之后的行程,可得自其与陈介祺的书信中:

> 九月初奉命赴津会办赈务,即于重阳出都,尚无赴晋之说。……因思晋省南路需粮尤急……大澂力任其难,购得高粱七千石,先为试运一次,于九月杪由津开驶,初十抵德州,十七日始达临清,廿六日泊龙王庙,明日可至浚县,即拟由陆用车转运,此大澂督运晋粮之源委也。^⑨

从中可见,吴大澂本无去山西的打算,但他考虑到仅在天津筹办运粮,缓不济急,不如亲赴灾区,于是筹集粮食,自行督运前往。九月底从天津出发，沿南运河行进，十月初十日至山东德州，十七日抵达临清。⑩次日给李鸿章写信，汇报情况，同时也致书曾国荃，表示车辆不足，还需筹措，方能前行。⑩此后，因为车辆不足以及李、曾二人在粮食运清化还是东阳关问题上犹豫不决，故而有所延阻。听说了山西泽州凤台、阳城两地受灾尤重之后，吴大澂决定运粮自清化至该处，并于当年十二月初五日抵达凤台。⑩

函末所书"兄于初九日抵省"一句，也有时间指示作用。李鸿章在当年十一月的《起程赴省并察看民情片》中自述："于十一月初五日自津起程，初九日抵省。"⑩由此可知，本函作于光绪三年（1877）的十一月十三日夜。

另外，信中"潘辛芝"指潘观保，字辛芝，江苏吴县人，长期在河南为官。"吴湘畹"指吴毓兰，字香畹，又作湘畹，安徽合肥人，淮军出身，时管理天津制造局等事务。"沅帅"指山西巡抚曾国荃。"丹初侍郎""丹翁""丹老"皆指奉命前往山西赈灾的前工部侍郎阎敬铭，字丹初。"文帅""式翁"皆指山东巡抚文格，字式岩。"张联庵"疑为张听庵，即张树蓻，河南灵宝人，初入左宗棠幕，时为甘肃巩秦阶道，光绪三年十月为曾国荃奏调办理赈务，积劳成疾，于四年四月去世。"王鼎丞"，即王定安，字鼎丞，曾国荃心腹，时为直隶候补道。"和帅"指李鹤年，字子和，当时以河东河道总督署理河南巡抚。

G8－11－020

致吴大澂
□年□月二十三日

顷阅邸抄，二十一日奉上谕：左宗棠奏军务需才孔亟，请调员差遣，借资历练等语。编修吴着该衙门饬令迅赴甘肃军营交左差遣委用，吴并着俟办理赈务完竣后再行前往等因，钦此。内尚有前乌里雅苏台将军长顺、编修吕耀斗，季帅可谓选用得人。执事艰苦卓绝，交相引重，前程远大，慰颂莫名。惟此次督运晋粮，冲风冒雪，备极艰苦。赈务尚不知何时竣事，再为西陲万里之役，遗大投艰，未免不遑启处耳。封河以后，南中绅商音问隔绝，续筹粮运尚有人否。豫境已否得雪，直属间报一二寸者，无济于事。津、保粥厂，流民坌集，款项无措，焦迫莫名。若冬内无尺余瑞雪，来春直境已不堪设想，遑论晋豫。和帅请借洋款，固不得已，焦烂至此，来日更难。再颂勋祺。不具。鸿章顿首。

本函无年月标示，[108]仅有"二十三日"这一信息，《全集》编者将之放置于光绪八年十一月二十一日和二十五日两函之间，无注释说明。

信函并无抬头称谓，但其中有"编修吴"一语，可以推断此函当作于吴大澂任翰林院编修一职期间，而非光绪八年。至于具体写作年份，开篇即引用上谕一则，有时间指示作用，即奉二十一日上谕，左宗棠奏调吴大澂前往西征军营中差委一事。左宗棠奏请调用吴大澂，发生在光绪三年十一月，初五日左宗棠上《奏调吕耀斗吴大澂来营片》，其中说道：

> 翰林院编修吴大澂，前任陕甘学政，臣于晤谈之余，悉其器识轩昂，才品卓越，又善骑耐劳，留心边务，实为难得。该两员（即吕耀斗与吴大澂——笔者按）若发往臣军，俾资历练，将来必可成材。[109]

片入，指示"另有旨"。于是在当月二十一日，有上谕：

> 左宗棠奏军务需才孔亟，请调员差遣，借资历练等语。前署乌里雅苏台将军长顺，翰林院编修吕耀斗、吴大澂，着各衙门饬令该员迅赴甘肃军营，交左宗棠差遣委用。吴大澂并着俟办理赈务完竣，再行前往。⑩

故而此信所谓"二十一日奉上谕"，即指光绪三年十一月二十一日之同意奏调上谕。在吴大澂的自订年谱中，他回忆说直到光绪四年八月，赈灾告一段落，回到天津后，才接到抄录此上谕的咨文。⑩其实根据本函，李鸿章在上谕颁布的第三天即写信告知了吴大澂。当然，由于当日邮传之混乱，也有信札未至收信人手中之可能。不过根据李、吴两人的地位和赈务的紧急，信函丢失的可能性应该不大。况且即便丢失，三年底至四年中应当也有其他消息来源，吴大澂肯定在四年八月以前即获知此事，证据就在左宗棠给他的信中。

吴大澂与左宗棠的关系当在赴任陕甘学政时建立，时左宗棠正以陕甘总督驻兰州，准备收复新疆事宜。据时人笔记称，两人初次相逢，吴大澂即颇得左宗棠欢心，盖缘于作为学政所出之试题：

> 吴县吴清卿中丞之督学陕甘也，按试至兰州。于时，左文襄甫肃清关内，方布置恢复新疆之策。文襄固夙以武侯自命者，平时与友书札，常署名为今亮。中丞下车观风，即以"诸葛大名垂宇宙"命题，文襄闻之，喜甚。次日，班见司道，故问："新学试昨日观风，其题云何？"司道具以对，文襄捻髭微笑，不语者久之，徐曰："岂敢岂敢。"⑩

笔记史料或有道听途说之嫌，仅就吴大澂提督陕甘学务时期两人通信频仍的情况来看，相处愉快当为实情。左、吴两人信函往来主要还是谈及公务，比较集中者一为奏请陕甘乡试分闱且申请增加学额,二为乱后重振向学风气。吴大澂刚刚履任之时就数次给左宗棠写信,提出振兴秦陇学风的方针,并为书院经费等事请求协助,左亦表支持:

> 关中旧学久荒,执事鼓舞振新,期至于古,不取其华,而遗其实,正得古人兴教劝学之意,所为与凡俗异,佩悦何言!
> ……
> 三奉惠书……来书于教士之道,用心恳恻而有条理,意在关学嗣音,不取文艺之末,与古昔兴教劝学大旨实有合焉。
> ……
> 阁下思慨然有以振之,拟于欠饷内为各属讲塾筹措膏火,甚盛举也。当即商之中丞、方伯,力成此议。[109]

陕甘乡试分闱也是吴大澂在学政任上办理的一件大事,陕甘自康熙年间分为两省,但科考制度并未随行政区划而变。陕甘两省士子乡试,集中在西安一地举行,导致甘肃考生的极大不便。左宗棠就任陕甘总督后,奏请两省乡试分闱,并申请甘肃举人名额。吴大澂虽未奏请,但显然也"欲为远人著籍别,增学额",参赞其间,直到"陕甘中额则已画分为两",[110]并拟定分闱具体实施细节。[111]

公事之外,左、吴两人私交亦甚好,吴大澂甫至,恰逢左宗棠有丧子之痛,左子之墓志铭已由吴大廷(字桐云,湖南沅陵人,时任台湾道,和吴大澂无血缘关系)拟就,左氏还专门请长于书法的吴大澂题写。[112]吴大澂提督学务之余,在西北访求碑版金石,左宗棠也予以协助,帮助找寻《裴岑纪功碑》等拓片。[113]吴氏初来乍到之时,苦于视学范围辽阔,文案无人襄助,左宗棠还派出文书两名,供吴差遣。[114]

至吴大澂任满回京,左宗棠奏调其办理西征收复新疆事务,其原因大致有二：首先当然是在此前与吴大澂的交往中，感觉其才德可堪共事；第二个原因则是左宗棠与原先的同僚，尤其是办理粮台的袁保恒关系不睦，左宗棠在回复关于收复新疆将领、士兵等情况的询问时，就大说了景廉、袁保恒一通坏话。[115]对此，朝廷也有点摸不着头脑，因为袁保恒原先"尚无与左宗棠不能和衷痕迹"。[116]不过矛盾一旦公开，则不能坐视，于是有"景、袁两公内召"之"明文"。对于此事，左宗棠并不讳言，他在给吴大澂的一封信中还特别谈及自己与两公"同役而不同心"。然而朝廷人员调动后的结果，就是"兵事、饷事"全都由自己这个"衰病老臣"负责，[117]其有无向吴暗示欲揽其为帮手，就不得而知了。

左宗棠的请调得到上谕允准以后，吴大澂实际上给左宗棠写过一封信，同陕甘学政时期一样，吴大澂的信今未见，只能从左的回信来推断其大致内容。根据回书，吴大澂这封信在"上腊二十七日"自山西泽州发出，即写于同意调动的上谕发出后一个月的光绪三年十二月二十七日。左宗棠在回信中表示自己完全不清楚吴大澂受命出京办理赈务已至山西的事情，之后又介绍了陕西的粮食情况和官军收复叶尔羌等南疆四城之事。全函并无一句类似上谕中所说，等待赈灾结束，希望吴再来营中之语。[118]想必一来南疆四城克复，新疆大局底定，二来很有可能吴大澂在信中表达了自己不会前往新疆的意思。

至于吴大澂不愿意、最终也没有前往左宗棠军中的原因，由于所见材料不足，又无法启古人于地下相询，所以只能臆测一二。个中主要原因或许是吴大澂出于自己仕途的考虑，更愿意追随李鸿章而非左宗棠。从本函可知，李鸿章对于上谕调令并没有明确表达态度，只是称赞左宗棠"选用得人"，摆出翰林前辈的作派，旁引《书》《诗》，[119]将吴大澂夸奖（抑或揶揄）了一番。实际上待第二年，赈灾结束，吴大澂回到天津，八月二十九日李鸿章即密保其"实无愧清正端方之选",理应"破格录用"。朝廷的回复也完全不再提及西征效力之事,而是"即行送部引见"。此后吴大澂于十一月到京,十八日由吏部带领引见,即以道员用,一个月后,补河南河北道。这一切如谓出自李鸿章、吴大澂两人的商量安排,恐怕不能说是言过其实。㉓

另外,当年十一、十二月之间,吴大澂因转运赈济粮食事焦头烂额,以致生了一场大病,持续四十多天,又因误服解表散寒之药,直到次年二月初方才复元。㉔大病如此,恐怕吴大澂也不复有出关襄赞西征事宜之雄心。(吴给左宗棠的信正写于十二月底,想在病中。)况且左宗棠的脾气、性格,官场闻名,共事定不容易,袁保恒或为前车之鉴。吴大澂在日后回忆所成的自订年谱中,模糊处理了光绪三年间的奏调西征一事,据其文义,似其八月回津方知奏调一事,与之后的引见命令相去不远,给人以不及西行即有新命的感觉,或许也存着有意无意要掩饰自己不欲出关的可能。㉕

---

① 顾廷龙、戴逸主编:《李鸿章全集》第 36 集,安徽教育出版社 2008 年版,第 322—335 页。

② 同上书,第 323—324 页。

③ 顾廷龙:《吴愙斋(大澂)先生年谱》,哈佛燕京学社 1935 年版,第 26、30—35 页。

④ 其具体过程参见《津郡新城竣工折》,《李鸿章全集》第 6 集《奏议六》,第 479—481 页。另外,李鸿章在同治十年三月初一日给吴大澂的信中,也提到天津筑城的勘察以及所用工料、费用等事。见《李鸿章全集》第 30 集《信函二》,第 200 页。

⑤ 翁万戈编,翁以钧校订:《翁同龢日记》第二卷,中西书局 2011 年版,第 882—883、886 页。翁同龢的日记还记录了倭仁病笃,直至四月二十一日去世的情况。

⑥ 翁同龢的日记没有记载吴大澂散馆后的去向,吴大澂等人授编修,见《清实录》第三百九卷《穆宗实录》,四月二十八日丁亥条。另外,李鸿章在该年五月初八日给吴大澂写信,表示祝贺散馆得编修一事,也提及了倭仁的去世,可以参考。见《李鸿章全集》第 30 集《信函二》,第 235 页。

⑦《李鸿章全集》第 36 集《信函八》,第 330 页。

⑧ 中国第一历史档案馆编:《咸丰同治两朝上谕档》第 18 册(同治七年),广西师范大学出版社 1998 年版,第 3 页。

⑨ 中国第一历史档案馆编:《咸丰同治两朝上谕档》第 19 册(同治八年),第 5 页。

⑩ 中国第一历史档案馆编:《咸丰同治两朝上谕档》第 23 册(同治十二年),第 5 页。

⑪ 吴振棫:《养吉斋丛录》,北京古籍出版社 1983 年版,第 262 页。

⑫《翁同龢日记》第二卷,第 728 页。到了清末,袁世凯也曾在五十岁获得赐寿。

⑬ 最终李鸿章在七十岁才获得赐寿之典,见《李鸿章全集》第 14 集《奏议十四》,第 307 页。

⑭《李鸿章全集》第 31 集《信函三》,第 135 页。此为李鸿章写信给其兄李瀚章时所称,兄弟二人谋划为其母运作赐寿一事。

⑮《翁同龢日记》第二卷,第 931 页。

⑯ 中国第一历史档案馆编:《咸丰同治两朝上谕档》第 21 册(同治十年),第 394—395 页。

⑰《李鸿章全集》第 36 集《信函八》,第 333 页。

⑱ 吴大澂:《愙斋自订年谱》,祁寯藻等:《青鹤笔记九种》,中华书局 2007 年版,第 89 页。关于第二次去文安、大城的时间,自订年谱中语焉不详,参李鸿章在当年四月十六日给杨宗濂之信"昨清卿自京亲至文安、大城一带"可知,当为四月十五日出发。《李鸿章全集》第 30 集《信函二》,第 441 页。

⑲《李鸿章全集》第 5 集《奏议五》,第 115 页。

⑳ 陈本荣当时为记名总兵,在前一年借补左宝贵留下的天津镇标中军

游击实缺,此后担任过保定营参将,不知吴大澂是否由此误记,或仅仅循例以其最高官衔尊称。参《李鸿章全集》第4集《奏议四》,第417页;《李鸿章全集》第11集《奏议十一》,第576页。

㉑《李鸿章全集》第30集《信函二》,第235页。

㉒《李鸿章全集》第4集《奏议四》,第318—319页。此后有一封李鸿章致吴大澂误系年之信,提到"改换伊达"一事,下详。

㉓《李鸿章全集》第4集《奏议四》,第342页。

㉔《李鸿章全集》第5集《奏议五》,第71页。

㉕《李鸿章全集》第30集《信函二》,第235页。

㉖《李鸿章全集》第36集《信函八》,第334页。

㉗ 冯桂芬:《校邠庐抗议》,上海书店出版社2004年版,第75页。

㉘ 关于冯桂芬为民请命等善举,参见左宗棠《中允冯君景庭家传》,《显志堂稿》,《近代中国史料丛刊续编》第783册,(台北)文海出版社1968年版,第4页。另外,吴大澂为《显志堂稿》所作序也提及相关史事,第23页。

㉙《程竹溪先生年谱》,北京图书馆编:《北京图书馆藏珍本年谱丛刊》第161册,北京图书馆出版社1999年版,第20页。

㉚ 吴焕章、冯秉须:《苏桥史话》,政协文安县学习文史委员会编:《文安文史资料》第十辑,华欣印刷有限公司2005年版,第211—212页。

㉛《李鸿章全集》第30集《信函二》,第440页。

㉜ 民国《文安县志》卷一二,天津源泰印字馆1922年版,第22—23页。

㉝《李鸿章全集》第36集《信函八》,第335页。

㉞ 民国《文安县志》卷一二,第20—21页。

㉟ 民国《文安县志》卷一,第8、13、17页。

㊱《李鸿章全集》第36集《信函八》,第322页。

㊲《愙斋自订年谱》,第90页。顾廷龙在为吴大澂编年谱时,完全照录此句,见《吴愙斋先生年谱》,第44页。

㊳《筹办夷务始末·同治朝》卷八九,《续修四库全书》第421册,上海古籍出版社2002年版,第426—427页。

㊴ 此为吴大澂陛见之后致其兄信中所称,见《吴愙斋先生年谱》,第

45页。

㊵《筹办夷务始末·同治朝》卷八九,《续修四库全书》第421册,第429—430页。吴大澂自定年谱中所谓"应饬总理各国事务衙门议定礼节,令照中国跪见之礼"实际上是吴鸿恩附片中的内容,何以误记,已难切实考察。

㊶《清穆宗实录》卷三五〇,同治十二年三月二十八丙午,即吴鸿恩折片上递的当天。

㊷《复孙竹堂观察函》,《李鸿章全集》第30集《信函二》,第511页。

㊸《遵旨密陈洋人请觐事宜折》,《李鸿章全集》第5集《奏议五》,第343—345页。

㊹《复丁雨生中丞》,《李鸿章全集》第30集《信函二》,第525页。此信本未系年,全集编者考定为同治十二年,甚确。

㊺《李鸿章全集》第36集《信函八》,第324页。

㊻ 中国第一历史档案馆编:《咸丰同治两朝上谕档》第23册(同治十二年),第295页。

㊼ 中国第一历史档案馆编:《咸丰同治两朝上谕档》第24册(同治十三年),第289—293页。

㊽《李鸿章全集》第31集《信函二》,第150页。

㊾《清代名人书札》中册,北京师范大学出版社1987年版,第344页。

㊿《李鸿章全集》第32集《信函四》,第562页。

(51) 顾廷龙主编:《清代硃卷集成》第163册,成文出版社1992年版,第11页。

(52) 中国第一历史档案馆编:《咸丰同治两朝上谕档》第21册(同治十年),第199—201页。

(53)《李鸿章全集》第30集《信函二》,第201、230、277、284页。

(54)《李鸿章全集》第32集《信函四》,第630页。

(55)《详筹转运情形并恳续假三月回籍调理折》《密荐曹克忠接统替归片》,载《刘壮肃公奏议》,《台湾文献史料丛刊》第27种,台湾大通书局1987年版,第99—102页。

(56)《李鸿章全集》第4集《奏议四》附录上谕,第395—396页。

(57)《李鸿章全集》第4集《奏议四》附录曹克忠奏、片,第519—521页。

(58)《李鸿章全集》第30集《信函二》,第327页。

(59) 同上书,第459页。

(60)《李鸿章全集》第5集《奏议五》,第175页。

(61) 左宗棠撰,刘泱泱等校点:《左宗棠全集·奏稿五》,岳麓书社2009年版,第5册,第347、351页。

(62)《李鸿章全集》第30集《信函二》,第330、334页。

(63) 同上书,第342—343页。

(64)《李鸿章全集》第36集《信函八》,第328—329页。

(65)《愙斋自订年谱》,第93页。

(66) 谢国桢编:《吴愙斋(大澂)尺牍》,沈云龙主编:《近代中国史料丛刊》第72辑第714种,文海出版社1968年版,第170、175页。

(67) 同上书,第176页。

(68) 左宗棠奏折及上谕见《左宗棠全集·奏稿七》,第7册,第27—46页。

(69)《复丁雨生中丞》,《李鸿章全集》第32集《信函四》,第251—252页。此信原稿亦无年代,根据涂宗瀛的行程定为光绪四年,与本函相呼应,可见判定甚确。

(70)《李鸿章全集》第36集《信函八》,第325页。

(71) 郭会昌,河南武陟人,1818年出生,大挑举人以知县用,分发直隶,光绪二年(1876)出任任邱知县,光绪六年(1880)因积欠被参革,次年开复,光绪十六年(1890)告老休致。见《李鸿章全集》第18集《奏议十八》,第26、424页;第20集《奏议二十》,第165页。

(72)《李鸿章全集》第8集《奏议八》,第45—46页。

(73)《吴愙斋先生年谱》,第68页。

(74)《吴愙斋(大澂)尺牍》,第185页。

(75) 同上书,第207页。

(76)《李鸿章全集》第36集《信函八》,第333页。

(77) 同上。左宗棠两次推辞未果事也在四月十三之后,下详。

(78)《李鸿章全集》第36集《信函八》,第323页。

㊻ 吴积玺,浙江钱塘人,1838年出生,以监生身份报捐县丞进入仕途,同治十三年(1875)十二月出任吴桥县知县。见秦国经主编《中国第一历史档案馆藏清代官员履历档案全编》第5册,华东师范大学出版社1997年版,第513页。

⑧⓪《吴愙斋(大澂)尺牍》,第184页。

⑧①同上书,第185页。

⑧②同上书,第202、207、208页。

⑧③《李鸿章全集》第8集《奏议八》,第78页。

⑧④《李鸿章全集》第36集《信函八》,第329—330页。

⑧⑤冯金牛、高洪兴:《"盛宣怀档案"中的中国近代灾赈史料》,《清史研究》2000年第3期,第97—100页。

⑧⑥李桂林奏稿见《李鸿章全集》第8集《奏稿八》,第76页。《全集》中注"原稿无时间",根据清廷光绪四年四月十六日上谕,中有"本日又据御史李桂林奏景州"一句,可断定李桂林上奏时间即为此日,见《光绪宣统两朝上谕档》第4册,广西师范大学出版社1996年版,第136页。

⑧⑦吴大澂在给盛宣怀的信中称"此案自兄发端,与执事无涉也",可见。见《盛宣怀档案·吴大澂致盛宣怀函(光绪四年五月二十二日)》,转引自上引冯金牛、高洪兴文,第99页。

⑧⑧李鸿章在给吴大澂的另一封信中称:"景州买奏之案,明目张胆,太不成事。尊论殊为正大,势不能嘿尔容忍……"可见吴氏之态度。见《李鸿章全集》第36集《信函八》,第328页。

⑧⑨《盛宣怀档案·吴大澂致盛宣怀函(光绪四年五月二十二日)》,转引自上引冯金牛、高洪兴文,第99页。

⑨⓪《李鸿章全集》第32集《信函四》,第304、327页等。

⑨①同上书,第600页。

⑨②光绪三年吴大澂回乡进京等情,参见《吴愙斋先生年谱》,第62—66页。

⑨③《请划扣京饷赈济饥民疏》(光绪三年五月十三日),《曾国荃全集·疏奏》第1册,岳麓书社2006年版,第194—197页。

㉙《李鸿章全集》第7集《奏议七》,第417—418页。

㉚ 同上书,第442页。

㉛ 吴大澂对此其实并不认同,他在当年十一月给陈介祺的信中称:"大澂于七月间始创运粮之议,无应之者,合肥相国亦以费重运艰为虑,所费诚巨,所运诚无补,然多运一石,多活一命,非粮不足以救饥。即远来之粮,其值昂于本地市价,亦当远运以济其急,而不宜就地采买也。"见《吴愙斋(大澂)尺牍》,第163页。

㉜《李鸿章全集》第7集《奏议七》,第421页。

㉝《李鸿章全集》第33集《信函五》,第190页。

㉞《吴愙斋(大澂)尺牍》,第164—165页。

⑩ 李鸿章在给曾国荃的信中也提及此事:"吴清卿太史,好善之勇,任事之勤,突出侪辈,现捐集赈粮数千石,由卫河出豫之道口登陆……"路线、时间皆相符,并可见此决策在九月中旬已经作出。《李鸿章全集》第32集《信函四》,第141页。

⑪ 曾国荃在十月二十五日接到吴大澂十八日临清寄出的信。《曾国荃全集·书札》第3册,第512页。

⑫ 参见《吴愙斋(大澂)尺牍》,第172—173页;《愙斋自订年谱》,第92—93页。惟年谱作"至腊月望后,始抵泽州凤台县",与书信"腊月五日"不符,此处采书信之说。

⑬《李鸿章全集》第7集《奏议七》,第496页。

⑭《李鸿章全集》第33集《信函五》,第194页。

⑮《左宗棠全集·奏稿六》,第6册,第722—723页。

⑯ 同上书,第723页。

⑰《愙斋自订年谱》,第94页。另《吴愙斋先生年谱》误为"十月二十一日",第75页。

⑱ 李岳瑞:《春冰室野乘·左文襄遗事》,载《国风报》1910年12月21日,第115页。

⑲《左宗棠全集·书信二》,第14册,第389、403、408页。因吴大澂致左宗棠书信未见,此处以左宗棠回信来作探讨,亦能见大致端倪。

⑩《左宗棠全集·书信二》,第 14 册,第 459 页。关于陕甘乡试分闱情况可参见陈尚敏《陕甘分闱与清代甘肃进士的时间分布》,《青海社会科学》2009 年第 5 期,第 130—134 页。不过陈文并未提及吴大澂作为学政的支持。

⑪ 左宗棠称吴大澂来信"承示分闱各节,甚为周详",见《左宗棠全集·书信二》,第 14 册,第 481 页。

⑫ 同上书,第 404 页。

⑬ 同上书,第 473 页;《左宗棠全集·书信三》,第 15 册,第 67 页。关于此碑寻访,白谦慎所述甚详,参见氏著《吴大澂和他的拓工》,海豚出版社 2013 年版,第 35—36 页。

⑭《左宗棠全集·书信二》,第 14 册,第 446 页。

⑮《遵旨密陈片》,《左宗棠全集·奏稿六》,第 6 册,第 183—191 页。

⑯《左宗棠全集·奏稿六》,第 6 册,第 146 页。

⑰《左宗棠全集·书信二》,第 14 册,第 528 页。

⑱《左宗棠全集·书信三》,第 15 册,第 300 页。此后左宗棠还给赈灾中的吴大澂写了一封信,也没有提及期盼前往营中的事情,只是讨论了种植鸦片和饥荒的关系,见第 305 页。

⑲ "遗大投艰"出自《尚书·大诰》,"不遑启处"出自《诗经·采薇》。

⑳《李鸿章全集》第 8 集《奏议八》,第 172 页。

㉑《吴愙斋(大澂)尺牍》,第 170、175 页。

㉒《愙斋自订年谱》,第 94 页。另外,自订年谱中同书于此的关于曾国荃奏保赏加侍读学士衔之事,吴大澂也早就知晓,还和李鸿章有数次书信往来讨论,此后详论。

《刘节日记》微疵集

张求会

张求会,广东行政学院社会和文化教研部教授

《刘节日记(1939—1977)》(以下简称"《刘节日记》"),刘节之子刘显曾整理,大象出版社 2009 年 6 月第 1 版。这部日记虽残缺不全,仍然"真实地记录了一个深受传统文化熏陶的正直学者的心路历程"。① 相信随着时间的推移,越来越多的相关文献陆续被披露,蕴藏于《刘节日记》里的诸多价值将不断得到凸显。笔者对永嘉刘氏之学向无接触,断断不敢置喙,现仅对《刘节日记》中的一些舛误稍予匡正,对整理工作的某些欠妥之处提出商榷意见,希望能为该书的修订略尽尺寸之功。

一

以下依次罗列出《刘节日记》正文或整理者所作注释里的错漏、失误,并逐条添加按语,略示考辨之意。

1. 庚款会的报告及河南通志局的文章当尽三个月以内交去。②

庚款会:为日本的一班间谍在北京利用中日庚子赔款拉拢许

多中国知识分子，其中有些是同他们发生秘密关系的，有些不过站在学术的立场上的接近。当时他们继续《四库全书》，要许多学者为续四库全书作提要，稿费是很大的，我就是被拉的一个人。当时，日本人邀约时，我曾与一位老先生商量，他说光是作文章拿稿费也无所谓，可是不能有其他秘密事件。我以为作提要都是普通的书，既非国防秘密，又可以多看书多作文章，又有稿费，为什么不可以做呢？等到日本人有损我民族立场时再退出也不算迟吧。所以在1935年1月29日北京教授们反对冀东政府时要我签名，我立刻签名，就准备日本人取消我作提要的资格，日本人倒没有计较这一点。（引1952年3月24日工作笔记中之自我检查）

按：第一段为《刘节日记》正文，第二段为整理者为其中的"庚款会"而添加的注释。事实上，《刘节日记》里的"庚款会"指的是"管理中英庚款董事会"，并不是注释里所说的中日"庚款会"。

"管理中英庚款董事会"正式成立于1931年4月8日，其职能为管理和分配英国退还的庚子赔款，朱家骅久任董事长，杭立武为总干事，傅斯年担任其执行机构之一——协助科学工作人员委员会——的人文科学组主席，陈寅恪则为人文科学组评审专家之一。"1938年3月，管理中英庚款董事会在香港召开董事会议决定救济文化机构，并拨专款资助科学研究"。经陈寅恪推荐，刘节通过评审成为第一届获得资助的科学工作人员，分配在人文科学组"考古及艺术史门"，月薪140元，工作地点定在中央大学（重庆）。③因此之故，刘节1939年日记之"绪言"在谈及全年工作计划时特别提示自己："庚款会的报告及河南通志局的文章当尽三个月以内交去。"是年2月3日，刘节辗转抵达重庆中央大学，④开始研究工作。3月1日日记："上午接中英庚款会来信，催作两月来工作报告。"⑤3月2日："下午草庚款会报告书，其大要如下：……报告共正、副二份,正寄庚款会,副在中大史学系。"⑥

由上可知,《刘节日记》整理者为"庚款会"所添加的脚注实属张冠李戴,且其中"继续《四库全书》"当作"续修《四库全书》"。因刘节与中日"庚款会"也有关联,故赘述如下:"1928 年,东方文化事业总委员会下属的北平人文科学研究所,拟利用日本退还的庚子赔款将续修《四库》之事列为课题,并开始购求古书。同年 12 月 15 日,当时兼任东北大学校长的张学良将军,也曾提出'拟垫私财'对《四库全书》进行影印、增补、续修的倡议。但其后因日军侵略我国东北、华北,时局动荡,续修之事也就逐渐停息,只有北平的一些中国学者为续修撰写了相当一部分乾隆以后著述的提要,总算为近百年来未能实现的各种动议、各种筹划留下来一些实绩、一点见证。"⑦

2. 傅孟真(1896—1950),名斯年,江西永丰人。⑧

按:傅斯年出生于山东聊城,"他的祖先从 15 世纪起就在那里生活",⑨江西永丰只是其祖籍地。傅氏本人以及其他人都早已习惯于将其归为聊城人。一般而言,历史名人的出生地、祖籍地难免有些复杂,也容易引发争议,而尊重本人之认同和社会之习惯不失为比较稳妥的做法。恰巧《刘节日记》对于另外三位历史名人的同类问题作出了别样的处置:谭其骧,"浙江嘉兴人(生于沈阳皇姑屯)";⑩商藻庭,"广东番禺人(祖籍东北铁岭,隶正白旗)";⑪马一浮,"浙江绍兴人(生于四川)"。⑫有鉴于此,对傅斯年也不妨处理为"山东聊城人(祖籍江西永丰)"。

3. 包家住大西门外,文林街小堆巷新五号。⑬

按:日记整理者对"小堆巷"之名已有疑惑:"此字又似为'雅'字。""小堆巷"确应作"小雅巷",位于昆明文林街。

4. 傅乐焕(1913—1966),山东济南人,教授。⑭

按:傅乐焕为傅斯年堂侄,故其籍贯亦应为"山东聊城"。

5. 老年颈藓经硫磺膏涂抹之后亦减退甚多,有断根之望。⑮

按:"藓",应作"癣"。

6. 长沙人有名余苹卿者,在同光间,曾有史书纲领之作,……俞樾、郭松涛均曾为作序。⑯

按:余苹卿及其《史书纲领》,皆不详,待考;"郭松涛",疑为"郭嵩焘"(1818—1891)之误。

7. 北碚本一小镇,经庐作孚经营之后,图书馆、博物院、公立医院、公立中学应有尽有,闻庐氏不过高小学生而已,其气魄之大如此,北碚不过其事业之一部分而已耳。⑰

按:"庐作孚"显系"卢作孚"(1893—1952)之误,疑因"廬"(庐)与"盧"(卢)字形相近而误书(或误认)。

8. 资阳在川东为一小县,人口不及二万人,而市街井然,屋宇洁净,穆为簧舍,令人起敬。⑱

按:"簧舍"似应作"黉舍"。

9. 柳诒征(1880—1956),字翼谋,晚号劬堂,江苏镇江人。⑲

按:"柳诒征"一般作"柳诒徵"。

10. 梁嘉彬(1910—?),字文钟,广东番禺(今广州)人。史学家。⑳

按:梁嘉彬卒于1995年。其兄即梁方仲(1908—1970),与刘节同事于中山大学历史系,交谊颇笃。

11. 彦威谓陈盘之诗多佳句,学姜白石一派,余所缺少者正此耳。㉑

按:此系刘节与缪钺(字彦威)在广西宜山浙江大学探讨诗艺。"陈盘",疑即"陈槃"(1905—1999),或因"盘"与"槃"形近致误。

12. 陈漱石兄自贵阳来,彼此行拟回襄勤大学,该校在广东乳源,……漱石在襄勤大学已有五年历史矣。㉒

按:勷勤大学,原系陈济棠为纪念国民党元老古应芬(字勷勤,又作湘芹)而创办,㉓"襄"当系音同而误。

13. 方壮猷(1902—1970),……湖南湘泽人。著名历史学家。㉔

按:"湘泽",应作"湘潭"。

14. 岑家梧(1912—1960),广东澄迈人。㉕

按:澄迈县,1988年由广东省改属新建之海南省,此处似可处理为"广东澄迈(今属海南)人"。同书其实有多个类似的例子,保持一致即可:吴大澂,"江苏吴县(今苏州)人";㉖欧阳鬑,"湖南望城(今长沙)人";㉗何鲁之,"四川华阳(今双流)人";㉘高岗,"陕西怀远(今横山)人";㉙陈序经,"广东文昌(今属海南)人";㉚何作霖,"直隶(今河北)蠡县人";㉛杨宽,"江苏青浦(今属上海)人"。㉜

15. 晚吴鸿聪来访。㉝

按:"吴鸿聪",当为"吴宏聪"(1918—2011),中山大学中文系教授。《刘节日记》第264、360、373、820页均作"吴宏聪",第345、350页则由于音同而误为"吴鸿聪"。

16. 黄焕秋(19611—   ),广东娄阳人。时任中大教务长、副校长。㉞

按:黄焕秋(1961—2010),广东惠阳人。"19611""娄阳"均误。

17. 尹达(1906—1983),原名刘耀,字照林,笔名尹达。湖南滑县人。历史学家、考古学家。㉟

按:"湖南"误,滑县在河南省。

18. 同时见到张正烺、万斯年。㊱

按:"张正烺"应作"张政烺"(1912—2005)。

19. 晚阅季镜池论周易文章。㊲

按:"季镜池"应作"李镜池"(1902—1975),广东开平人,1952年全国高校院系调整后在华南师范学院中文系担任教授,著有《周易探源》《周易通义》等。刘节 1956 年 11 月 18、19、21、22、24、26等日均有阅读"李镜池"论文的记载,㊳亦可证"季镜池"似由整理者误认而致。

20. 上午在家读佺解第三过。㊴

按:日记整理者所加页下注有云:"此'佺'字看不清,又似'俟'字。"《俟解》一卷为王夫之所撰哲学著作,故"佺"非而"俟"是。

21. 黄慰文、陈玉林同来接车。㊵

按:此在 1970 年 1 月 10 日,刘节等人被安排到中山大学英德干校劳动,黄、陈二同事来英德县城迎接,随即同往干校。直至 6月 8 日,刘节始从英德干校返回广州中山大学。㊶期间,2 月 17 日日记:"上午和何肇发、陈玉森、杨苉荪三人出外打扫猪舍。"㊷2 月25 日:"上午积肥。钟一钧因心脏病暴卒。下午与陈玉森守护其遗体至六时。"㊸数月间,下放诸人皆同在干校及其附近一带生产、活动,故疑此"陈玉林"或系"陈玉森"之误书(误认)。2017 年 2

月5日,笔者向陈玉森哲嗣陈宪猷(华南师范大学退休教师)请教此事,陈老师答复:"我问过中大一些人,中大并无陈玉林,故'林'是'森'之误无疑。我查百度'林铭钧'资料,林先生与我父亲等合撰《论'关于农业合作化问题'中本质与主流的范畴》一文,亦把'森'误作'林'。"陈玉森(1916—1993),字天宝,室名朴庐,广东番禺(今属广州)人,解放初期为中山大学历史系教师,1960年中大哲学系复办,遂与杨荣国、李锦全等调入该系任教。其未刊诗集《朴庐吟草》有《英德杂感》《采茶》《牧牛》《牧羊》《看鸭》《仙桥》等诗,录存英德干校劳作之事,可与《刘节日记》对照而读。

22. 上午第三连分三小组,我组皆历史系旧同事,讨论探索问题,至下午葛震云同志来第三组会谈,至五时半散会。㊹

按:"葛震云"当为"葛震"。据百度百科,葛震(1918—1975),河北满城人,曾担任中山大学党委副书记。故《刘节日记》多有"听葛震同志作讲用""听葛震同志报告"或"讨论葛震同志报告"等记录。㊺

23. 王起、姜海晏来访。㊻

按:"姜海晏"应作"姜海燕",㊼中大中文系教授王起续娶之夫人。王起(1906—1996)为刘节同乡、同事,故往来较多。

24. 上午冯绍愿、杨明樬先后来访。㊽

按:"杨明樬"应作"汤明樬"(1926—1992),1956年被史学家梁方仲招为助手,同在中山大学历史系任教,[49]《刘节日记》多有与梁、汤师弟往来的记载。

25. 穗孙在家。彭国华在此午饭。小蓉在此晚饭。[50]

按:"小蓉",应作"小容",刘颂曾(刘节次子)之未婚妻容秀枝,[51]刘节多写为"小容"[52]或"秀枝"。[53]"彭国华",刘穗孙(刘节之女)之男友。[54]

二

不难看出,本文所谓的"微疵"大多源于整理过程中出现的一些失误。刘节是文史名家,其子刘显曾所习为生物专业,[55]由此产生一些误差或错漏可谓在所难免。即便是专业相同或功力相当,毕竟面对的是内容往往简略、书法往往潦草的手迹,恢复、还原难上加难,误认、误判情有可原。应该说,整理者所做的工作以及所取得的成效可谓有目共睹,有些地方尤其能够体现出身为亲人的特殊优势,诸多人物(特别是亲友)与作者之关系,又如"孙枝沙发"应为"酸枝沙发",[56]"何健养"应为"何剑养",[57]"吴正常"应为"吴静嫦",[58]"何一"应作"何姨"等等。[59]

然而,整理、出版前人日记的初衷正是为了将其公诸于世,方便读者自是题中应有之义,因此,倘能将手迹辨认做得更准确、人事注释做得更详尽,无疑有助于有心人更好地挖掘、彰显刘节日记的巨大价值。仍以人物简介为例,至少下列数人的注释亟待完善或增补:

其一,刘约。刘约为刘节之弟,早在1939年的刘节日记中已经多次出现,整理者为之添加的简介是这样的:"作者之二弟,字仲博,名约。抗战期间曾在重庆水利部工作,解放前夕曾在东北工作,解放初期在中山大学教授俄语。"⑩再看1968年7月20日刘节日记:"上午在东区作清洁,返舍有外单位人来打听仲博在英德情况,事已过去十年,我不大清楚,介绍他们至任润琴处。"⑪此页幸而对"任润琴"有一简单注释:"作者二弟(仲博)媳。"但今天的读者对外调人员因何询问依然不明就里。1968年8月17日刘节又记:"林长正来问仲博过去事。"⑫即使将上述三个信息点结合在一起,恐怕还是无法进行解读。只有将方韶毅所撰刘约小传组合在一起,才大概可以猜测到其间隐藏的辛酸往事:"刘景晨次子刘约(1903—1959)早年曾在北京外交部俄文法政专门学校学习俄文,解放初期经刘节介绍调到中山大学任教,1958年因'历史问题交代不清'被送去劳改,一年后郁郁中患了水肿病去世。"⑬

其二,杭立武(1904—1991)。如前所述,杭立武长期担任"管理中英庚款董事会"总干事,与傅斯年同为该组织的关键人物。只有明了这一层关系,才可以读懂刘节1939年1月14日日记中的这一片段:"早六点起床,九点出门,访傅孟真,谈[中]英庚款会派我至中央大学工做事。据云非孟真之意,乃出于杭立武氏;派至中大,大约为该处书籍多,并无其他原因。稍谈,即出。"⑭

其三,蒋天枢(1903—1988)。全书仅于首次出现"蒋炳南"时添有一注:"原文为'蒋南炳',疑为'蒋炳南'之误。亦即蒋秉南。"⑮蒋天枢(字秉南)1927年考入清华学校国学研究院,晚刘节一届,故有同门之谊。1941年7月,姜亮夫曾约请刘节到东北大学(四川三台)任教,同为清华故人的蓝文徵、高亨、蒋天枢随即纷纷来函,估计皆与邀约之事有关。⑯更为重要的是,陈寅恪晚年将整理著作的重任托付给蒋天枢,蒋天枢为此似曾与刘节书翰往还。⑰故蒋天枢在刘节的交际圈中也颇为重要,似不可不作人物简介。

其四，吴三立(1897—1989)。吴三立，字辛旨，广东平远人，曾在广东勷勤大学、广东文理学院、中山大学文学院任教，1953年秋起在华南师范学院中文系担任教授。[68]《刘节日记》1952年1月29日第一次出现"吴三立"，[69]2月9日、14日改称"吴辛旨"，[70]实为同一人。其后二人一直有往来，吴氏最后一次出现在《刘节日记》是1974年9月14日："下午吴辛旨来探访。"[71]时刘节因患喉癌住院接受放疗。

其五，罗倬汉(1898—1985)。罗倬汉，字孟韦，广东兴宁人，也曾在中山大学、广东文理学院任教，1952年院系调整后转入华南师范学院历史系。[72]与吴三立相比，罗倬汉与刘节的交往似更加频繁、密切，1952年2月8日至1977年4月30日的日记中，"罗孟韦"出现了近50次，[73]或晤谈或通信，或饮茶或聚餐，在在可见相交之深。

其六，梁承邺(1939年出生)。此为刘节同事兼好友梁方仲之子。1969年9月23日刘节日记："今日梁承邺来访。"[74]此为"梁承邺"首次出现在刘节日记中，惜无注释。1970年5月18日梁方仲病逝于广州，其时刘节正在英德干校，未及送别。1972年8月13日刘节日记："梁承邺来访。"[75]同月20日："梁承邺送史记会注考证来。"[76]《史记会注考证》并非梁方仲著作，[77]或系梁承邺为父执代为寻书亦未可知。1973年2月6日："晚梁承邺来访。"[78]该日为农历正月初四，梁承邺来访，似兼有贺年之意。

---

① 陈其泰：《刘节先生日记序》，见《刘节日记》上册，卷首，第3页。
② 同上书，第4页。
③ 此据山东大学历史文化学院康兆庆博士学位论文《抗战时期管理中英庚款董事会科研资助研究》(2016年5月26日)隐括而来，详康氏论文第

27、28、30、34、39、47、48、62、86、92、99、108等页。该论文尚未正式出版,此由"中国知网"下载而得,网址:http://kns.cnki.net/KCMS/detail/,下载日期:2017年1月30日。

④《刘节日记》上册,第25页。

⑤同上书,第41页。

⑥同上书,第42页。

⑦据"百度百科"之"续修四库全书"词条,网址:http://baike.baidu.com/item,下载日期:2017年1月27日。

⑧《刘节日记》上册,第12页。

⑨王汎森:《傅斯年:中国近代历史与政治中的个体生命》,生活·读书·新知三联书店2012年版,第12页。

⑩《刘节日记》上册,第145页。

⑪同上书,第409页。

⑫同上书,第410页。

⑬同上书,第13页。

⑭同上书,第65页。

⑮同上书,第67页。

⑯同上书,第69—70页。

⑰同上书,第97页。

⑱同上书,第115页。

⑲同上书,第143页。

⑳同上书,第144页。

㉑同上书,第146页。

㉒同上书,第180页。

㉓参阅华南师范大学校史编写组编《华南师范大学校史》,广东高等教育出版社2003年版,第4—5页。

㉔《刘节日记》上册,第257页。

㉕同上书,第323页。

㉖同上书,第68页。

㉗ 同上书,第 69 页。

㉘ 同上书,第 118 页。

㉙ 同上书,第 265 页。

㉚ 同上书,第 316 页。

㉛ 同上书,第 331 页。

㉜ 同上书,第 382 页。

㉝ 同上书,第 345 页。

㉞ 同上书,第 353 页。

㉟ 同上书,第 356 页。

㊱ 同上书,第 388 页。

㊲ 同上书,第 396 页。

㊳ 同上书,第 407—409 页。

㊴ 《刘节日记》下册,第 582 页。

㊵ 同上书,第 645 页。

㊶ 同上书,第 663 页。

㊷ 同上书,第 650 页。

㊸ 同上书,第 651 页。

㊹ 同上书,第 679 页。

㊺ 同上书,第 673、677、687、693 页。

㊻ 同上书,第 695 页。

㊼ 同上书,第 702、780 页。

㊽ 同上书,第 865 页。

㊾ 梁承邺:《无悔是书生:父亲梁方仲实录》,中华书局 2016 年版,第 238—239 页。

㊿ 《刘节日记》下册,第 907 页。

㉛ 同上书,第 879、887 页。

㉜ 同上书,第 893、901、920、932 页。

㉝ 同上书,第 921、931 页。

㉞ 同上书,第 899、911 页。

(55) 详《刘节日记》上册,第 444 页;下册,第 913 页。

(56)《刘节日记》上册,第 415 页。

(57)《刘节日记》下册,第 536 页。

(58) 同上书,第 638 页。

(59) 同上书,第 757 页。

(60)《刘节日记》上册,第 6 页。

(61)《刘节日记》下册,第 578 页。

(62) 同上书,第 581 页。

(63) 方韶毅:《刘景晨和他的儿女们》,载《温州商报》2014 年 4 月 11 日,第 2 版。

(64)《刘节日记》上册,第 12 页。按:"中"系日记整理者增补之字,"工"似为衍字。

(65) 同上书,第 231 页。

(66) 同上书,第 226—234 页。

(67) 详张求会《〈刘节日记〉里的"陈寅恪话题"》,即将刊发于《中国文化》2017 年春季号(总第 45 期)。

(68) 梅州市地方志编纂委员会编:《梅州市志》下册,广东人民出版社 1999 年版,第 2008 页;广州市地方志编纂委员会编:《广州市志(1991—2000)》第 9 册,广州出版社 2010 年版,第 726—727 页。

(69)《刘节日记》上册,第 265 页。

(70) 同上书,第 267 页。

(71)《刘节日记》下册,第 847 页。

(72) 详何国华《广东历代著名教育家评传》,广东人民出版社 2014 年版,第 184—189 页。

(73) "罗倬汉"仅出现一次,见《刘节日记》上册,第 308 页。

(74)《刘节日记》下册,第 631 页。

(75) 同上书,第 759 页。

(76) 同上书,第 760 页。

(77) 据百度百科,"《史记会注考证》,日本汉学家泷川资言(1865—1946)

编撰,1934年刊行于世。《史记会注考证》是继三家注之后,对《史记》研究成果最重要的总结和梳理,集《史记》问世以来,两千年来注家、学者对其研究之大成"。

㊄《刘节日记》下册,第780页。

· 研讨综述 ·

"报刊与近现代中国的知识再生产"工作坊综述

李稳稳

李稳稳,复旦大学历史学系博士生

2015年10月31日至11月1日,由复旦大学中外现代化进程研究中心和复旦大学亚洲研究中心共同主办的"新文化史工作坊"系列之四——"报刊与近现代中国的知识再生产"工作坊在复旦大学召开。本次工作坊共收到来自美国、日本和中国大陆、台湾、香港等国家和地区高校及研究机构学者的论文28篇,会议讨论热烈,碰撞出许多思想火花。

与会者围绕报刊与政治文化、受众、大众文化,报刊作为史料以及报刊本身的历史等问题展开了讨论,从报刊与近代中国知识再生产的视角重新思考了近代中国的政治、社会、文化等面向。在论文发表与讨论环节,大家都充分注意到报刊在近代中国所扮演的重要角色,在研究中不但积极探索近代中国报刊本身的历史研究,还努力发掘报刊作为史料的巨大价值,进一步拓展研究的宽度与深度,尝试提出新的报刊研究取径。

一、报刊与政治文化

从文化史的视角,重新考量近代中国的重大政治事件和政治精英人物,考察文化因素在政治实践中的影响,回归政治史研究,是近年来新文化史研究的一个方向,也是本次会议讨论的热点之一。黄克武(台湾中研院)的《报刊媒体与国族建构:抗战时期中国朝野对"中华民族"的讨论》一文,基于大量日文资料,考察了抗战时期中国政治与学术精英在各大报刊媒体上对于"中华民族"的讨论,强调了日本知识界的相关讨论对中国思想界造成的影响。作者认为抗战时关于"中华民族"的讨论,其主旨在于寻求国人之"团结",结果却引发了蒋、汪内部以及国共的分歧和权力斗争。但另一方面由"中华民族"这一观念所形成的凝聚力却有效地团结了人心,成为国族建构的一个重要环节。

不同于以往的"革命视角"或"北洋视角",承红磊(华中师范大学)的《〈泰晤士报〉眼中的袁世凯与民初政局》一文通过外国在华报刊的视角来考察北京政府时期的袁世凯及中国政局。文章梳理了民国时期《泰晤士报》对袁世凯态度的转变,从辛亥时期认为袁为不二人选,到帝制运动后期的袁非退位不可,考察了该报从"拥袁"到"弃袁"态度逆转的过程。作者认为《泰晤士报》态度的转变与其自身利益密切相关,即使在该报拥护袁世凯建立"强中央"时期,也并不意味着它对袁所采取的措施是完全赞同的,对袁完全排挤"新党"和改革滞后,该报一直不乏非议。

青山治世(日本亚细亚大学)的《〈顺天时报〉末任主笔金崎贤——"复原"近代日中言论空间的尝试》一文以当事人的证言记录为主,结合其他日文资料,追溯了日本人在民国初年于北京创办的中文报纸《顺天时报》末任主笔金崎贤的人生经历及其言论活动，重点考察了他对抵制《顺天时报》运动及对该报停刊的看法。作者认为，"日系中文报纸"一方面需要应对中国读者群的态度及其所处政治情况的变化，另一方面又身处日本政府的监督之下，在两者的夹缝中开展言论，必然伴随种种"制约"。

杨琥（北京大学）的《晚清报刊史上被遗忘的报人与政治家——夏曾佑报刊活动述略》，立足于《时务报》等晚清报刊上发表的大量政论文章，考察了夏曾佑鲜为人知的报刊生涯。文章通过爬梳夏曾佑担任《国闻报》和《中外日报》主笔时的撰稿以及为《外交报》《新民丛报》等报刊所撰写的文章，探讨了夏曾佑的政论特点。

沈洁（上海社会科学院）的《报刊舆论中的辛亥革命——以"满汉""种族"为中心的讨论》一文以"满汉""种族"矛盾为中心进行研究，超越了以往的革命史视角与"大妥协"视角，探讨了舆论、媒体是如何介入历史进程，如何在真实的意义上影响和改变历史。作者描述了报馆关于报纸谣言、谎言的制造，分析了辛亥革命时期的满汉矛盾，从晚清最后十年的"排满"风潮开始思考混杂着民族、国族与种族议题的辛亥革命。作者认为，北洋时期的中国是"后辛亥时代"，20世纪20年代"辛亥革命"并没有结束，因为共和中国是以各种矛盾为开端，也以矛盾的方式继续政争、党争。

杨雄威（上海大学）的《舆论与外交：晚清政府媚外形象的形成》以"媚外"这一概念为切入点，基于晚清大量的时人日记、笔记、书札以及报刊文献等资料，结合中西冲突这一背景，考察了晚清政府"媚外"形象的塑造与生成。作者剖析了"媚外"这一流行语所催生的政府新形象与事实存在的出入，从"排外"到"媚外"与敌我权势失衡的关系，探讨了晚清后期出现的交际与交涉的分野与中外日常交往的关系。作者认为"交际"与"媚外"界限的模糊，为政府的媚外形象提供了生动素材，而民间与政府在外交上不可调和的对立冲突，导致了晚清政府媚外形象的坐实。

王建伟（北京社会科学院）的《孙中山逝世前后中共的宣传策略》一文结合国共两党的合作与分裂，详细考察了中共创建初期对孙中山的多种态度、孙中山逝世前后中共对其"左派"形象的塑造与颂扬，以及中共与戴季陶等人争夺"三民主义"的权威解释。作者认为共产党的这种集体行为并非自发，而是有统一的安排与部署。

二、报刊与传播

近代以来，新兴的报刊和出版物改变了传统的知识传播方式，成为传递新知识和新思想的新平台，成为传播大众文化的重要渠道。从知识传播的视角考察报刊作为大众文化传媒对受众的知识构成和思想观念的影响，成为本次工作坊讨论的重点。李在全（中国社会科学院）的《"新人"如何练就：清末一位留日法科学生的阅读结构与日常生活》一文，以黄尊三为个案，以其30年的日记为主要资料，结合清末中日冲突及国内革命思潮的高涨等情势，讨论了清末留日法政学生的阅读史及日常生活状况，分析了这些被视为"新人"的知识结构与思想形塑对其未来个人选择的影响。

区显锋（香港浸会大学）的《〈小方壶斋舆地丛钞〉与清季报刊的史地知识之传播》，根据《小方壶斋舆地丛钞》及其续补三编等文献资料，探讨了编者王锡祺采编的《舆地丛钞》对晚清知识分子的治学理念及中外形势变化认知的影响，通过对报刊文献的梳理，揭示了知识分子对清季时局变迁的关注焦点。

陆胤（北京大学）的《"普通国文"的发生——清末〈蒙学报〉的文体试验》一文，则立足于"国文"这一学科概念，关注《蒙学报》

对于"文体"的经营和调适,以及"国文"意识在启蒙教育领域的发生。对于教科书的研究过去主要集中在出版史或教育史领域,注重单行本而忽略报刊连载,忽视刊物和刊物表现的教学实践,此文重点考察了报刊教育实践文体上的试验,反映了晚清世人为下一代想象新的国文体试、构造新的文体空间所做的努力。

美国巴德学院高哲一教授(Robert Culp)《阅读和书写浙江青年》一文,以民国时期江浙一带的教育期刊为研究对象,分析地方期刊在社会文化上的作用。文章一方面从书籍史的视角探讨了读者与作者之间的关系,认为江南各地作者与读者群体之间没有清晰界限,因为地方期刊给读者有表达意见的机会。另一方面则分析了地方教育期刊的三种构建社会个体与群体的作用:第一,期刊作者与读者之间的交流有助于定义、实践本地所谓的教育界;第二,地方学校教师与地方职员写文章讨论近期教育理论与学校政策、活动以标示其自身是职业化、现代化的教育家;第三,各地的教育期刊展示本地的社会文化特色以构成各个层面的地方认同。

陈建守(台湾大学)的《启蒙如何运动:近代中国知识人对"启蒙运动"的想象与挪用》,立足于"启蒙运动"一词的翻译与挪用,探讨近代中国知识人如何介绍、运用这一舶来品概念的过程。作者强调,晚清时期中国知识分子对今日所称"启蒙运动"的认知是基本缺席的。启蒙运动进入近代中国知识人视野之后,直至20世纪20、30年代以后,中国知识分子中各种随意挪用和形象建构才开始出现。

唐小兵(华东师范大学)的《形塑社会想象的思想资源与概念工具——以民国时期"社会问题"系列图书为中心的考察》,探讨了民国时期"社会问题"的由来以及对社会问题的认知,诸如贫困问题、农民问题、工人问题、民族问题等,当时的图书引用来自欧美和日本的各种思想资源和概念工具,并试图提出解决社会问题的各种方案。

王东杰(四川大学)的《"汉语是一种语言":中国现代国语运动与汉语"方言"的成立》一文,基于书信、文集、地方志、档案资料以及报刊文献等大量资料,集中探讨了方言与国语的关系,作者跳出语言学的专业视野,从政治的视角把现代汉语方言的成立过程放回作为一种文化政治现象的国语运动脉络中,探讨了现代语言学与民族国家假设之间的协同关系。

周月峰(华中师范大学)的《五四后"新文化运动"一词的流行与早期含义演变》一文,基于书信、文集及报纸杂志等资料,聚焦于"新文化运动"一词流行之初,探讨了其概念的复杂性和多变性,突破以往多集中于三四十年代的研究。作者通过讨论"五四"后数年各方对"新文化运动"的不同表述及争论,展示时人心中的"新文化运动"如何从"混流并进"逐渐统系化,进而形成两种主要叙述,即以胡适为代表的中西新旧框架与以中国共产党为代表的阶级分析框架。

章可(复旦大学)的《"主义"的悲剧:五四前后报刊中的"人道主义"小说》,立足于"人道主义"这一概念,基于"五四"前后报刊小说和文学作品,探讨了"人道主义"这一概念的出现及其进入文学视野的历史过程,揭示这种进入的途径带给"主义"本身的影响。作者认为从新文化运动一直到20年代中期,在社会生活各个方面出现"主义"概念的过度滥用和过度政治化的倾向。"人道主义"小说对"主义"的反思,揭示了其内在的矛盾性和两难选择,呈现出历史的另一面相。

杨卫华(上海大学)的《民国自由派基督徒对个人主义的检讨、规训与重构》一文,基于中英文基督教报刊资料,考察了民国自由派基督徒对个人主义的声音,结合国内外战争等形势,探讨了近代基督教参与个人主义演进的历程以及个体与各种复数的集体之间的复杂关系,揭示了"个人主义"观念在近代中国的多重命运。

借鉴社会史、心态史和文化史的视角,高波(中国人民大学)的《社会主义论战缘起再审视——知识、认同与形象建构的视角》一文以社会主义论战为中心进行研究,突破了以往从思想史、政治史脉络入手的研究,侧重突出论战缘起及其展开的历史语境,重点剖析了地域因素对中国社会主义运动产生的影响。

赵中亚(山西大学)的《艾伟德与〈六福客栈〉之争:"小妇人"形象的生成研究》一文基于形象建构的视角,立足于伦敦大学亚非学院所藏艾氏个人档案,以及台湾、香港、英国小报中的相关报道等资料,探讨了英国女传教士艾伟德与《六福客栈》之间曾经发生的争论及论争的深层原因,揭示了艾伟德"小妇人"形象的最终建构。

张仲民(复旦大学)的《试论近代上海医药广告中的借名造假现象》一文,基于近代报刊和时人小说等文献资料,考察了近代报刊上所刊登的上海医药广告中的借名造假情况,揭示了借名造假这种广告手法背后所反映的近代上海医药广告文化的建构情形。

三、作为史料的报刊与报刊本身的研究

报刊是史学研究极为珍贵的第一手资料,报刊资料能很好地弥补相关史料的不足。中国近代报刊的内容非常丰富,涉及政治、经济、文化、社会思潮等各个方面,是研究政治史、思想史、文化史、经济史及新闻出版史不可或缺的原始资料。在本次工作坊中,也有学者关注专业性或小型报纸的史料价值和报刊本身的研究。

张凯(浙江大学)的《宋育仁与近代经史学之省思:以〈国学月刊〉为中心》一文从学术史的视角,探讨了近代经学与史学的重

构关系，反思当下的治学方式与研究路径。文章从经史关系、孔学系谱、四部与分科三个方面考察了宋育仁的个人立场，其后以宋育仁与东部学人的学术分合为线索，反思当下"以西律中"的分科之学。

叶舟（上海社科院）的《熔铸中外：周维翰及其〈医学报〉》一文，基于蒋湾桥周氏宗谱和报刊（以《医学报》为主）等资料，对周维翰的家世、生平及其创办《医学报》等事迹做了详细的梳理，突破了以往资料的限制。作者认为，周维翰的思想是否真正贯穿到中医学界，仍然存疑。

皮国立（台湾中原大学）的《从专业知识到家庭医药之转型：民国时期中西医对流感的治疗与调摄》一文以流感为切入点，探讨了中西医治疗流感的不同药方及差异性，检视了民国时期流感所映照出的药品、日常生活与大众文化的历史，揭示了清末民初西医最终取代中医的原因。

罗婉娴（香港浸会大学）的《东南亚华人的医疗观与对中医的寄望：以〈叻报〉为研究个案（1881—1900）》一文，探讨了19世纪末新加坡的医疗情况、东南亚华人的医疗观以及东南亚地区医学交流的情况。

邹振环（复旦大学）的《20世纪50年代的一次中国翻译史研究规划的流产——试析〈翻译通报〉及其"中国翻译史特辑"》，立足于新资料的发现（以《翻译通报》为主），纠正了以往相关研究中的错误，详细梳理了建国后中国翻译史的出现及初期两度推出的"中国翻译史特辑"，分析了20世纪50年代的政治运动与中国翻译史研究规划流产的关系。

戴海斌（上海社科院）的《〈亚东时报〉考论（外篇）》一文，综合中日两方面的日记、书信及报刊等文献资料，作者详细考证了山根立庵、乙未会以及《亚东时报》的创刊、发行、改版及终刊等情况始末,其中还探讨了时人与《亚东时报》的渊源。

高晞(复旦大学)的《未竟之业:〈博医会报〉中文版的梦想与现实——传教士中文传播西医学的探索与局限》一文,立足于《博医会报》的英文版文献,探讨了19世纪80年代后期上海的传教士尝试以中文传播西医科学知识、创办中文医学期刊的可能性,考察了博医会创办中文医刊的努力与计划失败的原因。作者认为《博医会报》中文版梦想的失败,根本原因在于该报的成员始终没有考虑清楚西医科学的传播到底该用何种语言。

赵莹(山西大学)的《传承与转变:19世纪英文报刊所载〈京报〉译文比较研究》一文以在华英文期刊为主要资料,梳理了19世纪《京报》英译刊载活动的概况。文章通过深入研究各时间段内译介《京报》的代表性报刊,考察了《京报》英译的特点及其发展进程,揭示了19世纪中英关系发展变化的轨迹。

四、报刊与近代中国知识再生产

在工作坊的圆桌讨论环节中,学者们围绕报刊与知识再生产等相关概念及其之间的关系进行了热烈讨论。张仲民作为会议发起人之一,就报刊与知识的再生产之间的关系提出,报刊研究的第一个层面是报刊本身的研究,过去主要集中于大报或有影响力的报纸杂志的研究。第二个层面是报刊与知识再生产关系的研究,"再生产"需要从两个维度去理解:一是关注新报刊所承载知识的再利用问题,即被读者阅读、使用和再接受的过程,因为过去报刊多受西方的影响,传播西学知识、政治、新思潮等内容;二是关注报刊的同时关注报刊本身是如何建构起来的,包括文体、栏目、关键内容及其来源等。

会议的另一发起人章可认为,"再生产"是将报刊视为一种载体、一种特别的文本,在知识传播、消化过程中会有一个"再生产"的过程,已有的知识通过报刊这种载体后会有一个新形式的呈现,"生产"这个概念本身更加强调"过程性",即将知识呈现的过程充分打开,包容报刊的编者、作者、读者等多种元素的作用,"再生产"就是将视角聚焦到这整个过程上。

在圆桌讨论中,与会学者充分重视了报刊在近代中国的巨大作用及影响,注重区分报刊作为形式和报刊内容本身的研究进路,本次工作坊的论文面向多元,但还有很多问题需要进一步探讨和厘清。比如能否将报刊中的错误或虚假信息称之为"知识",报刊中的翻译行为是一种转述还是知识的再生产,读者对于报刊的反馈的研究,以及大众文化与精英文化之间的界限能否划分、如何划分的问题,这都需要进一步思考。毫无疑问,这为未来相关研究的开展指出了方向。

"近代中国的旅行写作、空间生产与知识转型"学术工作坊综述

王志通

王志通,复旦大学历史学系博士生

2016年10月22—23日,复旦大学中外现代化进程研究中心主办的"近代中国旅行写作、空间生产与知识转型"学术工作坊在光华楼西主楼2001室召开。来自日本、英国及中国大陆、台湾等国家和地区的20余位学者出席了会议。

开幕式上,章清教授(复旦大学历史学系、复旦大学中外现代化进程研究中心)作了题为《旅行写作与近代中国的知识转型》的引言。他认为,"旅行写作"虽算新词,但又是与史学一样亘古且同步发展的。史学经典无不包含了史学家自身对历史场域和地理空间的切身感受,旅行也成为知识萃取和历史书写的重要途径之一。毋庸置疑,近代中国的旅行写作具有自身的特点,它体现出的近代性及其新面貌,主要集中于对现代地理空间的生产和知识由旧到新、由传统到现代的转型。旅行让人们有了广泛的视域感受,空间范围的拓展和生产在近代的直接结果就是逐渐有大量中国人走出"中国"的地理空间范围,走向世界,同时也有大量的来自不同国家的人们相继来到中国。与过去零星的例证相比,近代这种多数量、大规模的旅行和交往更容易对空间生产进行"命名"。此

前，人们对外部世界的认知更多是立足于"天下观"的想象，而近代则是用脚和眼睛去丈量后进行的实实在在的"空间生产"。近代出现的新型技术、新型传播媒介构成了空间生产的大宗，铁路、轮船等交通工具，报章等传播媒介和电报电话等通讯手段也构成了近代知识生产的新基础。梁启超在《西学书目表》中呈现出的关于旅行书写与知识转型关系的表达堪谓最典型例证。1896年，梁启超应其门徒之请，完成了《西学书目表》，按西学、西政和杂类著录译介300余种西书。杂类的第一种就是"游记"，这就表明了梁启超对游记在知识汇通中地位和价值的肯定。总之，在晚清东西学书目中，"游记"占有重要的一席之位，且被认为是接纳西学的一种重要文本。它们主要针对特定的空间和时间，很容易被验证或相互验证，且最终呈现出了一种还原历史的"趋势"。

其后，与会学者就"作为事件的旅行与写作""旅行知识的生产与转型""对中国边疆和国外的旅行认知与书写"等议题展开了热烈讨论。

一、作为事件的旅行与写作

晚清使臣是近代中国人出洋旅行最早的群体，留下了大量的旅行书写成果。他们的游历纪闻基于个人旅程和视角的不同，所关注、所接触之人和事物的不同，甚至是旅行经验上的差异，而有了不尽相同的纪录。郭嵩焘是第一位以驻外公使身份出访欧洲世界的大员，历来学界都重视对其思想历程的挖掘。高波（中国人民大学历史学院）《郭嵩焘的殖民观——以〈出使日记〉为中心的探讨》一文，将郭嵩焘的出使日记放在晚清理学与19世纪殖民主义的双重脉络中，选取"殖民"问题作为关注点，观察在郭嵩焘的整体思想世界中殖民观得以发生的内在脉络，分析其洞见与局限，并以更为内在视角的方式去探讨他思想整体的内在逻辑,进而透析晚清思想与19世纪西方思想的关系。在郭嵩焘的思想世界中,人类文明渐进发展逐渐清除野蛮的兽性,这种观念使得他认同高等民族对低等部落的统治合乎天道与自然秩序。以此,他认为殖民是将原始民族或衰败民族从野蛮状态推入文明状态的方式,所以殖民开发具有天道正当性。显然,郭嵩焘接受了主导英国当时意识的文明国话语,但他"无节制颂扬西洋"则被视为对中华主义的背叛。事实上,郭嵩焘殖民观的思想结构与当时晚清士大夫思想结构之间的歧异更多的是停留在表面上,因为他们内在都一直认同世界为自然等级秩序的展开,万物各有其分,不可逾越。

李峻杰(四川师范大学历史文化与旅游学院)《"身临其境"之言:晚清驻外使节对中西方外交体制的体验与感知》一文,围绕驻外使节斌椿、志刚等人海外旅行写作中关于中西外交体制的认识,探讨相关外交知识的生成与传播,以及对晚清外交体制改革的可能影响。作者认为作为近代中国第一批"身临其境"感知西方外交制度的驻外使节,对中西方外交制度的体验和感知最深,他们在其行旅写作中也常常借"他者"来言说和反观中国外交制度的优劣,并在"他者"与"自我"的体验之间徘徊。他们关于西方外交制度的认识和对改革中国外交体制的建议,或诉诸日记,或见之于报章,或上达天听。伴随着中外外交知识的积累、转化及其对国内官绅、知识界的影响,朝野人士关于借法泰西以改革中国外交体制的共识逐渐酝酿形成,并最终促成了中国外交制度的近代化(西方化)改革。但是这种改革的速度缓慢,内、外部条件和契机的"临门一脚"才能使清政府将共识逐渐转变为切实外交改革。

除以使臣身份出洋游历者外,也不乏以个人身份出洋考察、留学者,时代愈后,其人数愈多,规模愈大。赵中亚(山西大学中国社会史研究中心)《一个被遗忘的清末东游者:常州人程淯研究》一文以常州人程淯东游日本为中心,用其《丙午日本游记》为核心史料,梳理其以私人身份,不接触中国外交官、不面见日本权贵的特殊之旅。在考察中,程淯一直在比较中日两国的情况,十分关注日本国内对于战争胜利的渲染和国民性的塑造。临近回国之时,他还利用报刊媒体的影响,为华商争得数十万来自日本政府的退款。程淯东游日本的经历形塑了其后来的人生,促使他长期从事保护国货、尊孔读经等活动。叶隽(同济大学人文学院)《文化记忆与再造新知——以马君武留德期间的游程旧诗为中心的考察》一文,选取马君武出游德国途经各地所作的旧体诗,呈现他出游的路线、眼中的景象、会见的友朋及其内心的复杂感情和丰富的文化记忆。在德期间,他游历各地,其余时间皆在勤奋求索新知,并将现代自然科学发明引入诗歌,且与社会问题融通。致力于西学东渐的他面对国内现实政治的污浊,试图远离,但时代的"裹挟"促进了他整体精神的变化,并最终重新面对时代赋予的重任,再造新知,并试图通过"教育之路"开创新时代与新国家。李春博(复旦大学历史学系)《徐乾学游历岭南的时间、行程与交游考述》一文结合相关诗文文献,考订徐乾学康熙初年游历岭南的时间与行程,对其在行旅中的交游进行梳理,通过他与地方官员、岭南文人和明遗民的交游唱和,从深层面观察清初岭南社会状况,进而认识清王朝为巩固统治而对汉族士人采取安抚与吸纳的政治策略。

　　近代中国旅行并非仅仅包括国人外出考察的单向行动,也涵盖了外国人来华游历的内容,呈现出了一种双向、多元、互相交错的复杂图景。其中,日本人来华的旅行、交流对中日文化交往产生了重要影响。中日于19世纪60年代缔结友好条约,构筑起新型国家关系,这为日本社会人士主动接近中国和加强两国间的交流奠定了很好的基础。陈力卫(日本成城大学)《同治末年日本僧人描写的在华体验及其北京话》一文从语言学的视角,以日本僧人小栗栖香顶为例,讲述了身具丰厚汉学功底的他怀着追寻佛学源流的圣意来到中国游历的故事。他遭遇语言不通的窘境,注重从语言汇通推进中日交流,发现"俚语俗语"比"雅言官话"更应被重视学习后,最终完成了北京话课本。一个日本僧人通过在华体验和感知架起了中日文化交流的语言桥梁,推动了日本汉语教育从江南官话转换为北京话。作者综合几种北京话课本,从词汇、语法、表音等角度加以对比分析,发现近代知识、概念在中国的传播和普及要远落后于日本,这增进了我们对近代中国语言、词汇和知识生成的认识和理解。在小栗栖香顶来华过程中,上海仅为其中转之地,前后勾留不过数周,但留下了丰富的资料。陈继东(日本青山学院大学)《日本僧的上海体验——以小栗栖香顶一八七三年的日记和书信为中心》一文,以小栗栖香顶现存的日记和书信,勾勒了他在沪期间的旅行和交流等情况。在对城市社会、中西女性的观感方面,他看到上海江水浑浊、港口繁忙,西洋人居住的租界内十分先进而中国人居住的上海老城则杂乱污秽,上海女性深受家庭束缚而西洋女性则优雅自由自主,两相比较,文明与野蛮、开化与愚昧立判。与在沪日人、僧侣的交流方面,他与在沪不同身份的日本人交游,分享了对中国的认识,探讨了日本佛教在中国传播的可能性。他与龙华寺高僧交谈,加深了对中国佛教状况的了解,但"寺衰僧愚"的结论因其立场和视角的差异而显有偏见。作者将小栗栖香顶在上海体验得出的中日之间的盛衰逆转,纳入东亚格局变化后日本蔑视中国认识的范畴之中,认为他的体验感知正是该历史脉络下的产物。

张明杰(日本庆应大学)《井上陈政及其〈清国周游记〉》一文选取大藏省公派留学生井上陈政(1862—1900)为考察对象,利用他的未刊日记《清国周游记》,梳理了他在华漫游四月有余的游历路线,考察了陈政以探知中国国情的眼光,记录下的19世纪80年代前半期中国自然和人文社会状况。作为日本政府着力培养的涉华人才，井上陈政对商业贸易和物产的详细考察、对军事情报的敏锐记录、对中国现实社会的细致记述成为了涉华调查和游记内容的重点。面对中国弊政，他在旅途中时有感想和建言，但不乏书生之见。陈政虽是从事谍报事业在中国活动，但其旅行写作内容的包罗万象成为反映当时中国社会全貌的重要资料。

赵怡（日本东京工业大学）《金子光晴与森三千代的海外游历与书写》一文着重梳理金子夫妇前后三次在上海的经历，他们与中国文人的交往，将其对华的认识从浮光掠影增进到深入理解，这些认识的加深都影响了他们一生对中国的态度，可以说造就了他们夫妇中国观的基础。其后，作者描述了金子夫妇在东南亚和巴黎旅居的状况，贫困成为生活的标签。他们近距离接触当地社会，加深了对欧洲列强及试图跻身列强之列的日本帝国主义行径的认识。回国后大量有关海外游历的文学创作，作者加以考证后认为他们战时对日本侵略战争的认识多面而矛盾，战后却又进行深刻和全面的总结，而这种对自己内心和本民族的深刻反思，令他们得以更深层次地领会东西方文明的正反两面。

二、旅行知识的生产与转型

近代国人对世界的认知大概有两个途径：一是借助于西人的中文著述和译介，一是中国人自己的旅行考察。对于后者而言，在鸦片战争尤其是洋务运动后，随着海外游历人士的增多，旅行写作的知识成果逐渐形成一定规模，并引起有识之士的充分重视。孙青（复旦大学历史学系）《近代空间表述转型中的几种民初"新"游记汇编》一文，选取了《古今游记丛钞》《近人游记丛钞》《本国新游记》《新游记汇刊》《新游记汇刊续编》《国外游记汇刊》《古今游记丛钞》这几种在民初民间商业出版勃兴背景下冠名"新"游记的汇编,梳理了汇编的文章来源、编辑分类体系。汇编在编纂体例上声称承续《小方壶斋舆地丛钞》的传统,却又立意不记"无事之游";内容上收录了民初几年间各种新知识刊物上地理及文学门类下的稿件,有些作者还是高校地理类专业的师生。汇编的编纂者们把"游记"作为一种"新"的知识门类和叙述形式,来进行自身时代的空间表述,在空间表述上兼顾"文艺"与"事功"及商业文明语境下的"实用"。除了收录能令读者身临其境进行"卧游"的动线视角游历实录外,也收录城市指南之类及其功能性的空间分类文字。在视角上除了与此前流行的异域角度有异外,同时也摈弃了道德伦理判断,而将游记的触角铺及全国各省市与全球各大洲。

旅行书写以知识文本的形式,通过出版机构的发行、销售和传播,被越来越多的读者阅读和利用。张治(厦门大学中文系)《西洋器物文明中的感觉修辞:钱锺书视野中的近代"游记新学"》一文以钱锺书对晚清海外游记文献的阅读切入,分门别类梳理了钱锺书眼中时人对外语的实践与对外交流、对西洋器物的感观、对西方美人的赞美,以及他对游记所载内容真伪的辨识和对文献史料价值的评判。作者将钱锺书留意到的这些丰富琐碎内容背后的整体性概括为"器物文明中的感觉修辞",认为钱锺书是从语言与形象的思维活动中追求中西思想之比较上暗合冥契,而非夸大晚清士人"走向世界"的意义,"游记新学"及其特别个人化、即时性的感性因素带有强烈时代痕迹的知识实践,并不饱含"走向世界"背后的民族主义观念。

19世纪80年代,钟叔河先生主编的"走向世界丛书"收录了大量晚清中国人访问西方国家的记录。所收录的旅行书写文本被一代又一代学者以不同的视角、学科方法加以研究。薛莉清(南京工业大学海外教育学院)《游记与空间的生产和身份建构——以南洋游记为例》一文选取游记中对南洋的书写作为研究内容，挖掘游记书写中包含的物理空间以及空间的社会功能、历史意义及社会场景，以及旅行者对空间以及空间中进行的活动的参与。同时，旅行书写本身对空间的书写会因为出版、流通而赋予空间更丰富的社会、文化意义，从而生产出第三空间。南洋游记的书写者对南洋空间的生产涉及"我者"与"他者"在此空间中的身份的不停转换，为我们提供了"他者"研究的另一种视角或者补充。三位日籍外交史专家冈本隆司、箱田惠子、青山治世利用这批出使日记，完成巨著《出使時代の日記——清末の中国と外交》，戴海斌（复旦大学历史学系）《"出使日记"的史学 & 史料学研究新境》一文对其作出评介，认为该书主要特色表现为：第一，将出使日记放回晚清外交的具体历史语境中，依据各文本透露的信息，直接讨论外交官的观念、行动及其如何作用于清朝外交体制与对外关系；第二，特别重视日记文本的"制作"过程，通过版本调查、稿/刊本比勘，发现其异同，进而揭示日记作者思想的变迁轨迹、编纂刊行的时代背景及其被阅读与接受的情况。

旅行便捷的程度与交通畅达的限度、新知识传播的速度密切关联，尤其是轮船、火车等现代交通工具的出现和运用拉近了时空的心理距离，增强了旅行欲望和活动，加快了思想传播。叶舟（上海社会科学院历史研究所）《江南客旅的近代变迁：以晚清日记为中心的研究》一文，将晚清客旅日记当作看待交通与旅行关系的重要窗口，反映了近代江南的传统帆船、现代轮船、火车等不同交通工具的变化及其带来的时代变迁。价廉时长的传统运输，与现代交通工具价格高昂但耗时短暂相比，高下立判，甚至成为新思想、新知识传播的窒碍。由此，信息传播和新知识的传播呈现先通商口岸和省会城市、后江浙腹地的空间格局。随着轮船开禁和火车通行，江南各地间的联系更加紧密，客货往来更频繁，进而发展成了一个个系统庞大的航运、商贸和新知识、新思想传播的网络。交通的发展无疑推动了社会观念和行为方式的变化。

进入民国后,旅行对知识转型的影响更加密切。刘龙心(台湾东吴大学历史系)《以旅行为名——20世纪初的调查旅行与地理知识的重构》一文,主要以中国地学会在1910年创刊的《地学杂志》为核心,探讨20世纪初期以旅行为名、调查为实的"调查旅行"与近代地理知识转型的关系。作者认为方志文本和乡土教科书等成为重新厘定地方与国家关系的重要知识,但它们模糊了地方的"本色",使得我们不得不通过刊载于报章杂志上的调查旅行文字来加以探寻。中国地理学会及其《地学杂志》提供的地理知识,框定了国家空间主权范围,为国家利源的开发提供依据,还有助于从地理学角度重新理解地方并实体化地方。值得注意的是,鼎革之际因政治权力脉络转移而释放出来的特殊空间(皇家园林、东北封地等),被那些随意观览的民国游客有所解构和重新书写。高贵森严的美丽奇景不再是皇室贵族专享,它们不仅是能工巧匠精心打造的结果,也成为民国游人贡献心力的结果。

随着时代的发展和进步,旅行被视为一项产业的观念逐渐被国家和社会所接受,逐渐走向产业化和商品化,且与全球化的潮流互动。旅行杂志的创办与发行、旅行机构的建立与营运都使得旅行的样貌和内涵呈现出全新的面貌。由此,旅行对国家、文化、环境以及个人生活形态的意义和影响,促使后人对旅行的理解、认识、想象以及现实经验的影响,都十分深远。蔡明纯(台湾大学历史学系)《旅行事业、〈旅行杂志〉与民国初年海外旅行文化之形塑:以"旅行常识"及"旅行指南"为中心》一文,以1920至1940年代初《旅行杂志》中所刊登之海外旅行经验、报道文章等所呈现的"旅行常识"与"旅行指南"之信息为中心,兼以晚清的海外旅行之样貌作为对照,来观察当时这些杂志信息所呈现的旅行文化变迁及其意义。从《旅行杂志》登载的海外旅行指南内文，1932年之前，所刊者多为跨国、跨区，或以国家为中心的"导游"与"游程"信息；1932年开始，增辟"片段游程"新栏目后，有关国外城市导游、游程的来稿则有高度的增长，风景名胜则次之，直到1940年代初期，城市的游程报道一直有很高的比例，而1940年代后，各地游程、旅行日数安排及旅费预算的介绍明显减少。虽然这些变化与国际海陆交通畅通、稳定及规律与否有关，但也反映了旅行事业以"便利行旅"的理念为海外旅行传递实用资讯的轨迹。这些有关旅行前的常识和指南被成功形塑为一种具备"安心行程，无远弗届"之重要性的信息，而抵达旅行目的地后所应了解的常识和指南则被形构为一种"无浮费，无浪程"的角色。

三、对中国边疆和国外的旅行认知与书写

边疆是中外力量接触的前沿阵地，对边疆的关注历来是王朝国家治理的重要内容，更是现代国家形成的肇端，因此边疆的生成史成了国家主权划定的历史。袁剑（中央民族大学世界民族学人类学研究中心）《近代中国西北"边疆"意象的生成：以当时西域探险考察活动及其社会影响为中心》一文认为，中国西北边疆范围是在19世纪下半叶清朝与俄国签订若干不平等条约后，被形塑成一个边界逐渐明晰化的近代中国及其基本空间范围，近代意义上的"中国西北"及其范围开始形成，但知识界对其具体时空的认识仍停留在传统的西域认知上。清末民初中外人士对西北的考察与知识传播，使得一般知识界获得了关于中国西北"边疆"的新知，伴随着中国从帝制王朝向民族国家的政治转变，中国知识界对于中国西北"边疆"的时空认识也逐渐清晰，中国西北在近代中国政

治疆域的时空序列中正式得以凸显，尤其是"西北开发"热潮和抗战时期西北地位的凸显使得中国西北"边疆"意象最终生成。近代中国整体性边疆认知的形成过程，王朝国家、精英群体和普通大众在其中扮演的角色存有递嬗之序，逐渐扩展和强化了西北"边疆"的时空意象。

在西北"边疆"时空中，由西域蜕变而来的新疆是学界关注的重点，而它在作为19世纪海洋帝国的大英帝国的眼中处于何种地位，这成为广域视野下的帝国博弈的认识基础和前提。殷之光（英国埃克塞特大学）《海洋帝国的陆权观：19世纪英国地理考察报告中的新疆》一文，以19世纪英国皇家地理学会对中亚地区通往新疆的陆上贸易通道考察报告为基础，将新疆放置在英、俄、奥匈三大帝国在中亚地区的竞争范畴之中，并结合中国晚清以来对塞防问题的讨论，进而提出在19世纪全球秩序变迁的动态中，对陆权问题的政治性关心是民族国家观念获得普遍性的基础。

在亡国灭种危机日益加剧的背景下，国人对边疆旅行含有认识边疆和保卫边疆的心理初衷，而对外国的游历、观察和书写无不流溢出借外国直指本国危机和弊政，并将其作为镜鉴的自强意识。章可（复旦大学历史学系）《透镜：晚清国人印度游记中的二重观照》一文借用柯娇燕表达清帝国意识形态中的历史与身份的"透镜"一词，将晚清国人前往游历的印度看作一面透镜，透过这镜子，它一方面提供给国人看待英国及其殖民势力的一种特别的渠道和方式，而另一方面，当时国人又以这面透镜反过来"观照"自己，省思自身处境。作者选取几种晚清国人游历印度的文本，分析这些文本中体现出来的特殊关照方式。黄楙材游历印度，以钦羡眼观"观看"和记录了英/印的"洋务"与先进，他那以英人为立场的论述，在效果上从另一个方向应和了殖民主义话语。而身负公务出使印度的马建忠、吴广霈等则对英/印的新事物描述甚少，多注目于鸦片问题。马、吴对鸦片毒害中国的切肤痛感,使其对英印政府采取敌视态度以及对印人怒其不争,并将英、印分离,将英视为他者,将印度视为中国处境类同的近邻。他们对印度的观感与"反观乎己"的镜鉴,并非如其后游历印度的康有为那般直接和鲜明,以此促发中国人的自强意识。可见,游历文本与知识折射出游历者眼中作为"透镜"的印度所呈现出来的丰富多彩的样态。

张晓川(四川师范大学历史文化与旅游学院)《骂槐实指桑——张德彝〈航海述奇〉系列中的土耳其》一文,首先大致梳理晚清出使日记中中国使节与土耳其使节的交往,以及有关土耳其情况的记述。在此基础上,将张德彝《航海述奇》系列中涉及土耳其的相关内容加以辨析,揭示其明言土耳其暗指中国的叙事手法。同时通过"神豆汤"故事的个案,展现张德彝以"指桑骂槐"叙事手法炮制的土耳其旧事,以及其在国内被信以为真而流传散布的过程。张德彝希望中国以神豆汤为教训,禁绝鸦片。作为使臣的张德彝将中国与土耳其相提并论,表面直指土耳其的内外困境和弱国命运,实以"指桑骂槐"的隐喻手法指陈国内时弊,借土讽中。作者认为张德彝之所以如此书写,可能与晚清国人眼中两国相似的普遍认识存有莫大关系。

近代中国旅行的时间跨度很长,空间跨度很广,涉及个人和群体的数量很大,留下的旅行书写成果很多。带有不同目的、具有不同身份的旅行者在旅行书写的内容捕捉和知识生成方面各有其侧重点,它们或趋于相近,或彼此互补,或完全相反,最后呈现出来的旅行文本繁复庞杂、绚烂多姿。对这些文献的发掘、探索与利用无疑是一个庞大的系统工程。此次工作坊以"旅行写作、空间生产与知识转型"作为认识和理解近代中国旅行的一个侧面,以牵引和提升研究为初衷,汇聚了不少中青年研究者,他们通过各自的研究志趣以及相关研究成果呈现出对近代中国旅行的理解与认知。他们通过彼此的交流切磋对推进近代中国旅行研究进行了展望，并指出未来这方面研究的广大空间。例如，对旅行事件的史料挖掘和文献梳理、聚焦边疆地区的旅行的研究，以被观察者的视角去看待旅行者的知识生产，通过旅行文本去分析旅行者"写作"和"创造"知识的内在思想逻辑以及旅行在思想和社会转型中的角色与限度，等等。总之，此次以"旅行"为核心话题的学术工作坊汇聚了诸多学人，与会者现场讨论热烈，彼此交流欢畅，获益良多但又意犹未尽，大家期待以后继续开展类似的学术活动，吸纳来自更多国家和地区的、多学科的研究者参加。

· 附录 ·

与本辑主题相关的论著目录
（英文部分）

李稳稳

编者按：本书目的编选是为了配合集刊的主题"近代中国的知识和观念"，以英文发表的相关专著、编著和论文为限，选择的论著在研究时间上以晚清和民国时期为主，兼及上起明清、下至共和国的一些作品。编排以作者的英语姓氏字母为序，凡是收入著作和论文集的重要论文，就只列在著作和论文集部分，不再单列。

一、著作和论文集

Paul J. Bailey, *Reform the People: Changing Attitudes Towards Popular Education in Early Twentieth Century China*, Vancouver: University of British Columbia Press, 1990.

保罗·贝利：《形塑民众：20世纪初中国大众教育的态度转变》，温哥华：不列颠哥伦比亚大学出版社，1990年。

Paul J. Bailey, *Gender and Education in China: Gender*

Discourses and Women's Schooling in the Early Twentieth Century, London: Routledge, 2007.

保罗·贝利:《性别与教育:20 世纪初中国的性别论述与女性教育》,伦敦:罗德里奇出版社,2007 年。

Marianne Bastid, *Educational Reform in Early 20th Century China*, translated by Paul J. Bailey. Ann Arbor: Center for Chinese Studies, University of Michigan, 1988.

巴斯蒂:《20 世纪初中国的教育改革》,贝利·保罗译,安娜堡:密歇根大学中国研究中心出版,1988 年。

Sally Borthwick, *Education and Social Change in China: The Beginnings of the Modern Era*, Stanford: Hoover Institution Press, 1983.

鲍雪侣:《中国的教育与社会变迁:现代之开端》,斯坦福:胡佛研究所出版社,1983 年。

Cynthia J. Brokaw, *Commerce in Culture: The Sibao Book Trade in the Qing and Republican Periods*, Cambridge, MA: Harvard University Asia Center, 2007.

包筠雅:《文化贸易:清代至民国时期四堡的书籍交易》,麻省剑桥:哈佛大学亚洲中心出版,2007 年。

Cynthia J. Brokaw, Kai-wing Chow (eds.), *Printing and Book Culture in Late Imperial China*, Berkeley: University of California Press, 2005.

包筠雅、周启荣主编:《中华帝国晚期的印刷与书籍文化》,伯克利:加州大学出版社,2005 年。

Hao Chang, *Liang Ch'i-ch'ao and Intellectual Transition in China, 1890–1907*, Stanford: Stanford University Press, 1971.

张灏:《梁启超与中国思想的过渡(1890—1907)》,斯坦福:

斯坦福大学出版社,1971年。

Kai-wing Chow, *Publishing, Culture, and Power in Early Modern China*, Stanford: Stanford University Press, 2004.

周启荣:《早期近代中国的出版、文化和权力》,斯坦福:斯坦福大学出版社,2004年。

Kai-wing Chow, *The Rise of Confucian Ritualism in Late Imperial China: Ethics, Classics, and Lineage Discourse*, Stanford: Stanford University Press, 1994.

周启荣:《中华帝国晚期儒家礼教主义的兴起:伦理、经籍与宗族话语》,斯坦福:斯坦福大学出版社,1994年。

Chow Tse-tsung, *The May Fourth Movement: Intellectual Revolution in Modern China*, Cambridge, MA: Harvard University Press, 1960.

周策纵:《五四运动:现代中国的思想革命》,麻省剑桥:哈佛大学出版社,1960年。

Xiaoping Cong, *Teachers' Schools and the Making of the Modern Chinese Nation-State, 1897 - 1937*, Vancouver: UBC Press, 2007.

丛小平:《师范院校与中国的现代化(1897—1937)》,温哥华:哥伦比亚大学出版社,2007年。

Robert J. Culp, *Articulating Citizenship: Civic Education and Student Politics in Southeastern China, 1912 - 1940*, Cambridge: Harvard University Asia Center, 2007.

高哲一:《展示公民权:中国东南地区的公民教育和学生政治(1912—1940)》,麻省剑桥:哈佛大学亚洲中心出版,2007年。

Thomas D. Curran, *Educational Reform in Republican China: The Failure of Educators to Create a Modern Nation*, New York: Edwin Mellen Press, 2005.

柯任达:《民国时期的教育改革:创建现代国家的失败尝试》,纽约:埃德温·梅隆出版社,2005年。

Jerry Dennerline, *Qian Mu and the World of Seven Mansions*, New Haven: Yale University Press, 1998.

邓尔麟:《钱穆与七房桥世界》,纽黑文:耶鲁大学出版社,1998年。

Frank Dikötter, *The Discourse of Race in Modern China*, New York: Oxford University Press, 2015.

冯客:《近代中国之种族观念》,纽约:牛津大学出版社,2015年。

Widmer Ellen, *The Beauty and the Book: Women and Fiction in Nineteenth Century China*, Cambridge Mass: Harvard University Asia Center, 2006.

魏爱莲:《美人与书:19世纪中国的女性与小说》,麻省剑桥:哈佛大学亚洲中心出版,2006年。

Benjamin A. Elman, *From Philosophy to Philology: Intellectual and Social Aspects of Change in Late Imperial China*, Cambridge, MA: Harvard University Press, 1984.

艾尔曼:《从理学到朴学:中华帝国晚期思想与社会变化面面观》,麻省剑桥:哈佛大学出版社,1984年。

Benjamin A. Elman, *Classicism, Politics, and Kinship: The Ch'ang-chou School of New Text Confucianism in Late Imperial China*, Berkeley: University of California Press, 1990.

艾尔曼:《经学、政治和宗族:中华帝国晚期常州今文学派研究》,伯克利:加州大学出版社,1990年。

Benjamin A. Elman, *A Cultural History of Civil Examinations in Late Imperial China*, Berkeley: University of California Press, 2000.

艾尔曼：《关于晚期中华帝国科举考试的文化史》，伯克利：加州大学出版社，2000年。

Wolfgang Franke, *The Reform and Abolition of the Traditional Chinese Examination System*, Cambridge, MA: Harvard Asian Center, 1960.

傅吾康：《中国科举制度的改革与废除》，麻省剑桥：哈佛大学亚洲中心出版，1960年。

Hao Zhidong, *Intellectuals at a Crossroads: the Changing Politics of China's Knowledge Workers*, State University of New York Press, 2003.

郝志东：《十字路口上的知识分子：中国知识工作者的政治变迁》，纽约州立大学出版社，2003年。

Henrietta Harrison, *The Making of the Republican Citizen: Political Ceremonies and Symbols in China, 1911 – 1929*, Oxford, USA: Oxford University Press, 2000.

沈艾娣：《塑造共和公民：中国的政治仪式与符号（1911—1929）》，牛津大学出版社，2000年。

Tze-ki Hon, Robert J. Culp (eds.), *The Political of Historical Production in Late Qing and Republican China*, Leiden: Brill, 2012.

韩子奇、高哲一编：《晚清民国时期政治的历史生产》，莱顿：博睿出版社，2012年。

Philip C. Huang, *Liang Ch'i-ch'ao and Modern Chinese Liberalism*, Seattle: University of Washington Press, 1972.

黄宗智：《梁启超与中国自由主义》，西雅图：华盛顿大学出版社，1972年。

John Israel, *Lianda: A Chinese University in War and Revolution*, Stanford: Stanford University Press, 1998.

易社强:《战争与革命中的西南联大》,斯坦福:斯坦福大学出版社,1998年。

Adrian Johns, *The Nature of the Book: Print and Knowledge in the Making*, Chicago: University of Chicago Press, 1998.
艾德里安·约翰斯:《书籍的本质:制造的印刷业和知识》,芝加哥:芝加哥大学出版社,1998年。

David Johnson, Andrew J. Nathan, Evelyn S. Rawski, *Popular Culture in Late Imperial China*, Berkeley: University of California Press, 1985.
姜士彬、黎安友、罗友枝:《中华帝国晚期的大众文化》,伯克利:加州大学出版社,1985年。

Joan Judge, *The Precious Raft of History: The Past, the West, and the Woman Question in China*, Stanford: Stanford University Press, 2008.
季家珍:《历史宝筏:过去、西方与中国妇女问题》,斯坦福:斯坦福大学出版社,2008年。

Joan Judge, *Republican Lens: Gender, Visuality, and Experience in the Early Chinese Periodical Press*, Berkeley: University of California Press, 2015.
季家珍:《共和主义的透镜:中国早期报刊中的性别、可视性与经验》,伯克利:加州大学出版社,2015年。

Barry Keenan, *The Dewey Experiment in China: Educational Reform and Political Power in the Early Republic*, Cambridge: Harvard University Press, 1977.
秦博理:《杜威的中国之旅:民国初年的教育革新与政治权力》,麻省剑桥:哈佛大学出版社,1977年。

Joachim Kurtz, *The Discovery of Chinese Logic*. Leiden:

Brill, 2011.

顾有信:《在中国发现逻辑》,莱顿:博睿出版社,2011年。

Michael Lackner (ed.), *Mapping Meanings: The Field of New Learning in Late Qing China*, Leiden: Brill, 2004.

朗宓榭编:《呈现意义:晚清中国新学领域》,莱顿:博睿出版社,2004年。

Michael Lackner, Iwo Amelung and Joachim Kurtz (eds.), *New Terms for New Ideas: Western Knowledge and Lexical Change in Late Imperial China*, Leiden: Brill, 2001.

朗宓榭、阿梅龙、顾有信编:《新词语新概念:西学译介与晚清汉语词汇之变迁》,莱顿:博睿出版社,2001年。

Leo Ou-fan Lee, *Shanghai Modern: The Flowering of a New Urban Culture in China 1930–1945*, Cambridge: Harvard University Press, 1999.

李欧梵:《上海摩登:一种新都市文化在中国(1930—1945)》,麻省剑桥:哈佛大学出版社,1999年。

Joseph Levenson, *Confucian China and Its Modern Fate: a Trilogy*, Berkeley: University of California Press, 1965.

列文森:《儒教中国及其现代命运》,伯克利:加州大学出版社,1965年。

Bernard V. Lightman, *The circulation of knowledge between Britain, India, and China: the early-modern world to the twentieth century*, Leiden: Brill, 2013.

伯纳德·莱特曼:《英国、印度与中国之间的知识流通:从早期近代世界到20世纪》,莱顿:博睿出版社,2013年。

Xiaoqing Diana Lin, *Peking University: Chinese Scholarship and Intellectuals, 1898–1937*, Albany: State University of New York

Press, 2005.

林小青(音):《北京大学:中国的学者和知识界(1898—1937)》,纽约州立大学出版社,2005年。

Pei-yin Lin, Weipin Tsai (eds.), *Print, Profit, and Perception: Ideas, Information and Knowledge in Chinese Societies, 1895 – 1949*, Leiden: Brill, 2004.

林姵吟、蔡维屏编:《印刷、利润与认知:中国社会的观念、信息和知识(1895—1949)》,莱顿:博睿出版社,2014年。

Richard John Lufrano, *Honorable Merchants: Commerce and Self-Cultivation in Late Imperial China*, Honolulu: University of Hawai'i Press, 1997.

陆冬远:《荣耀商人:中华帝国晚期的贸易和自我修养》,火奴鲁鲁:夏威夷大学出版社,1997年。

Joseph McDermott, *A Social History of the Chinese Book: Books and Literati Culture in Late Imperial China*, Hong Kong: Hong Kong University Press, 2006.

周绍明:《中国书籍的社会史:中华帝国晚期的书籍和士人文化》,香港:香港中文大学出版社,2006年。

Barbara Mittler, *A Newspaper for China? Power, Identity, and Change in Shanghai's News Media, 1872 – 1912*, Cambridge: Harvard University Asia Center, 2004.

梅嘉乐:《一份中国的报纸?上海新闻出版的权力、认同与变迁(1872—1912)》,麻省剑桥:哈佛大学亚洲中心出版,2004年。

Meng Yue, *Shanghai and the Edges of Empires*, Minneapolis: University of Minnesota Press, 2006.

孟悦:《上海和帝国的边缘》,明尼苏达:明尼苏达大学出版社,2006年。

Mary Backus Rankin, *Elite Activism and Political Transformation in China: Zhengjiang Province*, 1865－1911, Stanford, CA: Stanford University Press, 1986.

玛丽·兰金:《中国精英行动主义与政治转变:1865—1911年之浙江》,斯坦福:斯坦福大学出版社,1986年。

Evelyn Sakakida Rawski, *Education and Popular Literacy in Ch'ing China*, Ann Arbor: University of Michigan Press, 1979.

罗友枝:《清代的教育和大众文学》,安娜堡:密歇根大学出版社,1979年。

Christopher A. Reed, *Gutenberg in Shanghai: Chinese Print Capitalism*, 1876－1937, Vancouver: UBC Press, 2004.

芮哲非:《谷腾堡在上海:中国印刷资本业的发展(1876—1937)》,温哥华:不列颠哥伦比亚大学出版社,2004年。

Jana S. Rosker, *Searching for The Way: Theory of Knowledge in Pre-Modern and Modern China*, Hong Kong: The Chinese University Press, 2008.

罗亚娜:《求道:前近代与近代中国的知识理论》,香港:香港中文大学出版社,2008年。

Dagmar Schäfer, *The Crafting of the 10,000 Things: Knowledge and Technology in Seventeenth-Century China*, Chicago: The University of Chicago Press, 2011.

薛凤:《天工开物:17世纪中国的知识与技术》,芝加哥:芝加哥大学出版社,2011年。

Dagmar Schäfer (ed.), *Cultures of Knowledge: Technology in Chinese History*, Leiden: Brill, 2011.

薛凤编:《知识的文化:中国历史上的技术》,莱顿:博睿出版社,2011年。

Vera Schwarcz, *The Chinese Enlightenment: Intellectuals and the Legacy of the May Fourth Movement of 1919*, Berkeley: University of California University, 1986.

舒衡哲:《中国启蒙运动:知识分子与五四遗产》,伯克利:加州大学出版社,1986年。

Xiaobing Tang, *Global Space and the Nationalist Discourse of Modernity: The Historical Thinking of Liang Qichao*, Stanford: Stanford University Press, 1996.

唐小兵:《全球空间和现代性的民族主义论述:梁启超历史思想论》,斯坦福:斯坦福大学出版社,1996年。

Xiaofeng Tang, *From Dynastic Geography to Historical Geography: A Change in Perspective Toward the Geographical Past of China*, Hong Kong: The Commercial Press International, 2000.

唐晓峰:《从王朝地理到历史地理:中国过去地理观念的变迁》,香港:国际商务印书馆,2000年。

Timothy B. Weston, *The Power of Position: Beijing University, Intellectuals, and Chinese Political Cultural, 1898 - 1929*, Berkeley: University of California Press, 2004.

魏定熙:《权力源自地位:北京大学、知识分子和中国的政治文化(1898—1929)》,伯克利:加州大学出版社,2004年。

Xiaoqun Xu, *Chinese Professionals and the Republican State: The Rise of Professional Associations in Shanghai, 1912 - 1937*, Cambridge: Cambridge University Press, 2001.

徐小群:《民国时期的国家与社会:自由职业团体在上海的兴起(1912—1937)》,剑桥:剑桥大学出版社,2001年。

Wen-hsin Yeh, *Provincial Passages: Culture, Space, and the Origins of Chinese Communism*, Berkeley: University of California

Press, 1996.

叶文心:《省之通道:文化、空间与中国共产主义的起源》,伯克利:加州大学出版社,1996年。

Wen-hsin Yeh, *The Alienated Academy: Culture and Politics in Republican China, 1919 – 1937*, Cambridge: Harvard University Press, 1990.

叶文心:《疏离的学院:民国时期大学校园文化(1919—1937)》,麻省剑桥:哈佛大学出版社,1990年。

Peter Zarrow (ed.), *Creating Chinese Modernity: Knowledge and Everyday life, 1900 - 1940*, New York: Peter Lang, 2006.

沙培德编:《中国现代性之创造:知识和日常生活(1900—1940)》,纽约:彼得朗出版社,2006年。

二、论文

Philip G. Altbach, "Gigantic Peripheries: India and China in World Knowledge System", *Economic and Political Weekly*, Vol. 28, No. 24 (Jun. 12, 1993), pp. 1220 – 1225.

菲利普·阿特巴赫:《巨大的边缘地带:世界知识体系中的印度与中国》,《经济与政治周刊》第28卷第24期,1993年6月12日,第1220—1225页。

William A. Callahan, "History, Identity, and Security: Producing and Consuming Nationalism in China", in *Critical Asian Studies*, June 2006, Vol. 38, No. 2, pp. 179 – 208.

柯岚安:《历史、认同与安全:中国民族主义的生产与消费》,《亚洲批判研究》第38卷第2期,2006年6月,第179—208页。

Kai-wing Chow, "Narrating Nation, Race, and National Culture: Imagining the Hanzu Identity in Modern China", in Frank Dikötter (ed.), *Constructing Nationhood in Modern Asia*, Ann Arbor: University of Michigan Press, 2001, pp. 47–83.

周启荣:《国家、种族与国族文化的叙述:近代中国汉族认同的想象》,载冯客主编《近代亚洲的国家建设》,安娜堡:密歇根大学出版社,2001年,第47—83页。

Robert J. Culp, "China — The Land and its People: Fashioning Identity in Secondary School History Textbooks, 1911–1937", in *Twentieth-Century China*, April 2001, Vol. 26, No. 2, pp. 17–62.

高哲一:《中国土地和民众:中学历史教科书中的身份塑造(1911—1937)》,《二十世纪中国》第26卷第2期,2001年4月,第17—62页。

Robert J. Culp, "Teaching Baihua: Textbook Publishing and the Production of Vernacular Language and a New Literary Canon in Early Twentieth-Century China", in *Twentieth-Century China*, 2008, Vol. 34, pp. 4–11.

高哲一:《白话教学:20世纪早期中国的教科书出版以及地方话与一种新文学经典的生产》,《二十世纪中国》第34卷,2008年,第4—11页。

Robert J. Culp, "New Literati and the Reproduction of Antiquity: Contextualizing Luo Zhenyu and Wang Guowei", in Chia-ling Yang and Roderick Whitfield (eds.), *Lost Generation: Luo Zhenyu, Qing Loyalists and the Formation of Chinese Culture*, London: Saffron, 2013.

高哲一:《新文人与遗民的重构:以罗振玉与王国维为中心的考察》,载杨嘉玲(音)、韦陀主编《失落的一代:罗振玉、清遗民与中国文化的形成》,伦敦:藏红花出版社,2013年。

Robert J. Culp, "Rethinking Governmentality: Training, Cultivation, and Cultural Citizenship in Nationalist China", in *The Journal of Asian Studies*, Aug. 2006, Vol. 65, No. 3, pp. 529 - 554.

高哲一:《反思统治术:民国时期的培养、教化与文化公民》,《亚洲研究》第 65 卷第 3 期,2006 年 8 月,第 529—554 页。

Prasenjit Duara, "Knowledge and Power in the Discourse of Modernity: the Campaigns Against Popular Religion in Early Twentieth-Century China", *The Journal of Asian Studies*, Vol. 50, No. 1, February 1991, pp. 67 - 83.

杜赞奇:《现代性话语中的知识与权力:20 世纪早期中国抵制民间宗教运动》,《亚洲研究杂志》第 50 卷第 1 期,1991 年 2 月,第 67—83 页。

Shuhua Fan, "To Educate China in the Humanities and Produce China Knowledge in the United States: The Founding of the Harvard-Yenching Institute, 1924 - 1928", *The Journal of American-East Asian Relations*, WINTER 2009, Vol. 16, No. 4, pp. 251 - 283.

樊淑华(音):《美国的中国人文教育与中国知识创造:哈佛燕京学社的建立(1924—1928)》,《美国与东亚关系杂志》第 16 卷第 4 期,2009 年冬,第 251—283 页。

Bryna Goodman, "Networks of News: Power, Language and Transnational Dimensions of the Chinese Press, 1850 - 1949", *The China Review*, Spring 2004, Vol. 4, No. 1, pp. 1 - 10.

顾德曼:《新闻网络:中国出版的权力、语言与跨国维度(1850—1949)》,《中国评论》第 4 卷第 1 期,2004 年春,第 1—10 页。

Joan Judge, "Talent, Virtue, and the Nation: Chinese Nationalisms and Female Subjectivities in the Early Twentieth

Century", *The American Historical Review*, June 2001, Vol. 106, No. 3, pp. 765 - 803.

季家珍:《才华、美德与国家:20世纪早期中国民族主义与女性主体》,《美国历史评论》第106卷第3期,2001年6月,第765—803页。

Sarah Coles McElroy, "Transforming China through Education: Yan Xiu, Zhang Boling, and the Effort to Build a New School System, 1901 - 1927", Ph. D. diss. , Yale University, 1996.

高士如:《以教育改变中国:严修、张伯苓与构建新教学体系的努力(1901—1927)》,耶鲁大学博士论文,1996年。

Aihwa Ong, "Anthropology, China and Modernities: The Geopolitics of Cultural Knowledge", in Henrietta L. Moore (ed.), *The Future of Anthropological Knowledge*, London: Routledge, 1996, pp. 60 - 92.

翁爱华:《人类学、中国与现代性:文化知识的地缘政治》,载亨利埃塔·摩尔编《人类学知识的未来》,伦敦:罗德里奇出版社,1996年,第60—92页。

Ernest P. Schwintzer, "Education to Save the Nation: Huang Yanpei and the Educational Reform Movement in Early 20th Century China", Ph. D. Dissertation, University of Washington, 1992.

欧内斯特·施维策:《以教育拯救国家:黄炎培与20世纪早期中国的教育改革运动》,华盛顿大学博士论文,1992年。

Magaret Somers, "The Privatization of Citizenship: How to Unthink a Knowledge Culture", in Victoria E. Bonnell and Lynn Hunt (eds.), *Beyond the Cultural Turn: New Directions in the Study of Society and Culture*, Berkeley: University of California Press, 1999, pp. 121 - 164.

玛格丽特·萨默斯:《公民权的私有化:如何不反思知识文化?》,载维克多·邦纳尔、林·亨特编《超越文化转向:社会与文化研究的新方向》,伯克利:加州大学出版社,1999年,第121—164页。

Daniel F. Vukovich, "China in Theory: The Orientalist Production of Knowledge in the Global Economy", *Cultural Critique*, Fall 2010, No. 76, pp. 148 – 172.

丹尼尔·佛科维奇:《中国理论:全球经济中东方学者的知识生产》,《文化评论》第76卷,2010年秋,第148—172页。

图书在版编目(CIP)数据

近代中国的知识与观念/复旦大学历史学系,复旦大学中外现代化进程研究中心编. —上海:上海古籍出版社,2019.1
(近代中国研究集刊;第7辑)
ISBN 978-7-5325-9166-4

Ⅰ.①近… Ⅱ.①复…②复… Ⅲ.①中国历史-近代史-研究 Ⅳ.①K250.7

中国版本图书馆 CIP 数据核字(2019)第 053775 号

近代中国研究集刊(7)
近代中国的知识与观念
复 旦 大 学 历 史 学 系 编
复旦大学中外现代化进程研究中心

上海古籍出版社出版发行
(上海瑞金二路272号 邮政编码200020)
(1) 网址:www.guji.com.cn
(2) E-mail:guji1@guji.com.cn
(3) 易文网网址:www.ewen.co
常熟市文化印刷有限公司印刷
开本635×965 1/16 印张24.5 插页5 字数297,000
2019年1月第1版 2019年1月第1次印刷
ISBN 978-7-5325-9166-4
K·2622 定价:98.00元
如有质量问题,请与承印公司联系